Rechtsschutz gegen Individualsanktionen der Vereinten Nationen und der Europäischen Union

Europäische Hochschulschriften

European University Studies
Publications Universitaires Européennes

Reihe II **Rechtswissenschaft**

Series II Law

Série II Droit

Band/Volume **5642**

Jan-Peter Wiepert

Rechtsschutz gegen Individualsanktionen der Vereinten Nationen und der Europäischen Union

PL ACADEMIC RESEARCH

Bibliografische Information der Deutschen Nationalbibliothek
Die Deutsche Nationalbibliothek verzeichnet diese Publikation in der Deutschen Nationalbibliografie; detaillierte bibliografische Daten sind im Internet über http://dnb.d-nb.de abrufbar.

Zugl.: Berlin, Freie Univ., Diss., 2014

D 188
ISSN 0531-7312
ISBN 978-3-631-65415-6 (Print)
E-ISBN 978-3-653-04468-3 (E-Book)
DOI 10.3726/978-3-653-04468-3

PL Academic Research ist ein Imprint der Peter Lang GmbH.
Peter Lang – Frankfurt am Main · Bern · Bruxelles · New York · Oxford · Warszawa · Wien

Diese Publikation wurde begutachtet.

www.peterlang.com

Inhaltsverzeichnis

Abkürzungsverzeichnis

a. F.	alte Fassung
ABl.	Amtsblatt der Europäischen Union
Abs.	Absatz
AEUV	Vertrag über die Arbeitsweise der Europäischen Union
AJIL	American Journal of International Law
Alt.	Alternative
AöR	Archiv des öffentlichen Rechts
Art.	Artikel
AustrianJPIL	Austrian Journal of Public International Law
AVR	Archiv des Völkerrechts
Bd.	Band
BeckRS	Beck-Rechtsprechung
BVerfG	Bundesverfassungsgericht
BVerfGG	Bundesverfassungsgerichtsgesetz
bzw.	Beziehungsweise
CFSP	Common Foreign and Security Policy
CMLRev.	Common Market Law Review
d. h.	das heißt
DVBl.	Deutsches Verwaltungsblatt
EAG	Europäische Atomgemeinschaft
EC	European Community
ECJ	European Court of Justice
EFAR	European Foreign Affairs Review
EG	Europäische Gemeinschaft
EGKS	Europäische Gemeinschaft für Kohle und Stahl
EGMR	Europäischer Gerichtshof für Menschenrechte
EGV	Vertrag zur Gründung der Europäischen Gemeinschaft
EJIL	European Journal of International Law
ELR	European Law Review

EMRK	Europäische Menschenrechtskonvention
EPZ	Europäische Politische Zusammenarbeit
EU	Europäische Union
EuG	Gericht der Europäischen Union
EuGH	Europäischer Gerichtshof
EuGRZ	Europäische Grundrechte-Zeitschrift
EuR	Europarecht
EUV	Vertrag über die Europäische Union
EuZW	Europäische Zeitschrift für Wirtschaftsrecht
EVV	Vertrag über eine Verfassung für Europa
EWG	Europäische Wirtschaftsgemeinschaft
f.	Folgende
FILJ	Fordham International Law Journal
Fn.	Fußnote
FS	Festschrift
GASP	Gemeinsame Außen- und Sicherheitspolitik
GATT	General Agreement on Tariffs and Trade
GewO	Gewerbeordnung
GG	Grundgesetz
GLJ	German Law Journal
GoJIL	Göttingen Journal of International Law
GrCh	Charta der Grundrechte der Europäischen Union
GYIL	German Yearbook of International Law
HarvILJ	Harvard International Law Journal
HRLRev.	Human Rights Law Review
HRQ	Human Rights Quarterly
HRRS	Höchstrichterliche Rechtsprechung im Strafrecht
Hrsg.	Herausgeber
HuV	Humanitäres Völkerrecht
i. S. d.	im Sinne des
i. V. m.	in Verbindung mit

IAEO	Internationale Atomenergie-Organisation
ICLQ	International and Comparative Law Quarterly
ICTY	International Criminal Tribunal for the former Yugoslavia
IGH	Internationaler Gerichtshof
IOLR	International Organizations Law Review
Irish HRLRev.	Irish Human Rights Law Review
JA	Juristische Arbeitsblätter
JICJ	Journal of International Criminal Justice
JURA	Juristische Ausbildung
JuS	Juristische Schulung
JZ	JuristenZeitung
Kap.	Kapitel
LIEI	Legal Issues of Economic Integration
lit.	littera
LJIL	Leiden Journal of International Law
MDC	Movement for Democratic Change
NethYIL	Netherlands Yearbook of International Law
NGO	Non-Governmental Organization
NJIL	Nordic Journal of International Law
NJW	Neue Juristische Wochenschrift
NLD	National League for Democracy
Nr.	Nummer
NVwZ	Neue Zeitschrift für Verwaltungsrecht
NYU	New York University
o.g.	oben genannt
OWiG	Ordnungswidrigkeitengesetz
PJZS	Polizeiliche und justizielle Zusammenarbeit in Strafsachen
Res.	Resolution
RIW/AWD	Recht der Internationalen Wirtschaft
Rn.	Randnummer

Rs.	Rechtssache
RUF	Revolutionary United Front
S.	Seite
Slg.	Sammlung der Rechtsprechung des Gerichtshofs und des Gerichts erster Instanz
SSR	Sozialistische Sowjetrepublik
SWP	Stiftung Wissenschaft und Politik
u.a.	unter anderem
UAbs.	Unterabsatz
UN	United Nations
UNMIK	United Nations Interim Administration Mission in Kosovo
UNO	United Nations Organization
US/USA	United States of America
UtrechtLRev.	Utrecht Law Review
verb. Rs.	verbundene Rechtssachen
VerwArch	Verwaltungsarchiv
vgl.	Vergleiche
VirgJIL	Virginia Journal of International Law
VN	Vereinte Nationen
VO	Verordnung
Vol.	Volume
VVDStRL	Veröffentlichungen der Vereinigung der Deutschen Staatsrechtslehrer
WTO	World Trade Organization
WVK	Wiener Übereinkommen über das Recht der Verträge
YJIL	Yale Journal of International Law
z. B.	zum Beispiel
ZaöRV	Zeitschrift für ausländisches öffentliches Recht und Völkerrecht
ZEuS	Zeitschrift für Europarechtliche Studien

ZfRV	Zeitschrift für Europarecht, Internationales Privatrecht und Rechtsvergleichung
Ziff.	Ziffer
ZJS	Zeitschrift für das Juristische Studium
ZÖR	Zeitschrift für öffentliches Recht
ZRP	Zeitschrift für Rechtspolitik
ZVglRWiss	Zeitschrift für vergleichende Rechtswissenschaft

Literaturverzeichnis

Albin, Silke	Rechtsschutzlücken bei der Terrorbekämpfung im Völkerrecht, ZRP 2004, S. 131–143.
Albors-Llorens, Albertina	Changes in the Jurisdiction of the European Court of Justice under the Treaty of Amsterdam, CMLRev. 35 (1998), S. 1273–1294.
von Arnauld, Andreas	UN-Sanktionen und gemeinschaftsrechtlicher Grundrechtsschutz. Die „Soweit-Rechtsprechung" des Europäischen Gerichts Erster Instanz, AVR 44 (2006), S. 201–216.
Aston, Jurij Daniel	Die Bekämpfung abstrakter Gefahren für den Weltfrieden durch legislative Maßnahmen des Sicherheitsrates – Resolution 1373 (2003) im Kontext, ZaöRV 62 (2002), S. 257.
Aust, Anthony	Handbook of International Law, Cambridge 2005
Aust, Helmut Philipp/ Naske, Nina	Rechtsschutz gegen den UN-Sicherheitsrat durch europäische Gerichte. Die Rechtsprechung des EuG zur Umsetzung „gezielter Sanktionen" aus dem Blickwinkel des Völkerrechts, ZÖR 2006, S. 587–623.
Aust, Helmut Phillip	Between Self-Assertion and Deference: European Courts and Their Assessment of UN Security Council Resolutions, Anuario Mexicano de Derecho Internacional 2008, S. 51–77.
Bartelt, Sandra/Zeitler, Helge Elisabeth	„Intelligente Sanktionen" zur Terrorismusbekämpfung in der EU, EuZW 2003, S. 712–717.
Bauer, Andreas F.	Effektivität und Legitimität. Die Entwicklung der Friedenssicherung durch Zwang nach Kapitel VII der Charta der Vereinten Nationen unter besonderer Berücksichtigung der neueren Praxis des Sicherheitsrats, Berlin 1996.
Bedjaoui, Mohammed	The New World Order and the Security Council. Testing the Legality of its Acts, Dordrecht 1994.

Bernhardt, Rudolf | Gerichtlicher Rechtsschutz in Grund- und Menschenrechtsfragen auf europäischer Ebene, in: Stern, Klaus (Hrsg.), 40 Jahre Grundgesetz. Entstehung, Bewährung und internationale Ausstrahlung, München 1990, S. 197–203.

Berrisch, Georg Matthias | Der völkerrechtliche Status der Europäischen Wirtschaftsgemeinschaft im GATT. Eine Untersuchung der Sukzession der EWG in die Stellung ihrer Mitgliedstaaten als Vertragspartei einer internationalen Organisation am Beispiel des GATT, München 1992.

Birkhäuser, Noah | Sanktionen des Sicherheitsrates der Vereinten Nationen gegen Individuen, Bern 2007.

Bleckmann, Albert | Die Position des Völkerrechts im inneren Rechtsraum der Europäischen Gemeinschaften. Monismus oder Dualismus der Rechtsordnungen?, GYIL 18 (1975), S. 300–319.

Bleckmann, Albert | Zur Verbindlichkeit des allgemeinen Völkerrechts für internationale Organisationen, ZaöRV 37 (1977), S. 107–121.

Bleckmann, Albert | Zur Rechtmäßigkeit der EG-Sanktionen gegen Argentinien nach allgemeinem Völkerrecht und dem Recht der Europäischen Gemeinschaft, Saarbrücken 1982.

Bleckmann, Albert | Europarecht. Das Recht der Europäischen Union und der Europäischen Gemeinschaften, Köln 1997.

von Bogdandy, Armin | Europa 1992 – Die außervertragliche Haftung der Europäischen Gemeinschaften, JuS 1990, S. 872–877.

Bohr, Sebastian | Sanctions by the United Nations Security Council and the European Community, EJIL 4 (1993), S. 256–268.

Bohr, Sebastian | Schutznormen im Recht der Europäischen Gemeinschaft. Zuständigkeit der Mitgliedstaaten zu autonomem Handeln gem. Art. 224 EWG-Vertrag, München 1994.

Borowski, Martin — Die Nichtigkeitsklage gem. Art. 230 Abs. 4 EGV, EuR 2004, S. 879–910.

Bothe, Michael — Security Council's Targeted Sanctions against Presumed Terrorists. The Need to Comply with Human Rights Standards, JICJ 6 (2008), S. 541–555.

Brandl, Ulrike — Die Umsetzung der Sanktionsresolutionen des Sicherheitsrats in der EU, AVR 38 (2000), S. 376–396.

Breitenmoser, Stephan — Die Europäische Union zwischen Völkerrecht und Staatsrecht, ZaöRV 55 (1995), S. 951–992.

Brenneis, Alexander/Schmalenbach, Kirsten — Rechtsschutz im UN-System, in: Schroeder, Werner/Mayr-Singer, Jelka (Hrsg.), Völkerstrafrecht, Rechtsschutz und Rule of Law. Das Individuum als Herausforderung für das Völkerrecht, S. 129–156.

Bulterman, Mielle — Fundamental Rights and the United Nations Financial Sanctions Regime: The *Kadi* and *Yusuf* Judgments of the Court of First Instance of the European Communities, LJIL 19 (2006), S. 753–772.

Burchardt, Daniel O. — Grenzen verfassungsgerichtlicher Erkenntnis. Zur Prozeduralität der Verfassungsnormativität, Berlin 2004.

Calliess, Christian — Kohärenz und Konvergenz beim europäischen Individualrechtsschutz, NJW 2002, S. 3577–3582.

Calliess, Christian/Ruffert, Matthias (Hrsg.) — EUV/EGV. Das Verfassungsrecht der Europäischen Union mit Europäischer Grundrechtecharta. Kommentar, 3. Auflage, München 2007.

Calliess, Christian/Ruffert, Matthias (Hrsg.) — EUV/AEUV. Das Verfassungsrecht der Europäischen Union mit Europäischer Grundrechtecharta. Kommentar, 4. Auflage, München 2011.

Cameron, Ian — Targeted Sanctions, Legal Safeguards and the ECHR, NJIL 72 (2003), S. 159–214.

Cot, Jean-Pierre/Pellet, Alain/Forteau, Mathias — La Charte des Nations Unies. Commentaire article par article, 3. Auflage, Paris 2005.

Cremer, Wolfram	Der Rechtsschutz des Einzelnen gegen Sekundärrechtsakte der Union gemäß Art. III-270 Abs. 4 Konventsentwurf des Vertrags über eine Verfassung für Europa, EuGRZ 2004, S. 577–583.
Dahm, Georg	Völkerrecht, Band II, Stuttgart 1961.
Dahm, Georg/Delbrück, Jost/Wolfrum, Rüdiger	Völkerrecht. Band I/1. Die Grundlagen. Die Völkerrechtssubjekte, 2. Auflage, Berlin 1989.
Dahme, Gudrun	Terrorismusbekämpfung durch Wirtschaftssanktionen, Witten 2007.
von Danwitz, Thomas	Europäisches Verwaltungsrecht, Berlin 2008.
Dauses, Manfred (Hrsg.)	Handbuch des EU-Wirtschaftsrechts, München, Stand: September 2011.
De Wet, Erika	The Chapter VII Powers of the United Nations Security Council, Oxford 2004.
De Wet, Erika/ Nollkaemper, André	Review of Security Council decisions by national courts, GYIL 45 (2002), S. 166–202.
Dederer, Hans-Georg	Die Architektonik des Europäischen Grundrechtsraums, ZaöRV 66 (2006), S. 575–624.
Deja, Michal/Frau, Robert	Smart Sanctions des VN-Sicherheitsrats und Spielräume bei deren Umsetzung innerhalb der EG, JURA 2008, S. 609–617.
Dicke, Detlev Christian/ Rengeling, Hans-Werner	Die Sicherung des Weltfriedens durch die Vereinten Nationen. Ein Überblick über die Befugnisse der wichtigsten Organe, Baden-Baden 1975.
Dolzer, Rudolf/Kahl, Wolfgang/Waldhoff, Christian/Graßhoff, Karin	Bonner Kommentar zum Grundgesetz, Heidelberg, Stand: Oktober 2011.
Dormoy, Daniel (Hrsg.)	L'Union europèenne et les organizations internationales, Brüssel 1997.
Dörr, Oliver	Der europäisierte Rechtsschutzauftrag deutscher Gerichte: Artikel 19 Absatz 4 GG unter dem Einfluß des europäischen Unionsrechts, Tübingen 2003.
Dörr, Oliver	„Privatisierung" des Völkerrechts, JZ 2005, S. 905–916.

Dörr, Oliver/Mager, Ute	Rechtswahrung und Rechtsschutz nach Amsterdam – Zu den neuen Zuständigkeiten des EuGH, EuR 2000, S. 386–427.
Dreier, Horst (Hrsg.)	Grundgesetz. Kommentar. Band I, 2. Auflage, Tübingen 2004.
Dünchheim, Thomas	Verwaltungsrecht unter europäischem Einfluss, Berlin 2003.
Dulles, John Foster	War or Peace, New York 1950.
Eeckhout, Piet	Does Europe's Constitution Stop at the Water's Edge?, Leuven 2005.
Ehlermann, Claus-Dieter	Die innergemeinschaftliche Anwendung der Regeln des GATT in der Praxis der EG, EuR 1985, S. 91–95.
Ehlers, Dirk (Hrsg.)	Europäische Grundrechte und Grundfreiheiten, 3. Auflage, Berlin 2009.
Epiney, Astrid	Zur Stellung des Völkerrechts in der EU – Zugleich Besprechung von EuGH, EuZW 1998, 573 – Hermès und EuGH, EuZW 1998, 694 – Racke, EuZW 1999, S. 5–11.
Erlbacher, Friedrich	Rechtspersönlichkeit und Rechtsnachfolge, in: Hummer, Waldemar/Oberwexer, Walter (Hrsg.), Der Vertrag von Lissabon, Baden-Baden 2009, S. 123–132.
Everling, Ulrich	Rechtsschutz in der Europäischen Union nach dem Vertrag von Lissabon, in: Schwarze, Jürgen/Hatje, Armin (Hrsg.), Der Reformvertrag von Lissabon, EuR 2009 Beiheft 1, S. 71–86.
Fassbender, Bardo	UN Security Council Reform and the Right of Veto. A Constitutional Perspective, Den Haag 1998.
Fassbender, Bardo	Targeted Sanctions Imposed by the UN Security Council and Due Process Rights, IOLR 3 (2006), S. 437–485.
Fassbender, Bardo	Art. 19 Abs. 4 GG als Garantie innerstaatlichen Rechtsschutzes gegen Individualsanktionen des UN-Sicherheitsrates, AöR 132 (2007), S. 257–286.

Fassbender, Bardo	Triepel in Luxemburg – Die dualistische Sicht des Verhältnisses zwischen Europa- und Völkerrecht in der „Kadi-Rechtsprechung“ des EuGH als Problem des Selbstverständnisses der Europäischen Union, DÖV 2010, S. 333–341.
Feinäugle, Clemens A.	Die Terroristenlisten des Sicherheitsrates – Endlich Rechtsschutz des Einzelnen gegen die Vereinten Nationen?, ZRP 2007, S. 75–78.
Feinäugle, Clemens A.	Hoheitsgewalt im Völkerrecht. Das 1267-Sanktionsregime der UN und seine rechtliche Fassung, Heidelberg 2011.
Fink, Udo	Kollektive Friedenssicherung. Kapitel VII UN-Charta in der Praxis des Sicherheitsrats der Vereinten Nationen, Frankfurt a. M. 1999.
Fraas, Michael	Sicherheitsrat der Vereinten Nationen und Internationaler Gerichtshof. Die Rechtmäßigkeitsprüfung von Beschlüssen des Sicherheitsrats der Vereinten Nationen im Rahmen des VII. Kapitels der Charta durch den Internationalen Gerichtshof, Frankfurt a. M. 1998.
Frank, Daniel	UNO-Sanktionen gegen Terrorismus und Europäische Menschenrechtskonvention (EMRK), in: Breitenmoser, u. a. (Hrsg.), Menschenrechte, Demokratie und Rechtsstaat, Liber amicorum Luzius Wildhaber, S. 237–260.
Franzius, Claudio	Wer macht in Europa Menschenrechtspolitik? Politik und Recht im Zeichen des Terrors, http://www.claudio-franzius.de/Menschenrechte.pdf (zuletzt aufgerufen am 06.04.2012).
Freiling, Frank-Dieter	Die Charta der Vereinten Nationen und ihre Sonderregelungen für Deutschland, Köln 1992.
Frenz, Walter	Handbuch Europarecht. Band 4. Europäische Grundrechte, Berlin 2009.
Friese, Christian	Kompensation von Embargoschäden bei Embargomaßnahmen der Europäischen Union, Köln 2000.

Frowein, Jochen Abr. — Das Maastricht-Urteil und die Grenzen der Verfassungsgerichtsbarkeit, ZaöRV 54 (1994), S. 1–16.

Frowein, Jochen Abr./von Münch, Ingo — Gemeinschaftsaufgaben im Bundesstaat, VVDStRL, Bd. 31, 1973, S. 13–146.

Gading, Heike — Der Schutz grundlegender Menschenrechte durch militärische Maßnahmen des Sicherheitsrates – das Ende staatlicher Souveränität?, Berlin 1996.

Garbagnati Ketvel, Maria Gisella — Almost, but not quite: The Court of Justice and Judicial Protection of Individuals in the Third Pillar, ELR No. 6, 2007, S. 223–238.

Garbagnati Ketvel, Maria-Gisella — The Jurisdiction of the European Court of Justice in Respect of the Common Foreign and Security Policy, ICLQ 55 (2006), S. 77–120.

Garcon, Géradine — Handelsembargen der Europäischen Union auf dem Gebiet des Warenverkehrs gegenüber Drittstaaten, Baden-Baden 1997.

Gasser, Hans-Peter — Collective Economic Sanctions and International Humanitarian Law. An Enforcement Measure under the United Nations Charter and the Right of Civilians to Immunity: an Unavoidable Clash of Policy Goals?, ZaöRV 56 (1996), S. 871–904.

Gazzini, Tarcisio/Herlin-Karnell, Ester — Restrictive Measures Adopted by the European Union from the Standpoint of International and EU Law, ELR 2011, S. 798–817.

Geiger, Rudolf/Khan, Daniel-Erasmus/Kotzur, Markus — EUV/AEUV. Vertrag über die Europäische Union und Vertrag über die Arbeitsweise der Europäischen Union. Kommentar, 5. Auflage, München 2010.

Geiger, Rudolf — Grundgesetz und Völkerrecht, 5. Auflage, München 2010.

Gill, Terry D. — Legal and Some Political Limitations on the Power of the UN Security Council to Exercise its Enforcement Powers under Chapter VII of the Charter, NethYIL 26 (1995), S. 33–138.

Gilsdorf, Peter — Die Rechtswirkungen der im Rahmen von Gemeinschaftsabkommen erlassenen Organbeschlüsse, EuZW 1991, S. 459–464.

Gilsdorf, Peter — Die außervertragliche Haftung der Gemeinschaft, in: van Gerven, Walter/Zuleeg, Manfred (Hrsg.), Sanktionen als Mittel zur Durchsetzung des Gemeinschaftsrechts, Köln 1996.

Glaesner, Adrian — Die Vorlagepflicht unterinstanzlicher Gerichte im Vorabentscheidungsverfahren, EuR 1990, S. 143–151.

Godinho, Jorge — When Worlds Collide: Enforcing United Nations Security Council Asset Freezes in the EU Legal Order, ELJ 2010, S. 67–93.

Gowlland-Debbas, Vera — Security Council Enforcement Action and Issues of State Responsibility, ICLQ 43 (1994), S. 55–98.

Grabenwarter, Christoph/Pabel, Katharina — Europäische Menschenrechtskonvention, 5. Auflage, München 2012.

Grabitz, Eberhard/Hilf, Meinhard/Nettesheim, Martin — Das Recht der Europäischen Union, München, Stand: Oktober 2011.

Griller, Stefan — Die Unterscheidung von Unionsrecht und Gemeinschaftsrecht nach Amsterdam, in: Müller-Graff, Peter-Christian/Schwarze, Jürgen (Hrsg.), Rechtsschutz und Rechtskontrolle nach Amsterdam, EuR 1999 Beiheft 1, S. 45–72.

von der Groeben, Hans/Thiesing, Jochen/Ehlermann, Claus-Dieter — Kommentar zum EWG, 4. Auflage, Baden-Baden 1991.

von der Groeben, Hans/Schwarze, Jürgen (Hrsg.) — Kommentar zum Vertrag über die Europäische Union und zur Gründung der Europäischen Gemeinschaft, Band I-IV, 6. Auflage, Baden-Baden 2004.

Grzeszick, Bernd — Rechte des Einzelnen im Völkerrecht. Chancen und Gefahren völkerrechtlicher Entwicklungstrends am Beispiel der Individualrechte im allgemeinen Völkerrecht, AVR 43 (2005), S. 312–344.

Gutherie, Peter — Security Council Sanctions and the Protection of Individual Rights, NYU Annual Survey of American Law 60 (2004), S. 491–542.

Hailbronner, Kay/Klein, Eckart/Magiera, Siegfried/Müller-Graff, Peter-Christian — Handkommentar zum Vertrag über die Europäische Union (EUV/EGV), Köln, Stand: November 1998.

Haltern, Ulrich — Rechtsschutz in der dritten Säule der EU, JZ 2007, S. 772–778.

Haltern, Ulrich — Gemeinschaftsgrundrechte und Antiterrormaßnahmen der UNO, JZ 2007, S. 537–547.

Hannikainen, Lauri — Peremptory Norms (Ius Cogens) in International Law. Historical Development, Criteria, Present Status, Helsinki 1988.

Haratsch, Andreas/Koenig, Christian/Pechstein, Matthias — Europarecht, 7. Auflage, Tübingen 2010.

Hegels, Susanne — EG-Eigenverwaltungsrecht und Gemeinschaftsverwaltungsrecht. Europäisches Verwaltungsrecht für den direkten und den indirekten Gemeinschaftsrechtsvollzug, Baden-Baden 2001.

Herbst, Jochen — Rechtskontrolle des UN-Sicherheitsrates, Frankfurt a. M. 1999.

Herdegen, Matthias — Der Sicherheitsrat und die autoritative Konkretisierung des VII. Kapitels der UN-Charta, in: Beyerlin, Ulrich u. a. (Hrsg.), Recht zwischen Umbruch und Bewahrung. Festschrift für Rudolf Bernhardt, Berlin 1995, S. 103–119.

Herdegen, Matthias — Die Befugnisse des UN-Sicherheitsrats. Aufgeklärter Absolutismus im Völkerrecht?, Heidelberg 1998.

Hillgruber, Christian/Goos, Christoph — Verfassungsprozessrecht, 3. Auflage, Heidelberg 2011.

Hillion, Christophe/Wessel, Ramses — Restraining External Competences of EU Member States under CFSP, in: Cremona, Marise/de Witte, Bruno (Hrsg.), EU Foreign Relations Law. Constitutional Fundamentals, Oxford 2008, S. 79–121.

Hinarejos, Alicia	Recent Human Rights Developments in the EU Courts: The Charter of Fundamental Rights, the European Arrest Warrant and Terror Lists, HRLRev. 7 (2007), S. 793–811.
Hirsch, Günther	Europäischer Gerichtshof und Bundesverfassungsgericht – Kooperation oder Konfrontation?, NJW 1996, S. 2457–2466.
Hobe, Stephan/ Kimminich, Otto	Einführung in das Völkerrecht, 9. Auflage, Tübingen 2008.
Hofmann, Mahulena	Von der Transformation zur Kooperationsoffenheit? Die Öffnung der Rechtsordnungen ausgewählter Staaten Mittel- und Osteuropas für das Völker- und Europarecht, Berlin 2009.
Hofmann, Rainer/ Reinisch, August/Pfeiffer, Thomas/Oeter, Stefan/ Stadler, Astrid	Die Rechtskontrolle von Organen der Staatengemeinschaft. Vielfalt der Gerichte – Einheit des Prozessrechts?, Heidelberg 2007.
Hörmann, Saskia	Die Befugnis der EG zur Umsetzung von Resolutionen des UN-Sicherheitsrates zur Bekämpfung des internationalen Terrorismus, EuR 2007, S. 120–133.
Hörmann, Saskia	Völkerrecht bricht Rechtsgemeinschaft? Zu den rechtlichen Folgen einer Umsetzung von Resolutionen des UN-Sicherheitsrates durch die EG, AVR 44 (2006), S. 267–327.
Ipsen, Hans Peter	Europäisches Gemeinschaftsrecht, Tübingen 1972.
Janik, Cornelia	Die EMRK und internationale Organisationen – Ausdehnung und Restriktion der *equivalent protection*-Formel in der neuen Rechtsprechung des EGMR –, ZaöRV 2010, S. 127–149.
Jarass, Hans D.	EU-Grundrechte. Ein Studien- und Handbuch, München 2005.
Kadelbach, Stefan	Zwingendes Völkerrecht, Berlin 1992.

Kämmerer, Jörn Axel — Die Urteile „Kadi" und „Yusuf" des EG und ihre Folgen, in: Hatje, Armin/Nettesheim, Martin (Hrsg.), Grundrechtsschutz im Dreieck von nationalem, europäischem und internationalem Recht, EuR 2008 Beiheft 1, S. 65–87.

Kapteyn, Paul Joan George — The Role of the ECJ in Implementing Security Council Resolutions, in: de Wet, Erika/Nollkaemper, Andre (Hrsg.), Review of the Security Council by Member States, Oxford 2003.

Karayigit, Mustafa T. — The Yusuf and Kadi Judgments: The Scope of the EC Competences in Respect of Restrictive Measures, LIEI 33 (2006), S. 379–404.

Kelsen, Hans — The Law of the United Nations. A Critical Analysis of Its Fundamental Problems, London 1951.

Kennedy, Robert F. — Libya v. United States: The International Court of Justice and the Power of Judicial Review, VirgJIL 33 (1992/93), S. 899–925.

Kißler, Klaus-Peter — Die Zulässigkeit von Wirtschaftssanktionen der Europäischen Gemeinschaft gegenüber Drittstaaten, Frankfurt a. M. 1984.

Klein, Eckart — Statusverträge im Völkerrecht. Rechtsfragen territorialer Sonderregime, Berlin 1980.

Klepper, Marian — Vollzugskompetenzen der Europäischen Gemeinschaft aus abgeleitetem Recht. Zulässigkeit – Modalitäten – Rechtsfolgen, Baden-Baden 2001.

Koutrakos, Panos — Legal Basis and Delimitation of Competence in EU External Relations, in: Cremona, Marise/de Witte, Bruno (Hrsg.), EU Foreign Relations Law. Constitutional Fundamentals, Oxford 2008, S. 171–198.

Krech, Hans — Der Bürgerkrieg in Somalia (1988–1996). Ein Handbuch, Berlin 1996.

Kreutz, Joakim — Hard Measures by a Soft Power? Sanctions policy of the European Union 1981–2004, Bonn International Center for Conversion, paper 45, Bonn 2005.

Krieger, Heike	Der Sicherheitsrat als Hüter der Menschenrechte: Grund und Grenzen seiner Kompetenz, Die Friedens-Warte 2006, S. 107–128.
Krieger, Heike	Die Haltung europäischer Gerichte in Sicherheitsfragen, in: Iiopoulos-Strangas, Julia/Diggelmann, Oliver/Bauer, Hartmut, Rechtsstaat, Freiheit und Sicherheit in Europa, Baden-Baden 2010, S. 483–502.
Kroker, Patrick	Die Überprüfbarkeit gemeinsamer Standpunkte im Rahmen der PJZS – effektiver Rechtsschutz in der dritten Säule der EU?, EuR 2008, S. 378–387.
Krück, Hans	Völkerrechtliche Verträge im Recht der Europäischen Gemeinschaften: Abschlusskompetenzen, Bindungswirkung, Kollisionen, Berlin 1977.
Kugelmann, Dieter	Die Gemeinsame Außen- und Sicherheitspolitik, in: v. Bogdandy, Armin/Ehlermann, Claus-Dieter (Hrsg.), Konsolidierung und Kohärenz des Primärrechts nach Amsterdam, EuR 1998 Beiheft 2, S. 99–123.
Kuschel, Hans-Dieter	Wie geht es weiter mit der Bananenmarktordnung?, EuZW 1996, S. 645–650.
Lailach, Martin	Die Wahrung des Weltfriedens und der internationalen Sicherheit als Aufgabe des Sicherheitsrates der Vereinten Nationen, Berlin 1998.
Lavranos, Nikolaos	Judicial Review of UN Sanctions by the Court of First Instance, EFAR 11 (2006), S. 471–490.
Lenz, Carl-Otto/Borchardt, Klaus-Dieter (Hrsg.)	EU-Verträge. Kommentar nach dem Vertrag von Lissabon, 5. Auflage, Köln 2010.
Ley, Isabelle	Legal Protection Against the UN-Security Council Between European and International Law: A Kafkaesque Situation?, GLJ 8 (2007), S. 279–294.
Lindemeyer, Bernd	Das Handelsembargo als wirtschaftliches Zwangsmittel der staatlichen Außenpolitik. Das Iran-Embargo und seine Auswirkungen auf den Außenhandel, RIW/AWD 1981, S. 10–23.

Lorenz, Norbert — Die Übertragung von Hoheitsrechten auf die Europäischen Gemeinschaften, Frankfurt a. M. 1990.

Lorinser, Barbara — Bindende Resolutionen des Sicherheitsrates, Baden-Baden 1996.

Lysen, Göran — Targeted UN Sanctions: Application of Legal Sources and Procedural Matters, NJIL 72 (2003), S. 291–304.

von Mangoldt, Hermann/ Klein, Friedrich/Starck, Christian (Hrsg.) — Das Bonner Grundgesetz. Kommentar. Band 1, 6. Auflage, München 2010.

Martenczuk, Bernd — Rechtsbindung und Rechtskontrolle des Weltsicherheitsrates – Die Überprüfung nichtmilitärischer Zwangsmaßnahmen durch den Internationalen Gerichtshof, Berlin 1996.

Martenczuk, Bernd — The Security Council, the International Court and Judicial Review: What Lessons from Lockerbie?, EJIL 10 (1999), S. 517–547.

Martínez Soria, José — Die polizeiliche Zusammenarbeit in Europa und der Rechtsschutz des Bürgers, VerwArch 1998, S. 400–438.

Mayer, Franz — Individualrechtsschutz im Europäischen Verfassungsrecht, DVBl. 2004, S. 606–616.

Meerpohl, Thomas — Individualsanktionen des Sicherheitsrates der Vereinten Nationen. Das Sanktionsregime gegen die Taliban und Al-Qaida vor dem Hintergrund des Rechts der VN und der Menschenrechte, München 2008.

Meessen, Karl Matthias — The Application of Rules of Public International Law within Community Law, CMLRev. 13 (1976), S. 485–501.

Mégret, Frédéric/ Hoffmann, Florian — The UN as a Human Rights Violator? Some Reflections on the United Nations Human Rights Responsibilities, HRQ 25 (2003), S. 314–342.

Meng, Werner	Gedanken zur Frage unmittelbarer Anwendung von WTO-Recht in der EG, in: Beyerlin, Ulrich u. a. (Hrsg.), Recht zwischen Umbruch und Bewahrung, Festschrift für Rudolf Bernhardt, Berlin 1995, S. 1063–1086.
Meyer, Frank	Lost in Complexity – Gedanken zum Rechtsschutz gegen Smart Sanctions in der EU, ZEuS 2007, S. 1–69.
Meyer, Frank	EU Terrorism Lists in the Eye of the Rule of Law, eucrim 2008, S. 81–88.
Meyer, Frank/Macke, Julia	Rechtliche Auswirkungen der Terrorlisten im deutschen Recht, HRRS 2007, S. 445–465.
Meyer-Ladewig, Jens	Europäische Menschenrechtskonvention. Handkommentar, 3. Auflage, Baden-Baden 2011.
Meyer-Ohlendorf, Nils	Gerichtliche Kontrolle des Sicherheitsrates der Vereinten Nationen durch den Internationalen Gerichtshof. Kann der IGH die Rechtmäßigkeit von Zwangsmaßnahmen nach Kap. VII UNO-Charta kontrollieren?, Berlin 2000.
Möllers, Christoph	Das EuG konstitutionalisiert die Vereinten Nationen, EuR 2006, S. 426–431.
Müller-Ibold, Till	Die Begründungspflicht im europäischen Gemeinschaftsrecht und im deutschen Recht. Eine rechtsvergleichende Untersuchung, Frankfurt a. M. 1990.
Müller-Michaels, Olaf	Grundrechtlicher Eigentumsschutz in der Europäischen Union: das Eigentumsgrundrecht in der EU, in der EMRK und in den Verfassungen Deutschlands, Italiens und Irlands, Berlin 1997.
Von Münch, Ingo/ Kunig, Philip	Grundgesetz. Kommentar. Band 1: Präambel bis Art. 69, 6. Auflage, München 2012.
Nettesheim, Martin	Das kommunitäre Völkerrecht, JZ 2002, S. 569–578.
Nettesheim, Martin	UN Sanctions against Individuals – A Challenge to the Architecture of European Union Governance, CMLRev. 44 (2007), S. 567–600.

Nicolaysen, Gert | Autonome Handelspolitik der EWG, in: v. Münch (Hrsg.), Staatsrecht – Völkerrecht – Europarecht. Festschrift für Hans-Jürgen Schlochauer zum 75. Geburtstag, Berlin 1981, S. 855–876.

Nowak, Carsten | Europarecht nach Lissabon, Baden-Baden 2011.

Oberthür, Karlheinz | Der Anspruch des deutschen Staatsangehörigen auf diplomatischen und konsularischen Schutz gegenüber anderen Staaten, Köln 1965.

Oberwexer, Walter | Gerichtssystem und Rechtsschutz, in: Hummer, Waldemar/Oberwexer, Walter (Hrsg.), Der Vertrag von Lissabon, Baden-Baden 2009, S. 237–266.

O'Connell, Mary Ellen | Debating the Law of Sanctions, EJIL 2002, S. 63–79.

Oetjen, Dirk | Möglichkeiten und Grenzen von UN-Sanktionen (nichtmilitärischen Zwangsmaßnahmen) zur Friedenssicherung und friedlichen Streitbeilegung, Arbeitspapiere zu Problemen der Internationalen Politik und der Entwicklungsländerforschung Nr. 45/2006, München 2006.

Oette, Lutz | Die Vereinbarkeit der vom Sicherheitsrat nach Kapitel VII der UN-Charta verhängten Wirtschaftssanktionen mit den Menschenrechten und dem humanitären Völkerrecht, Frankfurt a. M. 2003.

Ohler, Christoph | Die Verhängung von „smart sanctions" durch den UN-Sicherheitsrat – eine Herausforderung für das Gemeinschaftsrecht, EuR 2006, S. 848–865.

Ohler, Christoph | Gemeinschaftsrechtlicher Rechtsschutz gegen personengerichtete Sanktionen des UN-Sicherheitsrats, EuZW 2008, S. 630–633.

Oppermann, Thomas/Classen, Claus Dieter/Nettesheim, Martin | Europarecht. Ein Studienbuch, 5. Auflage, München 2011.

Osteneck, Kathrin | Die Umsetzung von UN-Wirtschaftssanktionen durch die Europäische Gemeinschaft, Berlin 2004.

Pache, Eckhard	Keine Vorlage ohne Anfechtung?, EuZW 1994, S. 615–620.
Pache, Eckhard	Tatbestandliche Abwägung und Beurteilungsspielraum. Zur Einheitlichkeit administrativer Entscheidungsfreiräume und zu deren Konsequenzen im verwaltungsgerichtlichen Verfahren – Versuch einer Modernisierung, Tübingen 2001.
Payandeh, Mehrdad	Rechtskontrolle des UN-Sicherheitsrates durch staatliche und überstaatliche Gerichte, ZaöRV 66 (2006), S. 41–71.
Payandeh, Mehrdad	State-Building im Friedenssicherungssystem der Vereinten Nationen. Völkerrechtliche Rahmenbedingungen einer neuen Herausforderung für die internationale Gemeinschaft, HuV 2005, S. 253–263.
Pech, Laurent	"Trying to Have it Both Ways" – On the First Judgments of the Court of First Instance Concerning EC Acts Adopted in the Fight against International Terrorism, Irish HRLRev. 2007, http://ssrn.com/abstract=915386 (zuletzt aufgerufen am 06.04.2012).
Pechstein, Matthias	Das Kohärenzgebot als entscheidende Integrationsdimension der Europäischen Union, EuR 1995, S. 247–258.
Pechstein, Matthias	EU-/EG-Prozessrecht, 4. Auflage, Tübingen 2011.
Pechstein, Matthias/ Koenig, Christian	Die Europäische Union, Tübingen 2000.
Pechstein, Matthias/ Kubicki, Philipp	Gültigkeitskontrolle und Bestandskraft von EG-Rechtsakten, NJW 2005, S. 1825–1829.
Pescatore, Pierre	L'Ordre Juridique des Communautés Européennes. Etude des Sources du Droit Communautaire, Liege 1975.
Pescatore, Pierre	External Relations in the Case-law of the Court of Justice of the European Communities, CMLRev. 16 (1979), S. 615–645.

Peters, Anne — The Position of International Law Within the European Community Legal Order, GYIL 40 (1997), S. 9–77.

Petersmann, Ernst-Ulrich — Auswärtige Gewalt, Völkerrechtspraxis und Völkerrechtsbindungen der Europäischen Wirtschaftsgemeinschaft, ZaöRV 35 (1975), S. 213–281.

Petersmann, Ernst-Ulrich — Internationale Wirtschaftssanktionen als Problem des Völkerrechts und des Europarechts, ZVglRWiss 1981 S. 1–28.

Pfeiffer, Kathrin/Schneider, Patricia — Menschenrechte gelten doch auch für Terrorverdächtige. Das Urteil des EuGH zur Umsetzung von VN-Sicherheitsrats-Resolutionen und die Auswirkungen auf die Terrorismusbekämpfung durch gezielte Sanktionen mit Hilfe von Terrorlisten, Hamburger Informationen zur Friedensforschung und Sicherheitspolitik, Ausgabe 44, Hamburg 12/2008.

Pichon, Jakob — Internationaler Strafgerichtshof und Sicherheitsrat der Vereinten Nationen: Zur Rolle des Sicherheitsrats bei der Verfolgung völkerrechtlicher Verbrechen durch den IStGH, Heidelberg 2010.

Pieroth, Bodo/Schlink, Bernhard — Grundrechte. Staatsrecht II, 27. Auflage, Heidelberg 2011.

Pischel, Gerhard — Die unmittelbare Anwendung von Völkerrecht in der Rechtsordnung der Europäischen Gemeinschaft, JA 2001, S. 578–582.

Portela, Clara — Sanktionen der EU. Wirksamkeit durch Stigmatisierung?, SWP-Aktuell 63, November 2007.

Rackow, Peter/Stegmiller, Ignaz — „Intelligente Sanktionen" zur Terrorbekämpfung – Yusuf, Kadi, Ayadi und Hassan vor dem EuG, HuV 2007, S. 68–78.

Randelzhofer, Albrecht — Der normative Gehalt des Friedensbegriffs im Völkerrecht der Gegenwart: Möglichkeiten und Grenzen seiner Operationalisierung, in: Delbrück, Jost (Hrsg.), Völkerrecht und Kriegsverhütung, Berlin 1979, S. 14–39.

Rauschning, Dietrich	Das Schicksal völkerrechtlicher Verträge bei der Änderung des Status ihrer Partner, Hamburg 1963.
Recker, Sebastian	European Court of Justice Secures Fundamental Rights from UN Security Council Resolutions, GoJIL 1 (2009), S. 159–178.
Reich, Johannes	Due Process and Sanctions Targeted Against Individuals Pursuant to Resolution 1267 (1999), YJIL 33 (2008), S. 505–511.
Reinisch, August	Developing Human Rights and Humanitarian Law Accountability of the Security Council for the Imposition of Economic Sanctions, AJIL 95 (2001), S. 851–872.
Reinisch, August	Das Jugoslawien-Tribunal der Vereinten Nationen und die Verfahrensgarantien des II. VN-Menschenrechtspaktes. Ein Beitrag zur Frage der Bindung der Vereinten Nationen an nicht-ratifiziertes Vertragsrecht, Austrian JPIL 47 (1995), S. 173–213.
Reisman, W. Michael	The Constitutional Crisis in the United Nations, AJIL 87 (1993), S. 83–100.
Rengeling, Hans-Werner	Die wirtschaftsbezogenen Grundrechte in der Grundrechtecharta, in: J. Schwarze (Hrsg.), Der Verfassungsentwurf des Europäischen Konvents – Verfassungsrechtliche Grundstrukturen und wirtschaftsverfassungsrechtliches Konzept, Baden-Baden 2004, S. 331–362.
Rengeling, Hans-Werner/ Middeke, Andreas/Gellermann, Martin (Hrsg.)	Handbuch des Rechtsschutzes in der Europäischen Union, 2. Auflage, München 2003.
Ress, Georg	Ist die Europäische Union eine juristische Person?, in: Ress, Georg/Schwarze, Jürgen/Stein, Torsten (Hrsg.), Die Organe der Europäischen Union im Spannungsfeld zwischen Gemeinschaft und Zusammenarbeit, EuR 1995 Beiheft 2, S. 27–40.

Ress, Hans Konrad	Das Handelsembargo, Berlin 2000.
Richter, Stefan	Die Assoziierung osteuropäischer Staaten durch die Europäischen Gemeinschaften. Eine Untersuchung der rechtlichen Grundlagen der Vertragsgestaltung zwischen den Europäischen Gemeinschaften und Polen, Ungarn und der Tschechoslowakei, Berlin 1993.
Rossi, Matthias	Gemeinschaftsrechtlicher Grundrechtsschutz gegen europarechtlich umgesetzte VN-Sanktionen, ZJS 2008, S. 551–553.
Sachs, Michael (Hrsg.)	Grundgesetz. Kommentar, 6. Auflage, München 2011.
Sari, Aurel	The relationship between Community law and international law after *Kadi*, in: Happold (Hrsg.), International Law in a Multipolar World, London 2012.
Sauer, Heiko	Rechtsschutz gegen völkerrechtsdeterminiertes Gemeinschaftsrecht? – Die Terroristenlisten vor dem EuGH, NJW 2008, S. 3685–3688.
Schermers, Henry G./ Blokker, Niels M.	International Institutional Law. Unity within Diversity, 4. Auflage, Leiden 2003.
Scheuing, Dieter	Die neue Verfassung der Europäischen Union: Über die Rechtsstaatlichkeit, in: Zuleeg, Manfred (Hrsg.), Die neue Verfassung der Europäischen Union, Baden-Baden 2006, S. 91–105.
Schilken, Eberhard	Gerichtsverfassungsrecht, 4. Auflage, Köln 2007.
Schilling, Theodor	Die „neue Weltordnung" und Souveränität der Mitglieder der Vereinten Nationen, AVR 33 (1995), S. 67–106.
Schilling, Theodor	Der Schutz der Menschenrechte gegen Beschlüsse des Sicherheitsrats. Möglichkeiten und Grenzen, ZaöRV 64 (2004), S. 343–362.
Schlarmann, Hans/Spiegel, Jan-Peter	Terror und kein Ende – Konsequenzen der EG-Verordnungen zur Bekämpfung des internationalen Terrorismus für in Deutschland tätige Unternehmen, NJW 2007, S. 870–875.

Schmahl, Stefanie	Effektiver Rechtsschutz gegen „targeted sanctions" des UN-Sicherheitsrats?, EuR 2006, S. 566–576.
Schmalenbach, Kirsten	Normentheorie vs. Terrorismus: Der Vorrang des UN-Rechts vor EU-Recht, JZ 2006, S. 349–353.
Schmalenbach, Kirsten	Bedingt kooperationsbereit: Der Kontrollanspruch des EuGH bei gezielten Sanktionen der Vereinten Nationen. Zum Urteil des EuGH vom 3.9.2008, Rs. C 402/05 u. C 415/05 – Kadi und Al Barakaat, JZ 2009, S. 35–43.
Schneider, Hannes C.	Die Charter der Vereinten Nationen und das Sonderrecht für die im Zweiten Weltkrieg unterlegenen Nationen (Artikel 53 und 107), Bonn 1967.
Schneider, Henning C.	Wirtschaftssanktionen. Die VN, EG und Bundesrepublik Deutschland als konkurrierende Normgeber beim Erlass paralleler Wirtschaftssanktionen, Berlin 1999.
Schoch, Friedrich/ Schmidt-Aßmann, Eberhard/Pitzner, Rainer	Verwaltungsgerichtsordnung. Kommentar, München, Stand: September 2011.
Scholz, Tobias B.	Die „Antiterrorliste" des Sicherheitsrats der Vereinten Nationen, NVwZ 2009, S. 287–289.
Schreuer, Christoph	Die Bindung Internationaler Organisationen an völkerrechtliche Verträge ihrer Mitgliedstaaten, in: Ginther, Konrad u. a. (Hrsg.), Völkerrecht zwischen normativem Anspruch und politischer Realität, Festschrift für Karl Zemanek zum 65. Geburtstag, Berlin 1994, S. 223–250.
Schroeder, Werner/ Selmayr, Martin	Die EG, das GATT und die Vollzugslehre, JZ 1998, S. 344–349.
Schulte, Dominik	Der Schutz individueller Rechte gegen Terrorlisten. Internationale, europäische und nationale Menschenrechtsstandards im Spannungsverhältnis zwischen effektiver Terrorismusbekämpfung und notwendigem Individualrechtsschutz, Baden-Baden 2010.

Schwarze, Jürgen	Die EWG in ihren völkerrechtlichen Beziehungen. Grundfragen und aktuelle Rechtsprobleme, NJW 1979, S. 456–462.
Schwarze, Jürgen	Der Schutz des Gemeinschaftsbürgers durch allgemeine Verwaltungsrechtsgrundsätze im EG-Recht, NJW 1986, S. 1067–1073.
Schwarze, Jürgen	Europäisches Verwaltungsrecht. Entstehung und Entwicklung im Rahmen der Europäischen Gemeinschaft, 2. Auflage, Baden-Baden 2005.
Schwarze, Jürgen (Hrsg.)	EU-Kommentar, 2. Auflage, Baden-Baden 2009.
Schwarzenberger, Georg	International Law as Applied by International Courts and Tribunals, Vol. III, London 1976.
Schweigman, David	The Authority of the Security Council under Chapter VII of the UN Charter. Legal Limits and the Role of the International Court of Justice, The Hague 2001.
Schweitzer, Michael/ Hummer, Waldemar	Europarecht. Das Recht der Europäischen Union – Das Recht der Europäischen Gemeinschaften (EGKS, EG, EAG) – mit Schwerpunkt EG, Neuwied 1996.
Seidl-Hohenveldern, Ignaz/Loibl, Gerhard	Das Recht der Internationalen Organisationen einschließlich der Supranationalen Gemeinschaften, Köln 2000.
Simma, Bruno (Hrsg.)	The Charter of the United Nations. A Commentary, Oxford 2002.
Spaventa, Eleanor	Fundamental What? The Difficult Relationship between Foreign Policy and Fundamental Rights, in: Cremona, Marise/de Witte, Bruno (Hrsg.), EU Foreign Relations Law. Constitutional Fundamentals, Oxford 2008, S. 233–255.
Starck, Dorothee	Die Rechtmäßigkeit von UNO-Wirtschaftssanktionen in Anbetracht ihrer Auswirkungen auf die Zivilbevölkerung, Berlin 2000.
Stein, Torsten	Die Gemeinsame Außen- und Sicherheitspolitik der Union unter besonderer Berücksichtigung der Sanktionsproblematik, Graz 1993.

Stein, Torsten	Außenpolitisch motivierte (Wirtschafts-) Sanktionen der Europäischen Union – nach wie vor eine rechtliche Grauzone?, in: Beyerlin, Ulrich u. a. (Hrsg.), Recht zwischen Umbruch und Bewahrung, Festschrift für Rudolf Bernhardt, Berlin 1995, S. 1129–1141.
Stein, Torsten	„Bananen-Split“ – Entzweien sich BVerfG und EuGH über den Bananenstreit?, EuZW 1998, S. 261–264.
Stein, Torsten/von Buttlar, Christian	Völkerrecht, 12. Auflage, München 2009.
Steinbarth, Sebastian	Individualrechtsschutz gegen Maßnahmen der EG zur Bekämpfung des internationalen Terrorismus, ZEuS 2006, S. 269–285.
Stenhammar, Fredrik	United Nations Targeted Sanctions, the International Rule of Law and the European Court of Justice's Judgement in *Kadi* and *al-Barakaat*, NJIL 79 (2010), S. 113–140.
Streinz, Rudolf (Hrsg.)	EUV/EGV. Vertrag über die Europäische Union und Vertrag zur Gründung der Europäischen Gemeinschaft, München 2003.
Streinz, Rudolf (Hrsg.)	EUV/AEUV. Vertrag über die Europäische Union und Vertrag über die Arbeitsweise der Europäischen Union, 2. Auflage, München 2012.
Streinz, Rudolf	Europarecht, 8. Auflage, Heidelberg 2008.
Streinz, Rudolf/Ohler, Christoph/Herrmann, Christoph	Der Vertrag von Lissabon zur Reform der EU. Einführung mit Synopse, 2. Auflage, München 2008.
Tappeiner, Imelda	The fight against terrorism. The list and the gaps, UtrechtLRev. 1 (2005), S. 97–125.
Thiele, Alexander	Individualrechtsschutz vor dem Europäischen Gerichtshof durch die Nichtigkeitsklage, Baden-Baden 2006.

Thun-Hohenstein, Christoph	Handelsbeschränkungen durch UN-Beschlüsse und Ratsbeschlüsse im Rahmen der Gemeinsamen Außen- und Sicherheitspolitik, ihre Wirkungen für die EG und Österreich, ZfRV 1996, S. 238–245.
Tietje, Christian/ Hamelmann, Sandy	Gezielte Finanzsanktionen der Vereinten Nationen im Spannungsverhältnis zum Gemeinschaftsrecht und zu Menschenrechten – EuG, BeckRS 2005, 70726, JuS 2006, S. 299–302.
Tomuschat, Christian	Die Europäische Union unter der Aufsicht des Bundesverfassungsgerichts, EuGRZ 1993, S. 489–496.
Tomuschat, Christian	Case Note, CMLRev. 43 (2006), S. 537–551.
Tomuschat, Christian	Die Europäische Union und ihre völkerrechtliche Bindung, EuGRZ 2007, S. 1–12.
Tridimas, Takis/ Gutiérrez-Fons, José A.	EU Law, International Law and Economic Sanctions against Terrorism: The Judiciary in Distress?, FILJ 31 (2009), S. 660–730.
Tzanou, Maria	Case-note on Joined Cases C-402/05 P & C-415/05 P Yassin Abdullah Kadi & Al Barakaat International Foundation v. Council of the European Union & Commission of the European Communities, GLJ 10 (2009), S. 123–154.
van Panhuys, Jonkheer H. F.	Conflicts between the Law of the European Communities and other Rules of International Law, CMLRev. 3 (1965/66), S. 420–449.
Vedder, Christoph	Rechtswirkungen von Assoziationsratsbeschlüssen. Die Kus-Entscheidung des EuGH, EuR 1994, S. 202–214.
Vedder, Christoph/ Heintschel von Heinegg, Wolff (Hrsg.)	Europäischer Verfassungsvertrag, Baden-Baden 2007.
Vennemann, Nicola	Country Report on the European Union, in: Walter, Christian u. a. (Hrsg.), Terrorism as a Challenge for National and International Law: Security versus Liberty?, Berlin 2004, S. 216–266.

Verdross, Alfred/Simma, Bruno | Universelles Völkerrecht. Theorie und Praxis, 4. Auflage, Berlin 2010.

Wahl, Katja | Rechtsschutz gegen Individualsanktionen der UN am Beispiel der Finanzsanktionen des Taliban-Sanktionsregimes, Berlin 2009.

Watson, Geoffrey R. | Constitutionalism, Judicial Review, and the World Court, HarvILJ 34 (1993), S. 1–45.

Weber, Claus | Wirtschaftsabkommen im System der Europäischen Gemeinschaft – Die Rechtsprechung des Europäischen Gerichtshofs, AVR 35 (1997), S. 295–315.

Winkler, Sebastian | Der Beitritt der Europäischen Gemeinschaften zur Europäischen Menschenrechtskonvention, Baden-Baden 2000.

Winter, J. A. | Direct Applicability and Direct Effect. Two Distinct and Different Concepts in Community Law, CMLRev. 9 (1972), S. 425–438.

Wolfrum, Rüdiger/Philipps, Christiane E. | The Status of the Taliban: Their Obligations and Rights under International Law, Max Planck UNYP 2002, S. 559–601.

Wünschmann, Antje | Geltung und Gerichtliche Geltendmachung Völkerrechtlicher Verträge im Europäischen Gemeinschaftsrecht, Berlin 2003.

Zeleny, Klaus | Zur Verhängung von Wirtschaftssanktionen durch die EU, ZÖR 1997, S. 197–232.

Zuleeg, Manfred | Die innerstaatliche Anwendbarkeit völkerrechtlicher Verträge am Beispiel des GATT und der Europäischen Sozialcharta, ZaöRV 35 (1975), S. 341–363.

Einleitung

Mit der Entscheidung des EuG vom 30.09.2010[1] hat zum zweiten Mal ein europäisches Gericht einen Rechtsakt, mit dem die Konten des saudischen Geschäftsmannes Abdullah Kadi eingefroren wurden, für nichtig erklärt. Mit diesem Urteil hat eine seit 11 Jahren schwelende Auseinandersetzung zwischen Kadi und der EU ihren nächsten Höhepunkt erreicht, jedoch nur ein vorläufiges Ende gefunden. Die Kommission hat bereits Rechtsmittel zum EuGH eingelegt.[2]

Die Anfänge dieser Auseinandersetzung liegen im Jahre 2001. Damals geriet Kadi in das Visier von Terrorermittlern, die in ihm einen Unterstützer des Terrornetzwerks Al-Qaida vermuteten. Auf Geheiß der UN fror die EU die Konten von Kadi ein. Für den Kläger bedeutet dies, dass ihm nur noch die finanziellen Mittel, die er zur Deckung seines Grundbedarfs an Lebensmitteln, Kleidung und sonstigen Dingen des täglichen Lebens benötigt, zur Verfügung stehen. Gleichzeitig verursacht seine Brandmarkung als Unterstützer des internationalen Terrorismus in sozialer Hinsicht schwerwiegende Folgen.[3] Diese Folgen machen – insbesondere angesichts bereits vorgekommener Personenverwechslungen – eine unabhängige Kontrolle einer solchen Maßnahme unerlässlich. Doch welche Stelle ist für die Kontrolle zuständig? Wer vermag jemandem wie Kadi Rechtsschutz zu gewähren? Diese Fragen stellen sich umso mehr, wenn man bedenkt, dass Initiator dieser Maßnahme gegen Kadi nicht die EU selbst ist, sondern sie „eins zu eins" auf den UN-Sicherheitsrat zurückzuführen ist, der die Verhängung der Sanktionen gegen Kadi forderte. Gegen den Umsetzungsakt der EU erhob Kadi noch im selben Jahr Klage vor dem EuG. Dieser wies die Klage jedoch ab, da er der Auffassung war, dass die EU bei einer „Eins zu Eins"-Umsetzung von UN-Resolutionen nicht an die Unionsgrundrechte gebunden sei.[4] Gegen diese aus Rechtsschutzgesichtspunkten unbefriedigende Entscheidung legte Kadi Rechtsmittel zum EuGH ein. Mit dessen Entscheidung vom September 2008 erreichte der Streit seinen ersten Höhepunkt. Der EuGH stellt sich ausdrücklich gegen das EuG und sprach sich für eine Grundrechtsbindung der EU bei der Umsetzung von UN-Sanktionsmaßnahmen aus. Folgerichtig hob er

1 EuG, Rs. T-85/09, *Kadi II.*

2 EuGH, Rs. C-584/10, *Kadi II.*

3 Vgl. UK Supreme Court, *Ahmed and Others*, 2010 UKSC 2, Rn. 31f.

4 EuG, Rs. T-315/01, *Kadi*, Slg. 2005, II-3649.

die Sanktionen gegen Kadi auf.[5] Eine zufriedenstellende abschließende Antwort auf die Umsetzungsproblematik vermochte jedoch auch der EuGH in diesem Urteil nicht zu geben. Dies zeigte sich wenig später, als die EU in verfahrensrechtlicher Hinsicht nachbesserte und die Konten von Kadi erneut einfror, was zur zweiten, o.g. Klage von Kadi führte.

Die Rechtsstreitigkeiten zwischen Kadi und der EU stehen stellvertretend für zahlreiche weitere Auseinandersetzungen bei der Umsetzung auch anderer UN-Sanktionsregime in der EU.[6] Sie sind darauf zurückzuführen, dass Sanktionen nicht mehr ausschließlich gegen Staaten verhängt werden, sondern zunehmend private Personen und Einrichtungen Adressaten von Zwangsmaßnahmen sind. Ihnen wird die Einreise in andere Staaten verboten und die Verfügung über ihr Vermögen verwehrt. Dieser Änderung der Sanktionspraxis liegen im Wesentlichen zwei Erkenntnisse zugrunde: Zum einen hat sich nach dem Irak-Embargo gezeigt, dass umfassende und undifferenzierte Wirtschaftssanktionen gegen einzelne Staaten wenig effektiv sind und zu schwerwiegenden humanitären Schäden bei der Zivilbevölkerung führen. Zum anderen hat man realisiert, dass Bedrohungen des Friedens und der internationalen Sicherheit nicht mehr länger von Staaten, sondern von Einzelpersonen ausgehen.

Durch diese Individualsanktionen rückt das Individuum in den Mittelpunkt des internationalen Sanktionssystems. Dieses System war bislang von zwischenstaatlichen Sanktionen geprägt. Es ist deshalb nicht darauf ausgerichtet, die Individualrechte der Adressaten zu beachten. Die staatlichen Adressaten konnten sich gegen die Sanktionen durch Konsultationen auf Regierungsebene wehren. Dementsprechend sind die Verfahrensrechte und Überprüfungsmechanismen in diesem Bereich nur unzureichend entwickelt. Angesichts dieses Rechtsschutzdefizits auf UN-Ebene bleibt den Betroffenen keine andere Möglichkeit als die Ausführungsakte der EU anzugreifen, obwohl Initiator und „Herr der Maßnahmen" eigentlich der UN-Sicherheitsrat ist. Kernfrage aller rechtlichen Auseinandersetzungen ist daher stets das Verhältnis der Unionsrechtsordnung zur UN-Charta. In dieser Frage vertraten beide Unionsgerichte diametral entgegengesetzte Auffassungen und auch in seiner zweiten Kadi-Entscheidung hat das EuG erneut Zweifel an der Auffassung des Gerichtshofs gehegt und diese wie es scheint nur widerwillig übernommen. Da dieses Verhältnis der

5 EuGH, verb. Rs. C-402/05 u. C-415/05, *Kadi und Al Barakaat International Foundation*, Slg. 2008, I-6351.

6 z. B. EuG, Rs. T-362/04, *Minin*, Slg. 2007 II-2003; EuG, Rs. T-316/11, *Morokro.*

Rechtsordnungen für die Rechtsschutzmöglichkeiten der Betroffenen entscheidend ist, legt diese Untersuchung hierauf ein besonderes Augenmerk.

Ungeachtet dieser fortdauernden Debatte werden nach der Entscheidung des EuGH die von der UN veranlassten Listungen durch die Unionsgerichte kontrolliert. Hinsichtlich Kontrollumfang und -dichte sowie Rechtsgrundlagen innerhalb der EU stellen sich dabei die grundsätzlich gleichen rechtlichen Fragen wie bei den autonomen EU-Sanktionsregimen. Auch dort bestehen im Hinblick auf die Rechtsschutzmöglichkeiten rechtliche Unsicherheiten. Dies haben die Urteile der Unionsgerichte in den Fällen *Gestoras Pro Amnistia*,[7] *OPMI/PMOI*[8] oder jüngst *Tay Za*[9] gezeigt. Um die Rechtschutzmöglichkeiten innerhalb EU auf dem Gebiet der Sanktionen umfassend rechtlich würdigen zu können, ist es daher angezeigt, auch diese autonomen Sanktionen in den Blick zu nehmen. Dies gilt umso mehr, als einerseits die Auswirkungen für die Betroffenen identisch sind. Andererseits weil die EU vielfach bei Konfliktlagen, bei denen bereits die UN tätig geworden ist, nach den gleichen Kriterien zusätzliche eigenständige Sanktionen verhängt hat. Es kann daher vom reinen Zufall abhängen, ob eine Person oder Einrichtung von einem UN- oder EU-Sanktionsregime erfasst wird. Auch aus der Perspektive der Betroffenen sind die Auswirkungen unabhängig vom Urheber der Sanktionen gleichermaßen dramatisch. Die vorliegende Untersuchung der Rechtsschutzmöglichkeiten gegen die Individualsanktionen betrachtet daher anders als bisherige Arbeiten sowohl die UN-determinierten Sanktionen als auch die autonomen EU-Sanktionen.

Zunächst wird deshalb die gegenwärtige Sanktionspraxis der UN und der Europäischen Union dargestellt und der Funktionsmechanismus der Individualsanktionen erläutert. Das hieran anschließende Kapitel untersucht das Verhältnis des UN-Rechts zur Rechtsordnung der EU, da der Umstand, dass ein Großteil der Individualsanktionen in der EU ihren Ursprung auf UN-Ebene hat, die Rechtsschutzmöglichkeiten der Betroffenen beeinflusst. Dabei wird insbesondere eine Pflicht der EU zur Umsetzung der UN-Sanktionsbeschlüsse sowie deren Rang innerhalb der Unionsrechtsordnung betrachtet. Hierauf folgt eine rechtliche Bewertung der Finanzsanktionen, bevor als Schwerpunkt der Arbeit Rechtsschutzmöglichkeiten gegen sie erörtert werden. Hierbei wird

---

7 EuGH, Rs. C-354/04 P, *Gestoras Pro Amnistia u. a.*, Slg. 2007, I-1579.

8 EuG, Rs. T-228/02, *Organisation des Modjahedines du peuple d'Iran*, Slg. 2006, II-4665; Rs. T-256/07, *PMOI*, Slg. 2008 II-03019; Rs. T-284/08, *PMOI II*, Slg. 2008 II-03487; EuGH, Rs. C-27/09, *PMOI II*.

9 EuG, Rs. T-181/08, *Tay Za*, Slg. 2010, S. 1965, Rn. 84f, 136f; EuGH, Rs. C-376/10 P, *Tay Za*, Rn. 27.

sowohl zwischen völkerrechtlicher, unionsrechtlicher und nationaler Ebene, als auch zwischen den rechtlichen und tatsächlichen Wirkungen unterschieden. Abschließend werden Möglichkeiten diskutiert, wie aufgezeigte Rechtsschutzdefizite beseitigt werden können.

Kapitel 1: Die gegenwärtige Sanktionspraxis

Der Erlass von Sanktionen ist ein komplexes Verfahren, bei dem es auf das Zusammenspiel verschiedener Rechtsebenen ankommt. Um die Rechtsschutzmöglichkeiten gegen diese Maßnahmen beurteilen zu können, bedarf es deshalb zunächst einer näheren Betrachtung der gegenwärtigen Sanktionsregime sowie ihres Funktionsmechanismus. Dabei soll untersucht werden, in welchem Umfang Individualsanktionen in der EU zum Einsatz kommen und wie sich ihre Funktionsweise gestaltet. Da die EU nicht nur eigenständig Sanktionen verhängt, sondern auch die der UN umsetzt und dies häufig parallel zu dem gleichen Konflikt geschieht, werden vor den autonomen EU-Sanktionsregimen zunächst die Sanktionsregime der UN betrachtet.

A. Die Sanktionsregime der UN

Der Sicherheitsrat erlässt die Individualsanktionen auf Grundlage von Art. 39 i. V. m. Art. 41 UN-Charta.

I. Entstehung

Bis zum Ende des Kalten Kriegs bildeten Sanktionen der Vereinten Nationen auf dieser Grundlage die Ausnahme. Der Sicherheitsrat verhängte während dieser Zeit nur in zwei Fällen gegen Mitgliedstaaten Zwangsmaßnahmen nach Kapitel VII der UN-Charta.[10] Die rechtswissenschaftliche Auseinandersetzung betraf in diesen Fällen die Frage der Kompetenz des Sicherheitsrates zum Erlass solcher Maßnahmen.[11]

Nach dem Ende des Ost-West-Konflikts und seiner damit verbundenen Blockade nutzte der Sicherheitsrat das Instrument der Sanktion dann in zunehmendem Maße. Von 1990 bis 1994 errichtete er gegen acht Mitgliedstaaten Sanktionsregime nach Kapitel VII UN-Charta.[12] Dabei rückte im Zuge dieser Maßnahmen die Frage der Effektivität und humanitären Folgen der Sanktionen zunehmend in

10 Südrhodesien: S/RES/232 (1966); Südafrika: S/RES/418 (1977).

11 O'Connell, EJIL 2002, S. 63, 64ff.

12 Irak: S/RES/661 (1990); Jugoslawien: S/RES/713 (1991); Somalia: S/RES/733 (1992); Libyen: S/RES/748 1992); Liberia: S/RES/788 (1992); Haiti: S/RES/841 (1993); Ruanda: S/RES/918 (1994); Angola: S/RES/864 (1993).

den Mittelpunkt der Diskussion.[13] Deren Ergebnis war eine inhaltliche Änderung der Sanktionen. Um negative humanitäre Folgen für die Zivilbevölkerung des betroffenen Staates zu vermeiden, beschloss der Sicherheitsrat keine umfassenden Wirtschaftsembargos gegen Mitgliedstaaten mehr. Vielmehr richteten sich die Zwangsmaßnahmen nun gegen Mitglieder der Regierung des betroffenen Staates bzw. de-facto-Regimes oder gegen mit diesen verbundene Personen. Ziel der Zwangsmaßnahmen war somit nicht mehr die gesamte Bevölkerung, sondern nur noch einzelne regierungsangehörige oder -nahe Personen oder Einrichtungen. Diese neue Form der Sanktion wird als „gezielte" bzw. „intelligente" Sanktion bezeichnet.[14] Als Sanktionsinstrumente lassen sich dabei das Einfrieren von Konten und Reiseverbote unterscheiden.

Im Rahmen dieser Individualsanktionen ist allerdings seit den Anschlägen des 11. September 2001 eine neue Entwicklung im Hinblick auf den Sanktionsadressaten zu beobachten. Mit den in Reaktion auf diese Tat verhängten Sanktionen gegen Mitglieder des Terrornetzwerkes Al-Qaida verzichtete der Sicherheitsrat erstmals auf einen geographischen Anknüpfungspunkt für seine Sanktionsmaßnahmen.[15] Eine ähnliche Entwicklung zeichnet sich seither auch in den Sanktionsregimen mit territorialem Anknüpfungspunkt ab. Dort lässt sich beobachten, dass die Anforderungen an die Verbindung zur Regierung des Staates oder de-facto-Regimes und damit auch an den territorialen Anknüpfungspunkt gelockert werden. So müssen Personen und Einrichtungen in vielen Sanktionsregimen nicht mehr mit der Regierung verbunden sein, sondern es genügt, dass sie gegen eine bestehende Sanktion verstoßen (sog. sekundäre Sanktion).[16]

II. Politischer Hintergrund

Zu Beginn des Jahres 2012 existieren auf Ebene der Vereinten Nationen zwölf Sanktionsregime, deren politischer Hintergrund nachfolgend dargestellt wird.

1. Somalia und Eritrea

In Somalia brach 1988 ein Bürgerkrieg zwischen den verschiedenen Clans des Landes aus, der nach dem Sturz des Präsidenten Siad Barre im Jahre 1991

13 O'Connell, EJIL 2002, S. 63, 67ff.
14 Vgl. O'Connell, EJIL 2002, S. 63, 70; SC/6845 v. 17.04.2000.
15 S/RES/1390 (2002).
16 Vgl. beispielsweise unten II. 6.

weiter eskalierte. Aufgrund des Konflikts kam es zu einer Hungersnot großen Ausmaßes, auf die die Weltöffentlichkeit Anfang 1992 aufmerksam wurde.[17] Auf Antrag Somalias[18] befasste sich der Sicherheitsrat mit der Situation und errichtete ein Sanktionsregime nach Kapitel VII UN-Charta, um ein Ende der Kampfhandlungen zu erreichen. Es umfasste ein gegen den Staat Somalia gerichtetes allgemeines Waffenembargo, welches von wenigen Ausnahmen abgesehen über anderthalb Jahrzehnte unverändert blieb.[19] Erst im Jahre 2008 fügte der Sicherheitsrat dem territorialen Waffenembargo individuelle Sanktionsmaßnahmen hinzu, die in dieser Form auch noch zu Beginn des Jahres 2012 bestehen. Sie beinhalten das Einfrieren von Vermögensgegenständen sowie Reisebeschränkungen gegen Personen bzw. Einrichtungen, die den Frieden, die Sicherheit oder Stabilität in Somalia bedrohen, gegen das Waffenembargo verstoßen, humanitäre Hilfsmaßnahmen behindern, unter Verstoß gegen das Völkerrecht Kinder in Somalia in bewaffneten Konflikten einsetzen sowie gezielte Menschenrechtsverletzungen gegenüber Zivilpersonen begehen.[20] Nachdem eine vom Sicherheitsrat eingesetzte Überwachungsgruppe für Somalia festgestellt hatte, dass Handlungen des somalischen Nachbarstaats Eritrea den Frieden und die Aussöhnung in Somalia untergraben, wurden das Waffenembargo sowie die Finanz- und Reisesanktionen im Jahre 2009 auf politische und militärische Führer Eritreas sowie mit ihnen verbundene Personen und Einrichtungen, die die Lage in der Region destabilisieren, ausgedehnt.[21]

2. Al-Qaida-Netzwerk

Nach dem Abzug der sowjetischen Truppen brach in Afghanistan ein Bürgerkrieg zwischen rivalisierenden Mudschaheddin-Gruppen aus. Mitte der 1990er Jahre schließlich gelang es der islamisch-fundamentalistischen Gruppierung der Taliban, ca. 90–95 % des afghanischen Territoriums unter ihre Herrschaft zu bringen und ihre Macht zu festigen.[22] Die Staatengemeinschaft betrachtete

---

17 Krech, Der Bürgerkrieg in Somalia (1988–1996), S. 141.

18 Official Records of the Security Council, Forty-seventh Year, Supplement for January, February and March 1992, Dokument S/23445.

19 S/RES/733 (1992), Ziff. 5.

20 S/RES/1844 (2008), Ziff. 1 u. 3; S/RES/2002 (2011), Ziff. 1.

21 S/RES/1907 (2009), Ziff. 10, 12 u. 13.

22 Wolfrum/Philipp, The Status of the Taliban: Their Obligations and Rights under International Law, Max Planck UNYB 6 (2002), S. 559, 566; Godinho, ELJ 2010, S. 67, 72.

diese Entwicklung mit Sorge, da man die Konfliktsituation in Afghanistan als fruchtbaren Boden für terroristische Aktivitäten ansah.[23] Insbesondere die USA vermuteten, dass die Taliban Osama Bin Laden und seiner Terrororganisation Al-Qaida Unterschlupf gewähren und in ihrem Herrschaftsgebiet terroristische Ausbildungslager dulden.[24] Nach den Terroranschlägen auf die US-Botschaften in Kenia und Tansania errichtete der Sicherheitsrat auf Betreiben der USA am 15.10.1999 ein Sanktionsregime betreffend Al-Qaida und die Taliban sowie mit ihnen verbundene Personen und Organisationen.[25] Ursprünglich zielten die Sanktionen nur gegen die Taliban, um sie zur Auslieferung von Osama Bin Laden zu bewegen. Später wurden sie auf Osama Bin Laden und das Terrornetzwerk Al-Qaida bzw. mit ihnen verbundene Personen ausgeweitet.[26] Nach den Terroranschlägen des 11. September 2001, in dessen Folge das Taliban-Regime gestürzt wurde, wandelte sich das Sanktionsregime von einem Druckmittel gegenüber den Taliban zu einer dauerhaften Maßnahme zur Bekämpfung des internationalen Terrorismus ohne speziellen staatlichen Anknüpfungspunkt.[27] Diese Modifizierung ist vor dem Hintergrund der Res. 1373 zu sehen, in der der Sicherheitsrat den internationalen Terrorismus nach den Anschlägen in den USA als Bedrohung des Weltfriedens qualifiziert hat.[28]

Mitte des Jahres 2011 beschloss der Sicherheitsrat, dass die Sanktionsliste künftig nur noch die Namen der mit Al-Qaida verbundenen Personen, Gruppen, Unternehmen und Einrichtungen umfasst.[29] Für die als Taliban qualifizierten oder mit ihnen verbundenen Personen und Einrichtungen wurde ein neues Sanktionsregime mit eigenständigem Sanktionsausschuss und separater Sanktionsliste eingerichtet.[30] Grund für diese Trennung war ein Bedürfnis der afghanischen Regierung, im Zuge der Friedensverhandlungen mit den Taliban die Streichung von Taliban-Anhängern flexibler gestalten zu können.[31]

---

23 S/RES/1076, Rn. 5; S/RES/1193, Rn. 15.

24 William J. Clinton, "Address to the Nation on Military Action Against Terrorist Sites in Afghanistan and Sudan" vom 20.08.1998.

25 S/RES/1267 (1999); Press Release SC/6739; "U.S. Presses Security Council for Sanctions Against the Taliban", New York Times v. 7.10.1999.

26 S/RES/1333 (2000) Ziff. 8c.

27 S/RES/1390 (2002).

28 S/RES/1373 (2001).

29 S/RES/1989 (2011), Ziff. 1 u. 2.

30 S/RES/1988 (2011), Ziff. 1 u. 2.

31 S/2011/245, Ziff. 16ff.

3. Irak

Der Irak ist seit seiner Invasion in Kuwait 1990 Ziel von Sanktionsmaßnahmen des UN-Sicherheitsrates.[32] Nach dem Sturz des irakischen Diktators Saddam Hussein in Folge des US-amerikanisch-britischen Militäreinsatzes im Jahre 2003 ersetzte der Sicherheitsrat die allgemeinen Handels- und Wirtschaftssanktionen durch neue, auch gegen Einzelpersonen gerichtete Maßnahmen. Er reduzierte das Wirtschafts- auf ein Waffenembargo und ordnete das Einfrieren aller ausländischen Finanzmittel der ehemaligen irakischen Regierung sowie ihrer Mitglieder und deren Familien an. Diese Mittel mussten zunächst an einen Entwicklungsfonds, der für die humanitäre Versorgung der Bevölkerung sowie den Wiederaufbau der Infrastruktur des Iraks bestimmt war, transferiert werden.[33] Seit dessen Auflösung werden sie auf die Konten der irakischen Nachfolgeregelung für den Fonds überwiesen.[34]

4. Liberia

Ende des Jahres 2000 stellte eine Expertengruppe des Sicherheitsrates fest, dass die liberianische Regierung unter Charles Taylor den Bürgerkrieg in Sierra Leone durch finanzielle Unterstützung der Rebellengruppe RUF maßgeblich beeinflusst hat.[35] Der Sicherheitsrat sah hierin eine Bedrohung des Friedens in der Region und verlangte, die Unterstützung sowie den Import von Diamanten aus Sierra Leone zu beenden. Zur Durchsetzung dieser Forderungen verhängte er ein Waffen-, Diamanten- und Holzembargo gegen Liberia sowie Reiseverbote gegen dessen Führung und andere Personen, die die Rebellengruppen in Sierra Leone unterstützen oder die Sanktionen missachteten.[36] Nach der Flucht von Charles Taylor wurden die Sanktionen durch andere Maßnahmen ersetzt und zum Teil beendet.[37] Zurzeit bestehen ein Waffenembargo gegen alle nichtstaatlichen Einrichtungen und Personen, die in Liberia operieren, sowie Reise- und Finanzsanktionen gerichtet gegen Personen, die den Friedensprozess in Liberia gefährden.[38]

---

32 S/RES/661 (1990), Ziff. 3f.; S/RES/1137 (1997), Ziff. 4.
33 S/RES/1483 (2003), Ziff. 10, 14 u. 23a/b.
34 S/RES/1956 (2010), Ziff. 4, 5.
35 S/2000/1195, Rn. 180ff.
36 S/RES/1343 (2001), Ziff. 5a, 6 u. 7a; S/RES/1478 (2003), Ziff. 17 u. 28.
37 S/RES/1521 (2003), Ziff. 1; "Rücktritt des liberianischen Staatschefs Taylor", NZZ v. 12.08.2003.
38 S/RES/1521 (2003), Ziff. 2, 4; S/RES/1532 (2004), Ziff. 1; S/RES/1903 (2009), Ziff. 4.

5. Demokratische Republik Kongo

Nachdem die Demokratische Republik Kongo jahrzehntelang von dem Diktator Mobutu Sese Seko beherrscht wurde, brach im Jahre 1996 im Osten des Landes, u. a. ausgelöst durch Flüchtlingsströme aus Ruanda und Burundi, eine Rebellion aus, die zum Sturz des Diktators führte.[39] In der Folge kam es aufgrund der politisch instabilen Lage zum sog. Kongokrieg zwischen verschiedenen afrikanischen Staaten. Im Jahre 2003 schlossen die beteiligten Parteien einen Waffenstillstand, der jedoch regelmäßig gebrochen wurde.[40] Der Sicherheitsrat erließ daraufhin ein Waffenembargo gegen die in- und ausländischen Truppen in den östlichen Unruheregionen.[41] Da es immer wieder missachtet wurde, dehnte er das Waffenembargo mit bestimmten Ausnahmen auf jeden Empfänger im Staatsgebiet der DR Kongo aus.[42] Gegen Personen, von denen der eingerichtete Sanktionsausschuss feststellte, dass sie gegen dieses Waffenembargo verstoßen, verhängte der Sicherheitsrat Reise- und Finanzsanktionen (sog. sekundäre Sanktionen).[43] Später weitete er den vom Sanktionsausschuss zu bestimmenden Personenkreis sukzessive aus. Im Jahre 2012 richten sich die Individualsanktionen gegen politische und militärische Führer der in der DR Kongo tätigen ausländischen bewaffneten Gruppen und kongolesischen Milizen, sofern sie die Entwaffnung von Kombattanten behindern[44], gegen politische und militärische Führer und Personen, die Kinder in bewaffneten Konflikten einsetzen sowie weitere bestimmte schwere Völkerrechtsverstöße begehen[45], namentlich das gezielte Vorgehen gegen Kinder oder Frauen in Situationen bewaffneter Konflikte[46]; außerdem gegen Personen, die den Zugang zu humanitärer Hilfe oder die Verteilung von Hilfsgütern im östlichen Teil des Kongo verhindern, sowie Personen und Einrichtungen, die dort durch unerlaubten Handel mit natürlichen Ressourcen illegale Gruppierungen unterstützen.[47]

39 CIA World Factbook, https://www.cia.gov/library/publications/the-world-factbook/geos/cg.html, (zuletzt aufgerufen am 06.04.2012).
40 S/RES/1493 (2003); S/2003/653, Ziff. 7.
41 S/RES/1493 (2003), Ziff. 20.
42 S/RES/1596 (2005), Ziff. 1.
43 S/RES/1596 (2005), Ziff. 13, 15.
44 S/RES/1649 (2005), Ziff. 2.
45 S/RES/1698 (2006), Ziff. 13.
46 S/RES/1807 (2008), Ziff. 13e.
47 S/RES/1857 (2008), Ziff. 4f, g.

6. Republik Côte d'Ivoire

Nach dem Verfall des Weltmarktpreises für Kakao, einem Hauptexportartikel des Landes, kam es in der Republik Côte d'Ivoire Ende der 1980er Jahre zu wirtschaftlichen und politischen Spannungen. Sie gipfelten in einem Bürgerkrieg, der das Land nach einem misslungenen Staatsstreich im Jahre 2002 in zwei Teile zerriss.[48] In den darauffolgenden Jahren schlossen die Bürgerkriegsparteien mehrere Friedensabkommen[49], deren Bestimmungen jedoch immer wieder verletzt wurden.[50] Um die Parteien zu ihrer Einhaltung zu zwingen, verhängte der Sicherheitsrat deshalb Ende 2004 Sanktionsmaßnahmen, die ein allgemeines Waffenembargo[51] sowie Reisebeschränkungen[52] und Finanzsanktionen[53] beinhalteten. Später wurden sie um ein Diamantenembargo ergänzt.[54] Zu Beginn des Jahres 2012 richten sich die Reise- und Finanzsanktionen gegen Personen, die für schwere Menschenrechts- und Völkerrechtsverletzungen verantwortlich sind, die öffentlich zu Hass und Gewalt aufrufen oder die eine Bedrohung für den Friedens- und Versöhnungsprozess in Côte d'Ivoire darstellen sowie gegen Personen, die gegen das oben genannte Waffenembargo verstoßen (sog. sekundäre Sanktionen).[55]

7. Sudan

Zu Beginn des Jahres 2003 brach in Dafur, einer Region im Westen des Sudan, ein bewaffneter Aufstand von nicht-arabischen Rebellengruppen gegen die sudanesische Regierung aus.[56] Im Zuge des Konfliktes kam es zu massiven Menschenrechtsverletzungen und Verstößen gegen das humanitäre Völkerrecht.[57] Nachdem die Konfliktparteien ihre Verpflichtungen aus verschiedenen Waffenstillstands- und Friedensabkommen ständig verletzten, beschloss der Sicherheitsrat im März 2005 neben einem bereits zuvor verhängten

48 „Plünderungen und Jagd auf Ausländer", Süddeutsche Zeitung v. 07.11.2004.

49 S/2003/99; S/2004/629.

50 S/RES/1572 (2004), Präambel.

51 S/RES/1572 (2004), Ziff. 7.

52 S/RES/1572 (2004), Ziff. 9.

53 S/RES/1572 (2004), Ziff. 11.

54 S/RES/1643 (2005), Ziff. 6.

55 S/RES/1946 (2010), Ziff. 6.

56 „Vollendete Tatsachen in Dafur – Um seine Herrschaft in der Region zu sichern, forciert Khartum die Erdölförderung", NZZ v. 5.12.2004.

57 S/PRST/2004/18.

individuellen Waffenembargo[58] auch im Jahre 2012 noch andauernde Reise- und Finanzsanktionen gegen Personen, die den Friedensprozess behindern, die Stabilität der Region bedrohen, die Menschenrechte, das humanitäre Völkerrecht oder das Waffenembargo verletzen oder für offensive Militärflüge verantwortlich sind.[59]

8. Attentat auf den ehemaligen libanesischen Premierministers Hariri

Am 14. Februar 2005 tötete ein terroristischer Bombenanschlag den ehemaligen libanesischen Ministerpräsidenten Rafik Hariri sowie 22 weitere Menschen.[60] Da der Verdacht einer Verschwörung ranghoher syrischer und pro-syrischer libanesischer Kreise bestand, setzte der Sicherheitsrat eine Untersuchungskommission zur Aufklärung des Attentats ein, die diesen Verdacht während ihrer Ermittlungen erhärten konnte.[61] Um die Aufklärung des Verbrechens zu unterstützen, verhängte der Sicherheitsrat daraufhin Reise- und Finanzsanktionen gegen Personen, die „die Kommission oder die libanesische Regierung als der Beteiligung an dem Anschlag verdächtig bezeichnen".[62] Bislang sind allerdings noch keine Personen gelistet.

9. Koreanische Demokratische Volksrepublik

Die Koreanische Demokratische Volkrepublik ist ein sozialistisch geprägter, totalitärer Staat, in dem das Militär eine dominante Machtstellung einnimmt.[63] Im Zuge ihrer konsequenten Aufrüstungspolitik trat sie 2003 aus dem Vertrag über die Nichtverbreitung von Kernwaffen (sog. Kernwaffensperrvertrag)[64] aus[65] und führte drei Jahre später einen nach eigenen Angaben erfolgreichen

---

58 S/RES/1556 (2004), Ziff. 7.

59 S/RES/1591 (2005), Ziff. 3 d/e.

60 S/PRST/2005/4.

61 Report of the International Independent Investigation Commission established pursuant to Security Council resolution 1595 (2005), S/2005/662.

62 S/RES/1636 (2005), Ziff. 3a.

63 CIA World Factbook, https://www.cia.gov/library/publications/the-world-factbook/geos/kn.html (zuletzt aufgerufen am 06.04.2012).

64 United Nations, Treaty Series, Vol. 729, Nr. 10485 (BGBl. 1974 II S. 785).

65 „Nordkorea kündigt Sperrvertrag", Spiegel Online v. 10.01.2003, http://www.spiegel.de/politik/ausland/0,1518,230022,00.html, (zuletzt aufgerufen am 06.04.2012).

Atomwaffentest durch.[66] Der Sicherheitsrat verurteilte den Test[67] und reagierte mit einem Sanktionsregime gegen die Volksrepublik, welches zum einen ein Embargo für Waffen und andere militärische Gegenstände, chemische und biologische Stoffe sowie Luxusgüter umfasst[68], zum anderen aus Finanz- und Reisesanktionen gegen Personen besteht, die durch ihn als Förderer des Atomprogramms qualifiziert wurden.[69] Nachdem die Volksrepublik im Jahre 2009 abermals einen Kernwaffentest durchführte, wurde das Embargo um weitere militärische Gegenstände erweitert.[70]

10. Islamische Republik Iran

Die Islamische Republik Iran bemüht sich bereits seit 1959, die Energieversorgung des Landes mittels Kernenergie sicherzustellen.[71] Ihre Nutzung zu friedlichen Zwecken ist auch heute offizielles Ziel des iranischen Atomprogrammes. Insbesondere die westliche Staatenwelt hegt Zweifel an den offiziellen Erklärungen und vermutet, dass Iran daneben auch eine militärische Verwendung anstrebt.[72] Nach zahlreichen ergebnislosen Verhandlungen über die Beendigung des iranischen Atomprogramms befasste sich der Sicherheitsrat mit der Situation und forderte Iran auf, sein Nuklearprogramm zu beenden, mit der IAEO zu kooperieren sowie deren Forderungen zu befolgen.[73] Zur Durchsetzung beschloss er Sanktionen, die später nochmals verschärft wurden.[74] Diese beinhalten eine Embargo für Atomtechnologie[75] und Waffen[76], Reise- und

---

66 „Nordkoreas Erklärung zum Atomwaffentest im Wortlaut", Süddeutsche.de v. 09.10.2006, http://www.sueddeutsche.de/politik/dokumentation-nordkoreas-erklaerung-zum-atomwaffentest-im-wortlaut-1.649626, (zuletzt aufgerufen am 06.04.2012).

67 S/RES/1695 (2006), Ziff. 1.

68 S/RES/1718 (2006), Ziff. 8a/b/c.

69 S/RES/1718 (2006), Ziff. 8d/e.

70 S/RES/1874 (2009), Ziff. 1, 9 u. 10.

71 „Die Geburt der Bombe", Der Spiegel v. 14.06.2010.

72 S/RES/1696, Präambel; Auswärtiges Amt, „Der Konflikt um das iranische Atomprogramm", http://www.auswaertiges-amt.de/DE/Aussenpolitik/RegionaleSchwerpunkte/NaherMittlererOsten/Iran/Iranisches-Nuklearprogramm_node.html, (zuletzt aufgerufen am 06.04.2012).

73 S/RES/1696 (2006), Präambel, Ziff. 1 u. 2.

74 S/RES/1747 (2007), Ziff. 5–7.

75 S/RES/1737 (2006), Ziff. 3, 4 u. 6.

76 S/RES/1929 (2010), Ziff. 8.

Finanzsanktionen gegen Personen bzw. Institutionen, die mit dem iranischen Atomprogramm in Verbindung stehen[77] sowie sog. Sekundärsanktionen[78].

11. Libyen (Sozialistische Libysch-Arabische Volksdschamahirija)

Nach der italienischen Niederlage im Zweiten Weltkrieg und acht Jahren unter UN-Verwaltung erlangte Libyen 1951 seine Unabhängigkeit. Im Jahre 1969 gelangte Oberst Muammar al-Gaddafi durch einen Militärputsch an die Macht.[79] Oberst Gaddafi war zunächst als Staatsoberhaupt später als Revolutionsführer bis Anfang 2011 faktischer Machthaber des Landes. Anfang des Jahres 2011 griffen die Proteste in den benachbarten arabischen Ländern Tunesien und Ägypten auf Libyen über. Auf die Proteste antwortete das Regime unter Oberst Gaddafi mit massiver Gewalt und schweren Menschenrechtsverletzungen gegenüber der eigenen Zivilbevölkerung. Zahlreiche friedliche Demonstranten kamen ums Leben.[80] Der UN-Sicherheitsrat beschloss daraufhin Sanktionen gegen Libyen, die ein allgemeines Waffenembargo[81] gegen das Land sowie Reise- und Finanzsanktionen[82] gegen Personen, die für die schweren Menschenrechtsverletzungen mittelbar oder unmittelbar verantwortlich sind oder diese begangen haben[83], beinhalten. Nachdem das Regime diese Resolution ignorierte und auch weiterhin gegen die Zivilbevölkerung vorging, richtete der Sicherheitsrat eine Flugverbotszone im libyschen Luftraum ein[84] und erstreckte die Reise- und Finanzsanktionen auch auf Personen, die gegen das Waffenembargo verstießen[85]. Während die Flugverbotszone zwischenzeitlich aufgehoben wurde[86], sind die übrigen Sanktionen auch im Jahre 2012 noch in Kraft.

---

77 S/RES/1737 (2006), Ziff. 10 u. 12.

78 S/RES/1803 (2008), Ziff. 7.

79 CIA World Factbook, https://www.cia.gov/library/publications/the-world-factbook/geos/ly.html, (zuletzt aufgerufen am 06.04.2012).

80 „Proteste in Libyen: Gaddafi setzt schwere Waffen gegen sein Volk ein“, Spiegel Online v. 20.02.2011, http://www.spiegel.de/politik/ausland/0,1518,746643,00.html, (zuletzt aufgerufen am 06.04.2012).

81 S/RES/1970 (2011), Ziff. 9.

82 S/RES/1970 (2011), Ziff. 15 u. 17.

83 S/RES/1970 (2011), Ziff. 22.

84 S/RES/1973 (2011), Ziff. 6.

85 S/RES/1973 (2011), Ziff. 23.

86 S/RES/2016 (2011), Ziff. 6.

12. Taliban

Nachdem die afghanische Regierung in Friedensverhandlungen mit den Taliban eingetreten ist, bestand ein Bedürfnis die in einem Sanktionsregime zusammengefassten Taliban und Al-Qaida unterschiedlich zu behandeln. Um die Verhandlungen mit den Taliban zu erleichtern, sollte die Streichung von Taliban-Betroffenen flexibler gestaltet werden. Aus diesem Grunde errichtete der Sicherheitsrat für die ursprünglich zusammen mit den Al-Qaida-Anhängern gelisteten Taliban ein eigenständiges Sanktionsregime mit eigenem Sanktionsausschuss und eigener Sanktionsliste.[87]

13. Ergebnis

Der Sicherheitsrat nutzt das Mittel der Individualsanktion in sämtlichen gegenwärtig bestehenden Sanktionsregimen zur Durchsetzung seiner jeweiligen Forderungen. Es wird sowohl allein als auch in Verbindung mit der klassischen Sanktion des (partiellen) Embargos eingesetzt. Dabei lassen sich zwei Arten von Maßnahmen unterscheiden, die in der Regel kumulativ zum Einsatz kommen: Das Einfrieren von Vermögensgegenständen und das Reiseverbot. Sie wurden mit jeweils nur einer Ausnahme in allen Sanktionsregimen beschlossen. Die Rechtschutzproblematik, die gegenwärtig im Falle des Sanktionsregimes gegen Al-Qaida diskutiert wird, stellt sich daher nicht nur dort, sondern auch in den übrigen Sanktionsregimen der Vereinten Nationen.[88] Dabei zeigt sich, dass sich die Sanktionsregime mit der Zeit immer weiter von einem territorialen Bezugspunkt lösten oder dieser vollständig fehlte. Folge hiervon ist, dass es von Sanktionen betroffene Personen weltweit geben kann.

III. Die Struktur der Finanz- und Reisesanktion

Finanz- und Reisesanktion sind in den Sanktionsregimen trotz aller Unterschiede im Detail rechtstechnisch nach einem sehr ähnlichen Muster konstruiert.[89] Zunächst entscheidet der Sicherheitsrat in abstrakt-genereller Form, dass das Vermögen eingefroren bzw. die Bewegungsfreiheit eingeschränkt werden soll,

---

87 S/RES/1988 (2011), Ziff. 1 u. 2.; s. o. 2.

88 siehe nur zum Sanktionsregime gegen Liberia EuG, Rs. T-362/04, *Minin*, Slg. 2007 II-2003 oder gegen die Elfenbeinküste EuG, Rs. T-316/11, *Morokro.*

89 Vgl. auch Tappeiner, ULRev. 2005, S. 97, 100.

und bestimmt in gleicher Weise den betroffenen Personenkreis.[90] Darauf folgen spezifische, sich inhaltlich im Wesentlichen gleichende Ausnahmetatbestände, die ebenfalls abstrakt-generell gehalten sind.[91] Sie werden insbesondere aus humanitären oder friedensfördernden Gründen gewährt. Ein jeweiliger Sanktionsausschuss entscheidet nichtöffentlich und nach dem Einstimmigkeitsprinzip sowohl über die Ausnahmegenehmigungen als auch über die konkret von den Sanktionsmaßnahmen betroffenen Personen und Institutionen. Er führt hierzu eine Liste mit den Betroffenen. Der Sanktionsausschuss ist ein Unterorgan des Sicherheitsrates auf Grundlage von Art. 29 UN-Charta, dem alle Mitglieder des Sicherheitsrates angehören und dem er entsprechende bindende Entscheidungsbefugnisse übertragen hat.[92]

IV. Das Verfahren im Sanktionsausschuss

Das Verfahren im Sanktionsausschuss unterteilt sich in das Verfahren zur Aufnahme einer Person oder Einrichtung in die Sanktionsliste sowie in das Verfahren zur Streichung einer Person oder Einrichtung von dieser Liste.

1. Das Listungsverfahren

Die Verfahrensregeln, nach denen der jeweilige Sanktionsausschuss über die Aufnahme einer Person auf diese Liste entscheidet, gleichen sich ebenfalls in den wesentlichen Zügen. Sie sind vereinzelt in einer Sanktionsresolution,

---

90 Somalia: S/RES/1844 (2008), Ziff. 1 u. 3; Sierra Leone: S/RES/1171 (1998), Ziff. 5; Al-Qaida: S/RES/1822 (2008), Ziff. 1a/b; Liberia: S/RES/1521 (2003), Ziff. 4a, S/RES/1532 (2004), Ziff. 1; Kongo: S/RES/1807 (2008), Ziff. 9 u. 11; Elfenbeinküste: S/RES/1572 (20 04), Ziff. 9 u. 11; Sudan: S/RES/1591 (2005), Ziff. 3 c/d/e; Hariri: S/RES/1636 (2005), Ziff. 3a; Nordkorea: S/RES/1718 (2006), Ziff. 8d/e; Iran: S/RES/1737 (2006), Ziff. 12.

91 Somalia: S/RES/1844 (2008), Ziff. 2, 4; Sierra Leone: S/RES/1171 (1998), Ziff. 5, S/RES/1793 (2007), Ziff. 8; Al-Qaida: S/RES/1822 (2008), Ziff. 7; Liberia: S/RES/1521 (2003), Ziff. 4c; S/RES/1532 (2004), Ziff. 2; Kongo: S/RES/1807 (2008), Ziff. 10, 12; Elfenbeinküste: S/RES/1572 (2004), Ziff. 10, 12; Sudan: S/RES/1591 (2005), Ziff. 3f u. g; Nordkorea: S/RES/1636 (2005), Annex Ziff. 2; S/RES/1718 (2006), Ziff. 9f.; Iran: S/RES/1737 (2006), Ziff. 13.

92 Paulus, in: Simma, UN-Charter, Art. 29 Rn. 20, 37; Bartelt/Zeitler, EuZW 2003, S. 712, 713.

meist aber in den Arbeitsrichtlinien festgelegt.[93] Diese Richtlinien entfalten keine Rechtswirkungen nach außen, sondern besitzen den Charakter reinen Innenrechts, zu dessen Befolgung sich der Sanktionsausschuss freiwillig selbstverpflichtet hat.[94] Die Betroffenen können aus ihnen daher keine Ansprüche ableiten. Gemäß der jeweiligen Richtlinie erstellt und aktualisiert der Sanktionsausschuss die Liste der betroffenen Personen anhand vorgeschriebener, abstrakt-genereller Kriterien auf Vorschlag der Mitgliedstaaten.[95]

---

93 *Security Council Committee established pursuant to Resolutions 751 (1992) and 1907 (2009) concerning Somalia and Eritrea*, Guidelines of the Committee for the conduct of its work v. 30.03.2010; *Security Council Committee established pursuant to Resolution 1267 (1999) concerning Al-Qaida and associated individuals and entities*, Guidelines of the Committee for the conduct of its work v. 07.11.2002, zuletzt geändert am 30.11.2011; *Security Council Committee established pursuant to Resolution 1518 (2003)*, Guidelines for the Application of paragraphs 19 and 23 of Resolution 1483 (2003) i. V. m. De-listing Guidelines v. 14.12.2005; *Security Council Committee established pursuant to Resolution 1521 (2003) concerning Liberia*, Guidelines of the Committee for the conduct of its work, zuletzt geändert am 30.03.2010; *Security Council Committee established pursuant to Resolution 1533 (2004) concerning the Democratic Republic of the Congo*, Guidelines of the Committee for the conduct of its work v. 06.08.2010; *Security Council Committee established pursuant to Resolution 1572 (2004) concerning Côte d'Ivoire*, Guidelines of the Committee for the conduct of its work v. 13.06.2005, zuletzt geändert am 28.06.2011; *Security Council Committee established pursuant to Resolution 1591 (2005) concerning the Sudan*, Guidelines of the Committee for the conduct of its work, zuletzt geändert am 27.12.2007; *Security Council Committee established pursuant to Resolution 1636 (2005)*, Guidelines of the Committee established pursuant to Resolution 1636 (2005) v. 08.03.2006; *Security Council Committee established pursuant to Resolution 1718 (2006)*, Guidelines of the Committee for the conduct of its work v. 20.06.2007; *Security Council Committee established pursuant to Resolution 1737 (2006)*, Guidelines of the Committee for the conduct of its work v. 30.05.2007, zuletzt geändert am 19.08.2011; *Security Council Committee established pursuant to Resolution 1970 (2011) concerning Libya*, Provisional Guidelines of the Committee for the conduct of its work v. 25.03.2011, zuletzt geändert am 25.10.2011; *Security Council Committee established pursuant to Resolution 1988 (2011)*, Guidelines for the conduct of its work v. 30.11.2011.

94 Meerpohl, Individualsanktionen des Sicherheitsrates, S. 29; Lavranos, EFAR 2006, S. 471, 483; a. A. EuG, Rs. T-253/02, *Ayadi*, Rn. 142, Ohler, EuR 2006, S. 848, 860f.

95 Somalia: S/RES/1844 (2008), Ziff. 12, Guidelines, Ziff. 6a; Al-Qaida: S/RES/1333 (2000), Ziff. 16b, S/RES/1390 (2002), Ziff. 5a, Guidelines, Ziff. 6a; Irak: Guidelines, Ziff. 6a/b; Liberia: Guidelines, Ziff. 15a/b; Elfenbeinküste: Guidelines, Ziff. 8a, 9a; Kongo: Guidelines, Ziff. 5a; Sudan: Guidelines, Ziff. 7a, 8a; Hariri: Guidelines, Ziff. 2; Nordkorea: Guidelines, Ziff. 8a/b; Iran: Guidelines, Ziff. 13; Libyen: Guidelines, Ziff. 5b.

Zumeist wird zusammen mit dem Vorschlag eine detaillierte Falldarstellung verlangt[96], teilweise sind die Mitgliedstaaten jedoch auch nur dazu angehalten, diese Informationen beizufügen.[97] Dabei beruht diese Unterscheidung nicht darauf, ob Betroffene nur Regierungsvertreter oder auch Privatpersonen sein können.[98] Der Grund hierfür dürfte daher rein redaktioneller Art und der mangelnden Aktualisierung geschuldet sein. Bei der dann folgenden Abstimmung gilt das Einstimmigkeitsprinzip.[99] Ein Vorschlag ist regelmäßig auch dann angenommen, wenn im Rahmen eines schriftlichen Verfahrens keiner der 15 Ausschussmitglieder innerhalb einer bestimmten Frist Einwände gegen den Beschlussvorschlag erhebt (sog. *no-objection*-Verfahren).[100] Im Falle einer positiven Aufnahmeentscheidung informiert der Ausschuss unverzüglich alle Mitgliedstaaten über die Aktualisierung sowie u. U. über den öffentlich zugänglichen Teil des „statement of case" und veröffentlicht die aktualisierte Liste auf seiner Internetseite.[101]

Beachtlich ist allerdings, dass im Falle von sieben Sanktionsregimen, deren Arbeitsrichtlinien aufgrund aktueller Ereignisse in jüngerer Zeit überarbeitet oder erlassen wurden, abschließend noch ein weiterer Verfahrensschritt hinzutritt, der ursprünglich nur bei zwei Sanktionsregimen zu beachten war. Dort ist

---

96 Somalia: S/RES/1844 (2008), Ziff. 13; Guidelines, Ziff. 6e. Al-Qaida: Guidelines, Ziff. 6h; Liberia: Guidelines, Ziff. 6c; Kongo: Guidelines, Ziff. 5c; Nordkorea: Guidelines, Ziff. 8b; Taliban: Guidelines, Ziff. 7i; Libyen: Guidelines, Ziff. 5c.

97 Irak: Guidelines, Ziff. 1b; Elfenbeinküste: Ziff. 8b/c; Sudan: Guidelines, Ziff. 7b/c; Hariri: Guidelines, Ziff. 2; Iran: Guidelines, Ziff. 22.

98 So umfasst beispielsweise das Sanktionsregime betreffend die Elfenbeinküste auch sog. sekundäre Sanktionen, die auch Privatpersonen erfassen können.

99 Somalia: Guidelines, Ziff. 3a; Al-Qaida: Guidelines, Ziff. 4a; Elfenbeinküste: Guidelines, Ziff. 25a; Kongo: Guidelines, Ziff. 4a; Irak: Guidelines, Ziff. 2a; Liberia: Guidelines, Ziff. 3a; Sudan: Guidelines, Ziff. 25; Hariri: Guidelines, Ziff. 1; Nordkorea: Guidelines, Ziff. 3a; Iran: Guidelines, Ziff. 14; Libyen: Guidelines, Ziff. 4a;Taliban: Guidelines, Ziff. 4a.

100 *10 Werktage* – Iran: Guidelines, Ziff. 15; *5 Werktage* – Somalia: Guidelines, Ziff. 3b; Al-Qaida: Guidelines, Ziff. 4b; Liberia: Guidelines, Ziff. 3d; Elfenbeinküste: Guidelines, Ziff. 26; Kongo: Guidelines, Ziff. 4d; Nordkorea: Guidelines, Ziff. 3b; Libyen, Guidelines, Ziff. 4d; Taliban: Guidelines, Ziff. 4b; *3 Werktage* – Irak: Guidelines, Ziff. 2b; *2 Werktage* – Sudan: Guidelines, Ziff. 26.

101 Somalia: S/RES/1844 (2008), Ziff. 14; Guidelines, Ziff. 5c/e, 6h; Al-Qaida: Guidelines, Ziff. 5b, 6q/r; Irak: Guidelines, Ziff. 1e; Liberia: Guidelines, Ziff. 4h, 5b, 6f/g; Elfenbeinküste: Guidelines, Ziff. 8e, 9d; Kongo: Guidelines, Ziff. 5f, 6c; Sudan: Guidelines, Ziff. 8d; Hariri: S/RES/1636 (2005), Ziff. 4; Iran: Guidelines, Ziff. 24, 48; Nordkorea: Guidelines, Ziff. 12a; Libyen: Guidelines, Ziff. 6c; Taliban: Guidelines, Ziff. 6c, 7o/p.

innerhalb einer Woche ab Aufnahmebeschluss die ständige Vertretung des Landes, in dem sich die betroffene Einzelperson oder Einrichtung befindet bzw. dessen Staatsangehörigkeit die Einzelperson besitzt, über den veröffentlichten Teil des „statement of case", die Ausnahmeregelungen und über das Löschungsverfahren zu unterrichten.[102] Die genannten Staaten wiederum sind dazu angehalten, den Betroffenen über die verhängten Maßnahmen, die nichtvertraulichen Sanktionsgründe, die Ausnahmeregelungen und das Löschungsverfahren zu informieren.[103] Grund für die Einführung bzw. Ausdehnung dieses Verfahrensschrittes auf weitere Sanktionsregime dürfte die anhaltende Diskussion über die Finanzsanktionen gegen Einzelpersonen sein. Es ist daher anzunehmen, dass er in Zukunft auch Eingang in die übrigen Sanktionsregime finden wird.

2. Das Listenstreichungsverfahren

Mit Ausnahme des Sanktionsregimes gegen Al-Qaida gleicht sich das Listenstreichungsverfahren in allen UN-Sanktionsregimen. Grund für diese Besonderheit dürfte der fehlende territoriale Anknüpfungspunkt und die damit verbundene universelle Geltung sein. Aufgrund der auch in den anderen Sanktionsregimen zu beobachtenden Auflösung der territorialen Bindung dürfte dieses Verfahren eine Vorbildfunktion für die Zukunft besitzen.

a) Reguläres Verfahren

Betroffene Personen oder Einrichtungen haben zwei Möglichkeiten eine Streichung von der Liste herbeizuführen. Sie können einerseits unmittelbar einen mit Gründen versehenen Antrag bei den Vereinten Nationen auf Überprüfung ihres Falles stellen. Der Sicherheitsrat hat hierzu die Errichtung einer gemeinsamen Koordinierungsstelle (sog. *focal point)* beschlossen und ein für alle Sanktionsregime einheitliches Listenstreichungsverfahren verabschiedet.[104] Danach hat die Koordinierungsstelle den Antrag entgegenzunehmen und an die Regierung/-en

---

102 Somalia: S/RES/1844 (2008), Ziff. 15; Guidelines Ziff. 6j; Al-Qaida: S/RES/1822 (2008), Ziff. 15; Guidelines, Ziff. 6t; Iran: Guidelines, Ziff. 25; Kongo: Guidelines, Ziff. 5h; Liberia: Guidelines, Ziff. 6h; Libyen: Guidelines, Ziff. 5g; Taliban: Guidelines, Ziff. 7r.

103 Somalia: S/RES/1844 (2008), Ziff. 16; Guidelines, Ziff. 6j; Al-Qaida: S/RES/1822 (2008), Ziff. 17; Guidelines Ziff. 6v; Iran: Guidelines, Ziff. 25; Kongo: Guidelines, Ziff. 5h; Liberia: Guidelines, Ziff. 6h; Libyen: Guidelines, Ziff. 5g; Taliban: Guidelines, Ziff. 7t.

104 S/RES/1730 (2006), Ziff. 1f.

des Heimat- und/oder Aufenthaltsstaates des Antragstellers sowie des Staates weiterzuleiten, der die Aufnahme auf die Liste beantragt hat.[105] Empfiehlt nach zwischenstaatlichen Konsultationen einer diese Staaten die Streichung des Antragstellers von der Liste, ist der Antrag auf die Tagesordnung des Ausschusses zu setzen. Hat keiner der Staaten innerhalb von drei Monaten eine Stellungnahme abgegeben, teilt die Koordinierungsstelle dies den Ausschussmitgliedern mit. Sie können dann nach Konsultation des Antragsstaates selbst innerhalb eines Monats die Listenstreichung empfehlen.[106]

Andererseits besteht auch die Möglichkeit den Antrag beim Heimat- bzw. Aufenthaltsstaat zu stellen. Dieser setzt sich nach Prüfung der Antragsgründe mit dem Staat in Verbindung, auf dessen Initiative die Aufnahme zurückgeht. Nach zwischenstaatlichen Beratungen sollen nach Möglichkeit beide Staaten gemeinsam einen Löschungsantrag an den Ausschuss stellen; der Heimat-/Aufenthaltsstaat ist aber nicht daran gehindert, die Löschung auch allein zu beantragen.[107] Dieser Weg scheint allerdings wenig erfolgsversprechend zu sein, wenn Personen oder nichtstaatliche Einrichtungen, die im Konflikt mit nationalen Regierungen stehen, Sanktionsadressaten sind. In diesen Fällen dürfte die Regierung des Heimat- bzw. Aufenthaltsstaats kaum geneigt sein, eine Überprüfung der Listung zu veranlassen.[108]

In beiden geschilderten Varianten des Löschungsverfahrens entscheidet der Ausschuss im Konsens, d. h. jedes Ausschussmitglied besitzt auch hier ein Vetorecht.[109]

b) Besonderheit des Sanktionsregimes gegen das Al-Qaida-Netzwerk

Auch die vom Sanktionsregime gegen Al-Qaida betroffenen Personen und Einrichtungen können die Überprüfung ihrer Listung bei ihrem Heimat- bzw. Aufenthaltsstaat beantragen. In dieser Hinsicht weicht das Verfahren in diesem Regime nicht von dem der übrigen Sanktionsregime ab.

---

105 S/RES/1730 (2006), Anlage Ziff. 1 u. 5.

106 S/RES/1730 (2006), Anlage Ziff. 6.

107 Somalia: Guidelines, Ziff. 7h; Irak: De-listing Guidelines; Kongo: Guidelines, Ziff. 7h; Iran: Guidelines, Ziff. 28; Liberia: Guidelines, Ziff. 7h; Elfenbeinküste: Guidelines, Ziff. 10f; Sudan: Guidelines, Ziff. 9d; Nordkorea: Guidelines, Ziff. 8d; Libyen: Guidelines, Ziff. 7h; Taliban: Guidelines, Ziff. 7b.

108 Oetjen, Arbeitspapiere zu Problemen der Internationalen Politik und der Entwicklungsländerforschung, Nr. 45/2006, S. 66.

109 Siehe oben Fn. 89.

Unterschiede bestehen aber im Falle eines unmittelbaren Antrags bei den Vereinten Nationen. Grund hierfür dürften die fehlende territoriale Anknüpfung des Sanktionsregimes sowie die anhaltende Rechtsschutzdebatte zu diesem Sanktionsregime sein. Die betroffenen Personen und Einrichtungen richten den Antrag nicht mehr an die o. g. Koordinierungsstelle, sondern an einen Ombudsmann.[110] Das Amt des Ombudsmanns ist mit einer Person von hohem moralischem Rang besetzt, die Erfahrung auf dem Gebiet der Menschenrechte, Terrorismusbekämpfung und Sanktionen besitzt.[111]

Nach Eingang eines Antrages hat der Ombudsmann den Antragsteller über das Listenstreichungsverfahren zu informieren und eine grobe Zulässigkeitsprüfung vorzunehmen.[112] Anschließend leitet er den Antrag unverzüglich an die Ausschussmitglieder, den Heimat- und Aufenthaltsstaat, den Staat, der die Listung beantragt hat, sowie sonstige relevante Mitgliedstaaten und UN-Einrichtungen weiter. Er gibt ihnen innerhalb eines Zeitraums von zwei Monaten Gelegenheit, zu dem Antrag Stellung zu nehmen und weitere Informationen beizubringen.[113]

An die Phase der Informationsbeschaffung schließt sich ein zweimonatiger sog. „Dialog"-Zeitraum an. In dieser Zeit koordiniert der Ombudsmann die Kommunikation über den Antrag zwischen Antragssteller und Ausschuss sowie den übrigen Stellen. Am Ende dieser Phase erhält der Sanktionsausschuss einen zusammenfassenden Bericht des Ombudsmanns, der alle relevanten Informationen und Argumente hinsichtlich des Streichungsantrags enthält.[114]

Nach einer maximal 15-tägigen Prüfung des Berichts, berät der Ausschuss über den Antrag und kann den Ombudsmann persönlich anhören. Anschließend trifft er eine Entscheidung im Konsensverfahren. Gibt der Ausschuss dem Antrag statt, informiert der Ombudsmann den Antragsteller und dessen Name wird von der Liste gestrichen. Weist der Ausschuss den Antrag zurück, teilt er dem Ombudsmann die Entscheidungsgründe mit. Der Ombudsmann informiert daraufhin schriftlich den Antragssteller und übermittelt ihm die nicht vertraulichen Entscheidungsgründe.[115]

---

110 S/RES/1904 (2009), Ziff. 21.
111 S/RES/1904 (2009), Ziff. 20.
112 S/RES/1989 (2011), Annex II Ziff. 1.
113 S/RES/1989 (2011), Annex II Ziff. 2.
114 S/RES/1989 (2011), Annex II Ziff. 5ff.
115 S/RES/1989 (2011), Annex II Ziff. 8ff.

V. Die Umsetzung in der Europäischen Union

Die jeweiligen Sanktionsresolutionen können zwar die UN-Mitgliedstaaten verpflichten, besitzen aber in deren nationalen Rechtsordnungen keine unmittelbare Wirkung, sondern erfordern eine Umsetzung. In Europa übernimmt diese Umsetzung stellvertretend für ihre Mitgliedstaaten die Europäische Union.[116] Der Rat fasst im Rahmen der GASP einen Gemeinsamen Standpunkt bzw. Beschluss, dessen Rechtsgrundlage Art. 29 EU (Art. 15 EU a. F.) ist und der inhaltlich der jeweiligen Sicherheitsresolution gleicht.[117] Die dort angeordneten Maßnahmen einschließlich ihrer Ausnahmen und der Personenlisten werden übernommen. Letztere werden bei Bedarf durch einen Ratsbeschluss aktualisiert. Als zwischenstaatlicher Maßnahme mangelt es aber auch dem GASP-Standpunkt bzw. -Ratsbeschluss an einer unmittelbaren Wirkung, es bedarf daher noch eines weiteren Rechtsakts. Während auf Grund der Kompetenzverteilung zwischen Mitgliedstaaten und EU die weitere Umsetzung der Reisesanktionen trotz Vergemeinschaftung dieses Bereichs durch den Vertrag von Amsterdam (Art. 77 AEUV (Art. 62 Abs. 2 lit. b EG)) Aufgabe der Mitgliedstaaten ist[118], wird im Falle der Finanzsanktionen die EU tätig.[119] Auf Vorschlag der Kommission erlässt der Rat gestützt auf Art. 215 AEUV (Art. 60, 301 EG (teilweise auch i. V. m. Art. 308 EG)) eine Verordnung, die die Regelungen des GASP-Standpunkts bzw. Ratsbeschlusses einschließlich der Personenlisten

---

116 Vgl. auch Bartelt/Zeitler, EuZW 2003, S. 712, 712.

117 Somalia: Ratsbeschluss 2010/231/GASP (ABl. L 105 v. 27.4.2010, S. 17); Al-Qaida: Gemeinsamer Standpunkt 2002/402/GASP (ABl. L 139 v. 29.5.2002, S. 4); Irak: Gemeinsamer Standpunkt 2003/495/GASP (ABl. L 169 v. 8.7.2003, S. 72); Liberia: Gemeinsamer Standpunkt 2004/487/GASP (ABl. L 162 v. 29.4.2004, S. 116); Kongo: Ratsbeschluss 2010/788/GASP (ABl. L 336 v. 21.12.2010, S. 30); Elfenbeinküste: Ratsbeschluss 2010/656/GASP (ABl. L 285 v. 30.10.2010, S. 28); Sudan: Ratsbeschluss 2011/423/GASP (ABl. L 188 v. 19.07.2011, S. 20); Hariri: Gemeinsamer Standpunkt 2005/888/GASP (ABl. L 327 v. 14.12.2005, S. 26); Nordkorea: Ratsbeschluss 2010/800/GASP (ABl. L 341 v. 23.12.2010, S. 32); Iran: Ratsbeschluss 2010/413/GASP (ABl. L 195 v. 27.7.2010, S. 39); Libyen: Ratsbeschluss 2011/137/GASP (ABl. L 58 v. 03.03.2011, S. 53); Taliban: Ratsbeschluss 2011/486/GASP (ABl. L 199 v. 02.08.2011, S. 57).

118 Gilsdorf/Brandtner, in: v. d. Groeben/Schwarze, EU-/EGV, Art. 301 EG, Rn. 3; Brandl, AVR 2000, S. 376, 380 (Fn. 27) u. 390f.

119 v. Arnauld, AVR 2006, S. 201, 204; Bohr, Sanctions by the United Nations Security Council and the European Community, EJIL 1993, S. 256f.; Portela, SWP-aktuell 63, 2007, S. 2.

wiedergibt.[120] Die Verordnungen sind dabei sehr ähnlich bis identisch formuliert. Regelmäßig lauten sie:

> *„(1) Sämtliche Gelder und wirtschaftlichen Ressourcen, die Eigentum oder Besitz der in Anhang [...] aufgeführten natürlichen oder juristischen Personen, Gruppen, Unternehmen und Einrichtungen sind oder von diesen gehalten oder kontrolliert werden, werden eingefroren.*
> *(2) Den in Anhang I aufgeführten natürlichen oder juristischen Personen, Gruppen, Unternehmen und Einrichtungen dürfen weder unmittelbar noch mittelbar Gelder oder wirtschaftliche Ressourcen zur Verfügung gestellt werden oder zugutekommen.*
> *(3) Die wissentliche und vorsätzliche Beteiligung an Aktivitäten, mit denen unmittelbar oder mittelbar die Umgehung der in den Absätzen 1 und 2 genannten Maßnahmen bezweckt oder bewirkt wird, ist untersagt.“*[121]

Adressaten sind damit nicht die gelisteten Personen und Einrichtungen, sondern sämtliche Dritte. Die Kommission ist zur Aktualisierung der Liste ermächtigt. Verstöße gegen die EU-Verordnung sind durch die Mitgliedstaaten zu sanktionieren.

B. Die Sanktionsregime der Europäischen Union

Einzelpersonen und Einrichtungen sind nicht nur Ziel von UN-Sanktionsregimen, die die EU umsetzt, sondern auch von eigenständigen EU-Sanktionen. Die

---

120 Al-Qaida: VO (EG) Nr. 881/2002 (ABl. L 139 v. 29.5.2002, S. 9); Irak: VO (EG) Nr. 1210/2003 (ABl. L 169 v. 8.7.2003, S. 6); Liberia: VO (EG) Nr. 872/2004 (ABl. L 162 v. 30.4.2004, S. 32); Kongo: VO (EG) Nr. 1183/2005 (ABl. L 193 v. 23.7.2005, S. 1); Elfenbeinküste: VO (EG) Nr. 560/2005 (ABl. L 95 v. 14.4.2005, S. 1); Sudan: VO (EG) Nr. 1184/2005 (ABl. L 193 v. 23.7.2005, S. 9); Hariri: VO (EG) Nr. 305/2006 (ABl. L 51 v. 22.2.2006, S. 1); Nordkorea: VO (EG) Nr. 329/2007 (ABl. L 88 v. 29.3.2007, S. 1); Iran: VO (EU) Nr. 267/2012, (ABl. L 88 v. 24.03.2012, S. 1); Libyen: VO (EU) Nr. 204/2011 (ABl. L 58 v. 03.03.2011, S. 1); Taliban: VO (EU) Nr. 753/2011 (ABl. L 199 v. 02.08.2011, S. 1).

121 Al-Qaida: VO (EG) Nr. 881/2002 (ABl. L 139 v. 29.5.2002, S. 9), Art. 2; Liberia: VO (EG) Nr. 872/2004 (ABl. L 162 v. 30.4.2004, S. 32), Art. 2; Kongo: VO (EG) Nr. 1183/2005 (ABl. L 193 v. 23.7.2005, S. 1), Art. 2; Elfenbeinküste: VO (EG) Nr. 560/2005 (ABl. L 95 v. 14.4.2005, S. 1), Art. 2; Sudan: VO (EG) Nr. 1184/2005 (ABl. L 193 v. 23.7.2005, S. 9), Art. 2; Hariri: VO (EG) Nr. 305/2006 (ABl. L 51 v. 22.2.2006, S. 1), Art. 2; Nordkorea: VO (EG) Nr. 329/2007 (ABl. L 88 v. 29.3.2007, S. 1), Art. 6; Iran: VO (EU) Nr. 267/2012, (ABl. L 88 v. 24.03.2012, S. 1), Art. 23 Abs. 1, 3 u. Art. 41; Libyen: VO (EU) Nr. 204/2011 (ABl. L 58 v. 03.03.2011, S. 1), Art. 5; Taliban: VO (EU) Nr. 753/2011 (ABl. L 199 v. 02.08.2011, S. 1), Art. 3.

massiven Auswirkungen und Folgen gleichen sich in beiden Fällen, ohne dass den Betroffenen die genauen rechtlichen Unterschiede bewusst sind. Zudem hängt es aufgrund paralleler Sanktionsregime beider Organisationen zur gleichen internationalen Krise häufig vom Zufall ab, welchem Regime ein Betroffener unterfällt. Eine umfassende Untersuchung der Rechtsschutzmöglichkeiten gegen Individualsanktionen hat daher auch die autonomen EU-Sanktionen in den Blick zu nehmen.

Der Grund für diese eigenständigen Sanktionen liegt zum einen an den engeren Voraussetzungen auf UN- im Gegensatz zur EU-Ebene. Während die UN nur Sanktionen verhängen kann, wenn der Sicherheitsrat eine Bedrohung des Weltfriedens gemäß Art. 39 UN festgestellt hat, kann die EU diese Maßnahmen bereits dann ergreifen, wenn sie hiermit eines der in Art. 21 EUV niedergelegten Ziele der GASP verwirklichen will.[122] Zum anderen zeigt sich, dass die EU dann eigenständige Sanktionen verhängt, wenn der Sicherheitsrat in Folge eines Vetos eines seiner ständigen Mitglieder keinen Sanktionsbeschluss fassen kann.[123]

I. Entstehung

Die ersten autonomen Sanktionsmaßnahmen der EU bzw. EG datieren zurück in das Jahr 1981. Damals verhängte die EG aufgrund der Situation in Polen Sanktionen gegen die Sowjetunion. Diesen vorausgegangen war der sog. Londoner Bericht vom 13.10.1981, der das EPZ-Verfahren in solchen Krisenfällen verbindlich regelte.[124] Die Einheitliche Europäische Akte (EEA), die 1987 in Kraft trat, band die intergouvernementale EPZ in die Gemeinschaftsstrukturen ein und übertrug die Verantwortlichkeit für die Umsetzung der Sanktionen auf die Kommission.[125] Mit Schaffung der GASP als zweiter Säule der EU durch den Maastricht-Vertrag wurden die Entscheidungsstrukturen auf dem Gebiet der Außen- und Sicherheitspolitik, zu dem auch die Sanktionen gehören, weiter formalisiert. Durch diesen Vertrag wurde auch das im Wesentlichen heute noch

---

122 Kreutz, BICC paper 45, S. 15f.

123 Vgl. zuletzt unten II. 12. sowie „Syrien-Resolution scheitert an Russland", FAZ.NET v. 05.11.2011, http://www.faz.net/aktuell/politik/un-sicherheitsrat-syrien-resolution-scheitert-an-russland-und-china-11482726.html (zuletzt aufgerufen am 06.04.2012).

124 Dritter Bericht der Außenminister der Mitgliedstaaten der Europäischen Gemeinschaften an die Staats- und Regierungschefs über die Europäische Politische Zusammenarbeit vom 13. Oktober 1981.

125 Vgl. Kreutz, BICC paper 45, S. 10.

geltende zweiaktige Erlassverfahren auf EU-Ebene etabliert. Die Maßstäbe für die Sanktionspolitik der EU sind seit 2004 in den „Grundprinzipien für den Einsatz restriktiver Maßnahmen (Sanktionen)“[126] festgehalten.

Parallel zur Integrationszunahme auf dem Gebiet der Sanktionspolitik lässt sich auch eine Entwicklung hinsichtlich der Sanktionsinstrumente beobachten, die dem Bedeutungszuwachs der EU als Akteur auf der außenpolitischen Bühne entspricht. Während anfangs nur partielle Handelsembargos verhängt wurden, die in direkter Verbindung zum Gemeinsamen Markt standen, lag der Schwerpunkt ab Mitte der 1980er Jahre auf den Waffenembargos. Im Zuge der Erkenntnisse zur Effektivität und zu den humanitären Folgen von Sanktionen verlagerte sich dieser Schwerpunkt in den 1990er Jahren dann auf die sog. „smart“ bzw. „targeted sanctions“.[127] Hintergrund des zunehmenden Erlasses von außenpolitisch motivierten Sanktionsmaßnahmen durch die EU ist einerseits die Einsicht, dass die EU sich als Gemeinschaft, in der 400 Millionen Menschen leben und ein Viertel der weltweiten Wirtschaftleistung erbracht wird, nicht auf rein wirtschaftliche Fragen beschränken kann, sondern ihre wirtschaftliche Macht auch zur Förderung außenpolitischer Ziele einsetzen muss. Anderseits steht dahinter die Erkenntnis, dass sich in einer globalisierten Welt innere und äußere Sicherheit bedingen. Sicherheit in der EU kann deshalb nur durch Förderung von Sicherheit und Stabilität in anderen Regionen der Welt erreicht werden. Schließlich sollen hierdurch auch die Vereinten Nationen unterstützt werden.[128]

II. Politischer Hintergrund

Nachdem die Entstehung der Sanktionspraxis der EU erörtert wurde, sollen auch ihre im Jahre 2012 bestehenden Sanktionsregime näher betrachtet werden. Dabei zeigt sich, dass die Europäische Union das Mittel der Individualsanktion in all ihren Sanktionsregimen nutzt. In den überwiegenden Fällen beschränkt sie sich sogar auf die Verhängung von Individualsanktionen. Lediglich gegen Birma und Simbabwe existiert auch ein partielles Embargo. Regelmäßig hat sie sowohl Reise- als auch Finanzsanktionen verhängt. Nur im Falle Moldaus bestehen ausschließlich Reisesanktionen. Anlass der Verhängung waren regelmäßig

---

126 Rat der Europäischen Union, Grundprinzipien für den Einsatz restriktiver Maßnahmen, 10198/04.

127 Vgl. Kreutz, BICC paper 45, S. 21.

128 Europäischer Rat, Ein sicheres Europa in einer besseren Welt – Europäische Sicherheitsstrategie vom 12.12.2003 (nicht im Amtsblatt veröffentlicht), S. 1f., 10f.

innerstaatliche Menschenrechtsverletzungen sowie das Streben nach Massenvernichtungswaffen.

1. Birma/Myanmar

Die ehemalige britische Kolonie Birma (seit 1989 Myanmar) steht seit einem Staatsstreich im Jahre 1962 unter Militärherrschaft. 1988 schlug die Militärjunta die Demokratiebewegung des Landes nieder. Nach den Wahlen im Jahre 1990 verweigerte sie trotz eines deutlichen Wahlsiegs der aus dieser Bewegung hervorgegangenen Partei NLD eine Machtübergabe und ließ die Anhänger der NLD verfolgen.[129] Die EU verhängte daraufhin ein Waffenembargo gegen Myanmar, das sie im Jahre 1996 aufgrund der anhaltenden Menschenrechtsverletzungen und mangelnden Fortschritte hinsichtlich einer Demokratisierung des Landes um ein Einreiseverbot für die Mitglieder des Militärregimes und weitere Führungspersonen erweiterte.[130] Da trotz der Sanktionen keine Besserung der Lage eintrat, wurden diese Sanktionen im Jahre 2000 nochmals verschärft. Die EU fror Auslandsguthaben der von dem Einreiseverbot betroffenen Personen ein und verhängte ein Lieferverbot für Gerät, das zu interner Repression oder terroristischen Zwecken benutzt werden kann.[131] Im Jahre 2004 dehnte sie die Maßnahmen erneut aus und untersagte die Beteiligung und Kreditvergabe an Unternehmen des birmanischen Staates.[132] Zuletzt wurde nach dem blutigen Vorgehen gegen Demonstranten im Herbst 2007 zusätzlich ein Holz-, Rohstoff- und Edelsteinembargo verhängt.[133] Diese Sanktionen sind auch noch Anfang 2012 in Kraft.[134]

2. Jugoslawien

Zu Beginn der 1990er Jahre kam es in Jugoslawien in Folge der Unabhängigkeitsbestrebungen verschiedener Teilrepubliken zu mehreren gewaltsamen Konflikten.

---

129 Auswärtiges Amt, Länderinformation Myanmar, www.auswaertiges-amt.de/DE/Aussenpolitik/Laender/Laenderinfos/Myanmar/Innenpolitik_node.html, (zuletzt aufgerufen am 06.04.2012).

130 Gemeinsamer Standpunkt 96/635/GASP (ABl. L 287 v. 08.11.1996, S. 1), Nr. 5 lit. b.

131 Gemeinsamer Standpunkt 2000/346/GASP (ABl. L 122 v. 24.5.2000, S. 1), Art. 1.

132 Gemeinsamer Standpunkt 2004/730/GASP (ABl. L 323 v. 26.10.2004, S. 17), Art. 1 Nr. 3.

133 Gemeinsamer Standpunkt 2007/750/GASP (ABl. L 308 v. 24.11.2007, S. 1), Art. 1 Nr. 1.

134 Ratsbeschluss 2010/232/GASP (ABl. L 105 v. 27.04.2010, S. 22).

Die EU verhängte deshalb 1991 ein Waffenembargo gegen Gesamt-Jugoslawien, das erst 2006 endgültig aufgehoben wurde.[135] Dieses Waffenembargo wurde im Jahre 1998 aufgrund des Konfliktes in der Provinz Kosovo um weitere Sanktionen erweitert. So erließ die EU u.a. Reisesanktionen gegen Personen, die für Sicherheitsfragen im Kosovo verantwortlich sind, fror Auslandsguthaben der Regierung ein und verbot Neuinvestitionen in Serbien.[136] Nach dem Ende des Kosovo-Konfliktes hob sie das Investitionsverbot auf und beschränkte die Reisesanktionen zwischenzeitlich nach verschiedenen Modifizierungen auf Slobodan Milosevic und seine Familie.[137] Auch die Finanzsanktionen sind seither nur noch gegen Slobodan Milosevic und natürliche Personen seines Umfelds gerichtet.[138]

3. Simbabwe

Die ehemalige britische Kolonie Südrhodesien wurde 1980 nach 15jährigem Bürgerkrieg unabhängig. Erster Premierminister wurde Robert Mugabe, der Simbabwe in einen Einparteienstaat umwandelte. Mitte der 1990er Jahre kam es zu einem wirtschaftlichen Niedergang des Landes, der zur Bildung einer Oppositionsbewegung (MDC) führte. Die Regierung reagierte mit Wahlfälschung, Menschenrechtsverletzungen, Einschränkungen der Meinungs-, Versammlungs- und Vereinigungsfreiheit sowie politischer Verfolgung.[139] Daraufhin verhängte die EU im Jahre 2002 ein Waffenembargo gegen Simbabwe sowie Reiseverbote und Finanzsanktionen gegen Personen, die Demokratie, Menschenrechte und Rechtsstaatlichkeit in Simbabwe ernsthaft untergraben.[140] Die Sanktionen wurden mehrmals verschärft und sind auch 2012 noch in Kraft.[141]

---

135 Gemeinsamer Standpunkt 2006/29/GASP (ABl. L 19 v. 24.1.2006, S. 34), Art. 1.

136 Gemeinsamer Standpunkt 1998/240/GASP (ABl. L 95 v. 27.3.1998, S. 1), Art. 4; Gemeinsamer Standpunkt 1998/326/GASP (ABl. L 143 v. 14.5.1998, S. 1), Art. 1; Gemeinsamer Standpunkt 1998/374/GASP (ABl. L 165 v. 10.6.1998, S. 1), Art. 1.

137 Gemeinsamer Standpunkt 2000/696/GASP (ABl. L 287 v. 14.11.2000, S. 1), Art. 1 und 3.

138 Gemeinsamer Standpunkt 2000/696/GASP (ABl. L 287 v. 14.11.2000, S. 1), Art. 2; VO (EG) Nr. 2488/2000 (ABl. L 287 v. 14.11.2000, S. 19), Art. 1 Abs. 1.

139 Siehe zur politischen Entwicklung Simbabwes: Auswärtiges Amt, Länderinformation Simbabwe, http://www.auswaertiges-amt.de/DE/Aussenpolitik/Laender/Laenderinfos/Simbabwe/Innenpolitik_node.html, (zuletzt aufgerufen am 06.04.2012).

140 Gemeinsamer Standpunkt 2002/145/GASP (ABl. L 50 v. 21.2.2002, S. 1), Art. 1, 3 u. 4.

141 Ratsbeschluss 2011/101/GASP (ABl. L 42 v. 16.02.2011, S. 6), Art. 2, 4 u. 5.

4. Republik Moldau

Die Moldauische SSR erklärte unter dem Namen Republik Moldau 1991 ihre Unabhängigkeit. Im darauffolgenden Jahr eskalierte ein seit längerer Zeit schwelender Konflikt zwischen der Zentralregierung und der russischen Minderheit in der Region Transnistrien zu einem offenen Bürgerkrieg, dessen Ergebnis eine Abspaltung der Region ist. Seither hat Transnistrien illegitime, quasi-staatliche Strukturen geschaffen, ohne dass der Konflikt tatsächlich beigelegt wäre.[142] Insbesondere die Führung Transnistriens widersetzt sich einer friedlichen Lösung unter Wahrung der territorialen Unversehrtheit der Republik Moldau. Die EU hat daher zu Beginn des Jahres 2003 Reisesanktionen gegen diejenigen Mitglieder der transnistrischen Führung beschlossen, die die Hauptverantwortung für die mangelnde Kooperationsbereitschaft bei der Suche nach einer friedlichen Lösung tragen.[143] Diese Reisebeschränkungen wurden später auf weitere Personen ausgedehnt und sind auch im Januar 2012 noch in Kraft, allerdings bis zum 31.12.2012 ausgesetzt.[144]

5. Terrorismus

Nach den Terroranschlägen des 11. September 2001 hat der Sicherheitsrat nicht nur selbst Finanz- und Reisesanktionen zur Bekämpfung des Terrorismus durch Al-Qaida und Taliban erlassen[145], sondern auch die Mitgliedstaaten in der SR-Res. 1373 (2001) zu Maßnahmen gegen den internationalen Terrorismus in seiner Gesamtheit verpflichtet. Er verlangt von ihnen u. a. eine enge Zusammenarbeit auf dem Gebiet der Terrorismusbekämpfung und eine Unterbindung der Finanzierung des internationalen Terrorismus. Hierzu fordert er ausdrücklich auch den Einsatz von Finanzsanktionen gegen Personen und Einrichtungen, die für terroristische Handlungen verantwortlich sind.[146] Allerdings benennt der Sicherheitsrat die Zielpersonen im diesem Falle im Gegensatz zum UN-Sanktionsregime betreffend Al-Qaida und die Taliban nicht selbst, sondern überlässt

142 Auswärtiges Amt, Länderinformation Moldau, http://www.auswaertiges-amt.de/DE/Aussenpolitik/Laender/Laenderinfos/Moldau/Innenpolitik_node.html, (zuletzt aufgerufen am 06.04.2012).

143 Gemeinsamer Standpunkt 2003/139/GASP (ABl. L 53 v. 28.02.2003, S. 60), Art. 1.

144 Gemeinsamer Standpunkt 2004/622/GASP (ABl. L 279 v. 28.08.2004, S. 47), Art. 1; Ratsbeschluss 2010/573/GASP (ABl. L 253 v. 28.09.2010, S. 54), Art. 1 u. 4.

145 Siehe oben A I 1 c).

146 S/RES/1373 (2001), Nr. 1c.

diese Entscheidung den Mitgliedstaaten. In Umsetzung dieser Resolution hat die EU daher stellvertretend für ihre Mitgliedstaaten Finanzsanktionen gegen von ihr ausgewählte Personen und Einrichtungen erlassen, die der Finanzierung und Unterstützung des internationalen Terrorismus verdächtig sind und gerade nicht zu Al-Qaida oder den Taliban zählen.[147] Die Sanktionen zielen dabei nicht nur auf weitere islamistische Terrorgruppen, sondern erfassen daneben auch terroristische Vereinigungen mit anderem politischen Hintergrund wie z. B. die kolumbianische „FARC" oder die in Japan entstandene sog. „Aum-Sekte".[148]

6. Belarus

Im Jahre 1991 erklärte sich die ehemalige Weißrussische SSR unter dem Namen Republik Belarus für unabhängig.[149] Nach seiner Wahl im Jahre 1994 errichtete der auch Anfang 2012 noch amtierende Präsident Alexander Lukaschenko ein autoritäres Präsidialregime, das seither die Parlaments- und Präsidentenwahlen massiv fälscht, gegen Grund- und Menschenrechte verstößt und politische Gegner verfolgt.[150] Im Jahre 1997 entschloss sich die Europäische Union daher, die politischen Beziehungen zu Belarus einzuschränken.[151] Nachdem sich in den darauffolgenden Jahren keine Besserung der politischen Lage einstellte, nahm die EU die Behinderung der Justiz bei den Ermittlungen zum Verschwinden von vier Oppositionellen zum Anlass, Reisesanktionen gegen die verantwortlichen Amtsträger zu verhängen.[152] Später wurden diese auf Personen ausgeweitet, die für die Verletzung von internationalen Wahlstandards bei den Wahlen in den Jahren 2004 und 2006 und für Menschrechtsverletzungen im Anschluss an diese

147 Gemeinsamer Standpunkt 2001/931/GASP (ABl. L 344 v. 28.12.2001, S. 93), Art. 2 und 3; VO (EG) Nr. 2580/2001 (ABl. L 344 v. 28.12.2001, S. 70), Art. 2.

148 Beschluss 2011/70/GASP (ABl. L 28 v. 02.02.2011, S. 57), Anhang Nr. 2.5 u. 2.22.

149 Siehe zur politischen Entwicklung in der Republik Belarus seit 1990: Hofmann, Von der Transformation zur Kooperationsfreiheit, S. 407ff.

150 Auswärtiges Amt, Länderinformation Weißrußland, http://www.auswaertiges-amt.de/DE/Aussenpolitik/Laender/Laenderinfos/Belarus/Innenpolitik_node.html, (zuletzt aufgerufen am 06.04.2012); CIA Word Factbook, https://www.cia.gov/library/publications/the-world-factbook/geos/bo.html, (zuletzt aufgerufen am 06.04.2012).

151 Auswärtiges Amt, Länderinformation Weißrußland, http://www.auswaertiges-amt.de/DE/Aussenpolitik/Laender/Laenderinfos/Belarus/Bilateral_node.html, (zuletzt aufgerufen am 06.04.2012).

152 Gemeinsamer Standpunkt 2004/661/GASP (ABl. L 301 v. 28.9.2004, S. 67), Art. 1.

Wahlen verantwortlich waren.[153] Zusätzlich zu den Reisesanktionen erließ die EU Finanzsanktionen gegen die Verantwortlichen der Wahlfälschungen im Jahr 2006, zu denen auch Präsident Alexander Lukaschenko gehört, sowie mit ihnen verbundene Personen und Einrichtungen.[154] Im Juni 2011 verschärfte die EU die Sanktionen durch Einführung eines Waffenembargos sowie Verbote im Hinblick auf Güter zur internen Repression.[155] Diese Sanktionsmaßnahmen sind auch Anfang 2012 noch in Kraft.[156]

7. Iran

a) Iranisches Atomprogramm

Die Europäische Union hat nicht nur das UN-Sanktionsregime gegen Iran umgesetzt, sondern die Sanktionsmaßnahmen in den Umsetzungsakten eigenständig auch auf weitere Personen und Maßnahmen ausgedehnt. Neben den von der UN vorgegebenen Personen sind daher solche von den Maßnahmen betroffen, die der Rat entsprechend der vom Sicherheitsrat aufgestellten Identifizierungskriterien selbständig benannt hat.[157] Hintergrund dieser außerhalb des Sicherheitsrates beschlossenen Ausweitung der Sanktionen ist die Weigerung Russlands und Chinas aufgrund wirtschaftlicher und geostrategischer Interessen weitergehende Sanktionsmaßnahmen im Sicherheitsrat mitzutragen.[158]

b) Menschenrechtsverletzungen

Parallel dazu bestehen seit März 2011 aufgrund der Menschenrechtslage, insbesondere wegen der Unterdrückung der Zivilbevölkerung sowie der sprunghaft gestiegenen Zahl an Hinrichtungen im Iran Reise- und Finanzsanktionen gegen

---

153 Gemeinsamer Standpunkt 2004/848/GASP (ABl. L 367 v. 14.12.2004, S. 35), Art. 1; Gemeinsamer Standpunkt 2006/276/GASP (ABl. L 101 v. 11.4.2006, S. 5), Art. 1.

154 Gemeinsamer Standpunkt 2006/362/GASP (ABl. L 134 v. 20.5.2006, S. 45), Art. 1, VO (EG) Nr. 765/2006 (ABl. L 134 v. 20.05.2006, S. 1), Art. 2.

155 Ratsbeschluss 2011/357/GASP (ABl. L 161 v. 21.06.2011, S. 25), Art. 1.

156 Ratsbeschluss 2010/639/GASP (ABl. L 280 v. 26.10.2010, S. 18), Art. 1 u. 2; VO (EG) Nr. 765/2006 (ABl. L 134 v. 20.05.2006, S. 1), Art. 2.

157 Ratsbeschluss 2010/413/GASP (ABl. L 195 v. 27.07.2010, S. 39), Art. 20 Abs. 1 lit. b; VO (EU) Nr. 267/2012, (ABl. L 88 v. 24.03.2012, S. 1), Art. 23 Abs. 2.

158 „EU-Strafmaßnahmen: Russland nennt Iran-Sanktionen inakzeptabel", Spiegel Online v. 27.07.2010, http://www.spiegel.de/politik/ausland/0,1518,708684,00.html, (zuletzt aufgerufen am 06.04.2012).

Personen, die für die schweren Menschenrechtsverletzungen im Iran verantwortlich sind.[159]

8. Guinea

Unmittelbar nach dem Tod von Präsident Conté Ende 2008 kam es in Guinea zu einem Militär-Putsch.[160] Die Putschisten setzten die Verfassung außer Kraft und regieren seither mittels eines „Nationalrates für Demokratie und Entwicklung". Im September 2009 schlug das Militär eine Demonstration gegen seine Regierung blutig nieder.[161] Die EU verhängte daraufhin ein generelles Waffenembargo sowie Reisesanktionen gegen die Mitglieder des „Nationalrates für Demokratie und Entwicklung" und mit ihnen in Verbindung stehende Personen.[162] Kurze Zeit später beschloss sie zusätzlich Finanzsanktionen gegen diesen Personenkreis.[163]

9. Ägypten

Ägypten ist seit einem Militärputsch im Jahre 1952 eine Republik. Staatsoberhaupt war seit der Ermordung seines Vorgängers Sadat im Jahre 1981 bis Februar 2011 Hosni Mubarak, der das Land in dieser Zeit mit Hilfe eines Notstandsgesetzes autoritär regierte. Inspiriert von den Demonstrationen in Tunesien, kam es ab Januar 2011 auch zu Protesten der ägyptischen Bevölkerung gegen das Regime von Mubarak, dem Korruption und Amtsmissbrauch vorgeworfen wurde. Diese Proteste führten zum Rücktritt Mubaraks im Februar 2011, an dessen Stelle zunächst ein Militärrat trat, der für den Übergang zu einer friedlichen und demokratischen Regierung in Ägypten sorgen soll.[164] Ende Februar 2011 erklärte die EU ihre

---

159 Ratsbeschluss 2011//235/GASP (ABl. L 100 v. 14.04.2011, S. 51), Art. 1 u. 2; VO (EU) Nr. 359/2011 (ABl. L 100 v. 14.04.2011, S. 1), Art. 2.

160 Auswärtiges Amt, Länderinformation Guinea, http://www.auswaertiges-amt.de/DE/Aussenpolitik/Laender/Laenderinfos/Guinea/Innenpolitik_node.html, (zuletzt aufgerufen am 06.04.2012).

161 CIA World Factbook, https://www.cia.gov/library/publications/the-world-factbook/geos/gv.html, (zuletzt aufgerufen am 06.04.2012).

162 Gemeinsamer Standpunkt 2009/788/GASP (ABl. L 281 v. 28.10.2009, S. 7), Art. 1, 3.

163 Ratsbeschluss 2009/1003/GASP (ABl. L 346 v. 23.12.2009, S. 51), Art. 3a; VO (EG) Nr. 1284/2009 (ABl. L 346 v. 23.12.2009, S. 26), Art. 6.

164 Siehe zum politischen Hintergrund in Ägypten: Auswärtiges Amt, Länderinformation Ägypten, http://www.auswaertiges-amt.de/DE/Aussenpolitik/Laender/Laenderinfos/Aegypten/Innenpolitik_node.html, (zuletzt aufgerufen am 06.04.2012).

Bereitschaft, diesen Übergang zu unterstützen. Sie erließ daher im März 2011 Finanzsanktionen gegen Personen, die für die rechtswidrige Verwendung staatlicher Gelder Ägyptens verantwortlich sind.[165]

10. Syrien

Syrien erlangte im Jahre 1946 seine Unabhängigkeit. Die darauffolgenden Jahrzehnte waren von politischer Instabilität und mehreren Militärputschen geprägt. Im Jahre 1970 gelangte schließlich Hafiz al-Assad an die Macht. Nach dessen Tod im Jahre 2000 wurde sein Sohn Bashar al-Assad sein Nachfolger und Staatsoberhaupt. Im Zuge der Umwälzungen in der arabischen Welt Anfang 2011 kam es auch in vielen syrischen Städten zu Demonstrationen gegen die Regierung al-Assads. Dieser ging mit massiver Gewalt gegen die Protestbewegung vor. Es gab zahlreiche Tote und Verletzte. Teile der Bevölkerung flohen über die Grenze in die Türkei.[166] Die EU verhängte daraufhin gegen Syrien ein Embargo für Waffen sowie für Ausrüstung, die zur internen Repression genutzt werden kann,[167]. Gleichzeitig erließ sie Reise[168]- und Finanzsanktionen[169] gegen Personen, die für die gewaltsame Repression der Zivilbevölkerung in Syrien verantwortlich sind oder mit ihnen verbunden sind. Diese Sanktionen verschärfte die EU nochmals Ende 2011.[170]

11. Tunesien

Das ehemalige französische Protektorat Tunesien ist seit 1956 unabhängig. Im Jahre 1987 gelangte Zine el Abidine Ben Ali an die Macht, der das Land bis Anfang 2011 autoritär regierte. Im Dezember 2010 kam es zu Demonstrationen der tunesischen Bevölkerung gegen das Regime Ben Alis. Grund hierfür waren die hohe Arbeitslosigkeit, Korruption und weitverbreitete Armut sowie hohe Lebensmittelpreise. Die Proteste weiteten sich im Januar 2011 zu gewaltsamen

---

165 Ratsbeschluss 2011/172/GASP (ABl. L 76 v. 21.03.2011, S. 63), Art. 1; VO (EU) Nr. 270/2011 (ABl. L 76 v. 21.03.2011, S. 4), Art. 2.

166 CIA World Factbook, https://www.cia.gov/library/publications/the-world-factbook/geos/sy.html, (zuletzt aufgerufen am 06.04.2012).

167 Ratsbeschluss 2011/273/GASP (ABl. L 121 v. 10.05.2011, S. 11), Art. 1.

168 Ratsbeschluss 2011/273/GASP (ABl. L 121 v. 10.05.2011, S. 11), Art. 3.

169 Ratsbeschluss 2011/273/GASP (ABl. L 121 v. 10.05.2011, S. 11), Art. 4; VO (EU) Nr. 36/2012 (ABl. L 16 v. 19.01.2012, S. 1), Art. 1 4.

170 Ratsbeschluss 2011/782/GASP (ABl. L 319 v. 02.12.2011, S. 56).

Unruhen mit Hunderten von Toten aus, durch die das Regime immer mehr unter Druck geriet. Ben Ali floh schließlich Mitte Januar 2011 nach Saudi-Arabien.[171] Nach seiner Flucht wurde eine Übergangsregierung gebildet, deren Ziel der Übergang zu demokratischen Verhältnissen mit freien Wahlen ist.[172] Die EU hat daraufhin am 31.01.2011 bekräftigt, Tunesien bei seinen Demokratisierungsbemühungen zu unterstützen.[173] Gleichzeitig erließ sie Finanzsanktionen gegen Personen, die für die rechtswidrige Verwendung staatlicher Gelder Tunesiens verantwortlich sind.[174]

12. Bosnien und Herzegowina

Nachdem Bosnien und Herzegowina im Jahre 1992 seine Unabhängigkeit vom ehemaligen Jugoslawien erklärt hatte, brach zwischen den ethnischen Gruppen des Landes ein Bürgerkrieg aus. Dieser konnte erst nach dreijähriger Dauer durch das Friedensabkommen von Dayton beendet werden. Das Abkommen sah eine Teilung Bosnien und Herzegowinas in zwei weitgehend autonome Landesteile vor.[175] Seither ist das Land jedoch politisch gelähmt, da sich Muslime und Kroaten in der einen Landeshälfte und Serben in der anderen immer wieder gegenseitig blockieren. Nachdem Versuche der EU die rivalisierenden Bevölkerungsgruppen zu einer Verfassungsänderung, die auf die Annäherung des Landes an die EU zielte, scheiterten, beschloss die EU im März 2011 Finanz- und Reisesanktionen gegen Personen, die „die Souveränität, die territoriale Unversehrtheit, die verfassungsmäßige Ordnung und die internationale Rechtspersönlichkeit von Bosnien und Herzegowina untergraben, die Sicherheit in Bosnien und Herzegowina ernsthaft gefährden oder das Allgemeine Rahmenabkommen für den Frieden von Dayton/Paris [...] in Frage stellen".[176] Bis April 2012 sind allerdings noch keine konkreten Personen von den Maßnahmen betroffen.

171 CIA World Factbook, https://www.cia.gov/library/publications/the-world-factbook/geos/ts.html, (zuletzt aufgerufen am 06.04.2012).

172 Auswärtiges Amt, Länderinformation Tunesien, http://www.auswaertiges-amt.de/DE/Aussenpolitik/Laender/Laenderinfos/Tunesien/Innenpolitik_node.html, (zuletzt aufgerufen am 06.04.2012).

173 Ratsbeschluss 2011/72/GASP (ABl. L 28 v. 02.02.2011, S. 62), Erwägungsgrund 1.

174 Ratsbeschluss 2011/72/GASP (ABl. L 28 v. 02.02.2011, S. 62), Art. 1; VO (EU) Nr. 101/2011 (ABl. L 31 v. 05.02.2011, S. 1), Art. 1.

175 CIA World Factbook, https://www.cia.gov/library/publications/the-world-factbook/geos/bk.html, (zuletzt aufgerufen am 06.04.2012).

176 Ratsbeschluss 2011/173/GASP (ABl. L 76 v. 22.03.2011, S. 68), Art. 1 u. 2.

13. Libyen, Côte d'Ivoire und Nordkorea

Die Rolle der EU als globaler, außenpolitischer Akteur zeigt sich auch darin, dass sie bei Krisenfällen neben der UN tätig ist. Die EU hat nicht nur im Hinblick auf den Iran[177], sondern auch in anderen Fällen zusätzlich zu den UN-Sanktionen eigenständige Sanktionsmaßnahmen erlassen. So hat sie im Falle Libyens aufgrund der ernsten Lage im Land eigenständig restriktive Maßnahmen gegen Personen verhängt, die schwerwiegende Menschenrechtsverletzungen angeordnet, kontrolliert oder anderweitig gesteuert haben.[178] Im Falle von Côte d'Ivoire hat die EU aufgrund der Bedeutung der Präsidentschaftswahlen des Jahres 2010 für die Rückkehr des Landes zu Frieden und Stabilität restriktive Maßnahmen gegen Personen erlassen, die den Friedensprozess und die nationale Aussöhnung blockieren und insbesondere den Abschluss der Wahl gefährden.[179] Im Hinblick auf Nordkorea schließlich hat die EU nach dem Kernwaffentest des Landes im Jahre 2009 ebenfalls autonome Sanktionsmaßnahmen gegen Personen getroffen, die für die Nuklearprogramme, Programme für ballistische Flugkörper und andere Massenvernichtungswaffenprogramme der DVRK verantwortlich sind.[180]

III. Verfahren und Struktur der Finanz- und Reisesanktion

1. Allgemein

Das Verfahren in den autonomen EU-Regimen ist mit dem der Umsetzung der UN-Sanktionsregime identisch. Gemäß der für diesen Bereich zentralen Norm des Art. 215 AEUV (ex Art. 301, 60 EG) beschließt der Rat zunächst einen GASP-Standpunkt, auf den eine EU-Verordnung folgt. Die Struktur der Sanktionsmittel in den Standpunkten ist auch hier weitgehend ähnlich und gleicht der Struktur in den UN-Sanktionsresolutionen. Die Standpunkte werden auf Grundlage von Art. 29 EUV (Art. 15 EU a. F.) erlassen und gleichen sich je nach Sanktionsmaßnahme inhaltlich. Zunächst wird sowohl die Maßnahme als auch der betroffene Personenkreis abstrakt-generell bestimmt, gleichzeitig aber auch

---

177 S. o. 8. b).

178 Ratsbeschluss 2011/137/GASP (ABl. L 58 v. 03.03.2011, S. 53), Erwägungsgrund 4, Art. 6 Abs. 1 lit. b.

179 Ratsbeschluss 2010/801/GASP (ABl. L 341 v. 23.12.2010, S. 45), Erwägungsgrund 2f, Art. 1.

180 Ratsbeschluss 2009/573/GASP (ABl. L 197 v. 29.7.2009, S. 111), Erwägungsgrund 2, 12ff.; Art. 1 Nr. 3f.

auf die im Anhang konkret gelisteten Personen und Einrichtungen verwiesen. Darauf folgen Ausnahmetatbestände aus humanitären oder friedensfördernden Gründen.[181] Der Rat kann die Liste im Anhang des GASP-Standpunkts auf Vorschlag des Hohen Vertreters der Union für Außen- und Sicherheitspolitik oder der Mitgliedstaaten ändern. Zugleich setzt er die betroffenen Personen von der Listung und deren Gründen entweder direkt oder durch öffentliche Bekanntmachung in Kenntnis und gibt ihnen Gelegenheit zur Stellungnahme, worauf hin der Beschluss überprüft wird.[182] Wie bei den UN-Sanktionsregimen ist nur die Durchführung der Finanzsanktionen Aufgabe der EU. Nur sie werden durch die auf den Standpunkt folgende Verordnung umgesetzt. Diese übernimmt dessen Anordnungen und Personenlisten und gleicht damit in Struktur und Wortlaut ebenfalls den Umsetzungsverordnungen zu den UN-Sanktionsregimen. Auf die Definition einiger wichtiger Begriffe folgt die Verbotsanordnung, an die sich humanitär motivierte Ausnahmetatbestände anschließen. Auch hier ist der Rat bzw. die Kommission zur Listenaktualisierung entsprechend der Listenänderung des Ratsbeschlusses ermächtigt und die Sanktionierung von Verstößen Aufgabe der Mitgliedstaaten.[183]

---

181 Ratsbeschluss 2010/639/GASP (ABl. L 280 v. 26.10.2010, S. 18), Art. 1ff.; Ratsbeschluss 2010/232/GASP (ABl. L 105 v. 27.04.2010, S. 22), Art. 9f; Ratsbeschluss 2010/573/GASP (ABl. L 253 v. 28.09.2010, S. 54), Art. 1; Ratsbeschluss 2011/101/GASP (ABl. L 43 v. 16.02.2011, S. 6), Art. 4 u. 5; Ratsbeschluss 2010/638/GASP (ABl. L 280 v. 26.10.2010, S. 10), Art. 3f; Ratsbeschluss 2011/172/GASP (ABl. L 76 v. 22.03.2011, S. 63), Art. 1; Ratsbeschluss 2011/782/GASP (ABl. L 319 v. 02.12.2011, S. 56), Art. 18f; Ratsbeschluss 2011/72/GASP (ABl. L 28 v. 02.02.2011, S. 62), Art. 1; Ratsbeschluss 2010/413/GASP (ABl. L 195 v. 27.07.2010, S. 39), Art. 19f; Ratsbeschluss 2011/235/GASP (ABl. L 100 v. 14.04.2011, S. 51), Art. 1f; Ratsbeschluss 2011/173/GASP (ABl. L 76 v. 22.03.2011, S. 68), Art. 1f.

182 Ratsbeschluss 2010/639/GASP (ABl. L 280 v. 26.10.2010, S. 18), Art. 4.; Ratsbeschluss 2010/232/GASP (ABl. L 105 v. 27.04.2010, S. 22), Art. 13; Ratsbeschluss 2011/101/GASP (ABl. L 43 v. 16.02.2011, S. 6), Art. 6; Ratsbeschluss 2010/638/GASP (ABl. L 280 v. 26.10.2010, S. 10), Art. 5; Ratsbeschluss 2011/172/GASP (ABl. L 76 v. 22.03.2011, S. 63), Art. 2; Ratsbeschluss 2011/782/GASP (ABl. L 319 v. 02.12.2011, S. 56), Art. 21; Ratsbeschluss 2011/72/GASP (ABl. L 28 v. 02.02.2011, S. 62), Art. 2; Ratsbeschluss 2010/413/GASP (ABl. L 195 v. 27.07.2010, S. 39), Art. 23f.; Ratsbeschluss 2011/235/GASP (ABl. L 100 v. 14.04.2011, S. 51), Art. 3; Ratsbeschluss 2011/173/GASP (ABl. L 76 v. 22.03.2011, S. 68), Art. 3.

183 VO (EG) Nr. 765/2006 (ABl. L 134 v. 20.5.2006, S. 1), Art. 8f.; VO (EG) Nr. 194/2008 (ABl. L 66 v. 10.3.2008, S. 1), Art. 18f.; VO (EG) Nr. 2488/2000 (ABl. L 287 v. 14.11.2000, S. 19), Art. 4 Abs. 2, 8; VO (EG) Nr. 314/2004 (ABl. L 55 v. 24.2.2004, S. 1), Art. 11f.; VO (EU) Nr. 101/2011 (ABl. L 31 v. 05.02.2011, S. 1),

2. Besonderheit des EU-Sanktionsregimes gegen den Terrorismus unter dem Vertrag von Nizza

Eine Besonderheit wies in diesem Zusammenhang unter dem Vertrag von Nizza das EU-Sanktionsregime gegen den Terrorismus auf. In dessen Rahmen wurden die betroffenen Personen zwar ebenfalls in eine Liste aufgenommen, die Anhang des zunächst erlassenen GASP-Standpunkts[184] war. Die in Art. 2 und 3 angeordneten Sanktionsmaßnahmen, die mittels einer EU-Verordnung[185] umgesetzt wurden, betrafen aber nicht sämtliche auf dieser Liste aufgeführten Personen. Ein besonders gekennzeichneter Teil war nur der Regelung des für alle gelisteten Personen geltenden Art. 4 unterworfen. Dieser ordnete an, dass die Mitgliedstaaten im Rahmen von Ermittlungen und Verfahren gegen die gelisteten Personen, die von ihren Behörden geführt werden, auf Ersuchen ihre Befugnisse aufgrund von Rechtsakten der Europäischen Union und anderen für die Mitgliedstaaten bindenden internationalen Übereinkünften und Regelungen in vollem Umfang nutzen. Hierbei handelte es sich um eine Maßnahme auf dem Gebiet der polizeilichen und justiziellen Zusammenarbeit nach Titel VI EU a. F., so dass sich der Gemeinsame Standpunkt neben Art. 15 EU a. F. auch auf Art. 34 EU a. F. stützte. Diese Zusammenarbeit erstreckte sich nach Art. 29 Abs. 1 EU a. F. auch auf den internationalen Terrorismus und gewinnt dort immer stärkere Bedeutung.[186] Erforderlich war diese Listung hinsichtlich Art. 4 des GASP-Standpunkts indes nicht. Er betraf allein die behördliche Amtshilfe, die auch durch behördeninterne Kommunikation hätte erfolgen können.[187] Nach dem Wegfall der Säulenstruktur und der damit verbundenen Zusammenführung der PJZS mit dem Gemeinschaftsrecht durch den Vertrag von Lissabon besteht diese Besonderheit nicht mehr, da nunmehr sämtliche gelisteten Personen nicht nur von Art. 4 des Gemeinsamen Standpunkts, sondern auch von den Finanzsanktionen betroffen sind.

Art. 11f.; VO (EU) Nr. 1284/2009 (ABl. L 346 v. 23.12.2009, S. 26), Art. 15f; VO (EU) Nr. 270/2011 (ABl. L 76 v. 22.03.2011, S. 4), Art. 11f; VO (EU) Nr. 36/2012 (ABl. L 16 v. 19.01.2012, S. 1), Art. 30f.; VO (EU) Nr. 359/2011 (ABl. L 100 v. 14.04.2011, S. 1), Art. 11.

184 Gemeinsamer Standpunkt 2001/931/GASP (ABl. L 344 v. 28.12.2001, S. 93), Art. 2f.

185 VO (EG) Nr. 2580/2001 (ABl. L 344 v. 28.12.2001, S. 70).

186 Schulte, Der individuelle Schutz gegen Terrorlisten, S. 356.

187 Schulte, Der Schutz individueller Rechte gegen Terrorlisten, S. 359.

C. Rechtswirkung im nationalen Recht

Die EU-Umsetzungsverordnung wirkt unmittelbar im nationalen Recht. Ein nationaler Vollzugsakt ist nicht notwendig. Kreditinstituten und sonstigen Geschäftspartnern sind durch Erlass der Verordnung Finanztransaktionen mit den gelisteten Personen verboten. Lediglich die Durchsetzung der Sanktionsverordnung richtet sich nach nationalem Recht, das Verordnungsverstöße regelmäßig mit Strafe bewehrt. In Deutschland sind die maßgeblichen Bestimmungen § 34 Abs. 4, 7 und 8 Außenwirtschaftsgesetz (AWG)[188], die für vorsätzliche Sanktionsverletzungen eine Freiheitsstrafe von mindestens zwei Jahren bzw. von drei Monaten bis fünf Jahren in minder schweren Fällen festsetzen. Die Einhaltung der Außenwirtschaftsbestimmungen überwachen insbesondere die Hauptzollämter, die Deutsche Bundesbank und das Bundesamt für Wirtschaft und Ausfuhrkontrolle (BAFA)[189]. Strafverfolgungsbehörde bei Zuwiderhandlungen gegen § 34 AWG ist die Staatsanwaltschaft. Ihre Zuständigkeit richtet sich gemäß § 143 Abs. 1 GVG nach den allgemeinen Zuständigkeitsvorschriften der §§ 9ff. StPO. Zuständig ist danach in aller Regel die Staatsanwaltschaft des Landgerichts, in dem der Verstoß gegen das AWG begangen wurde. Nur in Fällen, in denen die Straftaten daneben auch den Tatbestand des Landesverrats oder der Spionage bzw. der Mitgliedschaft in einer terroristischen Vereinigung verwirklichen, ist die Zuständigkeit des Generalbundesanwalts gegeben.[190]

Daneben droht Mitgliedern des Vorstandes bzw. der Geschäftsführung eines Unternehmens ein Bußgeld gemäß § 130 OWiG wegen der Verletzung von Aufsichtsmaßnahmen. Hinzukommen kann eine Unternehmensgeldbuße gemäß § 30 OWiG sowie unter Umständen eine Gewerbeuntersagung wegen Unzuverlässigkeit gemäß § 35 I GewO.[191]

D. Ergebnis

Das Instrument der Individualsanktion wird in allen gegenwärtig existierenden Sanktionsregimen sowohl der UN als auch der EU als Zwangsmaßnahme

---

188 Außenwirtschaftsgesetz in der Fassung der Bekanntmachung vom 27. Mai 2009 (BGBl. I S. 1150).

189 § 44 AWG.

190 Vgl. Der Generalbundesanwalt beim Bundesgerichtshof, http://www.generalbundesanwalt.de/de/ausich.php, (zuletzt aufgerufen am 06.04.2012).

191 Schlarmann/Spiegel, NJW 2007, S. 870, 873; Meyer/Macke, HRRS, S. 445, 459f.

eingesetzt. Die Struktur der Sanktionsmaßnahmen ist dabei in beiden Sanktionsregimearten sehr ähnlich. Im Gegensatz zu den Sanktionsregimen der EU, bei denen der Rat die Listen ändert, existiert zu jedem UN-Sanktionsregime allerdings ein Sanktionsausschuss, der für die Aufnahme von Personen auf die jeweilige Liste sowie deren Streichung nach einem festgelegten Verfahren zuständig ist.

Das Umsetzungsverfahren der UN-Sanktionsregime in der Europäischen Union gleicht dem Erlassverfahren ihrer eigenen Sanktionsregime. Die EU beschließt zunächst einen GASP-Standpunkt. Sofern dieser Beschluss Finanzsanktionen anordnet, setzt die EU diese mittels Verordnung um, so dass sie gegenüber den Betroffenen unmittelbare Wirkung entfalten. Verstöße gegen diese Verordnung sanktioniert das nationale Recht. Bestimmt der Standpunkt, dass Reisesanktionen verhängt werden sollen, liegt deren Durchführung dagegen in den Händen der Mitgliedstaaten. In diesem Fall ist die Frage der Rechtsschutzmöglichkeiten nicht problematisch. Zum einen verletzt die Reisesanktion keine Grundrechte der Betroffenen. Die Bewegungsfreiheit ist nur innerhalb eines Staates garantiert. Sie gibt aber kein Recht auf Einreise in ein anderes Land.[192] Der ggf. durch eine Einreiseverweigerung vorliegende Eingriff in das Recht auf ein gemeinsames Leben der Familie nach Art. 8 EMRK ist in aller Regel nach Art. 8 Abs. 2 EMRK gerechtfertigt. Das Einreiseverbot als solches dient einem legitimen Interesse und ist zudem weniger intensiv als eine Ausweisung.[193] Gleiches gilt auch für die gegebenenfalls vorliegenden Eingriffe in das allgemeine Freizügigkeitsrecht oder die Grundfreiheiten. Diese Rechte können gem. Art. 45 Abs. 3 u. Art. 52 Abs. 1 AEUV aus Gründen der öffentlichen Ordnung und Sicherheit, die vorliegend gegeben sein dürften, eingeschränkt werden. Zudem können sich hierauf primär nur Unionsbürger berufen.[194] Eine Verletzung kann daher nur im Einzelfall bei fehlerhafter Listung gegeben sein. Die Anforderungen an die Nachprüfbarkeit der Listung gleichen jedoch denen der Finanzsanktion, so dass auf deren Untersuchung verwiesen werden kann.

Zum anderen werden sie durch mitgliedstaatliche Rechtsakte umgesetzt, die auf dem gewohnten Weg vor den Verwaltungsgerichten überprüft werden können. Eine Rechtsschutzproblematik stellt sich in ihrem Falle daher nicht. Die Arbeit beschränkt sich deshalb im Folgenden auf die Untersuchung der Rechtsschutzmöglichkeiten gegen die Finanzsanktionen.

---

192 Birkhäuser, UN-Sicherheitsratssanktionen gegen Individuen, S. 301f.; Cameron, NJIL 2003, S. 159, 186.

193 Birkhäuser, UN-Sicherheitsratssanktionen gegen Individuen, S. 303.

194 Forsthoff, in: Grabitz/Hilf/Nettesheim, EUV/AEUV, Art. 45 AEUV Rn. 15.

Kapitel 2: Das Verhältnis der UN-Sanktionsbeschlüsse zur Rechtsordnung der EU

Aus der Perspektive der Betroffenen sind die faktischen Auswirkungen und häufig auch die gegen sie gerichteten Vorwürfe trotz verschiedener Urheber in beiden zuvor genannten Arten von Sanktionsregimen gleich. Sie haben nur noch Zugriff auf einen finanziellen Minimalbetrag, der ihre Grundversorgung sichert. Um ihre Rechtsschutzmöglichkeiten gegen diese massive Belastung beurteilen zu können, muss jedoch zwischen den beiden Urhebern der Maßnahmen differenziert werden. Zunächst sollen daher die UN-Sanktionsregime in den Blick genommen werden.

Im Falle der UN-Sanktionsregime ordnen bereits die UN-Sicherheitsratsresolutionen die zu ergreifenden Maßnahmen an und benennen die Zielpersonen namentlich. Der EU bleibt bei ihrer Umsetzung kein eigener inhaltlicher Spielraum. Ihre Akte wiederholen im Gegensatz zu den autonomen EU-Sanktionsregimen, bei denen die EU eine eigenständige Entscheidung im Rahmen der Außen- und Sicherheitspolitik trifft, lediglich die Rechtsakte der UN. Die Finanzsanktionen sind daher allein der UN, nicht dagegen der EU zuzurechnen. Die EU besitzt nur die Wahrnehmungskompetenz für diese Maßnahmen und ist damit lediglich der verlängerte Arm der UN. Diese Konstellation im Verhältnis EU und UN besitzt damit Parallelen zu der entsprechenden Konstellation im Verhältnis von EU und Mitgliedstaaten. Auch dort setzen die Mitgliedstaaten Richtlinienbestimmungen mit festen inhaltlichen Vorgaben durch nationale Rechtsakte um. Für diesen Fall nimmt das Bundesverfassungsgericht seinen Kontrollanspruch und damit auch die Bindung an die nationalen Grundrechte weitgehend zurück.[195] Auch bei der Umsetzung der Sanktionsregime der UN kann man sich deshalb fragen, ob die EU bei der Umsetzung an die Grundrechte gebunden ist. Um diese Frage beantworten zu können, ist es wiederum notwendig, das Verhältnis der UN-Charta zur Rechtsordnung der Europäischen Union zu klären.

195 BVerfGE 118, 79 Rn. 66ff.

A. Die Umsetzungspflicht der EU

Für die Frage der Grundrechtsbindung der EU bei Umsetzung der UN-Sanktionsresolutionen ist es bedeutsam, ob die EU verpflichtet ist, die UN-Resolutionen zu befolgen. Eine freiwillige Handlung der EU wäre eine selbstverantwortliche Entscheidung und daher nicht der UN, sondern der EU zuzurechnen. In diesem Falle wäre die EU nicht nur „verlängerter Arm" der UN, sondern ihr stünde auch die „Sachkompetenz" über die Sanktionsmaßnahmen zu. Eine solche Entscheidung in der Sache wäre ein Akt eines EU-Organs, dessen Handlungen an den Grundrechten der Union zu messen wären.[196]

I. Bindung an die UN-Charta

Eine grundsätzliche Bindung an die UN-Charta ergibt sich dabei nicht bereits aus Art. 25, 48 UN-Charta. Die EU ist kein formelles Mitglied der UN.[197] Dennoch diskutiert das Schrifttum verschiedene Ansätze, weshalb die EU unabhängig von einer formellen UN-Mitgliedschaft an die Charta gebunden sein könnte. Innerhalb dieser Diskussion kann man Ansätze, die von einer Bindung aus völkerrechtlichem Grund ausgehen, und solche, die die EU als unionsrechtlich gebunden ansehen, unterscheiden.

1. Völkerrechtliche Ansätze

a) Besonderer Charakter der UN-Charta

Nach Stimmen in der Literatur soll die UN-Charta aufgrund ihrer verfassungsähnlichen Qualität eine Bindungswirkung gegenüber Nichtmitgliedern und damit auch gegenüber der EU besitzen.[198] Die Titulierung als „Weltverfassung"

---

196 v. Arnauld, AVR 2006, S. 201, 205.

197 EuG, Rs. T-184/95, *Dorsch Consult*, Slg. 1998, II-667, Rn. 74; Rs. T-306/01, *Yusuf und Al Barakaat International Foundation*, Slg. 2005, II-3533, Rn. 242; Rs. T-315/01, *Kadi*, Slg. 2005, II-3649, Rn. 192; Kotzur, EuGRZ 2006, S. 19, 24; Haltern, JZ 2007, S. 537, 538; Lavranos, EFAR 2006, S. 471, 479; Schneider, Wirtschaftssanktionen, S. 229; Godinho, ELJ 2010, S. 67, 78f.

198 Schreuer, Bindung Internationaler Organisationen, in: FS Zemanek, S. 223, 237; Fassbender, UN Security Council Reform, S. 98ff.; für eine Bindung der Mitgliedstaaten allerdings ohne Bezugnahme auf die Verfassungsqualität auch Tomuschat, EuGRZ 2007, S. 1, 6.

oder „verfassungsähnlich“ allein kann jedoch keine Bindungswirkung begründen. Die UN-Charta ist schließlich trotz ihrer besonderen Stellung weiterhin ein völkerrechtlicher Vertrag, für den die Grundsätze pacta tertiis nec nocent und res inter alios acta gelten.[199]

Ein Ansatz versucht deshalb, eine Bindungswirkung erga omnes aus der Charta selbst zu begründen. Als Argument für diese Sichtweise führen dessen Vertreter Art. 2 Ziff. 6 UN-Charta an.[200] Jedoch ist dieser Norm bei richtiger Auslegung eine solche Aussage nicht zu entnehmen. Sie statuiert keine Verpflichtungswirkung gegenüber Drittstaaten – dazu fehlte den Gründungsmitgliedern bereits die Kompetenz –, sondern weist die UN-Organe nur an, für ein Handeln der Nichtmitglieder in Übereinstimmung mit der UN-Charta Sorge zu tragen. Letzteren obliegt es folglich nur, UN-konform zu handeln, verpflichtet sind sie hierzu aber nicht.[201] Gegen eine Wirkung erga omnes spricht schließlich auch die Systematik der UN-Charta. Sie unterscheidet zwischen Mitgliedern und Nichtmitgliedern und kennt die Möglichkeit zum Ausschluss bzw. Austritt, was bei einer umfassenden Bindungswirkung unnötig wäre.[202] Die EU ist daher nicht aufgrund eines besonderen, „verfassungsähnlichen“ Charakters an die UN-Charta gebunden.[203]

b) Bindung kraft Funktionsnachfolge

Eine andere völkerrechtliche Begründung für eine Bindung an die UN-Charta ist die Annahme einer faktischen Mitgliedschaft der EU in der UN, indem sie

199 Klein, Statusverträge im Völkerrecht, S. 208f.; Schneider, Charter der Vereinten Nationen und das Sonderrecht für die im Zweiten Weltkrieg unterlegenen Nationen, S. 69f.; Osteneck, Umsetzung von UN-Wirtschaftssanktionen, S. 302; Nettesheim, CMLRev. 2007, S. 567, 585.

200 Schneider, Wirtschaftssanktionen, S. 23; Kelsen, Law of the UN, S. 85f.; vgl. auch Garcon, Handelsembargen der EU, S. 227, die die Wirkungen des Art. 2 Ziff. 6 UN aber auf Staaten beschränkt.

201 Hörmann, AVR 2006, S. 267, 272; Osteneck, Umsetzung von UN-Wirtschaftssanktionen, S. 304; Graf Vitzthum, in: Simma, UN-Charter, Art. 2 Ziff. 6 Rn. 21f.; Frowein/Krisch, in: Simma, UN-Charter, Introduction to Chapter VII, Rn. 41.

202 Osteneck, Umsetzung von UN-Wirtschaftssanktionen, S. 303; Klein, Statusverträge im Völkerrecht, S. 208f.; Schneider, Charter der Vereinten Nationen und Sonderrecht, S. 70; Hörmann, AVR 2006, S. 267, 272; Kokott, in: Streinz, EUV/AEUV, Art. 220 AEUV Rn. 29.

203 Nettesheim, CMLRev. 2007, S. 567, 585.

individuell in die Rechte und Pflichten ihrer Mitgliedstaaten nachgefolgt ist.[204] Der EuGH hat eine solche faktische Mitgliedschaft für die EG hinsichtlich des GATT angenommen und im Rahmen dieser Rechtsprechung[205] Kriterien entwickelt, die man grundsätzlich auch auf andere völkerrechtliche Vertragsregime anwenden kann.[206]

aa) Bindung aller EU-Mitgliedstaaten an den Altvertrag

Erstes Kriterium für eine faktische Bindung der EU ist eine bei Abschluss des EWG-Vertrags bestehende völkervertragsrechtliche Bindung aller oder eines Teils der EU-Mitgliedstaaten an den Vertrag, hier also an die UN-Charta.[207] Dieser zeitliche Vorrang besteht im Falle der UN-Charta. Mit Ausnahme der Bundesrepublik Deutschland waren alle EU-Mitgliedstaaten bei Abschluss des EWG-Vertrags oder zum Zeitpunkt ihres Beitritts formelle Mitglieder der UNO. Aber auch die Bundesrepublik Deutschland hatte sich bereits zu diesem Zeitpunkt den wesentlichen Verpflichtungen der UN-Charta unterworfen.[208]

bb) Kompetenzübertragung

Zweite vom EuGH aufgestellte Voraussetzung einer faktischen Mitgliedschaft der EU in der UN ist die Übertragung der Kompetenzen, mit denen die völkerrechtlichen Verpflichtungen aus der UN-Charta erfüllt werden, von den Mitgliedstaaten auf die Union.[209] Das Vorliegen dieser Voraussetzung wäre zu

---

204 EuG, Rs. T-315/01, *Kadi*, Slg. 2005, II-3649, Rn. 193ff.; Rs. T-306/01, *Yusuf und Al Barakaat International Foundation*, Slg. 2005, II-3533, Rn. 243ff.; Haltern, JZ 2007, S. 537, 538f.; Tietje/Hamelmann, JuS 2006, S. 299, 300f.; Schreuer, Bindung Internationaler Organisationen, in: FS Zemanek, S. 223, 237; Schneider, Wirtschaftssanktionen, S. 233ff.

205 EuGH, verb. Rs. 21-24/72, *International Fruit Company*, Slg. 1972, 1219; Rs. C-280/93, *Bananenmarktverordnung*, Slg. 1994, I-4973, 5072.

206 Kokott, in: Streinz, EUV/AEUV, Art. 351 AEUV Rn. 25; Schneider, Wirtschaftssanktionen, S. 233; Schreuer, Bindung Internationaler Organisationen, in: FS Zemanek, S. 223, 237 u. 249.

207 Osteneck, Umsetzung von UN-Wirtschaftssanktionen, S. 245.

208 Freiling, Charta der VN und ihre Sonderregelungen für Deutschland, S. 51f.; Schneider, Charter der Vereinten Nationen und Sonderrecht, S. 75; Dahm, Völkerrecht Bd. 2, S. 183; Osteneck, Umsetzung von UN-Wirtschaftssanktionen, S. 211f.

209 Osteneck, Umsetzung von UN-Wirtschaftssanktionen, S. 247; EuGH, verb. Rs. 21–24/72, *International Fruit Company*, Slg. 1972, 1219, Rn. 14/18.

verneinen, wenn sämtliche Kompetenzbereiche, mit denen sich die UN-Charta befasst, von den Mitgliedstaaten auf die Union übertragen worden sein müssten. Schließlich existieren zahlreiche Sachgebiete innerhalb der UN-Charta, deren Umsetzung in Händen der Mitgliedstaaten liegt.[210] Um dieses Kriterium dennoch bejahen zu können, ist daher entscheidend, ob den Anforderungen bereits eine partielle Kompetenzübertragung genügt, wie sie gemäß Art. 215 AEUV (ex Art. 301, 60 EG) für den Bereich der Wirtschaftssanktionen besteht.

Der EuGH musste sich in seinen Urteilen bislang hierzu nicht eindeutig äußern und hat damit die partielle Substitution auch nicht für unzulässig erklärt.[211] Für die Zulässigkeit einer solchen teilweisen faktischen Mitgliedschaft sprechen aber einerseits Praktikabilitätserwägungen. So stellt die partielle Substitution sicher, dass auch das Völkerrechtssubjekt, das die entsprechenden Handlungskompetenzen besitzt, verpflichtet wird, und dass die Kongruenz von völkerrechtlichen Rechten und Pflichten gewahrt bleibt. Gleichzeit gewährleistet sie die frühzeitige Teilnahme der EU an Beratungen und Abstimmungsverfahren über Angelegenheiten, die sie später infolge ihrer Kompetenzen umsetzt.[212] Anderseits kennt das Unionsrecht einen beschränkten formellen Beitritt der EU zu völkerrechtlichen Verträgen in Form von sog. gemischten Verträgen. Eine formlose partielle Übernahme von Verpflichtungen im Sinne eines „formlosen gemischten Abkommens“ erscheint daher aus unionsrechtlicher Sicht ebenfalls möglich.[213] Aber auch aus völkerrechtlicher Sicht ist eine solche partielle Substitution grundsätzlich zulässig, sofern die beteiligten Parteien die Voraussetzung für die unten genannte, formlose Vertragsänderung beachten. Diese verlangt eine entsprechende Willensübereinstimmung der beteiligten Parteien, hier also der EU, ihrer Mitgliedstaaten sowie der sonstigen UN-Mitglieder und der UN-Organe.[214]

Folglich genügt auch die nur partielle Kompetenzübertragung auf die Union im Bereich der Wirtschaftssanktionen gemäß Art. 215 AEUV (ex Art. 301, 60 EG) der zweiten vom EuGH gestellten Anforderung für eine faktische Mitgliedsschaft.

---

210 Tzanou, GLJ 2009, S. 123, 143f.

211 EuGH, verb. Rs. 21–24/72, *International Fruit Company*, Slg. 1972, 1219, Rn. 14/18; verb. Rs. 267–269/81, *SPI u. SAMI*, Slg. 1983, 801, Rn. 17; Ress, Handelsembargo, S. 189; Osteneck, Umsetzung von UN-Wirtschaftssanktionen, S. 262ff.

212 Osteneck, Umsetzung von UN-Wirtschaftssanktionen, S. 265.

213 Berrisch, Status der EWG im GATT, S. 99f.; Ehlermann, EuR 1985, S. 91, 91.

214 Osteneck, Umsetzung von UN-Wirtschaftssanktionen, S. 266f.; siehe hierzu unten cc).

cc) Formlose Vertragsänderung

Dritte und letzte Voraussetzung nach der Rechtsprechung des EuGH ist das bereits o.g Vorliegen einer konkludenten Vertragsänderung. Die Union muss die Verpflichtungen aus der UN-Charta, hier die Umsetzung von UN-Sanktionsbeschlüssen, wahrnehmen und im Bewusstsein dieser Pflichten handeln. Daneben müssen die sonstigen UN-Mitglieder und die UN-Organe dieser Pflichtenübertragung zugestimmt haben und das Verhalten der Mitgliedstaaten auf eine Bindung schließen lassen.[215] Die Union hat innerhalb der UN bislang jedoch noch nicht die Funktionen der EU-Mitglieder in einem solchen Umfang übernommen, der darauf schließen lässt, dass die EU in dem Bewusstsein handle, sie sei an die UN-Charta gebunden. Im Vergleich zum GATT hat die EU in den UN-Organen eine relativ schwache und haben die Mitgliedstaaten nach wie vor eine starke Stellung. Die EU ist daher nicht an Stelle ihrer Mitglieder innerhalb der UN tätig, sondern nur ergänzend neben diesen.[216] Die dritte Voraussetzung einer Substitution der Mitgliedstaaten durch die EU ist daher im Verhältnis zur UN-Charta zurzeit noch nicht erfüllt. Die EU ist mithin nicht aufgrund einer de-facto-Mitgliedschaft in der UN zur Umsetzung von Sanktionsresolutionen verpflichtet.[217]

c) Analogie zur Staatensukzession

Ein weiterer völkerrechtlicher Bindungsansatz verknüpft den Übergang von Kompetenzen auf die Union automatisch mit einer Übernahme mitgliedstaatlicher Vertragsverpflichtungen in diesen Bereichen. Die EU selbst wäre dann im Rahmen der ihr übertragenen Kompetenzen gem. Art. 25, 48 UN-Charta zur Umsetzung bindender Sicherheitsratsresolutionen verpflichtet. Eine Stütze findet dieser Gedanke in der Wiener Konvention über die Staatennachfolge in völkerrechtliche Verträge. Diese spricht ihn in Art. 31 als Rechtsfolge für den Fall der Staatensukzession aus. Auf die Gründung der Europäischen

---

215 Osteneck, Umsetzung von UN-Wirtschaftssanktionen, S. 267f; EuGH, verb. Rs. 21–24/72, *International Fruit Company*, Slg. 1972, 1219, Rn. 14/18.

216 Nettesheim, CMLRev. 2007, S. 567, 585; Hinarejos, HRLRev. 2007, S. 793, 807.

217 So auch Garcon, Handelsembargen der EU, S. 230; Osteneck, Umsetzung von UN-Wirtschaftssanktionen, S. 279; Meessen, CMLRev 1976, S. 485, 490f.; Kotzur, EuGRZ 2006, S. 19, 24; Ohler, EuR 2006, S. 848, 863; Nettesheim, CMLRev. 2007, S. 567, 585; Stein, Die Gemeinsame Außen- und Sicherheitspolitik, S. 19; Bohr, Schutznormen, S. 185ff.; Tzanou, GLJ 2009, S. 123, 143; Gazzini/Herlin-Karnell, ELR 2011, S. 798, 809f; Schulte, Der Schutz individueller Rechte gegen Terrorlisten, S. 377.

Gemeinschaften kann diese Rechtsfolge jedoch nicht unmittelbar angewandt werden, handelt es sich dabei doch um keinen Fall der Staatennachfolge.

Stimmen in der Literatur erwägen aber eine analoge Anwendung des in Art. 31 der Wiener Konvention über die Staatennachfolge in völkerrechtliche Verträge normierten Kontinuitätsgrundsatzes auf die Bildung internationaler Organisationen. Sie begründen die Analogie mit dem bona-fides-Grundsatz und der Stabilität internationaler Vereinbarungen.[218] Allerdings ist zweifelhaft, ob vorliegend die Vergleichbarkeit der Sachverhalte als allgemeine Voraussetzung einer jeden Analogie gegeben ist. Sinn und Zweck des Kontinuitätsgrundsatzes ist es, die Staatennachfolge mit den Grundsätzen von Treu und Glauben und des pacta sunt servanda in Einklang zu bringen. Bei Staatenzusammenschlüssen fällt der ursprüngliche Staat für Drittstaaten als Vertragspartner aus, während die beiden genannten Grundsätze die Weitergeltung des Vertrags verlangen. Im Falle der Bildung einer supranationalen Organisation wie der Europäischen Union bedürfen die Drittstaaten eines solchen Schutzes jedoch nicht. Sie können weiterhin mit den Mitgliedstaaten wirksam völkerrechtliche Verträge abschließen, da diese im Außenverhältnis auch in übertragenen Kompetenzbereichen ihre vollständige völkerrechtliche Handlungsfähigkeit behalten haben und für ihre Verpflichtungen unbeschränkt einstehen können. Die Union tritt als neues Völkerrechtssubjekt nur neben die Mitgliedstaaten, ersetzt sie aber nicht.[219] Aufgrund dieser fehlenden Vergleichbarkeit von Staatensukzession und Gründung der Europäischen Gemeinschaften kommt auch eine analoge Anwendung des Art. 31 der Wiener Konvention über die Staatennachfolge in völkerrechtliche Verträge nicht in Betracht.

d) „Hypothekentheorie"

Ein vierter Ansatz nimmt ebenfalls die Übertragung von mitgliedstaatlichen Hoheitsrechten auf die Europäische Union als Anlass für die Annahme einer automatischen und erga omnes wirkenden Bindung der EU an Verträge der Mitgliedstaaten und damit auch an die UN-Charta. Zur Begründung der Bindung greifen seine Vertreter jedoch nicht auf den Gedanken der Staatensukzession

---

218 Pescatore, CMLRev. 1979, S. 615, 637f.; Schermers/Blokker, International Institutional Law, § 1574.

219 Kißler, Zulässigkeit von Wirtschaftssanktionen, S. 134; Rauschning, Schicksal völkerrechtlicher Verträge, S. 234f; Garcon, Handelsembargen der EU, S. 228; Krück Völkerrechtliche Verträge, S. 116f., 122f.; Osteneck, Umsetzung von UN-Wirtschaftssanktionen, S. 221.

zurück, sondern ihrem Ansatz liegt eine zivilrechtliche Vorstellung der Rechtsübertragung zugrunde. Sie sind der Ansicht, dass die Gründung einer internationalen Organisation und die damit verbundene Kompetenzübertragung die Mitgliedstaaten nicht von ihren verfassungs- und völkerrechtlichen Verpflichtungen befreien können. Die internationale Organisation erhalte daher keine uneingeschränkten Hoheitsrechte der Mitgliedstaaten, sondern diese können mit Pflichten aus völkerrechtlichen Verträgen „belastet" sein.[220]

Die zivilrechtlich geprägte Vorstellung ist aber zugleich auch die entscheidende Schwäche dieses als „Hypothekentheorie" bezeichneten Ansatzes.[221] Eine vermeintliche Stütze findet sie zwar in den Formulierungen der Art. 23 Abs. 1 und 24 Abs. 1 GG, die in diesem Punkt den gleichen Bedeutungsgehalt besitzen[222] und von der „Übertragung" von Hoheitsrechten sprechen. Dieser Terminus wird jedoch als irreführend angesehen, da der Übergang von Hoheitsrechten auf die EU die Hoheitsbefugnisse des Mitgliedstaats nicht mit quasi dinglicher Wirkung untergehen lässt. Vielmehr bedeutet der Übergang nur einen Verzicht des Staates, in den betroffenen Rechtsmaterien selbständig tätig zu werden.[223] Die EU übt dabei trotz der Gründung durch die Mitgliedstaaten eigenständige Hoheitsgewalt aus, die gerade nicht aus der Summe der übergegangenen nationalen Hoheitsrechte besteht.[224] Aus diesen Gründen kommt eine Bindung der EU nach dem Grundsatz „nemo plus iuris transferre potest quam ipse habet" nicht in Betracht. Konsequenz dieses Ansatzes wäre zudem ein starker Effektivitätsverlust der Union, welcher schließlich in ihrer Handlungsunfähigkeit enden könnte, wenn alle völkerrechtlichen Verpflichtungen der Mitgliedstaaten beachtet werden müssten.[225]

Zu einer Handlungsunfähigkeit käme es allerdings nicht, wenn nicht sämtliche Verpflichtungen, sondern nur die aus der UN-Charta beachtet werden müssten. So nimmt ein Teil der Literatur unter Hinweis auf den in Art. 103

220 Vgl. Nachweise bei Ipsen, Europäisches Gemeinschaftsrecht, S. 56.

221 Ablehnend auch Nettesheim, CMLRev. 2007, S. 567, 584.

222 Classen, in: v. Mangoldt/Klein/Starck, GG, Art. 23 Rn. 9.

223 Randelzhofer, in: Maunz/Dürig, GG, Art. 24 Rn. 55, 57; Tomuschat, in: BK-GG, Art. 24 Rn. 18f.

224 Randelzhofer, in: Maunz/Dürig, GG, Art. 24 Rn. 55; Classen, in: v. Mangoldt/Klein/Starck, GG, Art. 24 Rn. 11; Tomuschat, in: BK-GG, Art. 24 Rn. 17; Bleckmann, ZaöRV 1977, S. 107, 117f.; Lorenz, Übertragung von Hoheitsrechten, S. 333f.; v. Simson, Diskussionsbeitrag, VVDStRL Bd. 31, 1973, S. 129.

225 Lorenz, Übertragung von Hoheitsrechten, S. 334; Tomuschat, in: BK-GG, Art. 24 Rn. 61.

UN-Charta zum Ausdruck kommenden Vorrang der UN-Charta gegenüber anderen völkerrechtlichen Verträgen eine Bindung der EU an die UN-Charta an. Es sei Absicht der UN-Mitgliedstaaten, der UN-Charta Vorrang vor allen anderen völkerrechtlichen Verpflichtungen einzuräumen. Dies ergebe sich auch aus zahlreichen anderen völkerrechtlichen Verträgen, in denen die UN-Mitgliedstaaten die Charta hinsichtlich ihres Inhalts und Anwendungsbereichs als Maßstab wählten, entspreche ihrem übereinstimmenden Willen bei Ausarbeitung des Vertrags und werde allein dem besonderen Inhalt der Charta gerecht.[226] Doch auch diese Sichtweise muss sich entgegenhalten lassen, dass mit Gründung der EU ein neuer Hoheitsträger mit eigenständiger, nicht übertragener Hoheitsgewalt geschaffen wurde. Um eine Bindung der EU zu begründen, müsste daher die EU selbst Adressat der Vorrangregelung des Art. 103 UN-Charta sein, der sich jedoch an die Mitgliedstaaten richtet. Eine Bindung der EU lässt sich auch auf diesem Wege folglich nicht begründen.[227]

2. Unionsrechtliche Ansätze

a) Art. 347, 351 AEUV, Art. 4 Abs. 3 EU (Art. 297, 307, 10 EG)

Das EuG sowie Teile der Literatur leiten aus einer Zusammenschau der Art. 347, 351 AEUV i. V. m. Art. 4 Abs. 3 EUV (Art. 297, 307 EG i. V. m. Art. 10 EG) eine unionsrechtliche Bindung der EU an die UN-Charta her.[228] Im Falle der Art. 347, 351 AEUV (Art. 297, 307 EG) verdichte sich das Loyalitätsgebot des Art. 4 Abs. 3 EUV (Art. 10 EG) zu einer Umsetzungspflicht. Dies gelte insbesondere in Anbetracht des Bekenntnisses der Präambel des AEUV zur Satzung der UN sowie der Völkerrechtsfreundlichkeit des Vertrags.[229] Nur auf diese Weise seien UN-rechtliche und unionsrechtliche Pflichten der MS in Einklang zu bringen.[230] Anderenfalls könnte die Kommission theoretisch den notwendigen Vorschlag an den Rat verweigern.[231]

226 Bernhardt, in: Simma, UN-Charter, Art. 103, Rn. 2.

227 Meerpohl, Individualsanktionen des Sicherheitsrates, S. 189f.

228 Pescatore, CMLRev. 1979, S. 615, 636f.; Ress, Handelsembargo, S. 192ff.; Garcon, Handelsembargen der EU, S. 230; Bohr, Schutznormen, S. 188; v. Arnauld, AVR 2006, S. 201, 206; Kotzur, EuGRZ 2006, S. 19, 24; Recker, GöJIL 2009, S. 159, 162; Sari, in: Happold, S. 303, 307f.

229 Ress, Handelsembargo, S. 193.

230 Schneider, Wirtschaftssanktionen, S. 238f.; Osteneck, Umsetzung von UN-Wirtschaftssanktionen, S. 351.

231 Ress, Handelsembargo, S. 192.

Diese Sichtweise erscheint allerdings als zu pauschal. Sowohl Art. 351 AEUV (Art. 307 EG) als auch Art. 347 AEUV (Art. 297 EG), der im Falle bindender Sanktionen des Sicherheitsrates zur Aufrechterhaltung des Friedens und der internationalen Sicherheit lex specialis ist[232], ermächtigen die EU-Mitgliedstaaten, ihre völkerrechtlichen Verpflichtungen in bestimmten Fällen auch gegen kollidierendes Unionsrecht zu erfüllen. Ihrem Wortlaut nach richten sich beide Normen somit an die Mitgliedstaaten, nicht an die Unionsorgane. Dennoch besteht weitgehende Einigkeit darüber, dass sie implizit auch gewisse Pflichten der Organe statuieren. Sie wären weitgehend sinnlos, könnten die Unionsorgane das Abweichungsrecht der Mitgliedstaaten vereiteln. Deshalb entnimmt man ihnen in Verbindung mit dem Loyalitätsgebot des Art. 4 Abs. 3 EUV (Art. 10 EG) zumindest ein Behinderungsverbot bzw. eine Unterstützungspflicht der EU-Organe.[233] Nicht überzeugend ist es jedoch, ihnen über ein solches Verbot hinaus auch eine Verpflichtungswirkung zuzuerkennen, wie es einige Stimmen verlangen.[234] Schließlich unterstellt ihre Existenz, dass es zu Kollisionen von UN- und Unionsrechtspflichten kommen kann. Möglich ist dies nur, wenn die EU selbst gerade nicht den Pflichten aus der UN-Charta unterliegt.[235] Ein Vergleich mit Art. 71 Abs. 2 EGKSV, der im Gegensatz dazu eine solche Erfüllungspflicht statuiert, stützt diese Sicht.[236] Anderenfalls spräche man den Art. 347, 351 AEUV zudem eine rechtsgestaltende Wirkung zu, die ihnen nicht zukommt.[237] Es handelt sich bei ihnen lediglich um „Kompetenzverteilungsnormen".[238] Aus den Art. 347, 351 AEUV i. V. m. Art. 4 Abs. 3 EUV (Art. 297, 301 EG i. V. m. Art. 10 EG) kann daher grundsätzlich keine Verpflichtungswirkung abgeleitet werden.

Anders ist dies nur, sofern die ausschließliche Kompetenz zur Umsetzung der UN-Verpflichtungen in den Händen der Europäischen Union liegt. In dieser Konstellation können die Mitgliedstaaten ihren o. g. Verpflichtungen aus der UN-Charta nur nachkommen, soweit eine Umsetzungsverpflichtung der EU

232 Gilsdorf/Brandtner, in: v. d. Groeben/Schwarze, EU-/EGV, Art. 297 EG Rn. 15.

233 Petersmann/Spennemann, in: v. d. Groeben/Schwarze, EU-/EGV, Art. 307 EG Rn. 25; Petersmann,, ZVglRWiss 1981, S. 1, 26f.; zur Unterstützungspflicht aus Art. 4 Abs. 3 EUV: v. Bogdandy/Schill, in: Grabitz/Hilf/Nettesheim, EUV/AEUV, Art. 4 EUV Rn. 106.

234 S. Fn 213; ebenfalls ablehnend Nettesheim, CMLRev. 2007, S. 567, 584; Schmalenbach, in: Calliess/Ruffert, EUV/AEUV, Art. 351 AEUV Rn. 23.

235 Hörmann, AVR 2006, S. 267, 278.

236 Schmalenbach, in: Calliess/Ruffert, EUV/AEUV, Art. 351 AEUV Rn. 23.

237 Lorenzmeier, in: Grabitz/Hilf/Nettesheim, EUV/AEUV, Art. 351 AEUV Rn. 2.

238 Nettesheim, CMLRev. 2007, S. 567, 584.

existiert.[239] Die primär passive Pflicht muss hier aufgrund des Loyalitätsgebots in eine aktive Umsetzungsverpflichtung umschlagen.[240] Aus den Art. 347, 351 AEUV i. V. m. Art. 4 Abs. 3 EUV (Art. 297, 307 i. V. m. Art. 10 EG) ergibt sich daher nur eine Umsetzungsverpflichtung, wenn die Umsetzungskompetenz für das betroffene Sachgebiet ausschließlich bei der EG liegt.

Für die Umsetzung von UN-Sanktionsmaßnahmen besteht gemäß Art. 215 AEUV (Art. 301 EG) eine ausschließliche Kompetenz der Union.[241] Fraglich ist aber, ob von dieser Kompetenzverteilung auf der Grundlage des Art. 347 AEUV (Art. 297 EG) zugunsten der Mitgliedstaaten abgewichen werden kann. Hierfür ist entscheidend, ob Art. 347 AEUV (Art. 297 EG) nicht nur ein Abweichen von den materiellen Vorschriften, sondern auch von der Kompetenzverteilung des EU-Vertrags gestattet. Die Auffassungen in der Literatur gehen hierüber auseinander. Während Teile die Kompetenzverteilung durch Art. 347 AEUV (Art. 297 EG) als nicht berührt betrachten[242], sehen andere in diesem Fall jegliche Unionskompetenzen als ausgeschlossen an.[243] Vorzugswürdiger erscheint dabei die Annahme, dass Art. 215 AEUV (Art. 301 EG) und Art. 347 AEUV (Art. 297 EG) in einem gleichrangigen Konkurrenzverhältnis stehen, so dass mitgliedstaatliche und unionale Kompetenz nebeneinander existieren.[244] Schließlich soll Art. 347 AEUV (Art. 297 EG) den Mitgliedstaaten erlauben, im Falle der Untätigkeit der EU-Organe selbst tätig zu werden.[245] Eine ausschließliche Unionskompetenz zur Umsetzung der UN-Sanktionsmaßnahmen existiert folglich nicht. Um die UN-Verpflichtungen der Mitgliedstaaten zu erfüllen, bedarf es deshalb keiner Verpflichtungswirkung der EU-Organe gemäß Art. 347, 351 AEUV i. V. m. Art. 4 Abs. 3 EUV (Art. 297, 307 i. V. m. 10 EG). Schließlich können die Mitgliedstaaten aufgrund des Art. 347 AEUV (Art. 297 EG) immer noch selbst tätig werden, um ihren Verpflichtungen gerecht zu werden.

---

239 Osteneck, Umsetzung von UN-Wirtschaftssanktionen, S. 352; in diese Richtung auch Schmalenbach, JZ 2006, S. 349, 352.

240 Schneider, Wirtschaftssanktionen, S. 239.

241 Kokott, in: Streinz, EUV/AEUV, Art. 215 AEUV Rn. 7f.

242 Bleckmann, Zur Rechtmäßigkeit der EG-Sanktionen gegen Argentinien, S. 21; Ress, Handelsembargo, S. 191 m. w. N.

243 Kokott, in: Streinz, EUV/AEUV, Art. 347 AEUV Rn. 7.

244 Calliess, in: Calliess/Ruffert, EUV/AEUV, Art. 347 AEUV Rn. 12.

245 Hörmann, AVR 2006, S. 267, 279.

b) GASP-Standpunkt gemäß Art. 29 EUV i. V. m. Art. 215 AEUV (Art. 15 EU a. F. i. V. m. Art. 301, 60 EG)

Eine unionsrechtliche Umsetzungsverpflichtung der EU für UN-Sicherheitsratsbeschlüsse kann sich damit nur noch aus der Kompetenznorm des Art. 215 AEUV (Art. 301, 60 EG) in Verbindung mit dem GASP-Standpunkt gemäß Art. 29 EUV (Art. 15 EUV) ergeben. Sofern die EU nach Art. 215 AEUV (Art. 301, 60 EG) zur Umsetzung des GASP-Standpunkts verpflichtet ist, können die Mitgliedstaaten ihre Umsetzungspflicht nach Art. 25 UN-Charta durch den Beschluss eines solchen Standpunkts auf die EU übertragen.

Ein GASP-Beschluss war unter dem Vertrag von Nizza ein Akt der intergouvernementalen Zusammenarbeit, für den die Mitgliedstaaten gemeinsam verantwortlich waren.[246] An diesem zwischenstaatlichen Charakter der GASP hat sich trotz Auflösung der Säulenstruktur der EU durch den Vertrag von Lissabon nichts geändert. Die Systematik der Verträge bringt dies dadurch zum Ausdruck, dass die Kompetenzen in diesem Bereich im Gegensatz zu den Außenkompetenzen in anderen Politikbereichen nicht im AEUV, sondern weiterhin im EU-Vertrag geregelt sind.[247] Hinzu kommt die zwischenstaatliche Struktur dieses Bereichs. Europäischer Rat und Rat legen die GASP einstimmig fest. Ihre Durchführung obliegt dem Hohen Vertreter sowie Auswärtigen Dienst. Zudem sind Akte der Gesetzgebung ausgeschlossen.[248]

Art. 215 AEUV (Art. 301 EG) stellt ein Scharnier zwischen EU und zwischenstaatlicher GASP dar. Er gestattet es den Mitgliedstaaten, im Bereich der Außenpolitik Mittel und Vorrang des EU-Rechts zu nutzen, ohne dass die Gefahr besteht, dass die EU-Organe die Führung in der gemeinsamen Außenpolitik übernehmen.[249] Ohne einen GASP-Beschluss darf daher von Art. 215 AEUV (Art. 301 EG) nicht Gebrauch gemacht werden.[250] Liegt ein solcher Beschluss der Mitgliedstaaten vor, ist es jedoch fraglich, ob der Beschluss die Kommission und den Hohen Vertreter verpflichtet, dem Rat einen entsprechenden Vorschlag zu unterbreiten. Die Gegner einer solchen Vorschlagspflicht führen insbesondere die institutionelle Unabhängigkeit der Kommission gemäß Art. 245 AEUV (Art. 213 EG) sowie ihr

246 Pechstein, in: Streinz, EGV/EUV, Art. 6 EUV Rn. 10; Pechstein/Koenig, EU, Rn. 118, 144.

247 Erlbacher, in: Hummer/Oberwexer, Der Vertrag von Lissabon, S. 123, 128; Streinz/Ohler/Herrmann, Der Vertrag von Lissabon, S. 115.

248 Erlbacher, in: Hummer/Oberwexer, Der Vertrag von Lissabon, S. 123, 130.

249 Cremer, in: Calliess/Ruffert, EUV/AEUV Art. 215 AEUV Rn. 2.

250 Cremer, in: Calliess/Ruffert, EUV/AEUV Art. 215 AEUV Rn. 10.

Initiativmonopol als Argument an. Sie verweisen darauf, dass eine Abweichung von diesen Grundsätzen einer ausdrücklichen Formulierung bedurft hätte.[251] Die besseren Argumente sprechen indes für eine solche Pflicht der Kommission. So räumt der Wortlaut des Art. 215 AEUV (Art. 301 EG) der Kommission durch die Formulierung „...so erlässt der Rat...", gerade kein Ermessen ein. Auch das Ziel der Norm, die außenpolitische Lagebeurteilung den Mitgliedstaaten zu überlassen und der EU nur die handelspolitischen Instrumente für die Ausführung des mitgliedstaatlichen Beschlusses zu übertragen, kann sinnvollerweise nur bei Annahme einer Umsetzungspflicht erreicht werden.[252] Schließlich fordert auch das Kohärenzgebot gemäß Art. 21 Abs. 3 UAbs. 2 EUV (Art. 3 EU a. F.) eine Gestaltung der EU-Außenhandelsbeziehungen zu dem betreffenden Staat entsprechend des GASP-Beschlusses.[253] Der Streit[254], ob diese Pflicht auch für Sanktionsbeschlüsse im Bereich des Kapital- und Zahlungsverkehrs gilt, für den Art. 60 EG lex specialis war und der nur von „..., kann..." sprach, ist damit hinfällig. Folglich ist die EU bei Vorliegen eines GASP-Beschlusses aus Art. 215 AEUV (Art. 301 EG) verpflichtet, diesen umzusetzen[255] und so an die Sanktionen der UN gebunden.[256]

3. Ergebnis

Die EU ist völkerrechtlich nicht an die UN-Charta gebunden. Die Charta gilt trotz ihres besonderen, „verfassungsähnlichen Charakters" nur für ihre Mitglieder, zu

---

251 Schneider, Wirtschaftssanktionen, S. 143f.; Ress, Handelsembargo, S. 173f.

252 Osteneck, in: Schwarze, Art. 301 EG, Rn. 10; Pechstein, EuR 1995, S. 247, 255.

253 Cremer, in: Calliess/Ruffert, EUV/AEUV, Art. 215 AEUV Rn. 15; Osteneck, Umsetzung von UN-Wirtschaftssanktionen, S. 190; Garcon, Handelsembargen der EU, S. 121; Kugelmann, EuR 1998 Beiheft 2, S. 99, 115; Kokott, in: Streinz, EUV/AEUV, Art. 215 AEUV Rn. 18.

254 Dagegen: Zeleny, ZÖR 1997, S. 197, 220ff.; Thun-Hohenstein, ZfRV 1996, S. 238, 243; dafür: Sedlaczek, in: Streinz, EUV/EGV, Art. 60 EG Rn. 10; Bröhmer, in: Calliess/Ruffert, EUV/EGV, Art. 60 EG Rn. 2; Kiemel, in: v. d. Groeben/Schwarze, EU-/EGV, Art. 60 EG Rn. 5; Gilsdorf/Brandtner, in: v. d. Groeben/Schwarze, EU-/EGV, Art. 301 EG Rn. 18.

255 Müller-Ibold, in: Lenz/Borchardt, EUV/AEUV, Art. 215 AEUV Rn. 4; Gilsdorf/Brandtner, in: v. d. Groeben/Schwarze, EU-/EGV, Art. 301 EG Rn. 6, 18; Zeleny, ZÖR 1997, S. 197, 220ff.; Osteneck, Umsetzung von UN-Wirtschaftssanktionen, S. 192; Kiemel, in: v. d. Groeben/Schwarze, EU-/EGV, Art. 60 EG Rn. 5; Deja/Frau, JURA 2008, S. 609, 614; Garbagnati Ketvel, ICLQ 2006, S. 77, 96; Brandl, AVR 2000, S. 376, 390.

256 So auch Ohler, EuR 2006, S. 848, 863; Brandl, AVR 2000, S. 376, 394; Hörmann, AVR 2006, S. 267, 279f.; Thun-Hohenstein, ZfRV 1996, S. 238, 238f.

denen die EU nicht zählt. Eine Bindung kann auch nicht mit der analogen Anwendung der Regeln zur Staatensukzession begründet werden. Hierfür fehlt es an der Vergleichbarkeit der Sachverhalte. Anders als bei einer Staatensukzession tritt die EU als neues Völkerrechtssubjekt neben die Mitgliedstaaten, ersetzt diese aber nicht. Drittstaaten können sich weiterhin an die Mitgliedstaaten als ursprüngliche Vertragspartner halten. Ein Pflichtenübergang ist in dieser Konstellation nicht notwendig.

Die Vorstellung, dass die Mitgliedstaaten Hoheitsrechte nicht frei von völkerrechtlichen Bindungen auf die EU übertragen konnten, ist zu sehr zivilrechtlichen Vorstellungen verhaftet und widerspricht dem Umstand, dass die EU eigenständige Hoheitsgewalt ausübt. Einzig dem Ansatz, der eine Bindung mit einer de-facto-Mitgliedschaft der EU in der UN zu begründen versucht, stehen keine grundsätzlichen Erwägungen entgegen. Eine faktische Mitgliedschaft scheitert bislang aber am Kriterium der formlosen Vertragsänderung. Für die Zukunft ist sie allerdings möglich, sofern die EU ihre Stellung in der UN weiter ausbaut.

Dennoch muss die EU die Sanktionsresolutionen des UN-Sicherheitsrates grundsätzlich befolgen. Diese Verpflichtung stammt aus dem Unionsrecht selbst. Zwar schlägt das Verbot für die EU, die völkerrechtlichen Pflichten ihrer Mitgliedstaaten nicht zu behindern, nicht in eine aktive Umsetzungspflicht um. Dies käme nur im Falle einer ausschließlichen Kompetenz der EU zum Erlass von Sanktionsmaßnahmen in Betracht. Sie ergibt sich aber aus dem weiterhin zwischenstaatlich geprägten GASP-Beschluss des Rates gemäß Art. 29 EUV (Art. 15 EU a. F.) i. V. m. Art. 215 AEUV (Art. 301, 60 EG). Die Mitgliedstaaten der Union haben hierdurch ihre Verpflichtung gem. Art. 25 UN-Charta auf die Union übertragen.

II. Bindung an die UN-Sanktionsbeschlüsse

Eine solch übertragbare Verpflichtung der Mitgliedstaaten gem. Art. 25 UN-Charta verlangt, dass die Mitgliedstaaten selbst an die betreffenden Sanktionsbeschlüsse gebunden sind. Hieran ist nicht zu zweifeln, sofern der Sicherheitsrat bei ihrem Erlass rechtmäßig gehandelt hat.

1. Rechtlicher Maßstab für Handlungen des Sicherheitsrates nach Kapitel VII UN-Charta

Um die Rechtmäßigkeit feststellen zu können, müssen zunächst die Grenzen sicherheitsratlichen Handelns nach Kapitel VII der UN-Charta geklärt werden.

Bindungen des Sicherheitsrats können sich dabei einerseits aus der UN-Charta selbst, andererseits aus sonstigem Völkerrecht ergeben.

a) UN-Charta

aa) Bindung von SR-Handlungen

In den Anfangsjahren der Vereinten Nationen gab es Stimmen, die gestützt auf die politische Natur und das unbegrenzte Ermessen des Sicherheitsrates im Rahmen einer Entscheidung nach Kapitel VII seine rechtliche Bindung ablehnten.[257] Heute ist es jedoch nahezu einhellige Meinung, dass der Sicherheitsrat grundsätzlich an die Normen der UN-Charta gebunden ist. Die Annahme einer Kompetenzkompetenz des Sicherheitsrates widerspricht dem Recht der internationalen Organisationen. Dort gilt der Grundsatz, dass die Mitgliedstaaten durch den Gründungsvertrag Befugnisse auf eine internationale Organisation und deren Organe übertragen, so dass der Vertrag sowohl ermächtigende als auch begrenzende Wirkung besitzt.[258]

bb) Reichweite der Bindung

(1) Art. 39ff. UN-Charta

Aus der o. g. Ermächtigungs- und Begrenzungswirkung folgt, dass der Sicherheitsrat an die seine Kompetenz definierenden Normen der UN-Charta gebunden ist. Für Handlungen nach Kapitel VII muss er somit die in Art. 39ff. UN-Charta aufgestellten Voraussetzungen einhalten.[259]

(2) Art. 24 Abs. 2 S. 1 i. V. m. Art. 1 und 2 UN-Charta

Eine weitergehende Rechtsbindung kann sich aus der Bestimmung des Art. 24 Abs. 2 S. 1 UN-Charta ergeben. Sie besagt, dass der Sicherheitsrat seine Aufgaben „im Einklang mit den Zielen und Grundsätzen der Vereinten

---

257 Dulles, War or Peace, S. 194f.; Kelsen, Law of the UN, S. 275, 294.

258 Oette, Die Vereinbarkeit von UN-Wirtschaftssanktionen mit den Menschenrechten, S. 216; Herdegen, Befugnisse des SR, S. 9; Bedjaoui, New World Order, S. 28; Seidl-Hohenveldern/Loibl, Das Recht der internationalen Organisationen, § 1, Rn. 107.

259 Dahm, Völkerrecht II, S. 210; Meerpohl, Individualsanktionen des Sicherheitsrates, S. 88ff.; Starck, Die Rechtmäßigkeit von UNO-Wirtschaftssanktionen, S. 139f; Deja/Frau, JURA 2008, S. 609, 609.

Nationen“ ausübt. Angesichts dieses unbestimmten Wortlauts ist der Aussagegehalt dieser Norm allerdings sehr unsicher. So könnte ihr einerseits eine Bindung an die Ziele und Grundsätze zu entnehmen sein[260], andererseits könnte es der Bestimmung an jeglichem eigenständigen Regelungsgehalt fehlen, da der Sicherheitsrat als UN-Organ ohnehin an sämtliche Chartabestimmungen gebunden ist.[261] Diese Schlussfolgerung ist indes nicht zwingend, ist der Sicherheitsrat doch zunächst unmittelbar nur an die Vorschriften gebunden, die wie Art. 39ff. UN seine Kompetenzen und Verfahrensregelungen definieren. Die Ziele und Grundsätze berühren ihn insofern nur mittelbar, als sein Mandat zur Verwirklichung dieser Ziele einen Teil beiträgt. Art. 24 Abs. 2 S. 1 UN-Charta hat somit die Funktion einer Brückennorm, die Sicherheitsratsmandat und Ziele und Grundsätze der UN durch die unmittelbare Verbindlichkeit letzterer verbindet.[262] Diese Ziele und Grundsätze sind auch nicht deshalb bedeutungslos, weil sie zu offen vorformuliert sind, als dass sie Verbindlichkeit besitzen könnten, bzw. lediglich politische Leitlinien aufstellen.[263] Eine solch pauschale Ablehnung wird weder der klaren Anordnung des Art. 24 Abs. 2 S. 1 UN-Charta noch ihrer Stellung zu Beginn des Vertrags gerecht.[264] Zudem zählen gerade Teile der in Art. 1 Abs. 1 u. 2 UN-Charta genannten Ziele wie das Gewaltverbot oder das Selbstbestimmungsrecht der Völker zum verbindlichen Völkergewohnheitsrecht.[265] Richtiger erscheint es deshalb, von einer grundsätzlichen Bindung des Sicherheitsrates an die Ziele und Grundsätze der UN-Charta auszugehen, gleichzeitig aber deren Reichweite anhand jedes einzelnen Ziels bzw. Grundsatzes zu bestimmen. Niedergelegt sind diese in Art. 1 bzw. 2 UN-Charta.[266]

260 Oette, Die Vereinbarkeit von UN-Wirtschaftssanktionen mit den Menschenrechten, S. 217; Starck, Die Rechtmäßigkeit von UNO-Wirtschaftssanktionen, S. 142f.; De Wet, Chapter VII Powers, S. 191f.

261 Dahm, Völkerrecht II, S. 210; Dicke/Rengeling, Die Sicherung des Weltfriedens durch die VN, S. 58f.; Delbrück, in Simma, Art. 24, Rn. 10.

262 Starck, Die Rechtmäßigkeit von UNO-Wirtschaftssanktionen, S. 142.

263 Frowein/Krisch, in: Simma, UN-Charter, Introduction to Chapter VII, Rn. 26.

264 Wolfrum, in: Simma, UN-Charter, Art. 1 Rn. 4; Meerpohl, Individualsanktionen des Sicherheitsrates, S. 108.

265 Wolfrum, in: Simma, UN-Charter, Art. 1 Rn. 4; vgl. auch Doehring, in: Simma, UN-Charter, Self-Determination Rn. 1.

266 Starck, Die Rechtmäßigkeit von UNO-Wirtschaftssanktionen, S. 143f; Dicke/Rengeling, Die Sicherung des Weltfriedens durch die VN, S. 58.

(a) Ziele gemäß Art. 1 UN-Charta

Betrachtet man die Ziele der Vereinten Nationen gemäß Art. 1 UN-Charta, so ist bereits nach dem Wortlaut festzustellen, dass nur die drei ersten der dort genannten vier Ziele dem Handeln des Sicherheitsrats Grenzen setzen können.

(aa) Art. 1 Nr. 1 UN-Charta – Bindung an das allgemeine Völkerrecht

So soll das Ziel in Art. 1 Nr. 1 UN-Charta eine Bindung des Sicherheitsrates an das allgemeine Völkerrecht festschreiben.[267] Bei genauer Betrachtung kann man jedoch den von den Vertretern dieser Auffassung angeführten Bezug auf „international law" – auch in Verbindung mit der Präambel – nicht als Argument für eine solche Bindung heranziehen. Der Satzteil „in conformity with the principles of justice and international law" bezieht sich grammatikalisch nicht auf die dort ebenfalls genannten Kollektivmaßnahmen, sondern ausschließlich auf die friedlichen Mittel der Streitschlichtung.[268] Die Vereinten Nationen sollen folglich die im Rahmen der friedlichen Streitschlichtung handelnden Mitgliedstaaten zur Einhaltung der o. g. Grundsätze anhalten. Eine andere Sichtweise widerspräche auch dem Sinn und Zweck der Zwangsmaßnahmen gem. Kapitel VII. Handelt der Sicherheitsrat auf dieser Grundlage, dann darf er zwischenstaatlich geltendes Völkerrecht, beispielsweise das Gewaltverbot, außer Acht lassen, um seiner besonderen Aufgabe, der Wahrung des Weltfriedens und der internationalen Sicherheit, nachzukommen.[269]

Die Präambel schließlich verpflichtet nur zur Schaffung von Bedingungen, unter denen das Völkerrecht eingehalten werden kann. Es ist jedoch zweifelhaft, ob die Bindung des Sicherheitsrates an das allgemeine Völkerrecht der Einhaltung des Völkerrechts durch andere Völkerrechtssubjekte tatsächlich förderlich ist. Es bleibt somit festzuhalten, dass Art. 1 Nr. 1 UN-Charta den Sicherheitsrat nicht an das allgemeine Völkerrecht bindet, sofern er auf Grundlage von Kapitel VII der UN-Charta handelt.

267 Bedjaoui, The New World Order, S. 31; Watson, HarvILJ 1993, S. 1, 4f.

268 Martenczuk, EJIL 1999, S. 517, 545; Frowein/Krisch, in: Simma, UN-Charter, Introduction to Chapter VII, Rn. 26; Wolfrum, in: Simma, UN-Charter, Art. 1 UN, Rn. 17ff.

269 Starck, Die Rechtmäßigkeit von UNO-Wirtschaftssanktionen, S. 146.

(bb) Art. 1 Nr. 2 UN-Charta – Grundsatz der Gleichberechtigung und Selbstbestimmung der Völker

Art. 1 Nr. 2 UN-Charta bindet die UNO bzw. ihre Organe bei der Entwicklung freundschaftlicher Beziehungen zwischen den Staaten an den Grundsatz der Gleichberechtigung und Selbstbestimmung der Völker. Das Element der Gleichberechtigung transformiert das Verbot der Rassendiskriminierung auf die Ebene der internationalen Beziehungen und verbietet eine hierarchische Gliederung der Völker im rechtlichen Sinne.[270] Der rechtliche Gehalt des Selbstbestimmungsrechts, insbesondere seiner positiven Gewährleistungen, ist dagegen weniger klar. Im Kern ist es ein Abwehrrecht und gibt einem Volk das Recht, über seinen politischen Status und seine Regierungsform unabhängig zu entscheiden. Es gewährleistet, dass jeder Versuch der Einflussnahme oder Intervention zurückgewiesen sowie die eigene Staatlichkeit verteidigt werden kann.[271] Hiervon ausgenommen sind allein Maßnahmen des Sicherheitsrates nach Kapitel VII UN-Charta. Sie sind nach Art. 2 Abs. 7 UN-Charta zulässig. Unter Berücksichtigung dieser Ausnahmeregelung kann der Sicherheitsrat das Selbstbestimmungsrecht daher nur verletzen, wenn er gegen den Willen der Bevölkerung dauerhaft die Regierung und das Regierungssystem eines Landes festlegte oder dauerhaft die Regierung direkt oder indirekt stellte.[272] Einschränkend gilt dies mit Blick auf das State-building im Irak und Osttimor allerdings dann nicht, wenn der Sicherheitsrat durch seine Operationen auf lange Sicht die Realisierung und Absicherung des Selbstbestimmungsrechts bezweckt und hierbei die Vorstellungen der Bevölkerung durch möglichst frühzeitige Wahlen und Plebiszite beachtet.[273]

(cc) Art. 1 Nr. 3 UN-Charta

Art. 1 Nr. 3 UN-Charta formuliert als Ziel der Vereinten Nationen die Herbeiführung einer internationalen Zusammenarbeit, um die Achtung der Menschenrechte und Grundfreiheiten zu fördern und zu festigen. Umstritten ist, ob sich hieraus eine Bindung des Sicherheitsrates an die Menschenrechte

---

270 Wolfrum, in: Simma, UN-Charter, Art. 1 Rn. 21; Starck, Die Rechtmäßigkeit von UNO-Wirtschaftssanktionen, S. 149.

271 Doehring, in: Simma, UN-Charter, Self-Determination, Rn. 32f., 60.

272 Starck, Die Rechtmäßigkeit von UNO-Wirtschaftssanktionen, S. 150; Gill, NethYIL 1995, S. 33, 75f.

273 Payandeh, HuV 2005, S. 253, 260.

ableiten lässt.[274] Betrachtet man den Wortlaut der Norm („promote"), ist ihm im systematischen Kontext mit Art. 55 c) und der Präambel der UN-Charta zunächst lediglich eine Förderungspflicht der UN und ihrer Organe bezüglich der Menschenrechte zu entnehmen.

Auch die Praxis des Sicherheitsrates gibt keine Hinweise, die für eine Bindung sprechen. Der Sicherheitsrat hat sich bislang noch nicht dazu erklärt, ob er sich selbst als menschenrechtlich gebunden erachtet. Die humanitären Ausnahmeregelungen für Finanz- und Reisesanktionen kann er freiwillig, ohne Anerkennung einer Rechtspflicht, in die Sanktionsregime aufgenommen haben.[275]

Die Stellungnahmen der Staatenvertreter zu verschiedenen Resolutionsvorlagen im Rahmen des Beschlussverfahrens, in denen sie die Achtung der Menschenrechte im Anti-Terror-Kampf als elementar betonen, sind ebenfalls kein Beleg. Ihnen lässt nicht entnehmen, dass zwischen den Sicherheitsratsmitgliedern Einigkeit darüber bestehe, die Sanktionsmaßnahmen nur im Einklang mit den Menschenrechten anzuwenden und sich der Sicherheitsrat im Falle von Menschenrechtsverletzungen folglich zur Reformierung der Sanktionsregime verpflichtet habe.[276] Schließlich haben sämtliche Staatenvertreter ihre Stellungnahmen anlässlich der Verabschiedung von Resolution 1373 (2001) abgegeben. Das aufgrund dieser Resolution aufgestellte System trifft jedoch im Gegensatz zu den oben beschriebenen Sanktionsregimen keine konkreten Maßnahmen gegen individualisierte Einzelpersonen, sondern überlässt dies den Mitgliedstaaten. Die Ausführungen der Staatenvertreter sind daher dahingehend zu verstehen, dass sie sich an die Mitgliedstaaten richten und sie auffordern, bei der Wahl ihrer Maßnahmen die Menschenrechte zu beachten. Folglich sind ihnen keine Aussagen darüber zu entnehmen, ob der Sicherheitsrat selbst menschenrechtlichen Bindungen unterliegt.[277]

---

274 Für eine Bindung, Kotzur, EuGRZ 2006, S. 19, 23, Schweigmann, The Authority of the Security Council under Chapter VII of the UN Charter, S. 171f.; Wet, Chapter VII Powers, S. 198.; Kämmerer, EuR 2008 Beiheft 1, S. 65, 67f.; Ohler, EuR 2006, S. 848, 858ff.; Schmahl, EuR 2006, S. 566, 569; Reich, YJIL 2008, S. 505, 506f; Starck, Die Rechtmäßigkeit von UNO-Wirtschaftssanktionen, S. 155; dagegen: Lysen, NJIL 2003, S. 291, 294f; kritisch auch Aust/Naske, ZÖR 2006, S. 587, 610, die allerdings eine Bindung de lege ferenda für möglich halten.

275 Payandeh, ZaöRV 2006, S. 41, 45; a. A.: Fraas, Sicherheitsrat der VN und IGH, S. 84; Gowlland-Debbas, ICLQ 1994, S. 55, 92.

276 So aber Gutherie, NYU Annual Survey of American Law 2005, S. 491, 499.

277 Vgl. Meerpohl, Individualsanktionen des Sicherheitsrates, S. 115.

Auch aus § 1 der Milleniumsdeklaration des Sicherheitsrates[278] lässt sich keine Selbstbindung des Sicherheitsrates ableiten.[279] Wortlaut, Systematik und Hervorhebung des Wortes „underlines" zeigen, dass er sich nur zum Hochhalten der Ziele und Grundsätze der Charta selbstverpflichtet, während er die Achtung der Menschenrechte nur ganz allgemein ohne Selbstbezug als notwendig erachtet.

Schließlich findet sich auch in den aktuellen Richtlinien des Liberia-Sanktionsregimes kein unmittelbares Zugangsrecht der Betroffenen zum Sanktionsausschuss, das als Hinweis auf eine bindende weitergehende Rechtsschutzgewährung dienen könnte.[280] Dies zeigt, dass sich der Sicherheitsrat nicht durch ein solches vormalig gewährtes Zugangsrecht[281] als gebunden ansah.

Gleichwohl ist eine menschenrechtliche Bindung des Sicherheitsrates zu bejahen. Das entscheidende Argument hierfür ergibt sich aus einem Zusammenspiel mit dem Grundsatz von Treu und Glauben in Art. 2 Abs. 2 UN-Charta. Die UN hat aufgrund der zahlreichen unter ihrer Ägide zustande gekommenen Menschenrechtsverträge gegenüber den Mitgliedstaaten einen Vertrauenstatbestand geschaffen, dass sie selbst an die dort festgelegten Menschenrechtsstandards gebunden ist. Es wäre höchst widersprüchlich, wenn die UN die Menschenrechtsstandards, die in ihrem Rahmen entwickelt wurden und deren Einhaltung sie durch ein umfangreiches System überwachen, selbst nicht beachten müssten.[282] Zudem wäre die Förderung der Menschenrechte im Sinne des Art. 55 c) UN-Charta unglaubwürdig und damit wenig effektiv, wenn die UN die Menschenrechte bei ihren Handlungen unbeachtet lassen dürfte.[283] Wer ihre Achtung von anderen einfordert, muss sich auch selbst an ihnen messen lassen.

Allerdings ist zu bedenken, dass diese menschenrechtliche Bindung gemäß Art. 1 Nr. 3 UN-Charta in einem Spannungsverhältnis zu dem Ziel der Friedenssicherung gemäß Art. 1 Nr. 1 UN-Charta steht, für das der Sicherheitsrat die Hauptverantwortung trägt. Dieses Ziel besitzt aus systematischen und

---

278 S/RES/1318 (2000).

279 So aber Pichon, Internationaler Strafgerichtshof und Sicherheitsrat der Vereinten Nationen, S. 165.

280 Guidelines, Ziff. 3 u. 7.

281 Siehe hierzu Schulte, Der Schutz individueller Rechte gegen Terrorlisten, S. 256.

282 Deja/Frau, JURA 2008, S. 609, 610; De Wet, Chapter VII Powers, S. 198ff.; Reinisch, Austrian JPIL 1995, S 173, 201f.; Fraas, Sicherheitsrat der VN und IGH, S. 82f.; Fassbender, IOLR 2006, S. 437, 460; Cameron, NJIL 2003, S. 159, 178.

283 Starck, Die Rechtmäßigkeit von UNO-Wirtschaftssanktionen, S. 155; Brenneis/Schmalenbach, Rechtsschutz im UN-System, S. 129, 132; Schmalenbach JZ 2009, S. 35, 41.

teleologischen Gründen Vorrang vor den übrigen Chartazielen. So steht es am Beginn der Charta und vor den übrigen Zielbestimmungen, wodurch zum Ausdruck kommt, dass die übrigen Ziele nur in Friedenszeiten verwirklicht werden können.[284] Für das Erreichen der übrigen Ziele ist die Sicherung des Friedens Grundvoraussetzung. Auch besteht mit Kapitel VII UN-Charta allein für dieses Ziel ein spezieller Durchsetzungsmechanismus, in dem der Sicherheitsrat zudem eine herausgehobene Stellung besitzt.[285] Die menschenrechtlichen Bindungen des Sicherheitsrates müssen daher bei Maßnahmen gemäß Kapitel VII UN-Charta eingeschränkt sein.

Als Grenze dieser Einschränkung kann dabei die Notstandsfestigkeit der Menschenrechte dienen. Dies entspricht der äußersten Grenze staatlichen Handelns in internationalen Menschenrechtsverträgen. Es ist sachgerecht, diese Grenze auf Handlungen des Sicherheitsrates nach Kapitel VII UN-Charta zu übertragen. Er wird in diesen Fällen zur Wahrung des Weltfriedens und damit in einem dem staatlichen Notstand vergleichbaren Ausnahmezustand tätig.[286] Es wäre nicht nachvollziehbar, warum die Mitgliedstaaten diese äußerste Grenze bei Einzelhandlungen, nicht jedoch bei Kollektivhandlungen im Sicherheitsrat beachten müssten.[287] Hinsichtlich des Schutzstandards der notstandsfesten Menschenrechte ist allerdings zu beachten, dass diese regelmäßig auch zum Normenbestand des konzeptionell unterschiedlichen ius cogens zählen.[288] Im Ergebnis ist der Sicherheitsrat damit bei Maßnahmen im Rahmen von Kapitel VII UN-Charta nur an diejenigen Menschenrechte gebunden, die zum Bestand des zwingenden Völkerrechts zählen.[289]

(b) Grundsätze gemäß Art. 2 UN-Charta

Aufgrund ihrer Formulierung könnte man meinen, dass nur die Grundsätze Nr. 1, 6 und 7 unmittelbar an die Vereinten Nationen adressiert sind und sich die

---

284 Randelzhofer, Hdb. VN, § 158 Rn. 8, 11; Dicke/Rengeling, Die Sicherung des Weltfriedens durch die VN, S. 23.

285 Randelzhofer, Der normative Gehalt des Friedensbegriffs, S. 35.

286 De Wet, Chapter VII Powers, S. 202.

287 Vgl. hierzu Aust/Naske, ZÖR 2006, S. 587, 619.

288 De Wet, Chapter VII Powers, S. 201.

289 Starck, Die Rechtmäßigkeit von UNO-Wirtschaftssanktionen, S. 174.; Tomuschat, EuGRZ 2007, S. 7f., der die Bindung auf Beeinträchtigungen individueller Rechtspostionen durch den Sicherheitsrat beschränkt; Aust, Hdb. International Law, S. 221; Herdegen, Die Befugnisse des UN-Sicherheitsrates, 1998, S. 27f.; Birkhäuser, UN-Sicherheitsratssanktionen gegen Individuen, S. 233.

übrigen Grundsätze ausschließlich an die Mitgliedstaaten richten.[290] Eine solche einschränkende Sichtweise lässt jedoch den Einführungssatz des Artikels sowie die Aussage in Art. 24 Abs. 2 S. 1 UN-Charta unberücksichtigt, die nicht zwischen den Mitgliedstaaten und der Organisation differenzieren. Entscheidend ist daher nicht die in den einzelnen Grundsätzen gewählte Formulierung, sondern allein, ob sich der jeweilige Grundsatz inhaltlich an die Organisation richten kann.[291] Neben den ausdrücklich an die Organisation gerichteten Grundsätzen kommt dies auch im Falle des Grundsatzes von Treu und Glauben gemäß Art. 2 Nr. 2 UN-Charta in Betracht.

(aa) Art. 2 Nr. 1, 6 und 7 UN-Charta

Von den ausdrücklich an die Vereinten Nationen gerichteten Grundsätzen enthält nur derjenige in Art. 2 Nr. 1 UN-Charta eine mögliche Begrenzung des Sicherheitsratshandelns. Art. 2 Nr. 6 UN-Charta betrifft die Einbeziehung von Nicht-Mitgliedern in die Aktionen der Organisation, während Art. 2 Nr. 7 UN-Charta ausdrücklich Maßnahmen des Sicherheitsrates nach Kapitel VII vom Verbot der Einmischung in innere Angelegenheiten ausnimmt. Inhaltlich bindet Art. 2 Nr. 1 UN-Charta den Sicherheitsrat jedoch lediglich an den Grundsatz der Gleichbehandlung, wie es auch schon Art. 1 Nr. 2 UN-Charta bestimmt. Eine weitergehende Begrenzung des Sicherheitsratshandelns ist ihm somit nicht zu entnehmen.

(bb) Art. 2 Nr. 2 UN-Charta

Eine Begrenzung kann sich aber aus dem Grundsatz von Treu und Glauben gemäß Art. 2 Nr. 2 UN-Charta ergeben. Dafür ist zunächst Voraussetzung, dass sich der Grundsatz über den Wortlaut der Norm hinaus auch an die Vereinten Nationen richtet. Hierfür spricht, dass der Grundsatz von Treu und Glauben ein fundamentales Prinzip einer jeden Rechtsordnung ist, ohne den auch das System der Vereinten Nationen nur schwerlich funktionierte. Ein weiterer Hinweis ist daneben der in Art. 31 Abs. 1 WVK niedergelegte, gewohnheitsrechtlich geltende Grundsatz, nach dem ein Vertrag u. a. nach Treu und Glauben auszulegen ist. Dies gilt auch für die in einem Vertrag festgelegten Kompetenzen. Als Organ der UN ist somit auch der Sicherheitsrat bei seinen Handlungen an den Grundsatz von Treu

290 Meerpohl, Individualsanktionen des Sicherheitsrates, S. 107; vgl. auch Starck, Die Rechtmäßigkeit von UNO-Wirtschaftssanktionen, S. 144.

291 Starck, Die Rechtmäßigkeit von UNO-Wirtschaftssanktionen, S. 176.

und Glauben gebunden.[292] Diese Bindung wird allerdings dadurch eingeschränkt, dass sich aus der Charta und ihrer Entstehungsgeschichte ergibt, dass der Sicherheitsrat selbst zur Auslegung der seinem Handeln zugrundeliegenden kompetenzbegründenden bzw. – beschränkenden Normen berufen ist. Der Grundsatz von Treu und Glauben ist deshalb nur insoweit Grenze seines Handelns, als die Erwägungen des Sicherheitsrates keine Auslegung und Konkretisierung mehr sind, sondern er sich von allen inhaltlichen Maßstäben dieses Grundsatzes offensichtlich gelöst hat und grob rechtsmissbräuchlich handelt.[293]

(3) Verhältnismäßigkeitsprinzip

Schließlich wird vielfach das Verhältnismäßigkeitsprinzip als Rechtmäßigkeitsmaßstab für sicherheitsratliches Handeln angeführt.[294] Dieses Prinzip wird als allgemeiner Rechtsgrundsatz i. S. d. Art. 38 lit. c) IGH-Statut angesehen, ist aber nicht ausdrücklich in der UN-Charta verankert. Elemente dieses Prinzips kommen aber in Wortlaut und Systematik der Normen des Kapitels VII dadurch zum Ausdruck, dass sie einen abgestuften Eingriffsmechanismus vorsehen und Maßnahmen unter Erforderlichkeitsvorbehalt stellen. Hieran muss sich der Sicherheitsrat bereits aufgrund seiner Bindung an die Kompetenznormen der Artikel 39ff. UN-Charta halten.

Fraglich ist aber, ob auch dem Angemessenheitselement des Verhältnismäßigkeitsprinzips eine Bedeutung bei Sicherheitsratshandlungen nach Kapitel VII zukommt. Berücksichtig man die Bindung des Sicherheitsrates an die Menschenrechte gemäß Art. 1 Abs. 3 UN-Charta, so ist dies wohl zu bejahen. Der Verhältnismäßigkeitsgrundsatz ist fester Bestandteil des Menschenrechtsschutzes. Er gestattet Einschränkungen der Menschenrechte nur, sofern sie einem legitimen Zweck dienen und zu dessen Erreichung geeignet, erforderlich und angemessen sind. Aufgrund seiner menschenrechtlichen Bindung muss daher auch der Sicherheitsrat auf die Angemessenheit einer Maßnahme im Verhältnis zur Wahrung des Weltfriedens achten.[295]

---

292 Müller/Kolb, in: Simma, UN-Charter, Art. 2 Abs. 2 Rn. 4; Verdross/Simma, S. 47; Schwarzenberger, G., International Law, vol. III, S. 215.

293 Herdegen, Sicherheitsrat und autorative Konkretisierung des VII. Kapitels UN-Charta, in: FS Bernhardt, S. 103, 109ff.; Starck, Die Rechtmäßigkeit von UNO-Wirtschaftssanktionen, S. 181.

294 Gading, Menschenrechte, S. 223; Bauer, Effektivität und Legitimität, S. 230f.; Gasser, ZaöRV 1996, S. 871, 882.

295 Starck, Die Rechtmäßigkeit von UN-Wirtschaftssanktionen, S. 180.

Enge rechtliche Bindungen ergeben sich für den Sicherheitsrat hierdurch jedoch nicht.[296] Die Wirksamkeit einer Maßnahme hängt in den Situationen, in denen der Sicherheitsrat nach Kapitel VII der UN-Charta tätig wird, von zahlreichen Unwägbarkeiten ab. Eine vorherige, objektive Einschätzung ihrer Verhältnismäßigkeit ist daher in diesen Fällen nahezu unmöglich.[297] Hinzukommt, dass der angestrebte Zweck, die Wahrung des Weltfriedens, regelmäßig so bedeutsam ist, dass die Sicherheitsratsmaßnahme kaum als offensichtlich unverhältnismäßig einzustufen sein wird.[298] Im Ergebnis ergeben sich damit aus dem Verhältnismäßigkeitsgrundsatz keine rechtlichen Grenzen für Handlungen des Sicherheitsrates nach Kapitel VII UN-Charta.

b) Völkerrecht

Die UN ist als internationale Organisation Subjekt der Völkerrechtsordnung und kann auch an Rechtsnormen außerhalb der UN-Charta gebunden sein. Auch solche Normen können Grenzen für Maßnahmen des Sicherheitsrates nach Kapitel VII UN-Charta statuieren. Entsprechende Normen in völkerrechtlichen Verträgen sind nicht ersichtlich. Obwohl die Vereinten Nationen Vertragspartei eines entsprechenden Vertrags sein können, sind sie dies in keinem für die vorliegende Untersuchung relevanten Fall. In Betracht kommt daher lediglich eine Bindung des Sicherheitsrates an Völkergewohnheitsrecht, wobei hier insbesondere humanitäres Völkerrecht und die Menschenrechte zu nennen sind.

aa) Bindung nach allgemeinen Grundsätzen

Völkergewohnheitsrecht entsteht aus einer von Rechtsüberzeugung getragenen Gewohnheit. Aus diesen Entstehungsvoraussetzungen ergibt sich bereits, dass es keine allgemeine Geltung beanspruchen kann, sondern Adressat bzw. Verpflichteter nur ist, wer an dieser von Rechtsüberzeugung getragenen Gewohnheit aktiv teilgenommen bzw. sie als Unbeteiligter stillschweigend hingenommen hat.[299] Ausdruck einer solchen Teilnahme der Vereinten Nationen könnte ihre

---

296 So auch Starck, Die Rechtmäßigkeit von UNO-Wirtschaftssanktionen, S. 183; Martenczuk, Rechtsbindung und Rechtskontrolle des Weltsicherheitsrats, S. 279f., die einen Verstoß allenfalls bei Einsatz militärischer Maßnahmen im Falle einer Friedensbedrohung für möglich halten.

297 Martenczuk, Rechtsbindung und Rechtskontrolle des Weltsicherheitsrats, S. 278f.

298 Frowein/Krisch, in: Simma, UN-Charter, Art. 42 Rn. 7.

299 Starck, Die Rechtmäßigkeit von UNO-Wirtschaftssanktionen, S. 192f.

Praxis im Rahmen von Peace-keeping-Einsätzen und Territorialverwaltungen sein. So enthalten die Truppenstationierungsverträge der Peace-keeping-Einsätze eine Klausel, die die Truppen der Vereinten Nationen verpflichten, die gewohnheitsrechtlichen Prinzipien des humanitären Völkerrechts zu achten.[300] Ähnliches gilt für Handlungen der bisherigen UN-Territorialverwaltungen. Auf Anordnung des jeweiligen Vertreters des Generalsekretärs, den der Sicherheitsrat zur Einrichtung einer Übergangsverwaltung ermächtigt und ihm hierzu weitreichende Rechtssetzungs- und Exekutivkompetenzen übertragen hat[301], müssen die UN-Verwaltungen im Einklang mit den Menschenrechten handeln.[302]

Diese Klauseln beweisen indes nicht zwingend auch eine entsprechende opinio iuris der Vereinten Nationen. Es ist nicht ausgeschlossen, dass erst sie eine Rechtspflicht konstituieren und die Vereinten Nationen nur in diesen beiden speziellen Fällen binden. Doch auch im Falle ihres nur deklaratorischen Charakters kann aus dieser Praxis keine gewohnheitsrechtliche Bindung speziell des Sicherheitsrates abgeleitet werden. Sie bezieht sich lediglich auf Truppen der Vereinten Nationen bzw. die UN-Territorialverwaltungen. Hieraus auf eine generelle Bindung der Vereinten Nationen und ihrer Organe zu schließen, ließe die besondere Stellung des Sicherheitsrates im Gefüge der UN als Hauptorgan zur Wahrung des Friedens und der internationalen Sicherheit außer Acht. Art. 1 Abs. 1 UN-Charta bestimmt gerade, dass er nur im Rahmen der friedlichen Streitbeilegung nicht jedoch bei Kapitel VII-Maßnahmen an das allgemeine Völkerrecht gebunden sein soll. Diese Stellung verlangt für die Annahme einer entsprechenden Rechtsüberzeugung eine eigene Praxis des Sicherheitsrates, die bislang jedoch nicht existiert. Eine völkergewohnheitsrechtliche Rechtsbindung besteht demnach nicht.[303]

bb) „Hypothekentheorie“

Ein anderer Ansatz zur Begründung einer gewohnheitsrechtlichen Bindung des Sicherheitsrates argumentiert, dass sich die Staaten ihren Verpflichtungen nicht durch kollektives Handeln im Rahmen einer internationalen Organisation entziehen dürfen. Ansonsten käme es zu einer „Flucht in die internationale Organisation“. Zur dogmatischen Begründung ziehen seine Vertreter den

300 Vgl z. B. Ruanda: SOFA, Vol. 1748, I-30482, § 7.

301 S/RES/1244 (1999), Ziff. 10f.; S/RES/1272 (1999), Ziff. 1f.

302 UNMIK/REG/1999/1, Section 2; UNTAET/REG/1999/1, Section 2.

303 Aust/Naske, ZÖR 2006, S. 587, 610; a. A. Ohler, EuR 2006, S. 848, 856ff.

römischen Rechtssatz „Nemo plus juris ad alium transferre potest quam ipse habet“ heran.[304]

Vor dem Hintergrund staatlicher Souveränität bestimmt das rechtliche Dürfen entgegen des obigen Rechtssatzes jedoch nicht zwingend auch das rechtliche Können der Staaten. Zu dessen Beschränkung ist vielmehr ein konkreter Völkerrechtssatz erforderlich, der sich nur für den Normenkomplex des „ius cogens“ feststellen lässt. Für diesen Normenkomplex erklärt Art. 53 WVK einen gegen ius cogens verstoßenden völkerrechtlichen Vertrag für nichtig. Dieser Rechtssatz ist mittlerweile gewohnheitsrechtlich anerkannt.[305] Er erhebt einen Geltungsanspruch nicht nur für zwischenstaatliche Verträge sondern auch für andere rechtlich relevante Akte[306], zu denen die Gründung einer internationalen Organisation bzw. der Beitritt zu ihr zählt. Solche Akte sind dementsprechend nichtig, sofern sie gegen ius cogens verstoßen. Ein Verstoß ist auch eine Übertragung von Kompetenzen an eine internationale Organisation, die diese befugt, ihrerseits gegen entsprechende zwingende Normen zu verstoßen. Da die UN ihre Kompetenzen von ihren Mitgliedstaaten ableiten, enden ihre Befugnisse dort, wo ihr Handeln zwingendem Völkerrecht widerspricht.[307] Eine Bindung ist daher nicht für sämtliches Völkergewohnheitsrecht, sondern lediglich für jenes mit ius-cogens-Qualität zu bejahen.[308]

c) Ergebnis

Der UN-Sicherheitsrat unterliegt bei Handlungen gemäß Kapitel VII UN-Charta sowohl Bindungen innerhalb als auch außerhalb der Charta. Er muss sich zunächst an den durch die Normen des Kapitels VII vorgegebenen Kompetenzrahmen halten. Daneben ist er aufgrund von Art. 24 Abs. 2 S. 1 UN-Charta grundsätzlich an die Ziele und Grundsätze der UN-Charta gebunden. Ihre genauere inhaltliche Untersuchung zeigt jedoch, dass lediglich Art. 1 Nr. 2 und 3 sowie Art. 2 Nr. 2 UN-Charta einen Maßstab für Handlungen des Sicherheitsrates formulieren. Art. 1 Nr. 2 UN-Charta bindet den Sicherheitsrat an den Grundsatz der Gleichberechtigung sowie das Selbstbestimmungsrecht

304 Diskussionsbeitrag von Khan, in: Hofmann, Rainer u. a., Die Rechtskontrolle von Organen der Staatengemeinschaft, S. 144; in diese Richtung auch Deja/Frau, JURA 2008, S. 609, 610.

305 Hannikainen, Peremptory Norms, S. 3, Verdross/Simma, Völkerrecht, S. 432f.

306 Hannikainen, Peremptory Norms, S. 9f.

307 Starck, Die Rechtmäßigkeit von UNO-Wirtschaftssanktionen, S. 224.

308 Deja/Frau, JURA 2008, S. 609, 610; Tomuschat, EuGRZ 2007, S. 1, 4.

der Völker, Art. 1 Abs. 3 an die zum ius cogens zählenden Menschenrechte. Letzterer begründet daneben auch eine Bindung an das Verhältnismäßigkeitsprinzip. Art. 2 Nr. 2 UN-Charta bestimmt den Grundsatz von Treu und Glauben zum Maßstab der Sicherheitsratshandlungen. Rechtsnormen außerhalb der UN-Charta binden den Sicherheitsrat nur, soweit sie ius-cogens-Charakter besitzen.

2. Materielle Rechtmäßigkeit

Nachdem die rechtlichen Grenzen des Sicherheitsrates für seine Handlungen nach Kapitel VII UN-Charta geklärt sind, sind die Individualsanktionen an ihnen zu messen.

a) Voraussetzungen der Art. 39ff. UN-Charta

Der Sicherheitsrat erlässt die Individualsanktionen auf Grundlage von Kapitel VII der UN-Charta. Die Voraussetzungen für Maßnahmen nach diesem Kapitel finden sich in Art. 39ff. UN-Charta. Aufgrund ihrer Struktur können diese Artikel in Tatbestands- und Rechtsfolgennormen gegliedert werden.

aa) Tatbestand – Artikel 39 UN-Charta

Tatbestandliche Voraussetzungen für Maßnahmen nach Kapitel VII statuiert Art. 39 UN-Charta. Er verlangt vom Sicherheitsrat die Feststellung einer Angriffshandlung, eines Friedensbruches oder einer Friedensbedrohung. Zwar behaupten Stimmen in der Literatur, den Tatbestandsmerkmalen in Art. 39 UN-Charta komme keine Bedeutung zu, da es im unbeschränkten Ermessen des Sicherheitsrates liege, ihr Vorliegen festzustellen.[309] Gerade ihre Existenz zeigt jedoch, dass sie nicht vollkommen bedeutungslos sein können, sondern dem Sicherheitsrat entsprechend ihrer inhaltlichen Reichweite Grenzen setzen.[310] Für die Rechtmäßigkeit der Resolutionen, die Grundlage der oben angeführten Sanktionsregime sind, ist dabei ausschließlich die Tatbestandsalternative der Friedensbedrohung

309 Kelsen, Law of the UN, S. 727; Reisman, AJIL 1993, S. 83, 93.

310 Martenczuk, Rechtsbindung und Rechtskontrolle des Weltsicherheitsrats, S. 201f.; Meyer-Ohlendorf, Gerichtliche Kontrolle des Sicherheitsrates der VN durch den IGH, S. 46.

bedeutsam, da sich der Sicherheitsrat bei ihrem Erlass sämtlich auf diese Alternative beruft.

Der Begriff der Friedensbedrohung ist ein unbestimmter Rechtsbegriff, der in der UN-Charta nicht definiert ist. Es ist deshalb Aufgabe des Sicherheitsrates, ihn zu konkretisieren.[311] Folglich kommt insbesondere der Sicherheitsratspraxis für die Auslegung Bedeutung zu.[312]

Der Sicherheitsrat verstand unter dem Begriff des „Friedensbedrohung" zunächst nur eine Situation, die zu einem internationalen bewaffneten Konflikt zu eskalieren droht oder bereits durch einen solchen Konflikt gekennzeichnet ist.[313] Seit Ende des Ost-West-Konflikts hat sich sein Begriffsverständnis aber erweitert. Seither sieht er auch das Vorliegen einer extremen menschlichen Notsituation, die eine Spannungslage begründet, als eine Bedrohung des Weltfriedens an.[314] Eine solche Notsituation liegt bei einer erheblichen Verletzung derjenigen Menschenrechte vor, die alle Staaten gleichermaßen binden.[315] Sie begründet eine Spannungslage, sofern die Menschenrechtsverletzung mit einem gegenwärtigen oder drohenden bewaffneten Konflikt oder mit der Destabilisierung der Region oder eines Landes verbunden ist.[316]

Entsprechend dieser Kriterien, hat der Sicherheitsrat auch bei Erlass der Resolutionen, die zur Errichtung der oben dargestellten Sanktionsregime führten, im Rahmen seiner Einschätzungsprärogative gehandelt und rechtmäßigerweise eine Friedensbedrohung angenommen. Lediglich im Falle des Sanktionsregimes gegen Al-Qaida und Osama Bin Laden ist die Konstellation anders. In den betreffenden Resolutionen hat der Sicherheitsrat entsprechend seiner ständigen Praxis seit den Anschlägen des 11.09.2001 den internationalen Terrorismus an sich, unabhängig von zwischenstaatlichen Implikationen,

---

311 Lorinser, Bindende Resolutionen des UN-Sicherheitsrats, S. 44; Herdegen, Sicherheitsrat und autorative Konkretisierung des VII. Kapitels UN-Charta, in: FS Bernhardt, S. 103, 107f.

312 Lailach, Die Wahrung des Weltfriedens und der internationalen Sicherheit, S. 39.

313 Lailach, Die Wahrung des Weltfriedens und der internationalen Sicherheit, S. 134.

314 Krieger, Die Friedens-Warte 2006, S. 107, 111; Lailach, Die Wahrung des Weltfriedens und der internationalen Sicherheit, S. 140.

315 Krieger, Die Friedens-Warte 2006, S. 107, 113.

316 Frowein/Krisch, in: Simma, UN-Charter, Art. 39 Rn. 21; Lailach, Die Wahrung des Weltfriedens und der internationalen Sicherheit, S. 205; Krieger, Die Friedens-Warte 2006, S. 107, 114.

als Bedrohung des Friedens betrachtet.[317] Damit legt er Art. 39 UN-Charta erstmals einen abstrakten Gefahrenbegriff zugrunde.[318] Doch auch die abstrakte Gefahr des internationalen Terrorismus unterfällt dem Begriff der „Friedensbedrohung". Bei diesem Tatbestandsmerkmal handelt es sich um einen normativ-offenen Begriff, der entsprechend der gesellschaftlichen Entwicklung dynamisch auszulegen ist.[319] Die dabei gemäß Art. 31 WVK besonders zu beachtende nachfolgende Staatenpraxis zeigt, dass der internationale Terrorismus als solcher nach den Anschlägen des 11.09.2001 als Bedrohung der internationalen Gemeinschaft angesehen wurde.[320] Zudem wäre der Sicherheitsrat an der effektiven Wahrnehmung seiner Aufgabe der Wahrung des Weltfriedens gehindert, müsste er wie im Falle des regelmäßig verdeckt operierenden Terrorismus zunächst ein konkrete Bedrohung abwarten.[321] Schließlich ist auch zu bedenken, dass der internationale Terrorismus in seiner Gesamtheit zu Menschenrechtsverletzungen von erheblichem Ausmaß führt und damit generell destabilisierende Wirkungen auf die internationale Ordnung besitzt.[322] Die Feststellung der Friedensbedrohung war somit auch im Falle des Sanktionsregimes gegen Al-Qaida rechtmäßig.[323]

bb) Rechtsfolgen – Art. 41f. UN-Charta

Zur Durchsetzung seiner Beschlüsse steht dem Sicherheitsrat ein dreistufiges Maßnahmensystem zur Verfügung. Es reicht von einer Empfehlung gemäß Art. 39 UN-Charta als schwächstem Mittel über nicht-militärische Zwangsmaßnahmen gemäß Art. 41 UN-Charta bis hin zu militärischen Zwangsmitteln gemäß Art. 42 UN-Charta als ultima ratio. In den hier zu betrachtenden Fällen hat der Sicherheitsrat die Individualsanktionen auf Art. 41 UN-Charta gestützt. Diese Norm eröffnet dem Sicherheitsrat einen großen Spielraum im Hinblick auf mögliche Durchsetzungsmaßnahmen. Eine inhaltliche Beschränkung lässt sich aus ihrem Wortlaut nicht ableiten. Die Worte „können [...] einschließen"

---

317 S/RES/1390 (2002); S/RES/1455 (2003); S/RES/1617 (2005); S/RES/1735 (2006); S/RES/1822 (2008); S/RES/1904 (2009).

318 Aston, ZaöRV 2002, S. 257, 267.

319 Aston, ZaöRV 2002, S. 257, 279.

320 UN Doc. A/Res/56/1; UN Doc. A/Res/56/88.

321 Aston, ZaöRV 2002, S. 257, 280.

322 Frowein/Krisch, in: Simma, UN-Charter, Art. 39 Rn. 23.

323 So auch Ohler, EuR 2006, S. 848, 853.

zeigen, dass die dort aufgezählten Beispiele nicht abschließend sind.[324] Lediglich die Existenz des Art. 42 UN-Charta zeigt systematisch, dass Maßnahmen gemäß Art. 41 UN-Charta keinen Einsatz von militärischen Mitteln beinhalten dürfen.[325] Nicht nur hinsichtlich des Inhalts sondern auch im Hinblick auf den Kreis der Maßnahmenadressaten ergibt sich aus der Norm keine Einschränkung. Nur die Durchführungsaufforderungen sind an die Mitgliedstaaten zu richten. Hinsichtlich der Durchsetzungsmaßnahmen trifft Art. 41 UN-Charta hingegen keine Aussage. Man kann hieraus schließen, dass deren Ziel nicht nur Staaten, sondern auch Einzelpersonen sein können. Auf Art. 41 UN-Charta können daher auch Sanktionsmaßnahmen gestützt werden, die gegenüber Einzelpersonen zum Zwecke der Bekämpfung der zuvor festgestellten Friedensbedrohung das Einfrieren von Vermögenswerten sowie Reisebeschränkungen anordnen.[326] Die Frage der Zulässigkeit des Erlasses von generell-abstrakten Legislativmaßnahmen stellt sich dabei auf Rechtsfolgenseite im Falle der Individualsanktionen nicht. Die Zahl der Adressaten ist bei diesen Maßnahmen zwar unbestimmt und damit generell festgelegt, doch betreffen sie keine unbestimmte Zahl von Fällen. Sie finden auf einen spezifischen Sachverhalt Anwendung, so dass sie konkret-genereller Art sind.[327] Die Resolutionen zur Errichtung der o. g. Sanktionsregime sind somit auch im Hinblick auf das gewählte Durchsetzungsmittel rechtmäßig.

b) Verstoß gegen Art. 1, 2 UN-Charta

Der Grundsatz der Gleichberechtigung verbietet es dem Sicherheitsrat, die Völker im rechtlichen Sinne hierarchisch zu gliedern. Aufgrund des Selbstbestimmungsrechts ist es ihm verwehrt, dauerhaft die Regierung und das Regierungssystem festzulegen oder die Regierung mittelbar oder unmittelbar zu stellen. Ein Verstoß gegen diese Grundsätze durch die Sanktionsresolutionen ist aufgrund ihrer individuellen Zielrichtung nicht ersichtlich.

---

324 Frowein/Krisch, in: Simma, UN-Charter, Art. 41 Rn. 14; Martenczuk, Rechtsbindung und Rechtskontrolle des Weltsicherheitsrats, S. 43.

325 Frowein/Krisch, in: Simma, UN-Charter, Art. 41 Rn. 11.

326 Ohler, EuR 2006, S. 848, 854; Dörr, JZ 2005, S. 905, 914f.; Kotzur, EuGRZ 2006, S. 19, 22f.; Nettesheim, JZ 2002, S. 569, 573f; Schulte, Der Schutz individueller Rechte gegen Terrorlisten, S. 234.

327 Aston, ZaöRV, S. 257, 268.

c) Verstoß gegen ius cogens

Das ius cogens umfasst die Normen, von denen die Völkerrechtssubjekte aufgrund ihrer fundamentalen Bedeutung nicht abweichen dürfen.[328] Bislang wurde nur ein Kern von Normen als ius cogens identifiziert.[329] Dieser Kern umfasst u. a. das Aggressionsverbot sowie das Verbot des Völkermordes, das Gebot der Achtung elementarer Menschenrechte sowie gewisse Verbotsnormen des humanitären Völkerrechts.[330] Innerhalb dieses Kerns sind die zwingenden Garantien für den Einzelnen allerdings nur sehr schwach ausgeprägt. Im Wesentlichen zählen dazu nur fundamentale Rechte wie der Schutz vor willkürlicher Tötung, Folter, Sklaverei, Menschenhandel und Rassismus.[331] Eigentumsgarantie und Freizügigkeitsrecht, die allenfalls durch die Individualsanktionen betroffen sein können, gehören nicht dazu.[332] Auch rechtsstaatliche verfahrensrechtliche Garantien, welche im Rahmen des Sanktionserlasses möglicherweise missachtet werden, besitzen keinen ius-cogens-Charakter.[333] Die durch die Sicherheitsratsresolutionen angeordneten Sanktionsmaßnahmen verletzen somit auch kein zwingendes Völkerrecht.

3. Ergebnis

Sicherheitsratsbeschlüsse, die Individualsanktionen anordnen, sind rechtmäßig. Die Mitgliedstaaten sind an diese Beschlüsse gebunden. Der Sicherheitsrat unterliegt zwar auch bei Handlungen nach Kapitel VII UN-Charta rechtlichen Bindungen. Er muss den in diesem Kapitel vorgegebenen Kompetenzrahmen, den Grundsatz von Treu und Glauben, der Gleichberechtigung und Selbstbestimmung der Völker sowie das ius cogens beachten.

Allerdings hat der Sicherheitsrat im Falle der hier betrachteten Sanktionsregime nach Maßgabe dieser Bindungen gehandelt. Er hat zu Recht das Vorliegen einer „Friedensbedrohung" im Sinne des Art. 39 UN-Charta festgestellt,

---

328 Verdross/Simma, Völkerrecht, S. 58; Ipsen, Völkerrecht, § 15 Rn. 36; vgl. auch die Definition in Art. 53 Wiener Vertragsrechtskonvention (1155 UNTS 331).

329 De Wet, Chapter VII Powers, S. 191.

330 Ipsen, Völkerrecht, § 15 Rn. 59.

331 Kadelbach, Zwingendes Völkerrecht, S. 314.

332 Aust/Naske, ZÖR 2006, S. 587, 608; offengelassen in EuG, Rs. T-306/01, *Yusuf*, Slg. 2005, II-3533 Rn. 293.

333 Kadelbach, Zwingendes Völkerrecht, S. 323; EuG, Rs. T-306/01, *Yusuf*, Slg. 2005, II-3533 Rn. 307.

zu dessen Auslegung er selbst berufen ist. Er versteht unter dem Begriff der „Friedensbedrohung“ nicht nur eine Situation, die zu einem internationalen Konflikt zu eskalieren droht, sondern auch eine extreme menschliche Notsituation, die eine Spannungslage begründet. Eine solche Notsituation durfte der Sicherheitsrat auch im Falle der gegenwärtigen UN-Sanktionsregime im Rahmen seines Beurteilungsspielraums annehmen. Aufgrund der Gefahr bzw. des Eintritts erheblicher Menschenrechtsverletzungen drohte die Destabilisierung einer Region bzw. der gesamten internationalen Ordnung. Auch die gewählten Sanktionsmaßnahmen bewegen sich in dem von Art. 41 UN-Charta vorgegebenen Rahmen. Dieser macht weder inhaltliche Vorgaben für das Sanktionsinstrument noch beschränkt er dessen Adressatenkreis. Auch Individualsanktionen sind daher von ihm gedeckt. Ein Verstoß gegen die Grundsätze aus Art. 1, 2 UN-Charta ist aufgrund der individuellen Zielrichtung der Maßnahmen ebenfalls nicht ersichtlich. Gleiches gilt für einen Verstoß gegen das zwingende Völkerrecht.

III. Ergebnis

Die EU ist zur Umsetzung der von der UN erlassenen Individualsanktionen verpflichtet. Die EU-Mitgliedstaaten können ihre Verpflichtung gemäß Art. 25 UN-Charta durch den GASP-Standpunkt i. V. m. Art. 215 AEUV (Art. 301 EG) grundsätzlich auf die EU übertragen. Sie ist dadurch selbst an die UN-Sicherheitsratsbeschlüsse gebunden.

Eine Verpflichtung der Mitgliedstaaten gemäß Art. 25 UN, die sie nach dem o. g. Modus auf die EU übertragen haben, besteht auch bei den UN-Sanktionsregimen gegen Einzelpersonen. Durch seine geringen rechtlichen Bindungen ist der Sicherheitsrat im Rahmen von Kapitel VII UN-Charta zu vielfältigen Maßnahmen befugt, zu denen auch das Einfrieren von Konten privater Personen und Einrichtungen sowie individuelle Reiseverbote zählen. Ein Entfallen der mitgliedstaatlichen Verpflichtung aufgrund der Rechtswidrigkeit der Maßnahme, in deren Folge auch keine Übertragung auf die EU möglich ist, kommt somit nicht in Betracht.

B. Der Rang der UN-Charta in der Rechtsordnung der EU

Die festgestellte Verpflichtung der EU zur Umsetzung der UN-Sanktionsbeschlüsse führt allein noch nicht zum Ausschluss der Unionsgrundrechte als

Prüfungsmaßstab. Hierfür ist neben der Umsetzungspflicht auch der Vorrang der Sanktionsbeschlüsse vor den Unionsgrundrechten notwendig.

I. Vorrang aufgrund von Art. 103 UN-Charta

Einige Stimmen wollen der UN-Charta und damit auch den Sicherheitsratsbeschlüssen[334] aufgrund des Art. 103 UN-Charta Vorrang vor dem primären Unionsrecht, zu dem auch die Unionsgrundrechte zählen, zuerkennen.[335] Art. 103 UN-Charta besagt, dass die Verpflichtungen der Mitgliedstaaten aus der Charta solchen aus anderen völkerrechtlichen Verträgen vorgehen. Dies betrifft auch die Verpflichtungen der Mitgliedstaaten aus den Unionsverträgen, die völkerrechtlichen Ursprungs sind und deren Wirksamkeit völkerrechtlich zu beurteilen ist.[336] Mit dieser Vorrangregelung korrespondieren die Art. 347, 351 AEUV, die den Mitgliedstaaten ein Abweichen von den Unionsverträgen bei widerstreitenden Altverträgen gestatten.[337] Ob dieser aus völkerrechtlicher Sicht angeordnete Vorrang auch Bedeutung für das Unionsrecht hat, hängt aber davon ab, wie die UN-Charta in der Unionsrechtsordnung Geltung erlangt. Ist hierfür ein unionsrechtlicher Geltungsbefehl notwendig, richtet sich die Rangfrage allein nach innerunionsrechtlichen Normen.

1. Geltung der UN-Charta innerhalb der Rechtsordnung der EU

Die UN-Charta ist ihrer Rechtnatur nach ein völkerrechtlicher Vertrag.[338] Entsprechend ist zunächst zu untersuchen, wie Völkervertragsrecht in der Unionsrechtsordnung gilt, um dann auf etwaige Besonderheiten im Falle der UN-Charta einzugehen.

---

334 Tomuschat, CMLRev. 2006, S. 537, 541; Bernhardt, in: Simma, UN-Charter, Art. 103 Rn. 9ff.; Thouvenin, in: Cot/Pellet/Forteau, Charte Nations Unies, Art. 103, S. 2133ff; vgl. Lysen, NJIL 2003, S. 291, 293.

335 Bartelt/Zeitler, EuZW 2003, S. 712, 716; Albin, ZRP 2004, S. 71, 72; Tomuschat, EuGRZ 2007, S. 1, 9; Tietje/Hamelmann, JuS 2006, S. 299, 301.

336 Ohler, EuR 2006, S. 848, 864.

337 Schmalenbach, in: Calliess/Ruffert, EUV/AEUV, Art. 351 Rn. 1; siehe zur Frage eines unionsrechtlichen Vorrangs unten II. 2.

338 Ress, in: Simma, UN-Charter, Interpretation, Rn. 1.

a) Völkervertragsrecht innerhalb der Rechtsordnung der EU

aa) Strenger Monismus

Die Theorie des strengen Monismus[339] wurde ursprünglich für das Verhältnis von Völkerrechtsordnung und staatlicher Rechtsordnung entwickelt, später aber auch für das Verhältnis von Völkerrechtsordnung und Unionsrechtsordnung fruchtbar gemacht. Für dieses Verhältnis wird sie im Gegensatz zum ursprünglichen Anwendungsfeld auch noch vereinzelt vertreten.[340] Sie sieht das Unionsrecht nur als Teilrechtsordnung des Völkerrechts an. Die Rechtswirkung völkerrechtlicher Verträge sei dementsprechend eine Frage der Zuordnung verschiedener Rechtsquellen einer einheitlichen Rechtsordnung, nämlich der Völkerrechtsordnung.[341] Es bedürfe mithin keines innerunionsrechtlichen Geltungsbefehls für völkerrechtliche Verträge. Einen Widerspruch zu Art. 216 Abs. 2 Alt. 1 AEUV (Art. 300 Abs. 7 Alt. 1 EG) erkennen die Vertreter dieser Auffassung nicht, sondern sie sehen in dieser Norm vielmehr eine Bestätigung ihrer Sichtweise. Mit der in Art. 216 Abs. 2 Alt. 1 AEUV (Art. 300 Abs. 7 Alt. 1 EG) angesprochenen Gebundenheit sei allein die völkerrechtliche Bindung der Unionsorgane und Mitgliedstaaten gemeint.[342]

Art. 216 Abs. 2 AEUV (Art. 300 Abs. 7 Alt. 1 EG) ist allerdings nur scheinbar ein Argument für einen strengen Monismus. Sein offener Wortlaut erlaubt es auch, die dort angesprochene Gebundenheit entweder im Sinne eines generellen Vollzugsbefehls oder als Generaltransformator anzusehen.[343] Beides wäre mit einem strengen Monismus nicht zu vereinbaren. Die Norm allein ist somit weder Argument für noch gegen einen strengen Monismus. Eindeutig gegen die obige Auffassung spricht jedoch die autonome Rangfestsetzung völkerrechtlicher Verträge durch Art. 218 Abs. 11 AEUV (Art. 300 Abs. 6 EG) und

---

339 Siehe zur Theorie des strengen Monismus Dahm/Delbrück/Wolfrum, Völkerrecht. Band I/1, S. 100.

340 Bleckmann, Europarecht, § 4 Rn. 158.

341 Van Panhuys, CMLRev. 1965/66, S. 420, 420ff.

342 Streinz, Europarecht, Rn. 124; vgl. dazu Schweitzer/Hummer, Europarecht, Rn. 74ff sowie Wünschmann, Geltung und gerichtliche Geltendmachung völkerrechtlicher Verträge, S. 50.

343 Generaltransformator: Bleckmann GYIL 1975, S. 300, 315; Krück, Völkerrechtliche Verträge S. 168; wohl auch Ohler, EuR 2006, S. 848, 862f; Genereller Vollzugsbefehl: Schweitzer/Hummer, Europarecht, § 5 Rn. 667; Petersmann ZaöRV 1975, S. 213, 272; Vedder, in: Grabitz/Hilf, EUV/EGV-Altband II, Art. 228 Rn. 46; Tomuschat, in: v. d. Groeben/Schwarze, EU-/EGV, Art. 300 Rn. 68; Kämmerer, EuR 2008 Beiheft 1, S. 65, 74; offen: Peters, GYIL 1997, S. 9, 34f.

Art. 48 EUV (Art. 48 EU a. F.).[344] Ebenso kann man den in Art. 218 Abs. 6 AEUV (Art. 300 II UAbs. 1 EG) vorgeschriebenen Ratsbeschluss als generell gegen den Monismus sprechenden Transformationsakt deuten.[345] Zwar scheint der EuGH dem Ratsbeschluss bislang keine rechtliche Bedeutung beizumessen.[346] Er besitzt jedoch in der Zusammenschau mit der autonomen Rangfestsetzung und anderen supranationalen Elementen wie Vorrang[347] und unmittelbarer Geltung bzw. Wirkung des Unionsrechts in staatlichen Rechtsordnungen dennoch eine Bedeutung. Gemeinsam zeigen sie, dass die Unionsrechtsordnung einen dem Völkerrecht nicht zugeordneten, sondern von ihm so stark abgegrenzten Machtbereich besitzt[348], dass es gerechtfertigt ist, von einer eigenständigen Rechtsordnung zu sprechen.[349] Man kann mithin festhalten, dass Völkerrecht und Unionsrecht keine einheitliche Rechtsordnung im Sinne eines strengen Monismus bilden.

bb) Prinzip der unmittelbaren Geltung

Ein anderer Ansatz nimmt unter Berufung auf das unionsrechtliche Kohärenzgebot eine unmittelbare Geltung des Völkervertragsrechts in der Unionsrechtsordnung an.[350] Unmittelbare Geltung bedeutet, dass ein Rechtsakt aufgrund eines ihm immanenten Machtanspruchs Bestandteil des objektiven Rechts einer

---

344 Wünschmann, Geltung und gerichtliche Geltendmachung völkerrechtlicher Verträge, S. 52.

345 Pischel, JA 2001, S. 578, 579; Krück, Völkerrechtliche Verträge, S. 169, vgl. dazu Schmalenbach, in: Calliess/Ruffert, EUV/EGV, Art. 300 EGV Rn. 62; Ohler, EuR 2006, S. 848, 862f.

346 EuGH, Rs. C-211/01, *Kommission/Rat*, Slg. 2003, I-8913, Rn. 57; Rs. 181/73, *Haegeman*, Slg. 1974, 449, Rn. 2/6; Rs. 104/81, *Kupferberg*, Slg. 1982, 3641, Rn. 13; Schmalenbach, in: Calliess/Ruffert, EUV/EGV, Art. 300 EGV Rn. 58.

347 EuGH, Rs. 6/64, *Costa/Enel*, Slg. 1964, 1253, 1269f.; Rs. 11/70, *Internationale Handelsgesellschaft*, Slg. 1970, 1125 Rn. 3.

348 Breitenmoser, ZaöRV 1995, S. 951, 977ff.; Bleckmann, GYIL 1975, S. 300, 306; Arnold, in:, Hdb. EU-WirtschaftsR, K. I. Rn. 57; Wünschmann, Geltung und gerichtliche Geltendmachung völkerrechtlicher Verträge, S. 52.

349 St. Rspr. seit EuGH, Rs. 6/64, *Costa/Enel*, Slg. 1964, 1253 (3. LS); Schwarze, NJW 1979, S. 456, 461; Ipsen, Europäisches Gemeinschaftsrecht, § 8 Rn. 22; Oppermann/Classen/Nettesheim, Europarecht, § 9 Rn. 5ff.; Breitenmoser, ZaöRV 1995, S. 951, 977ff.; Ruffert, in: Calliess/Ruffert, EUV/EGV, Art. 249 EGV Rn. 2f.; Kotzur, EuGRZ 2006, S. 19, 24 (Fn. 50); Ohler, EuR 2006, S. 848, 864; Peters, GYIL 1997, S. 9, 10.

350 Pescatore, L'ordre juridique, S. 151; Schroeder/Selmayr, JZ 1998, S. 344, 345.

anderen Rechtsordnung ist.[351] Unionsgerichte und herrschende Lehre nehmen beispielsweise für das Unionsrecht einen solchen immanenten Machtanspruch an, der zu seiner unmittelbaren Geltung innerhalb der mitgliedstaatlichen Rechtsordnungen führt.[352] Dieser Ansatz überträgt somit die Maßstäbe, die für das Verhältnis von Unionsrecht und innerstaatlichem Recht gelten, auf das Verhältnis von Unionsrecht und Völkerrecht. Argument für eine solche Gleichläufigkeit soll der Gedanke der Rechtsgemeinschaft mit einheitlichen Rechtsregeln sein.[353]

Einheitliche Rechtsregeln können jedoch nur auf strukturell gleichartige Sachverhalte angewendet werden. Vorliegend besteht eine solche Gleichartigkeit indes nicht. Die Gründe, die zur unmittelbaren Geltung des Unionsrechts in der mitgliedstaatlichen Rechtsordnung geführt haben, sind im Verhältnis zwischen Völkerrecht und Unionsrecht nicht gegeben. Im Gegensatz zum Unionsrecht wohnt dem Völkerrecht kein Machtanspruch inne, auch in einer anderen Rechtsordnung unmittelbar zu gelten.[354] Der völkerrechtliche Grundsatz pacta sunt servanda, der auch für die EU gilt, verpflichtet die Vertragsparteien nur, das Völkervertragsrecht überhaupt einer Geltung in ihrer internen Rechtsordnung zuzuführen. Er stellt es ihnen aber gerade frei, auf welche Art und Weise sie dies tun.[355] Der Gedanke der Rechtsgemeinschaft mit einheitlichen Rechtsregeln ist aufgrund dieser gewichtigen strukturellen Unterschiede kein Argument für eine unmittelbare Geltung völkerrechtlicher Verträge innerhalb der Unionsrechtsordnung.[356]

b) Spezieller Geltungsanspruch der UN-Charta?

Man könnte allerdings erwägen, dass die Vertragsparteien die UN-Charta mit einem speziellen Geltungsanspruch ausgestattet haben, der zumindest für die

---

351 Wünschmann, Geltung und gerichtliche Geltendmachung völkerrechtlicher Verträge, S. 43.

352 St. Rspr. seit EuGH, Rs. 6/64, *Costa/ENEL*, Slg. 1964, S. 1253, 1269ff.; Ruffert, in: Calliess/Ruffert, EUV/AEUV, Art. 288 AEUV Rn. 20; Schroeder, in: Streinz, EUV/AEUV, Art. 288 AEUV Rn. 36ff.

353 Schroeder/Selmayr, JZ 1998, S. 344, 345.

354 Hörmann, AVR 2006, S. 267, 294; Wünschmann, Geltung und gerichtliche Geltendmachung völkerrechtlicher Verträge, S. 55; Ohler, EuR 2006, S. 848, 856; Schmalenbach, JZ 2006, S. 349, 353; Hinarejos, HRLRev. 2007, S. 793, 807.

355 Geiger/Khan/Kotzur, EUV/AEUV, Art. 216 AEUV Rn. 17; Winter, CMLRev. 1972, S. 425, 426; Ohler, EuR 2006, S. 848, 856.

356 Wünschmann, Geltung und gerichtliche Geltendmachung völkerrechtlicher Verträge, S. 56; Hinarejos, HRLRev. 2007, S. 793, 808.

Charta zu einer unmittelbaren Geltung in der Unionsrechtsordnung führt. Für eine solche Ausstattung spricht, dass ihr die Vertragsparteien Vorrang vor allen anderen völkerrechtlichen Verträgen, mithin auch vor den Unionsverträgen, eingeräumt haben. Ausdruck dieses Vorrangs ist die Norm des Art. 103 UN-Charta. Dieser Artikel regelt jedoch allein den völkerrechtlichen Vorrang der UN-Charta und trifft keine Aussagen über ihre Geltung in einer anderen u. U. auch durch Völkervertragsrecht geschaffenen Rechtsordnung.[357] Dementsprechend ist die UN-Charta in dieser Hinsicht gleich anderen völkerrechtlichen Verträgen zu behandeln.

c) Ergebnis

Die UN-Charta besitzt keine unmittelbare Geltung in der Unionsrechtsordnung[358], vielmehr ist für ihre Geltung ein unionsrechtlicher Befehl erforderlich. Konsequenz hieraus ist, dass alle weiteren Rechtswirkungen in der Unionsrechtsordnung, wie beispielsweise die Rangfrage, allein anhand unionsrechtlicher Normen zu beurteilen sind. Ein Vorrang kann sich daher allein aus dem Unionsrecht selbst ergeben.

II. Vorrang aufgrund von Unionsrecht

1. Rang des Völkervertragsrechts in der EU

a) Primäres Völkervertragsrecht

Art. 216 AEUV (Art. 300 EG) ordnet nicht nur die Geltung des primären Völkervertragsrechts an. Er trifft auch Aussagen zu dessen Rang innerhalb der Union. Die in Absatz Abs. 2 Alt. 1 angeordnete Verbindlichkeit der Abkommen für die Unionsorgane hat zur Folge, dass diese keine Rechtsakte erlassen dürfen, die mit den geschlossenen Abkommen unvereinbar sind. Damit normiert er einen Vorrang der Abkommen vor sekundärem Unionsrecht.[359] Darüber

---

357 Hörmann, AVR 2006, S. 267, 294f; Nettesheim, CMLRev. 2007, S. 567, 589; a. A. Tomuschat, EuGRZ 2007, S. 1, 9.

358 Ohler, EuR 2006, S. 848, 856; Brandl, AVR 2000, S. 376, 376; Nettesheim, CMLRev. 2007, S. 567, 589; Schmahl, EuR 2006, S. 566, 567; EuGH, verb. Rs. C-402/05 u. C-415/05, *Kadi und Al Barakaat International Foundation*, Slg. 2008, I-6351, Rn. 298.

359 EuGH, Rs. C-61/94, *Kommission/Deutschland*, Slg. 1996, I-3989, Rn. 52; Mögele, in: Streinz, EUV/AEUV, Art. 216 AEUV Rn. 52; Schmalenbach, in: Callies/Ruffert, Art. 300 EGV Rn. 82; Epiney, EuZW 1999, S. 5, 7; Krück, Völkerrechtliche Verträge S. 170; Arnold/Meindl, in: Dauses, Hdb. EU-WirschaftsR, K. I. Rn. 71; Stein, EuZW 1998, S. 261, 263; Peters, GYIL 1997, S. 9, 41.

hinaus kann Art. 218 Abs. 11 AEUV (Art. 300 Abs. 7 EG) in Verbindung mit Art. 48 EUV (Art. 48 EU a. F.) die Aussage entnommen werden, dass die Union zur Änderung von EUV und AEUV nicht befugt ist. Sie verbieten damit auch Änderungen durch Völkervertragsrecht. Indirekt wird dadurch ein genereller Vorrang der Unionsabkommen vor dem primären Unionsrecht ausgeschlossen.[360] Völkerrechtliche Verträge nehmen folglich einen Zwischenrang zwischen primärem und sekundärem Unionsrecht ein.[361] Eine Ausnahme besteht nur, wenn die völkervertragsrechtlichen Normen ius-cogens-Qualität besitzen. In diesem Fall gehen sie dem primären Unionsrecht vor.[362]

b) Sekundäres Völkervertragsrecht

Der Rang sekundären Völkervertragsrechts wird ebenfalls nicht ausdrücklich in den Unionsverträgen geregelt. Mit dem EuGH ist daher aufgrund des unmittelbaren Zusammenhangs mit dem Primärabkommen davon auszugehen, dass sekundäres Völkervertragsrecht den Rang des Primärabkommens innehat.[363] Dies bedeutet, dass grundsätzlich auch das sekundäre Völkervertragsrecht einen Zwischenrang zwischen primärem und sekundärem Unionsrecht einnimmt, es sei denn, es besitzt ius-cogens-Qualität.

2. Vorrang aufgrund von Art. 347, 351 AEUV (Art. 297, 307 EG)

Teilweise werden für die UN-Charta aber Art. 347, 351 AEUV (Art. 297, 307 EG) als spezielle Vorrangregelungen angesehen.[364] Diese Artikel seien

360 Wünschmann, Geltung und gerichtliche Geltendmachung völkerrechtlicher Verträge, S. 85; Streinz, Europarecht, Rn. 490; Schweitzer/Hummer, Europarecht, Rn. 688; Krück, Völkerrechtliche Verträge, S. 171; Arnold/Meindl, in: Dauses, Hdb. EU-WirtschaftsR, K. I. Rn. 71; Schmalenbach, in: Calliess/Ruffert, EUV/AEUV, Art. 216 AEUV Rn. 50; Streinz, Europarecht, Rn. 693.

361 Wünschmann, Geltung und gerichtliche Geltendmachung völkerrechtlicher Verträge, S. 86; Krück, Völkerrechtliche Verträge, S. 171; Petersmann, ZaöRV 1975, S. 213, 274; Kuschel, EuZW 1996, S. 645, 648; Mögele, in: Streinz, EUV/AEUV Art. 216 AEUV Rn. 52; Tomuschat, EuGRZ 2007, S. 1, 3; Ohler, EuR 2006, S. 848, 863f.

362 Schmalenbach, in: Calliess/Ruffert, EUV/AEUV, Art. 216 AEUV Rn. 50; Peters; GYIL 1997, S. 9, 38f.

363 Kokott, in: Streinz, EUV/AEUV, Art. 220 AEUV Rn. 19; Rideau, in: Dormoy, L'Union européenne, S. 68, 96.

364 Steinbarth, ZEuS, 2006, S. 269, 279; Tomuschat, CMLRev. 2006, S. 537, 541f; v. Arnauld, AVR 2006, S. 201, 206f.; Haltern, JZ 2007, S. 537, 539.

die unionsrechtlichen Pendants zu Art. 103 UN-Charta und sollen dem dort angeordneten völkerrechtlichen Vorrang Geltung in der Union verschaffen.

Der EuGH hat es jedoch abgelehnt, aufgrund des Art. 351 AEUV (Art. 307 EG) von den Grundlagen des Unionsrechts abzuweichen. Zur Begründung erhebt er insbesondere das Konzept der Rechtsgemeinschaft, die Autonomie des Rechtssystems der Union und die Achtung der Menschenrechte als Rechtmäßigkeitsvoraussetzung jeglicher Unionshandlungen in den Rang von „Verfassungsgrundsätzen des EG-Vertrags“.[365] Diese Rangerhöhung erlaubt ihm anschließend die Feststellung, dass Art. 351 AEUV (Art. 307 EG) keine derartige Sonderstellung innerhalb des Vertrags besitzt, als dass er ein Abweichen von diesen „Verfassungsgrundsätzen“ anordnen könnte.[366] Dagegen wird jedoch eingewandt, dass Art. 351 AEUV (Art. 307 EG) zum einen als Norm des Primärrechts auch keinen niedrigeren Rang als etwa Art. 19 EUV (Art. 220 EG) besitze und zum anderen eine Vorrangwirkung gegenüber den Gemeinschaftsorganen anordne. Zudem liege es nahe, auch die Völkerrechtsfreundlichkeit des Unionsrechts, die sich in Art. 347 und 351 AEUV (Art. 297 und 307 EG) zeige, zu den o. g. Verfassungsgrundsätzen zu zählen, so dass diese zumindest mit ihnen konkurriere.[367]

Es ist allerdings zweifelhaft, ob diesen Normen Aussagen über den Vorrang der UN-Sanktionsresolutionen gegenüber dem Unionsrecht treffen. Art. 347 AEUV (Art. 297 EG) statuiert eine Handlungsermächtigung zugunsten der Mitgliedstaaten in Ausnahmesituationen. Entsprechend dem Sinn der Vorschrift ist ihnen hierbei eine Abweichung von den Vertragsbestimmungen gestattet.[368] Ein solcher Ausnahmetatbestand liegt u. a. vor, sofern ein Mitgliedstaat eine völkerrechtliche Verpflichtung zur Aufrechterhaltung des Friedens und der internationalen Sicherheit übernommen hat. Hierzu werden einhellig auch bindende Verpflichtungen aus der UN-Charta insbesondere aufgrund von

---

365 EuGH, verb. Rs. C-402/05 u. C-415/05, *Kadi und Al Barakaat International Foundation*, Slg. 2008, I-6351, Rn. 285; siehe hierzu auch Krieger, Die Haltung europäischer Gerichte zu Sicherheitsfragen, S. 483, 485.

366 EuGH, verb. Rs. C-402/05 u. C-415/05, *Kadi und Al Barakaat International Foundation*, Slg. 2008, I-6351; zustimmend Schmalenbach, JZ 2009, S. 35, 38.

367 Kämmerer, EuR 2009, S. 114, 120, kritisch auch Krieger, Die Haltung europäischer Gerichte in Sicherheitsfragen, S. 483, 495f.

368 Jaeckel, in: Grabitz/Hilf/Nettesheim, EUV/AEUV, Art. 347 AEUV Rn. 2; Kokott, in: Streinz, EUV/AEUV, Art. 347 AEUV Rn. 1ff; Gilsdorf/Brandtner, in: v. d. Groeben/Schwarze, EU-/EGV, Art. 297 EG Rn. 2; Khan, in: Geiger/Khan/Kotzur, EUV/AEUV, Art. 347 AEUV Rn. 1; den Ausnahmecharakter betont ebenfalls Tomuschat, EuGRZ 2007, S. 1, 5; Schmalenbach, JZ 2006, S. 349, 352f.; Karayigit, LIEI 2006, S. 379, 396; Eeckhout, Does Europe's Constitution Stop at the Water's Edge?, S. 23.

Sicherheitsratsbeschlüssen nach Kapitel VII gezählt.[369] Sinn und Zweck der Normen ist es somit, den Mitgliedstaaten die Einhaltung völkervertraglicher Verpflichtungen, insbesondere der UN-Charta zu erlauben, auch wenn die Mitgliedstaaten damit gegen Vorschriften des Unionsrechts verstoßen. Der für die Mitgliedstaaten bestehende Vorrang wird gebilligt und ihnen ein Abweichen vom Unionsrecht gestattet.[370] Sie beziehen sich damit auf Konstellationen, in denen die Mitgliedstaaten selbst tätig werden, nicht jedoch die Unionsorgane selbst. Dementsprechend ist ihnen nur zu entnehmen, dass die Mitgliedstaaten bei ihren Handlungen in Erfüllung von völkerrechtlichen Altverträgen nicht an das Unionsrecht gebunden sind. Keine Aussage treffen sie dagegen darüber, ob dieser Vorrang auch bei Handlungen der Unionsorgane gilt, ob also Normen der Rechtsordnung, innerhalb derer die Mitgliedstaaten ihren UN-Verpflichtungen nachkommen, unangewendet bleiben.[371] Adressat der Normen sind die Mitgliedstaaten nicht die EU selbst. Eine Wirkung für die Union selbst ergibt sich auch nicht in Verbindung mit dem „gemeinschaftsrechtlichen Loyalitätsgebot".[372] Das sich hieraus ergebende Behinderungsverbot bzw. Unterstützungsgebot kann nicht so weit reichen, dass die EU die Grundlagen ihrer Rechtsordnung ignorieren kann. Schließlich soll die Union die Mitgliedstaaten bei der Umsetzung ihrer völkerrechtlichen Verpflichtungen nur nicht beeinträchtigen. Die Mitgliedstaaten selbst wären aber bei einen eigenständigen Umsetzung ebenfalls an die Grundlagen ihrer nationalen Rechtsordnung und damit insbesondere an die Grundrechte gebunden. Es ist daher keine Beeinträchtigung der mitgliedstaatlichen Umsetzungsverpflichtung, wenn die stellvertretend tätige EU ebenfalls die Unionsrechtsordnung beachtet. Schließlich soll die EU die Mitgliedstaaten nur nicht behindern, ihnen aber nicht die Umgehung ihrer eigenen rechtlichen Bindungen ermöglichen. Für diese Auslegung spricht auch Art. 351 Abs. 2 AEUV. Nach dieser Norm sollen die Abweichungen vom Unionsrecht so gering wie möglich gehalten werden. Dabei werden die Altverträge als störend angesehen, die es gegebenenfalls

---

369 Jaeckel, in: Grabitz/Hilf/Nettesheim, EUV/AEUV, Art. 347 Rn. 19; Gilsdorf/Brandtner, in: v. d. Groeben/Schwarze, EU-/EGV, Art. 297 EG Rn. 14; Calliess, in: Calliess/Ruffert, EUV/AEUV, Art. 347 AEUV Rn. 8; Kokott, in: Streinz, EUV/AEUV, Art. 347 AEUV Rn. 19; Khan, in: Geiger/Khan/Kotzur, EUV/AEUV, Art. 347 AEUV Rn. 6.

370 Sauer, NJW 2008, S. 3685, 3696.

371 Hörmann, AVR 2006, S. 267, 294f.; Tridimas/Gutierrez-Fons, FILJ 2009, S. 660, 682; Sauer NJW 2008, S. 3685, 3696.

372 So aber Kämmerer, EuR 2009, S. 114, 120.

anzupassen gilt, nicht dagegen das Unionsrecht.[373] Ein Abweichen gerade von den Grundlagen der Union ist daher mit dem Sinn der Vorschrift kaum vereinbar.[374] Im Hinblick auf Art. 347 AEUV kommt hinzu, dass diese Norm Mitgliedstaaten nur ein Abweichen von Bestimmungen über den Gemeinsamen Markt gestattet und damit die hier relevante Frage des Vorrangs insbesondere vor den Unionsgrundrechten gar nicht betrifft.

Zu einem anderen Ergebnis gelangt man schließlich auch dann nicht, wenn man die Völkerrechtsfreundlichkeit ebenfalls zu den Verfassungsgrundsätzen der Union zählte. In diesem Fall würden Menschenrechtsachtung und Völkerrechtsfreundlichkeit gegeneinander abzuwägen und auszugleichen sein. Keinesfalls aber würden die Menschenrechte vollständig hinter die Völkerrechtsfreundlichkeit zurücktreten müssen, wie es im Falle eines Vorrangs der UN-Charta der Fall wäre. Aus Art. 347, 351 AEUV (Art. 297, 307 EG) folgt somit kein Vorrang des UN-Rechts vor dem primären Unionsrecht.[375]

3. Ergebnis

Auch für die UN-Charta und die Sicherheitsratsresolutionen gelten damit die allgemeinen Regelungen zum Rang völkerrechtlicher Verträge. Sie gehen dem Unionsrecht nur vor, sofern die Bestimmungen des Kapitels VII UN-Charta den Charakter zwingenden Völkerrechts besitzen. Wie oben bereits ausgeführt, wird aber nur einigen Bestimmungen wie beispielsweise dem Gewaltverbot in Art. 2 Nr. 4 UN-Charter eine solche Qualität zugesprochen. Viele Normen enthalten dagegen lediglich einfaches Völkerrecht ohne zwingenden Charakter. Eine Vorrangwirkung aufgrund ihrer ius-cogens-Qualität ist deshalb nicht für die UN-Charta in ihrer Gesamtheit, sondern höchstens für einzelne ihrer Normen anzunehmen. Die Regelungen des Kapitels VII UN-Charta zählen nicht dazu. Die UN-Charta und die auf ihrer Grundlage gefassten Beschlüsse gehen dem Unionsprimärrecht aus diesem Grunde weder generell noch in den für Individualsanktionen relevanten Bestimmungen vor.[376]

---

373 Tomuschat, EuGRZ 2007, S. 1, 5.

374 Tridimas/Gutierrez-Fons, FILJ 2009, S. 660 682.

375 So auch Hörmann, AVR 2006, S. 267, 292f.; Tomuschat, EuGRZ 2007, S. 1, 5; Karayigit, LIEI 2006, S. 379, 396f; Sauer, NJW 2008, S. 3685, 3697; Gazzini/Herlin-Karnell, ELR 2011, S. 798, 811.

376 Nettesheim, CMLRev. 2007, S. 567, 585; Lavranos, EFAR 2006, S. 471, 478f.

III. Ergebnis

Aus Art. 103 UN-Charta ergibt sich kein Vorrang der UN-Verpflichtungen vor den Unionsgrundrechten. Trotz seines völkerrechtlichen Ursprungs bildet das Unionsrecht eine vom Völkerrecht zu trennende Rechtsordnung. Seine Normen und Charakteristika zeigen, dass zwischen beiden Rechtssystemen kein strenger Monismus herrscht. Die UN-Charta bzw. die Sekundärrechtsakte ihrer Organe gelten in der Unionsrechtsordnung auch nicht unmittelbar. Anders als das Unionsrecht in den nationalen Rechtsordnungen ist ihnen ein solcher Machtanspruch nicht immanent. Es bedarf für die UN-Charta bzw. ihre Sekundärrechtsakte eines unionsrechtlichen Geltungsbefehls. Der Rang der UN-Charta in der Unionsrechtsordnung bestimmt sich deshalb allein nach Unionsrecht. Dieses gewährt den UN-Sanktionsbeschlüssen keinen Vorrang vor den Unionsgrundrechten. Art. 347, 351 AEUV (Art. 297, 307 EG) ist auf die vorliegende Konstellation nicht anwendbar. Es liegt weder eine Kollision zweier mitgliedstaatlicher Völkerrechtsverpflichtungen vor, noch ordnen sie an, dass Rechtsnormen der Unionsrechtsordnung unangewendet bleiben sollen.

Nach der Rechtsprechung besitzt Art. 351 AEUV (Art. 307 EG) darüber hinaus keine solch herausgehobene Stellung, als dass er ein Abweichen von den Grundlagen der Union, zu denen auch die Unionsgrundrechte zählen, erlauben könnte. Hierzu erhebt der Gerichtshof die Grundlagen der Union zu „Verfassungsgrundsätzen". Hintergrund dieser Kennzeichnung ist seine Absicht, die Rechtsordnung der Union von ihrer ursprünglich völkerrechtlichen Grundlage zu lösen und sie als Werteordnung zu qualifizieren, die gleich den nationalen Rechtsordnungen vom Völkerrecht geschieden ist.[377] Diese Trennung hält er allerdings nicht konsequent durch. Mag er auch betonen, dass Prüfungsgegenstand einzig der unionsrechtliche Umsetzungsakt ist, führt dessen Kontrolle aufgrund des identischen Inhalts faktisch auch zu einer Kontrolle der zugrundeliegenden Sicherheitsratsresolution.[378] Durch die Betonung der Rechtsgemeinschaft und die so begründete, grundsätzlich mögliche gerichtliche Kontrolle gelingt es dem Gerichtshof jedoch möglichen Auseinandersetzungen mit den staatlichen Verfassungsgerichten und dem Europäischen Gerichtshof für Menschenrechte aus dem Weg zu gehen. So scheint es nicht ausgeschlossen, dass das BVerfG der Rechtsprechung des EuG in dieser Rechtssache seine Gefolgschaft verweigert hätte.[379] Zugleich scheint der Gerichtshof auf diese Weise aber auch

377 Fassbender, DÖV 2010, S. 333, 340.

378 Kämmerer, EuR 2009, S. 114, 127.

379 Siehe hierzu unten Kapitel 4 C. III. b).

die europäische Integration gegen äußere Störungen verteidigen zu wollen.[380] Allerdings darf nicht übersehen werden, dass hierdurch auch neue Angriffsflächen und Problemfelder geschaffen werden. So hat einerseits das BVerfG kürzlich diese Rechtsprechung des EuGH genutzt, um seinerseits den Vorranganspruch des Unionsrechts vor dem nationalen Recht und das Verwerfungsmonopol des Gerichtshofs in Zweifel zu ziehen.[381]

Andererseits stellt sich nach der im Ergebnis richtigen Bejahung der Grundrechtsbindung das Folgeproblem des gerichtlichen Kontrollmaßstabs. Welcher Kontrollmaßstab für eine gerichtliche Überprüfung der europäischen Umsetzungsakte angesichts des völkerrechtlichen Ursprungs gelten soll und welche Anforderungen an die Begründung der Kommission gegenüber den Betroffenen gelten sollen, ist auch nach der Entscheidung noch nicht endgültig geklärt und Gegenstand gerichtlicher Auseinandersetzung.[382]

---

380 Fassbender, DÖV 2010, S. 333, 340.

381 Fassbender, DÖV 2010, S. 333, 340f.

382 Siehe dazu unten Kapitel 3 A. IV. 4.

Kapitel 3: Die rechtliche Bewertung der Finanzsanktionen

Die Sanktionsmaßnahmen sollen den betroffenen Einzelpersonen und Einrichtungen Nachteile zufügen, um sie zu einer Verhaltensänderung zu zwingen. Sie beeinträchtigen damit zwangsläufig in erheblichem Maße deren Freiheitssphäre, die durch Grund- und Menschenrechte gewährleistet wird. An diese Rechte ist die EU unabhängig vom Ursprung der Finanzsanktionen gebunden, was angesichts der identischen Auswirkung und der Zufälligkeit, von dem eine Listung in einem UN- oder EU-Regime abhängt, überzeugt.[383] Um die Rechtsschutzmöglichkeiten der Betroffenen beurteilen zu können, ist es daher notwendig zu untersuchen, ob die angeordneten Finanzsanktionen primärrechtlichen Bestimmungen des Unionsrechts widersprechen und die EU darüber hinaus für solche Verstöße haftet.

A. Die Rechtmäßigkeit der EU-Sanktionsverordnung

I. Kompetenz

In der Europäischen Union gilt das Prinzip der begrenzten Einzelermächtigung. Es besagt, dass die Unionsorgane nur in den Bereichen und den Formen regelnd tätig werden dürfen, die ihnen die Verträge im Einzelnen zuweisen.[384] Aus diesem Grund ist die Union nur dann zum Erlass der Finanzsanktionen mittels Verordnung berechtigt, wenn hierfür eine Kompetenzgrundlage im Unionsrecht vorhanden ist. Hinsichtlich der Kompetenz zum Erlass von Sanktionen gegen Einzelpersonen hat es durch den Reformvertrag von Lissabon wesentliche Änderungen gegeben. Reichweite und Grund dieser Änderungen sind allerdings nur bei Kenntnis der vorhergehenden Rechtslage verständlich. Zudem sind viele geltende Unionsakte noch nach der Nizza-Fassung der Verträge erlassen worden, so dass die Frage der damaligen Kompetenzgrundlage auch noch für aktuelle

---

383 Kotzur, EuGRZ 2006, S. 19, 22; Haltern, JZ 2007, S. 537, 544; ders., JZ 2007, S. 772, 774; Ley, GLJ 2007, S. 279, 290; Aust, AMDI 2008, S. 51, 69; Hinarejos, HRLRev. 2007, S. 793, 809. Besonders augenfällig ist dies bei Betrachtung der beiden Sanktionsregime gegen den Terrorismus.

384 Cremer, in: Calliess/Ruffert, EUV/AEUV Art. 5 EUV Rn. 6; Lienbacher, in: Schwarze, EU-Kommentar, Art. 5 EGV Rn. 9; Streinz, in: Streinz, EUV/AEUV, Art. 5 EUV Rn. 8.

Verfahren vor den Unionsgerichten von Relevanz ist. Deshalb wird zunächst die Rechtslage nach dem Vertrag von Nizza dargestellt, bevor die Neuregelung durch den Vertrag von Lissabon betrachtet wird.

1. Rechtlage nach dem Vertrag von Nizza

Eine Norm, die es der Union ausdrücklich gestattete, Sanktionen gegen Einzelpersonen zu erlassen, existierte unter dem Vertrag von Nizza nicht. Ausgangspunkt der Überlegungen über eine gemeinschaftsrechtliche Berechtigung war daher Art. 301 EG, die zentrale Kompetenznorm des EG-Vertrags für die Verhängung von außenpolitisch motivierten Wirtschaftssanktionen. Daneben wurde im Bereich des Kapital- und Zahlungsverkehrs zusätzlich auch Art. 60 Abs. 1 EG angeführt, welcher auf diesem Gebiet als lex specialis galt.[385]

a) Art. 301 EG

Nach seinem Wortlaut ermächtigte Art. 301 EG den Rat, „die erforderlichen Sofortmaßnahmen" zu erlassen. Dies allerdings erst, nachdem ein GASP-Beschluss sein Tätigwerden vorgesehen hatte, „um die Wirtschaftsbeziehungen zu einem oder mehreren dritten Ländern auszusetzen, einzuschränken oder vollständig einzustellen". Art. 301 EG machte also zunächst hinsichtlich des zu ergreifenden Mittels die Vorgabe, dass es sofort ergehen und erforderlich sein musste. Darüber hinaus verknüpfte er dieses Mittel mit dem bereits im GASP-Beschluss statuierten Zweck, dass es der Einschränkung der Wirtschaftsbeziehungen zu einem Drittland dienen musste. Auf diese Weise legte Art. 301 EG als weiteres Kriterium lediglich die Geeignetheit des Mittels zur Verwirklichung des Zwecks fest, bestimmte aber nicht dessen Adressaten.[386]

---

385 Osteneck, in: Schwarze, EU-Kommentar, Art. 301 EGV Rn. 17; Cremer, in: Calliess/Ruffert, EUV/EGV, Art. 301 EGV Rn. 20.

386 Tzanou, GLJ 2009, S. 123, 132; Tridimas/Gutierrez-Fons, FILJ 2009, S. 660, 674; a. A. Steinbarth, ZEuS 2006, S. 269, 274; Hörmann, EuR 2007, S. 120, 127; Schmalenbach, JZ 2006, S. 349, 351; Tietje/Hamelmann, JuS 2006, S. 299, 299; Garbagnati Ketvel, ICLQ 2006, S. 77, 107 denen zufolge dem Wortlaut nach nur Staaten als Adressaten in Betracht kommen.

aa) Maßnahmen gegen Personen mit Drittlandsbezug

Ursprünglich waren auf seiner Basis zwar nur Sanktionsverordnungen gegen Staaten in ihrer Gesamtheit erlassen worden.[387] Doch auch Maßnahmen gegen Einzelpersonen oder private Organisationen, die ja gerade die eigentlichen wirtschaftlichen Akteure darstellen, können die Einschränkung der Wirtschaftsbeziehungen zu einem Drittstaat zum Ziel haben, sofern diese nur in einer hinreichenden Beziehung zu ihm stehen. Blickt man auf das regelmäßig hinter den Wirtschaftssanktionen stehende außen- bzw. sicherheitspolitische Ziel, den Drittstaat repräsentiert durch seine Regierung bzw. Machthaber zu einem bestimmten Verhalten anzuhalten, so liegt ein solcher Drittlandsbezug nur dann vor, wenn diese Personen oder Gruppen mit der Regierung oder den Machthabern des Staates verbunden sind oder von ihnen unmittelbar oder mittelbar kontrolliert werden.[388] Der Aufenthalt im Drittstaat ist hierfür keine zwingende Voraussetzung.[389] Hinzu kommt die humanitäre Erwägung, dass nur die Verursacher der Bedrohung Nachteile erleiden sollen, was auch dem Grundsatz der Verhältnismäßigkeit entspricht. Wenn auf Art. 301 EG daher umfassende Sanktionen gestützt werden konnten, dann erst Recht Einzelsanktionen.[390] Folglich konnte man EG-Sanktionsverordnungen auf Art. 301 EG stützen, sofern sie Wirtschaftsbeziehungen betrafen und gegen Einzelpersonen oder private Organisationen mit Drittlandsbezug gerichtet waren.[391]

---

387 Bothe, JICJ 2008, S. 541, 544; Zeleny, ZÖR 1997, S. 197, 198f.; Bartelt/Zeitler, EuZW 2003, S. 712, 715; Libyen: Gemeinsamer Standpunkt 93/614/GASP (ABl. L 295 v. 30.11.1993, S. 7), VO (EG) Nr. 3274/93 (ABl. L 295 v. 30.11.1993, S. 7), Grundlage S/RES/883 (1993); Haiti: Gemeinsamer Standpunkt 94/315/GASP (ABl. L 139 v. 2.6.1994, S. 10), VO (EG) Nr. 1263/94 (ABl. L 139 v. 2.6.1994, S. 4), Grundlage S/RES/917 (1994); Jugoslawien: Gemeinsamer Standpunkt 94/366/GASP (ABl. L 165 v. 1.7.1994, S. 1), VO (EG) Nr. 1733/94 (ABl. L 182 v. 16.7.1994, S. 1); Gemeinsamer Standpunkt 94/673/GASP (ABl. L 266 v. 15.10.1994, S. 11) VO (EG) Nr. 2471/94 u. 2472/94 (ABl. L 266 v. 15.10.1994, S. 1 u. 8).

388 EuGH, Rs. C-376/10 P, *Tay Za*, Rn. 63.

389 EuG, Rs. T-306/01, *Yusuf und Al Barakaat*, Slg. 2005, II-3533, Rn. 112; Ress/Ukrow, in: Grabitz/Hilf, EUV/EGV, Art. 60 EGV Rn. 19.

390 Ress/Ukrow, in: Grabitz/Hilf, EUV/EGV, Art. 60 EGV Rn. 19; Kotzur, EuGRZ 2006, S. 19, 21; Tzanou, GLJ 2009, S. 123, 132; Tridimas/Gutierrez-Fons, FILJ 2009, S. 660, 672f.

391 EuG, Rs. T-306/01, *Yusuf und Al Barakaat*, Slg. 2005, II-3533, Rn. 112ff.; T-315/01, *Kadi*, Slg. 2005, II-3649, Rn. 89ff.; Ress/Ukrow, in: Grabitz/Hilf, EUV/EGV, Art. 60 EGV Rn. 19f.; Osteneck, in: Schwarze, EU-Kommentar, Art. 301 EGV Rn. 6; Kotzur, EuGRZ 2006, S. 19, 21; Tietje/Hamelmann, JuS 2006, S. 299, 299; Tzanou, GLJ

bb) Maßnahmen gegenüber Personen ohne spezifischen Drittlandsbezug

(1) Wortlaut

Die Kommission sowie GA *Maduro* und Stimmen in der Literatur waren allerdings der Ansicht, dass unter Art. 301 EG auch Maßnahmen gegen Personen und Einrichtungen zu subsumieren sind, die keinen spezifischen Drittlandsbezug aufweisen, aber auf andere Weise mit dem Drittland verbunden waren. Die Wirtschaftsbeziehungen zu diesen Personen und Gruppen seien Bestandteil der Wirtschaftsbeziehungen zu diesem Land, da die Regierungen der meisten Länder nicht als Wächter der wirtschaftlichen Beziehungen und Tätigkeiten der einzelnen Einrichtungen innerhalb ihrer Landesgrenzen fungierten.[392] Diese Sicht verkannte jedoch, dass Zweck des Mittels in diesem Fall nicht mehr die Einschränkung der Wirtschaftsbeziehungen gerade zu dem Drittland war. Zwar mag durch den Umstand, dass die Wirtschaftsbeziehungen eines Landes nur die gebündelten Wirtschaftsbeziehungen der Einzelpersonen in diesem Land sind, auch im Falle der Finanzsanktionen noch eine Einschränkung der Wirtschaftsbeziehungen zu dem Drittland bestehen. Jedoch bezwecken diese Sanktionen es nicht, die Einzelperson gerade als Teil des Drittlandes zu beschränken. Ihre Beeinträchtigung ist von dieser Eigenschaft unabhängig und somit lediglich ein Reflex.[393] Bei diesen Personen erfüllten die Sanktionen nicht den von Art. 301 EG geforderten Zweck, die Wirtschaftsbeziehungen zu einem Drittland einzuschränken.

(2) Parallelität mit Art. 41 UN-Charta

Ein Vergleich von Art. 301 EG mit Art. 41 UN-Charta ändert hieran nichts. Zum einen können auf Art. 41 UN-Charta auch Maßnahmen ganz anderer Qualität als Wirtschaftsbeschränkungen gestützt werden, beispielsweise der Abbruch diplomatischer Beziehungen.[394] Zum anderen betraf Art. 301 EG im Gegensatz

2009, S. 123, 132f. ; a. A. Gilsdorf/Brandtner, in: v. d. Groeben/Schwarze, EU-/EGV, Art. 301 EG Rn. 4.; Pech, Irish HRLRev. 2007, S. 4; kritisch auch Kämmerer, EuR 2008 Beiheft 1, S. 65, 70; Hörmann, EuR 2007, S. 120, 127f.

392 Schlussanträge GA Maduro, verb. Rs. C-402/05 u. C-415/05, *Kadi und Al Barakaat International Foundation*, Slg. 2008, I-6351, Rn. 11ff.; EuGH, verb. Rs. C-402/05 u. C-415/05, *Kadi und Al Barakaat International Foundation*, Slg. 2008, I-6351, Rn. 135ff.; Tridimas/Gutierrez-Fons, FILJ 2009, S. 660, 674.

393 Ähnlich Steinbarth, ZEuS, S. 269, 274.

394 Ress/Ukrow, in Grabitz/Hilf, EUV/EGV, Art. 60 EGV Rn. 24.

zu Art. 41 UN-Charta ausdrücklich die Wirtschaftsbeziehungen zu Drittländern. Beide Normen ähnelten sich demzufolge nicht so sehr, dass man daraus die eindeutige Absicht seiner Verfasser ablesen konnte, Art. 301 EG habe, sofern gemeinschaftlich notwendig, zur Umsetzung jeglicher Sanktionsmaßnahmen gemäß Art. 41 UN-Charta ermächtigen sollen.[395]

(3) Verfahrensvorschrift

Gleiches gilt für die Auffassung, Art. 301 EG sei reine Verfahrensvorschrift gewesen, die die Gemeinschaftsbefugnisse weder habe erweitern noch beschränken wollen, und sei daher ebenso weit zu verstehen gewesen wie die einschlägigen Gemeinschaftsbefugnisse, welche auch Finanzsanktionen umfassten. So habe das Einfrieren wirtschaftlicher Ressourcen Auswirkungen auf den Handel gehabt und falle unter die gemeinsame Handelspolitik. Gleichzeitig habe es sich wegen der Übertragung wirtschaftlicher Ressourcen auf Einzelpersonen in Drittländern auch um Bestimmungen über den freien Kapitalverkehr gehandelt.[396]

Die Wirtschaftssanktionen im Falle des Art. 301 EG waren aber gerade nicht wirtschaftspolitisch, sondern außenpolitisch motiviert. Sie fielen daher nicht in die gemeinschaftlichen Kompetenzbereiche der gemeinsamen Handelspolitik bzw. des freien Kapitalverkehrs.[397] Insbesondere die in Art. 301 EG dennoch enthaltene Ermächtigung der Gemeinschaft zu solchen außenpolitisch motivierten Maßnahmen zeigte deshalb seinen materiellen Gehalt und offenbarte, dass er mehr war als nur eine prozedurale Vorschrift.[398]

Es kann daher festgehalten werden, dass Art. 301 EG nicht generell dazu berechtigte, Sanktionsmaßnahmen gegen Einzelpersonen bzw. private Organisationen zu erlassen.[399]

---

395 EuGH, verb. Rs. C-402/05 u. C-415/05, *Kadi und Al Barakaat International Foundation*, Slg. 2008, I-6351, Rn. 173ff.; Tridimas/Gutierrez-Fons, FILJ 2009, S. 660, 673.

396 Vgl. EuGH, verb. Rs. C-402/05 u. C-415/05, *Kadi und Al Barakaat International Foundation*, Slg. 2008, I-6351, Rn. 136; Nettesheim/Duvigneau, in: Streinz, EUV/EGV, Art. 133 EGV 19f.

397 Siehe unten c) und d).

398 EuGH, verb. Rs. C-402/05 u. C-415/05, *Kadi und Al Barakaat International Foundation*, Slg. 2008, I-6351, Rn. 176ff.; Ress/Ukrow, in: Grabitz/Hilf, EUV/EGV, Art. 60 EGV Rn. 25.

399 EuGH, verb. Rs. C-402/05 u. C-415/05, *Kadi und Al Barakaat International Foundation*, Slg. 2008, I-6351, Rn. 216; Ohler, EuZW 2008, 630, 631; Osteneck, in: Schwarze, EU-Kommentar, Art. 301 EGV Rn. 6; Bartelt/Zeitler, EuZW 2003, S. 712, 715; Tomuschat, CMLRev. 2006, S. 537, 540; Hörmann, EuR 2007, S. 120,

b) Art. 60 EG

Art. 60 Abs. 1 EG wies der Gemeinschaft eine Kompetenz zur Beschränkung der Kapital- und Zahlungsverkehrsfreiheit aus außen- und sicherheitspolitischen Gründen zu.[400] Er war auf dem Gebiet der Kapital- und Zahlungsverkehrsfreiheit lex specialis zu Art. 301 EG.[401] Hinsichtlich seiner Reichweite galt jedoch das zu Art. 301 EG Gesagte gleichermaßen.[402] Es konnten daher nur solche Finanzsanktionen auf ihn gestützt werden, die sich gegen Personen richteten, die einen spezifischen Drittlandsbezug besaßen.[403]

c) Art. 133 EG

aa) Anwendbarkeit des Art. 133 EG – Verhältnis zu Art. 301 EG

Art. 133 EG war gegenüber Art. 301 EG als speziellerer Norm nachrangig. Dieser Vorrang galt allerdings nur im Anwendungsbereich von Art. 301 EG.[404] Ein Rückgriff auf Art. 133 als Kompetenzgrundlage war damit möglich, wenn die materiellen Voraussetzungen des Art. 301 EG nicht erfüllt waren. Hinsichtlich der Kompetenz zum Erlass von Finanzsanktionen bedeutete dies, dass in den Fällen, in denen keine besondere Verbindung der betroffenen Personen und Einrichtungen zu den Regierungen oder staatlichen Machthabern bestand, grundsätzlich ein Rückgriff auf Art. 133 EG in Betracht kam.

128; Deja/Frau, JURA 2008, S. 609, 613; Schmalenbach, JZ 2006, S. 349, 351; Tietje/Hamelmann, JuS 2006, S. 299, 299; Meyer, eucrim 2008, S. 81, 83; Tzanou, GLJ 2009, S. 123, 133.

400 Ress/Ukrow, in: Grabitz/Hilf, EUV/EGV, Art. 60 EGV Rn. 4; Bröhmer, in: Calliess/Ruffert, EUV/EGV, Art. 60 EGV Rn. 1; Glaesner, in: Schwarze, EU-Kommentar, Art. 60 EGV Rn. 1.

401 Ress/Ukrow, in: Grabitz/Hilf, EUV/EGV, Art. 60 EGV Rn. 7; Bröhmer, in: Calliess/Ruffert, EUV/EGV, Art. 60 EGV Rn. 1; Osteneck, in: Schwarze, EU-Kommentar, Art. 301 EGV Rn. 17; Bartelt/Zeitler, EuZW 2003, S. 712, 715.

402 EuGH, verb. Rs. C-402/05 u. C-415/05, *Kadi und Al Barakaat International Foundation*, Slg. 2008, I-6351, Rn. 191; Bröhmer, in: Calliess/Ruffert, EUV/EGV, Art. 301 EGV Rn .1; Gilsdorf/Brandtner, in: v. d. Groeben/Schwarze, EU-/EGV, Art. 301 EG Rn. 18.

403 Ress/Ukrow, in: Grabitz/Hilf, EUV/EGV, Art. 60 EGV Rn. 21; EuG, Rs. T-306/01, *Yusuf und Al Barakaat International Foundation*, Slg. 2005, II-3533, Rn. 132; Rs. T-315/01, *Kadi*, Slg. 2005, II-3649, Rn. 96.

404 Hahn, in: Calliess/Ruffert, EUV/EGV, Art. 133 EGV Rn. 52.

bb) Gegenständlicher Bereich der Handelspolitik

Art. 133 sprach der EG eine ausdrückliche Kompetenz im Bereich der gemeinsamen Handelspolitik zu. Unter dem Begriff der „gemeinsamen Handelspolitik" war im Kern der Warenhandel mit Drittstaaten zu verstehen.[405] Mit Ausnahme einiger konkurrierender Kompetenzen für bestimmte Waren, wie beispielsweise landwirtschaftliche Grunderzeugnisse, Waffen, Munition und Kriegsmaterial, besaß die Gemeinschaft auf diesem Gebiet eine ausschließliche Zuständigkeit.[406] Kein Gegenstand der gemeinsamen Handelspolitik waren demgegenüber die Drittstaatsbeziehungen auf dem Gebiet des Kapitalverkehrs.[407]

Für die Finanzsanktionen hatte dies zur Folge, dass grundsätzlich nur Maßnahmen bezüglich wirtschaftlicher Ressourcen, bei denen es sich um Waren handelte, auf diese Norm gestützt werden konnten. Desweiteren deckte die Norm mangels Außenbezug auch keine Maßnahmen gegen Personen und Einrichtungen aus Mitgliedstaaten. Es verblieben allein Maßnahmen gegen Personen und Einrichtungen in Drittstaaten, die in keiner Verbindung zur Regierung oder staatlichen Machthabern standen. Da diese Einzelpersonen die eigentlichen wirtschaftlichen Akteure darstellen, handelte es sich hier noch um einen Warenhandel mit einem Drittstaat.

cc) Zulässige Regelungsinstrumente

Nachdem die Untersuchung des gegenständlichen Bereichs der gemeinsamen Handelspolitik ergeben hat, dass Art. 133 EG nur zu Maßnahmen gegenüber Waren oder Warengruppen und Personen und Einrichtungen in einem Drittstaat berechtigte, ist in einem weiteren Schritt zu klären, ob das Einfrieren dieser wirtschaftlichen Ressourcen ein zulässiges Regelinstrument im Sinne des Art. 133 EG war. Hierzu ist zu untersuchen, zu welchen konkreten Maßnahmen diese Norm ermächtigte. Die Antwort auf diese Frage wurde in Schrifttum, Rechtsprechung und Praxis kontrovers diskutiert.

---

405 Hahn, in: Calliess/Ruffert, EUV/EGV, Art. 133 EGV Rn. 21f.; Vedder/Lorenzmeier, in: Grabitz/Hilf, EUV/EGV, Art. 133 EGV Rn. 31, 33.

406 EuGH, Gutachten 1/75, Lokale Kosten, Slg. 1975, 1355 Rn. 32; Rs. 41/76, *Donckerwolke*, Slg. 1976, 1921 Rn. 31/37; Rs. C-83/94, *Leifer u.a.*, Slg. 1995, I-3231 Rn. 12; Hahn, in: Calliess/Ruffert, EUV/EGV, Art. 133 EGV Rn. 5f.; Vedder/Lorenzmeier, in: Grabitz/Hilf, EUV/EGV, Art. 133 EGV, Rn. 11 m. w. N.

407 Nettesheim/Duvigneau, in: Streinz, EUV/EGV, Art. 133 EGV, Rn. 14.

Ausgangspunkt waren zwei unterschiedlichen Theorien der Gemeinschaftsorgane, den sich jeweils Teile des Schrifttums angeschlossen hatten. Nach der finalen Theorie des Rates deckte Art. 133 EG nur Maßnahmen, die auf die Beeinflussung der Handelsvolumina und -ströme gerichtet waren.[408] Er forderte somit eine ausschließlich handelspolitische Motivation.[409] Die instrumentale Theorie der Kommission sah hingegen sämtliche Instrumente zur Regelung des internationalen Handels als erfasst an.[410] Später modifizierte die Kommission ihren Standpunkt und kombinierte objektiv-instrumentelle sowie subjektive-finale Kriterien positiv miteinander.[411] Diese Kombination setzte sich zu Recht auch im Schrifttum durch.[412] Sie entsprach Wortlaut und systematischer Stellung der Art. 131–134 EG sowie den Realitäten des Welthandels.[413] Der EuGH hatte diese Sichtweise im Ergebnis bestätigt. Er hatte sich zwar nicht auf eine Definition festgelegt, sondern entschied fallabhängig, doch lehnte er die subjektiv-finalistische Theorie insbesondere in den Embargo-Fällen explizit ab.[414]

Unter dem Vertrag von Nizza ließen sich nach dieser Kombinationstheorie im Bereich der gemeinsamen Handelspolitik zwei Maßnahmenkategorien unterscheiden. Dies waren zum einen spezifische Maßnahmen auf dem Gebiet der Handelspolitik, die unabhängig von ihrer Zielsetzung auf Art. 133 EG gestützt werden konnten. Hierzu zählten insbesondere die in Abs. 1 aufgezählten

---

408 Vgl. die Stellungnahme des Rates im Rahmen des dem Beschluss des Gerichtshofes 1/78 (Naturkautschuk) vorausgehenden Verfahrens, Slg. 1979, 2871, 2887ff.; Hahn, in: Calliess/Ruffert, EUV/EGV, Art. 133 EGV Rn. 45; Bourgeois, in: v. d. Groeben/Schwarze, EU-/EGV, Art. 133 EG Rn. 3; Vedder/Lorenzmeier, in: Grabitz/Hilf, EUV/EGV, Art. 133 EG Rn. 49.

409 Vedder/Lorenzmeier, in: Grabitz/Hilf, EUV/EGV, Art. 133 EGV Rn. 51.

410 Vgl. die Stellungnahme der Kommission im Rahmen des dem Beschluss des Gerichtshofs 1/78, Slg. 1979, 2871, vorausgehenden Verfahrens, Slg. 1979, 2871, 2884; siehe auch die Stellungnahme der Kommission im Verfahren der Rs. 45/86, Slg. 1987, 1493, 1498; Hahn, in: Calliess/Ruffert, EUV/EGV, Art. 133 EGV Rn. 45; Bourgeois, in: v. d. Groeben/Schwarze, EU-/EGV, Art. 133 EG Rn. 3; Vedder/Lorenzmeier, in: Grabitz/Hilf, EUV/EGV, Art. 133 EG Rn. 49.

411 EuGH, Rs. 45/86, APS I (Sitzungsbericht), Slg. 1987, 1493; Bourgeois, in: v. d. Groeben/Schwarze, EU-/EGV, Art. 133 EG Rn. 3.

412 Hahn, in: Calliess/Ruffert, EUV/EGV, Art. 133 EGV Rn. 46; Vedder/Lorenzmeier, in: Grabitz/Hilf, EUV/EGV, Art. 133 EGV Rn. 52 m. w. N.

413 Vedder/Lorenzmeier, in: Grabitz/Hilf, EUV/EGV, Art. 133 EGV Rn. 52.

414 EuGH, Rs. C-70/94, *Werner*, Slg. 1995, I-3189 Rn. 10f.; Rs. C-83/94, *Leifer u.a.*, Slg. 1995, I-3231 Rn. 9; Vedder/Lorenzmeier, in: Grabitz/Hilf, EUV/EGV, Art. 133 Rn. 53.

klassischen Instrumente, u. a. auch mengenmäßige Beschränkungen, zu deren Hauptbeispielen auch die Embargos gehören. Zum anderen zählten dazu Maßnahmen, die eine solche Qualität nicht besaßen aber darauf abzielten, Handelsvolumen und Handelsströme zu beeinflussen.[415]

In ihrer Zielsetzung gleichen die Finanzsanktionen den Embargos und dienen ausschließlich außen- und sicherheitspolitischen Zielen.[416] Die Untersagung, einer Einzelperson wirtschaftliche Ressourcen in Form von Waren zur Verfügung zu stellen, war damit nur von Art. 133 EG gedeckt, sofern sie in die erste Maßnahmenkategorie fielen und es sich um eine offene und spezifische handelspolitische Maßnahme handelte. Hierfür spricht auf den ersten Blick, dass sich die Untersagung, einer Person oder Einrichtung wirtschaftliche Ressourcen in Form von Waren zur Verfügung zu stellen, im Hinblick auf diesen Drittstaat als mengenmäßige Beschränkung darstellt, die gemäß Art. 133 Abs. 1 EG zu den klassischen handelspolitischen Instrumenten zählte. Das Handelsvolumen mit dem Staat, in dem der Betroffene seinen Aufenthalt hat, wird reduziert. Allerdings sind mengenmäßige Beschränkungen, insbesondere Embargos grundsätzlich unmittelbar gegen einen Staat gerichtet. Sie beziehen sich daher nicht auf den einzelnen Wirtschaftsteilnehmer sondern ihr Ausgangspunkt sind spezifische Waren oder Warengruppen. Mithin haben sie weitreichende Auswirkungen auf das Handelsvolumen und die Handelsströme mit dem Drittstaat. Im Gegensatz dazu hat die hier betrachtete Untersagung gegenüber einer Person oder Einrichtung keine bzw. nur marginale Auswirkungen auf die Wirtschaftsbeziehungen mit dem Drittstaat. Angesichts dieser deutlichen Unterschiede verbietet es sich, sie gleich einem Embargo als offenes und spezifisches Instrument auf dem Gebiet der Handelspolitik anzusehen. Die Maßnahme gegen Personen mit Aufenthaltsort in einem Drittstaat fiel folglich in keine der beiden Maßnahmenkategorien und konnte somit auch nicht auf Art. 133 EG gestützt werden.[417]

---

415 Vedder/Lorenzmeier, in: Grabitz/Hilf, EUV/EGV, Art. 133 EGV Rn. 53ff.; Hahn, in: Calliess/Ruffert, EUV/EGV, Art. 133 EGV Rn. 46; Bourgeois, in: v. d. Groeben/Schwarze, EU-/EGV, Art. 133 EG Rn. 5.

416 Für Embargos: Vedder/Lorenzmeier, Grabitz/Hilf, EUV/EGV, Art. 133 EGV, Rn. 89; Nicolaysen, in: FS Schlochauer, 1981, S. 855, 872f.; Lindemeyer, RIW/AWD 1981, S. 10, 11.

417 So im Ergebnis auch: Vedder/Lorenzmeier, in: Grabitz/Hilf, EUV/EGV, Art. 133 EGV Rn. 103; EuGH, verb. Rs. C-402/05 u. C-415/05, *Kadi und Al Barakaat International Foundation*, Slg. 2008, I-6351, Rn. 183ff.

d) Art. 57 Abs. 2 EG

Art. 57 Abs. 2 EG war eine Ausnahmeklausel zu Art. 56 EG, die den freien Kapitalverkehr im Verhältnis zu Drittländern betraf. Sie ermächtigte die Gemeinschaft daher nur zu Maßnahmen, die sich gegen Personen und Einrichtungen richteten, die ihren Aufenthaltsort bzw. Sitz in Drittstaaten hatten, und sich auf eine – in der Regel – einseitige, primär Anlagezwecken dienende Wertübertragung in Form von Sach- oder Geldkapital bezogen.[418] Bereits deshalb war die hier betrachtete Untersagung, Vermögenswerte und wirtschaftliche Ressourcen zur Verfügung zu stellen, nur in sehr eingeschränktem Umfang von der Norm gedeckt.

Die in den Anwendungsbereich fallenden Maßnahmen erfüllten die Voraussetzungen des Art. 57 Abs. 2 EG aber ebenfalls nicht, verlangte dieser doch zusätzlich noch, dass die Maßnahme im Zusammenhang mit Direktinvestitionen, mit der Niederlassung, der Erbringung von Finanzdienstleistungen oder der Zulassung von Wertpapieren zu den Kapitalmärkten stehen musste. Die Untersagung fiel aber weder in die drei letztgenannten Maßnahmenkategorien, noch stand sie in Zusammenhang mit Direktinvestitionen.[419] Hierunter waren Investitionen jeglicher Art zu verstehen, die dauerhafte und direkte Wirtschaftsbeziehungen schaffen oder aufrechterhalten.[420]

e) Art. 308 EG

Da eine ausdrückliche Kompetenznorm fehlte und Art. 301, 60 EG nur eine Kompetenz zur Verhängung von Sanktionen gegen Personen oder Gruppen mit Drittlandsbezug enthielten, kam als Grundlage für Maßnahmen gegen Personen oder Gruppen, die einen solchen Bezug nicht aufwiesen, nur Art. 308 EG in Betracht. Dagegen sprach jedoch, dass im Falle des Art. 308 EG trotz des außenpolitischen Charakters der Maßnahme kein GASP-Beschluss notwendig war.[421]

---

418 Ress/Ukrow, in: Grabitz/Hilf, EUV/EGV, Art. 56 EGV Rn. 160; Bröhmer, in: Calliess/Ruffert, EUV/EGV, Art. 56 EGV Rn. 8.

419 EuGH, verb. Rs. C-402/05 u. C-415/05, *Kadi und Al Barakaat International Foundation*, Slg. 2008, I-6351, Rn. 190.

420 vgl. RL 88/361/EWG, Anhang F. Begriffsbestimmungen „Direktinvestition“; Kiemel, in: v. d. Groeben/Schwarze, EU-/EGV, Art. 57 EG Rn. 4; Ress/Ukrow, in: Grabitz/Hilf, EUV/EGV, Art. 57 EGV Rn. 7; Sedlaczek, in: Streinz, EUV/EGV, Art. 57 EGV Rn. 2.

421 Bartelt/Zeitler, EuZW 2003, S. 712, 715; Zeleny, ZÖR 1997, S. 197, 216f.; i. E. ebenfalls ablehnend Kotzur, EuGRZ 2006, S. 19, 21; Kämmerer, EuR 2008 Beiheft 1, S. 65, 71f.

Zwar kann dem entgegengehalten werden, dass in dessen Rahmen auch die Beschlussfassung des Rates nur einstimmig möglich war, so dass die Mitgliedstaaten de facto ihre Entscheidungshoheit behielten.[422] Dennoch wäre hierdurch die klare Trennung der verschiedenen Unionssäulen verwischt worden. Der Rat war als Organ der Gemeinschaft anderen rechtlichen Bindungen unterworfen, als die Mitgliedstaaten im Rahmen der intergouvernementalen Zusammenarbeit. Dieses Verfahrensproblem ließ sich daher nur lösen, indem man Art. 301, 60 EG und Art. 308 EG im Falle der Individualsanktionen miteinander kombinierte.

f) Art. 301, 60 EG in Verbindung mit Art. 308 EG

Das EuG hat es in seinen vergangenen Entscheidungen für zulässig erachtet, Individualsanktionen auf die Normen der Art. 301, 60 in Verbindung mit Art. 308 EG zu stützen.[423] Eine solche Ergänzung von Kompetenznormen durch Art. 308 EG war grundsätzlich möglich. Seine Funktion war es, durch das Prinzip der begrenzten Einzelermächtigung entstandene Lücken zu schließen und bestehende Kompetenzen abzurunden, um so eine vertragsimmanente Fortentwicklung des Gemeinschaftsrechts im Sinne fortschreitender Integration zu gestatten.[424] Auf ihn konnten deshalb nur Maßnahmen gestützt werden, die gemessen an ihren Folgen noch keiner Vertragsänderung gleichkamen. Die Vertragsergänzung musste sich noch innerhalb des Rahmens halten, der durch die Gesamtheit der Vertragsbestimmungen festgelegt war. Er fand daher auch Anwendung, wenn eine Einzelermächtigung zwar bestand, diese aber zur Zielverwirklichung materiell unzureichend war oder instrumental nur unzureichende Mittel vorsah.[425] Aufgrund des Spannungsverhältnisses mit dem grundlegenden Gemeinschaftsgrundsatz der begrenzten Einzelermächtigung bedurfte Art. 308 EG allerdings der strikten Bindung an die Tatbestandsvoraussetzungen.[426]

---

422 Cremer, in: Calliess/Ruffert, EUV/EGV, Art. 301 EGV Rn. 12.

423 EuG, Rs. T-315/01, *Kadi*, Slg. 2005, II-3649, Rn. 122ff.; Rs. T-306/01, *Yusuf und Al Barakaat International Foundation*, Slg. 2005, II-3533, Rn. 158ff; zustimmend Kotzur, EuGRZ, S. 19, 21; Nettesheim, CMLRev. 2007, S. 567, 586; Karayigit, LIEI 2006, S. 379, 394; Koutrakos, in: Cremona/de Witte, EU Foreign Relations Law, S. 193ff.

424 Streinz, in: Streinz, EUV/EGV, Art. 308 EGV Rn. 1; Rossi, in: Calliess/Ruffert, EUV/EGV, Art. 308 EGV Rn. 1.

425 St. Rspr. seit EuGH, Rs. 8/73, *Massey-Ferguson*, Slg. 1973, 897 Rn. 3f.; Hörmann, EuR 2007, S. 120, 128; Streinz, in: Streinz, EUV/EGV, Art. 308 EGV Rn. 7.

426 Streinz, in: Streinz, EUV/EGV, Art. 308 EGV, Rn. 4.

aa) Verwirklichung eines Gemeinschaftsziels

Notwendige Voraussetzung einer Anwendung war zunächst, dass die Verhängung der Finanzsanktionen der Verwirklichung eines Gemeinschaftsziels dient.[427] Diese Ziele waren den Mitgliedstaaten primärrechtlich vorgegeben und konnten daher nicht durch den Rat neu begründet werden.[428] Allgemeine Ziele fanden sich in Art. 2, 3 und 4 EG, spezielle Ziele in den einzelnen EG-Politiken.

(1) Verteidigung des Weltfriedens und der internationalen Sicherheit

Vorrangiges Ziel der Finanzsanktionen ist die Wahrung des Friedens und die Stärkung der internationalen Sicherheit, die durch schwere Menschenrechtsverletzungen, Verstöße gegen das humanitäre Völkerrecht und terroristische Aktivitäten gefährdet sind.

(a) Gemeinschaftsziel

Ausdrücklich fand sich dieses Ziel im EG-Vertrag nicht.[429] Die Kommission vertrat in der Rechtssache *Yusuf* allerdings die Auffassung, aus der Präambel des EG-Vertrags ließe sich als allgemeines Gemeinschaftsziel die Verteidigung des Weltfriedens und der internationalen Sicherheit ableiten. Sie stützte dies auf die Passagen der Präambel, in denen die Mitgliedstaaten „die Verbundenheit Europas mit den überseeischen Ländern … entsprechend den Grundsätzen der Satzung der Vereinten Nationen" betonten und sich darauf verpflichteten, „Frieden und Freiheit zu wahren und zu festigen".[430] Es war allerdings umstritten, ob man aus der Präambel überhaupt Gemeinschaftsziele im Sinne des Art. 308 EG ableiten konnte. Aufgrund der Gefahr, den Anwendungsbereich des Art. 308 EG

---

427 Rossi, in: Callies/Ruffert, EUV/EGV, Art. 308 EGV Rn. 23; Geiss, in: Schwarze, EU-Kommentar, Art. 308 EGV Rn. 9.

428 Rossi, in: Callies/Ruffert, EUV/EGV, Art. 308 EGV Rn.24; Schwartz, in: v. d. Groeben/Schwarze, EU-/EGV, Art. 308 EG Rn. 85.

429 Vgl. speziell zum Unterfall der Terrorismusbekämpfung EuG, Rs. T-306/01, *Yusuf und Al Barakaat International Foundation*, Slg. 2005, II-3533, Rn. 136ff.; Rs. T-315/01, *Kadi*, Slg. 2005, II-3649, Rn. 100ff.; Bartelt/Zeitler, EuZW 2003, S. 712, 715; Cremer, in: Calliess/Ruffert, EUV/EGV, Art. 301 EGV Rn. 12; Kotzur, EuGRZ 2006, S. 19, 21; Tomuschat, CMLRev. 2006, S. 537, 540; Hörmann, EuR 2007, S. 120, 129.

430 EuG, Rs. T-306/01, *Yusuf und Al Barakaat International Foundation*, Slg. 2005, II-3533 Rn. 100.

mittels weiter und unbestimmter Zielbestimmungen zu überdehnen, und der damit verbundenen erschwerten Abgrenzung zur Vertragsänderung war dies zweifelhaft.[431] In jedem Falle konnte ihr aber nicht das hier maßgebliche Ziel entnommen werden. Die Verteidigung des Weltfriedens und der internationalen Sicherheit war gemäß Art. 11 Abs. 1 EU a. F. Teil der Gemeinsamen Außen- und Sicherheitspolitik und damit nicht Gemeinschafts-, sondern Unionsziel.[432] Das vorrangige Ziel der Sanktionen erfüllte damit die Voraussetzung des Art. 308 EG nur, sofern es im Falle der Ergänzung der Art. 301, 60 EG möglich war, auf ein Unionsziel abzustellen.

(b) Ausdehnung auf die Verwirklichung dieses Unionsziels

Das EuG und ihm folgende Meinungen in der Literatur bejahten diese Möglichkeit. Sie begründeten dies mit der besonderen Stellung beider o. g. Normen im EG-Vertrag als Scharnier zwischen Unions- und Gemeinschaftsrecht und beriefen sich auf das Kohärenzgebot gemäß Art. 3 EU a. F. Trotz ihres gemeinschaftlichen Charakters hätten Art. 301, 60 EG kein Gemeinschaftsziel verfolgt, sondern allein der Umsetzung von Beschlüssen gedient, die im Rahmen der GASP von den Mitgliedstaaten getroffen wurden. Die GASP sei jedoch Bestandteil des Unionsrechts gewesen und hätte auch dessen Ziele verwirklicht. Folglich hätten auch die Vorschriften der Art. 301, 60 EG der Verwirklichung von Zielen der Union gedient, trotzdem sie Vorschriften des EG-Vertrags gewesen wären. Für eine Kompetenzergänzung durch Anwendung des Art. 308 EG in ihrem Bereich wäre es daher gerade auch vor dem Hintergrund des Kohärenzgebotes gemäß Art. 3 EU a. F. hinreichend gewesen, wenn ein Unionsziel verwirklicht worden wäre.[433]

Es ist aber fraglich, ob sich diese „Brückenkonstruktion" auf das Kohärenzgebot gemäß Art. 3 EU a. F. stützen konnte. Dieses Gebot verlangte, dass die Union ihre verschiedenen Politikfelder konzeptionell aufeinander abstimmt und Widersprüche in ihren Handlungen vermeidet.[434] Es war zwar insbesondere dort

431 Rossi, in: Calliess/Ruffert, EUV/EGV, Art. 308 EGV Rn. 35.

432 Hörmann, EuR 2007, S. 129; Karayigit, LIEI 2006, S. 379, S. 384.

433 EuG, Rs. 306/01, *Yusuf und Al Barakaat International Foundation*, Slg. 2005, II-3533, Rn. 158ff.; Rs. T-315/01, *Kadi*, Slg. 2005, II-3649, Rn. 122ff.; Steinbarth, ZEuS 2006, 269, 275f.; Bultermann, LJIL 2006, S. 753 762f; Tomuschat, CMLRev. 2006, S. 537, 540; Hörmann, EuR 2007, S. 120, 129; Tietje/Hamelmann, JuS 2006, S. 299, 300; Tzanou, GLJ 2009, S. 123, 136.

434 Blanke, in: Calliess/Ruffert, EUV/EGV, Art. 3 EUV Rn. 5.

zu beachten, wo sich intergouvernementale und supranationale Politikfelder überschneiden. Solche Schnittstellen waren u.a. die hier relevanten Art. 301, 60 EG.[435] Hier war die Union im Sinne der speziellen „äußeren" Kohärenz gemäß Art. 3 Abs. 2 EG dazu verpflichtet, die Wahrnehmung der Außenkompetenzen von EG und GASP abzustimmen. Dabei galt dieses Gebot sowohl für Handlungen des Rates und der Kommission auf unionsvertraglicher als auch – wie vorliegend – auf gemeinschaftsrechtlicher Grundlage.[436]

Dennoch konnte Art. 308 EG, der die Verwirklichung eines Gemeinschaftsziels und den Bezug der Handlung zum Gemeinsamen Markt verlangte, mittels des Kohärenzgebotes nicht über seinen eindeutigen Wortlaut hinaus ausgedehnt werden.[437] Durch die Ausdehnung wäre eine weitere, vertraglich nicht vorgesehene Schnittstelle zwischen Unions- und Gemeinschaftsrecht entstanden, durch die die streng festgelegte Trennung der Unionssäulen aufgehoben bzw. weiter verwischt worden wäre.[438] Gerade Art. 308 EG, durch den das fundamentale Prinzip der begrenzten Einzelermächtigung gelockert worden war, fand seine Grenze jedoch in der förmlichen Vertragsänderung.[439] Er war strikt tatbestandsgebunden und daher keine Grundlage für die Erweiterung der Befugnisse auf außerhalb des Gemeinschaftsvertrags liegende Ziele.[440] Eine Ausdehnung des Art. 308 EG auf die Verwirklichung des unionsvertraglichen Ziels war deshalb abzulehnen.[441]

---

435 Blanke, in: Callies/Ruffert, EUV/EGV; Art. 3 EUV Rn. 9f.

436 Pechstein/Koenig, EU, Rn. 134ff.; Blanke, in: Calliess/Ruffert, EUV/EGV, Art. 3 EUV, Rn. 17.

437 EuGH, verb. Rs. C-402/05 und C-415/05, *Kadi und Al Barakaat International Foundation*, Slg. 2008, I-6351 Rn. 199; Ohler, EuZW 2008, 630, 631.

438 Cremer, in: Calliess/Ruffert, EUV/EGV, Art. 301 EGV Rn. 12; Ress/Ukrow, in: Grabitz/Hilf, EUV/EGV, Art. 60 EGV Rn. 26; kritisch auch Deja/Frau, JURA 2008, S. 609, 613.

439 Rossi, in: Calliess/Ruffert, EUV/EGV, Art. 308 EGV Rn. 4; Bartelt/Zeitler, EuZW 2003, 712, 715; Winkler, in: Grabitz/Hilf, EUV/EGV, Art. 308 Rn. 56.

440 EuGH, verb. Rs. C-402/05 u. C-415/05, *Kadi und Al Barakaat International Foundation*, Slg. 2008, I-6351, Rn. 199ff; kritisch auch Kämmerer, EuR 2008 Beiheft 1 S. 65, 71f.; Winckler, in: Grabitz/Hilf, EUV/EGV, Art. 308 EGV Rn. 56; Cremer, in: Calliess/Ruffert, EUV/EGV, Art. 301 Rn. 12.

441 Ress/Ukrow, in: Grabitz/Hilf, EUV/EGV, Art. 60 EGV Rn. 26; Cremer, in: Calliess/Ruffert, EUV/EGV, Art. 301 EGV Rn. 12; Rossi, ZJS 2008, S. 551, 552; Rackow/Stegmiller, HuV 2007, S. 68, 75; Möllers, EuR 2006, S. 426, 427; kritisch auch Winkler, in: Grabitz/Hilf, EUV/EGV, Art. 308 EGV Rn. 56; a. A. Schmalenbach, JZ 2006, 349, 350f.; Hörmann EuR 2007, S. 120, S. 129, die i. E. aber eine Erweiterung durch Art. 308 EG ebenfalls ablehnt.

Die Verteidigung des Weltfriedens und der internationalen Sicherheit als vorrangiges Ziel der Finanzsanktionen kam somit nicht als Ziel im Sinne des Art. 308 EG in Betracht.

(2) Unterstützung der Mitgliedstaaten bei der Erfüllung von UN-Pflichten

Ein Literaturansicht sah es als ein dem EG-Vertrag immanentes, aber begrenztes Ziel an, die Mitgliedstaaten bei der Erfüllung ihrer Pflichten aus der UN-Charta nicht nur nicht zu behindern, sondern im Gegenteil zu unterstützen. Die Sanktionsmaßnahmen der EU, zu denen bindenden UN-Sicherheitsresolutionen verpflichten, hätten dieses Gemeinschaftsziel verwirklicht.[442] Ausgangspunkt des Ansatzes war die Überlegung, dass die Mitgliedstaaten mit der Schaffung der EG ihre Verpflichtungen nach der UN-Charta keineswegs in Frage stellen wollten. Schon zum Gründungszeitpunkt wäre infolge von Art. 48 Abs. 2 UN-Charta die Möglichkeit absehbar gewesen, dass die Mitgliedstaaten infolge der Übertragung von Hoheitsrechten auf die EG zur Befolgung von Sicherheitsratsbeschlüssen nach Kapitel VII der UN-Charta auf gemeinschaftliche Kompetenzen angewiesen sein könnten.[443] Diese Sicht bedachte jedoch nicht, dass übergreifende implizite Einzelziele, die sich nicht aus einer bestimmten Norm des Vertrags ableiten ließen, nicht als Ziele im Sinne von Art. 308 EG anerkannt werden konnten.[444] Ansonsten wäre die Auslegung des Zielbegriffs zu weitreichend und umkonstruiert gewesen.[445] Zudem war dieses Ziel insofern zu eng, als es nur dann eine Kompetenz für diese Art von Individualsanktionen gewährte, wenn sie auf einem Beschluss des UN-Sicherheitsrates beruhten. Eine solche Unterscheidung zwischen UN-basierten und nicht-UN-basierten Individualsanktionen ohne Drittlandsbezug war jedoch juristisch nicht begründbar und hätte zu Unklarheit und Rechtsunsicherheit geführt.

(3) Ermöglichung wirtschaftlicher Restriktionen, die der Umsetzung von GASP-Maßnahmen dienen

Nach dem EuGH war auf das in den Art. 301, 60 EG zum Ausdruck kommende, implizite Ziel der Gemeinschaft abzustellen, effektive Mittel zur Umsetzung von

---

442 Cremer, in: Calliess/Ruffert, EUV/EGV; Art. 308 EGV, Rn. 12; Kämmerer, EuR 2008 Beiheft 1, S. 65, 72.

443 Ebd.

444 Rossi, in: Calliess/Ruffert, EUV/EGV, Art. 308 EGV Rn. 36.

445 Rossi, in: Calliess/Ruffert, EUV/EGV, Art. 308 EGV Rn. 36; Schwartz, in: v. d. Groeben/Schwarze, EU-/EGV, Art. 308 EG, Rn. 126.

Maßnahmen zur Verfügung zu stellen, die im Rahmen der GASP beschlossen worden sind. Als Argument für seine Auffassung führte er Art. 60 Abs. 2 EG an.[446]

Der Gerichtshof unterschied somit ein eigentliches Maßnahmenziel der Sicherung des Weltfriedens, das zur GASP zählte, und ein „rein instrumentelles Ziel" der Einführung wirtschaftlicher Sanktionsmaßnahmen. Diese Differenzierung war jedoch bedenklich. Art. 308 war zielgerichtet gestaltet. Die Umwidmung des Mittels zum „instrumentellen Ziel" führte daher zu einer gemeinschaftsrechtlich nicht gedeckten Ausweitung und Verwässerung seines Anwendungsbereichs und hätte im Falle einer Ausdehnung auf andere Sachbereiche ein erhebliches Ungleichgewicht der gemeinschaftlichen und mitgliedstaatlichen Kompetenzverteilung nach sich gezogen.[447] Art. 60 Abs. 2 EG änderte hieran nichts. Dieser sah eine eng umgrenzte Befugnis der Mitgliedstaaten, Maßnahmen gegen Drittstaaten auf dem Gebiet des Kapital- und Zahlungsverkehrs zu ergreifen, zwar nur vor, sofern keine Gemeinschaftsmaßnahme gemäß Art. 60 Abs. 1 EG getroffen worden war. Doch ließ sich aus dogmatischer Sicht aus dieser Reservekompetenz keine erweiternde Kompetenzauslegung ableiten.[448] Die Auffassung des EuGH war daher abzulehnen.[449]

(4) Schutz vor Wettbewerbsverzerrungen

Die unter dem Vertrag von Nizza ohne Drittlandsbezug erlassenen Sanktionsverordnungen nannten als Ziel auch „die Vermeidung von Wettbewerbsverzerrungen". Als allgemeines Ziel der Gemeinschaft gemäß Art. 3 Abs. 1 lit. g EG genügte es den Anforderung des Art. 308 EG. Fraglich war jedoch, ob sich die Sanktionsmaßnahmen – unabhängig ob mitgliedstaatlicher oder gemeinschaftsrechtlicher Art – überhaupt auf den Wettbewerb auswirken. Angesichts der kleinen Zahl der bislang gelisteten Personen sowie der Tatsache, dass Privatpersonen keine Unternehmen im Sinne der Wettbewerbsregeln sind, werden ihre Auswirkungen als eher gering eingestuft.[450] Höchstens bei einem vermehrten Auftreten ist eine

---

446 EuGH, verb. Rs. C-402/05 u. C-415/05, *Kadi und Al Barakaat International Foundation*, Slg. 2008, I-6351, Rn. 226; zustimmend Meyer, eucrim 2008, S. 81, 82.

447 Rossi, ZJS 2008, S. 551, 552; Ress/Ukrow, in: Grabitz/Hilf, EUV/EGV, Art. 60 EGV Rn. 27.

448 Ress/Ukrow, in: Grabitz/Hilf, EUV/EGV, Art. 60 EGV Rn. 28.

449 Tridimas/Gutierrez-Fons, FILJ 2009, S. 660, 675; anders wohl Ohler, EuZW 2008, 630, 631.

450 So wohl EuG, Rs. T-306/01, *Yusuf und Al Barakaat International Foundation*, Slg. 2005, II-3533, Rn. 149; Rs. T-315/01, *Kadi*, Slg. 2005, II-3649, Rn. 113.

Beeinträchtigung nicht ausgeschlossen.[451] Allerdings sind rechtlich nicht die gelisteten Personen unmittelbare Adressaten der Maßnahmen, sondern Unternehmen, insbesondere Banken und Versicherungen, sowie Behörden. Aufgrund ihrer hohen Compliance-Kosten für die Einhaltung solcher Sanktionsmaßnahmen war es daher zutreffend unmittelbare Auswirkungen auf den Wettbewerb anzunehmen.[452] Folglich dienten die Gemeinschaftsmaßnahmen auch dem Ziel, Wettbewerbsverzerrungen zu vermeiden.

bb) Erforderlichkeit

Damit ist allerdings noch nicht gesagt, dass hierzu gerade gemeinschaftliche Maßnahmen erforderlich waren. Die Erforderlichkeit war nach herrschender Meinung gegeben, wenn zwischen Ziel und Zielverwirklichung eine Diskrepanz bestand.[453] Da ein Ziel jedoch niemals vollständig verwirklicht werden kann, ohne dass es seinen Zielcharakter einbüßt[454], konnte dies nicht der alleinige Bedeutungsgehalt dieses Kriteriums sein.[455] Diese weitere Bedeutungsebene erschloss sich durch einen Blick auf den Wortlaut der Norm, der von einem Tätigwerden der Gemeinschaft sprach. Ihm war zu entnehmen, dass die Diskrepanz zwischen Ziel und Zielverwirklichung zumindest möglicherweise durch Gemeinschaftsorgane und nicht gleich gut oder sogar besser durch die Mitgliedstaaten auszuräumen gewesen sein durfte.[456]

Der EuGH bejahte eine Erforderlichkeit i. d. S. mit dem Hinweis, dass ein vermehrtes Auftreten solcher nationalen Maßnahmen den Gemeinsamen Markt hätte beeinträchtigen und aufgrund inhaltlicher Unterschiede zu Wettbewerbsverzerrungen führen können.[457] Gegen diese Argumentation

451 EuGH, verb. Rs. C-402/05 u. C-415/05, *Kadi und Al Barakaat International Foundation*, Slg. 2008, I-6351, Rn. 230.

452 Ohler, EuZW 2008, 630, 631; vgl. auch Schlarmann/Spiegel, NJW 2007, S. 871ff.; Meyer/Macke, HRRS, S. 445, 457ff.; Cameron, NJIL 2003, S. 159, 170; a. A. wohl Möllers, EuR 2006, S. 426, 426.

453 Schwartz, in: v. d. Groeben/Schwarze, EU-/EGV, Art. 308 EGV Rn. 174.

454 Rossi, in: Calliess/Ruffert, EUV/EGV, Art. 308 EGV Rn. 44; Winkler, in: Grabitz/Hilf, EUV/EGV, Art. 308 EGV Rn. 84; Schwartz, in: v. d. Groeben/Schwarze, EU-/EGV, Art. 308 EG Rn. 175.

455 Winkler, in: Grabitz/Hilf, EUV/EGV, Art. 308 EGV Rn. 86.

456 Winkler, in: Grabitz/Hilf, EUV/EGV, Art. 308 EGV Rn. 86; Klepper, Vollzugskompetenzen, S. 78; i. E. auch Schwartz, in: v. d. Groeben/Schwarze, EU-/EGV, Art. 308 EG Rn. 36f.

457 EuGH, verb. Rs. C-402/05 u. C-415/05, *Kadi und Al Barakaat International Foundation*, Slg. 2008, I-6351, Rn. 228ff.

sprach allerdings, dass auch die andernfalls notwendigen mitgliedstaatlichen Maßnahmen inhaltlich durch die umzusetzenden GASP-Beschlüsse und ggf. UN-Resolutionen determiniert waren. Eine Wettbewerbsverzerrung durch inhaltliche Unterschiede war deshalb kaum zu erwarten. Außerdem stand den Mitgliedstaaten in solchen Fällen mit Art. 60 Abs. 2 UAbs. 2 Satz 1 EG ein eigenes Mittel zur Vermeidung solcher Wettbewerbsverzerrungen zur Verfügung. Hätte die bloße Feststellung von Unterschieden zwischen den nationalen Regelungen und sich daraus möglicherweise ergebenden Wettbewerbsverzerrungen für die Bejahung der Erforderlichkeit genügt, wären die Bestimmungen des Titels VI Kapitel 3 EG-Vertrag über die Rechtsangleichung ihrer praktischen Wirksamkeit beraubt worden und auch die gerichtliche Kontrolle der Rechtsgrundlage wäre obsolet gewesen, was nicht mit Art. 220 EG im Einklang gestanden hätte.[458] Aus diesen Gründen war im vorliegenden Falle entgegen der Sicht des EuGH die Erforderlichkeit abzulehnen.

2. Rechtslage seit Inkrafttreten des Vertrags von Lissabon

Aufgrund der genannten Diskussionen um die Rechtsgrundlage für restriktive Maßnahmen gegen Einzelpersonen unter dem Vertrag von Nizza kam es im Vertrag von Lissabon zu Änderungen in diesem Bereich. Rechtsgrundlage für außenpolitisch motivierte Sanktionen ist dort die Norm des Art. 215 Abs. 1 AEUV. Sie gleicht bis auf einige rechtstechnische Änderungen Art. III-322 EVV und entspricht damit Art. 60 und 301 EG. Diese bisherigen Rechtsgrundlagen sind in Art. 215 Abs. 1 AEUV zu einer einzigen Bestimmung zusammengefasst. Sie erstreckt sich sowohl auf Wirtschafts- als auch Finanzbeziehungen.[459] Reisesanktionen sind trotz seines Wortlauts, der von „restriktiven Maßnahmen" spricht, nicht erfasst.[460] Wie im Falle der Vorgängernormen gilt ebenfalls ein zweistufiges Verfahren. Vor Erlass der restriktiven Maßnahmen müssen die Mitgliedstaaten einen GASP-Beschluss gefasst haben. Der persönliche Geltungsbereich von Art. 215 AEUV allerdings ist weiter als der seiner Vorgängernormen. Abs. 2 gestattet ausdrücklich Sanktionen gegen einzelne natürliche und juristische Personen sowie gegen Gruppierungen oder nichtstaatliche Einheiten

---

458 EuG, Rs. T-306/01, *Yusuf und Al Barakaat International Foundation*, Slg. 2005, II-3533 Rn. 147; Rs. T-315/01, *Kadi*, Slg. 2005, II-3649, Rn. 111; Ress/Ukrow, in: Grabitz/Hilf, EUV/EGV, Art. 60 EGV Rn. 29; Tzanou, GLJ 2009, S. 123, 135.

459 Vgl. Hummer, in: Vedder/Heintschel von Heinegg, EVV, Art. III-322 Rn. 1.

460 Garbagnati Ketvel, ICLQ 2006, S. 77, 116.

(z.B. NGOs).[461] Seit Inkrafttreten des Reformvertrags können auf diese Norm daher außenpolitisch motivierte Sanktionsmaßnahmen gegen Personen und Einrichtungen unabhängig von einem spezifischen Drittlandsbezug gestützt werden.

Art. 215 AEUV kann sich daher teilweise mit dem Anwendungsbereich von Art. 75 AEUV überschneiden. Auch er ist Rechtsgrundlage für restriktive Maßnahmen auf dem Gebiet des Kapital- und Finanzverkehrs. Sein persönlicher Geltungsbereich erstreckt sich ebenfalls auf Einzelpersonen, Gruppierungen und nichtstaatliche Einheiten. Bislang ist allerdings ungeklärt, wie der Anwendungsbereich beider Normen voneinander abzugrenzen ist. So könnte Art. 75 AEUV einerseits in sachlicher Hinsicht nur Maßnahmen, die der Terrorismusbekämpfung und -verhütung und damit verbundener Aktivitäten innerhalb der EU dienen, abdecken.[462] Andererseits könnten beide Vorschriften auch in einem Alternativitätsverhältnis stehen.[463] Eine Klärung ist insoweit durch die Klage des Europäischen Parlaments gegen den Rat zu erwarten. In diesem Verfahren rügt das Parlament, dass der Rat statt Art. 75 AEUV Art. 215 AEUV als Rechtsgrundlage für restriktive Maßnahmen gegen Al-Qaida gewählt hat.[464]

Freilich dient diese ausdrückliche Erweiterung des persönlichen Anwendungsbereichs durch den Reformvertrag nur der Klarstellung. Sie wäre nicht zwingend notwendig gewesen. Die Gründe, die zur Ablehnung der Art. 60, 301 und 308 EG als Rechtsgrundlage für Maßnahmen gegen Einzelpersonen ohne spezifischen Drittlandsbezug führen, sind im Falle des Inkrafttretens des Reformvertrags beseitigt. Die Neufassung des Art. 308 EG in Art. 352 AEUV verlangt nicht mehr die Verwirklichung eines Gemeinschaftsziels, sondern nur eines Zieles der Union, zu denen auch die Wahrung des Friedens und die Stärkung der internationalen Sicherheit entsprechend der UN-Charta gehören.[465]

---

461 Dieser Art. III-322 EVV entsprechende Absatz geht auf den Arbeitskreis „Gerichtshof" des Verfassungskonvents zurück, s. CONV 689/1/03 REV 1.

462 Vgl. Hummer, in: Vedder/Heintschel v. Heinegg, EVV, Art. III-322 Rn. 3; Schulte, Der Schutz individueller Rechte gegen Terrorlisten, s. 449; a. A. Khan, in: Vedder/Heintschel v. Heinegg, EVV, Art. III-160 Rn. 2, der Maßnahmen innerhalb und außerhalb der Union als erfasst ansieht. Für Maßnahmen außerhalb der Union ist aber ein GASP-Beschluss erforderlich, so dass dann Art. 215 AEUV einschlägig ist.

463 So Gazzini/Herlin-Karnell, ELR 2011, S. 798, 804f.

464 EuGH, Rs. C-130/10, *Parlament v. Rat.*

465 Ress/Ukrow, in: Grabitz/Hilf, EUV/EGV, Art. 60 EGV Rn. 65.

II. Grundrecht auf Eigentum

Die Finanzsanktionen werfen jedoch nicht nur Fragen der formellen, sondern aufgrund ihrer Auswirkungen auch solche der materiellen Rechtmäßigkeit auf. So legt es der vermögensrechtliche Bezug der Finanzsanktionen nahe, sie auf ihre Vereinbarkeit mit der auch auf Unions- bzw. Gemeinschaftsebene seit 1974[466] grundrechtlich geschützten Eigentumsfreiheit gemäß Art. 17 GrCh zu untersuchen.

1. Schutzbereich

Im Unionsrecht gewährleistet die Eigentumsfreiheit in sachlicher Hinsicht alle privatrechtlichen vermögenswerten Rechte und Güter, die einem Privatrechtsträger durch die mitgliedstaatlichen Rechtsordnungen als Eigentum zugeordnet sind.[467] Hierzu zählen sowohl bewegliches und unbewegliches Sacheigentum als auch geistiges Eigentum.[468] Allgemein werden auch private Forderungsrechte darunter gefasst, allerdings hat sich der EuGH hierzu selbst noch nicht geäußert.[469] Die Eigentumsfreiheit schützt damit auch die Vermögenswerte, die von den Finanzsanktionen betroffen sind. Die Finanzsanktionen aller Sanktionsregime erstrecken sich auf „Gelder“ und „sonstige wirtschaftliche Ressourcen“.[470] Diese Begriffe

---

466 EuGH, Rs. 4/73, *Nold*, Slg. 1974, 491 Rn. 14.

467 Calliess, in: Calliess/Ruffert, EUV/AEUV, Art. 17 GrCh Rn. 5; Heselhaus, in: Heselhaus/Nowak, Hdb. EU-Grundrechte, § 32 Rn. 39.

468 Jarass, EU-Grundrechte, § 22 Rn. 8f.; Heselhaus, in: Heselhaus/Nowak, Hdb. EU-Grundrechte, § 32 Rn. 38; Calliess, in: Calliess/Ruffert, EUV/AEUV, Art. 17 GrCh Rn. 5; Müller-Michaels, Grundrechtlicher Eigentumsschutz in der Europäischen Union, S. 37.

469 Heselhaus, in: Heselhaus/Nowak, Hdb. EU-Grundrechte, § 32 Rn. 39; Müller-Michaels, Grundrechtlicher Eigentumsschutz in der Europäischen Union, S. 38.

470 Al-Qaida: VO (EG) Nr. 881/2002 (ABl. L 139 v. 29.05.2002, S. 9), Art. 2; Elfenbeinküste: VO (EG) Nr. 560/2005 (ABl. L 95 v. 14.04.2005, S. 1), Art. 2; Hariri: VO (EG) Nr. 305/2006 (ABl. L 51 v. 22.02.2006, S. 1), Art. 2; Irak: VO (EG) Nr. 1210/2003 (ABl. L 169 v. 08.07.2003, S. 6), Art. 4; Iran: VO (EU) Nr. 267/2012, (ABl. L 88 v. 24.03.2012, S. 1), Art. 23; VO (EU) Nr. 359/2011 (ABl. L 100 v. 14.04.2011, S. 1), Art. 2; Kongo: VO (EG) Nr. 1183/2005 (ABl. L 193 vom 23.7.2005, S. 1), Art. 2; Liberia: VO (EG) Nr. 872/2004 (ABl. L 162 vom 30.4.2004, S. 32), Art. 2; Nordkorea: VO (EG) Nr. 329/2007 (ABl. L 88 vom 29.3.2007, S. 1), Art. 6; Sudan: VO (EG) Nr. 1184/2005 (ABl. L 193 vom 23.7.2005, S. 9), Art. 2; Somalia: VO (EU) Nr. 356/2010 (ABl. L 105 v. 27.04.2010, S. 1), Art. 2; Libyen: VO (EU) Nr. 204/2011 (ABl. L 58 v. 03.03.2011, S. 1), Art. 5; Taliban: VO (EU) Nr. 753/2011 (ABl. L 199 v.

sind in den verschiedenen Umsetzungsverordnungen meist wortgleich definiert. „Gelder" sind demnach „finanzielle Vermögenswerte oder wirtschaftliche Vorteile jeder Art einschließlich von – aber nicht beschränkt auf – Bargeld, Schecks, Geldforderungen, Wechsel, Geldanweisungen oder andere Zahlungsmittel, Guthaben bei Finanzinstituten oder anderen Einrichtungen, Guthaben auf Konten, Schulden und Schuldverschreibungen, öffentlich und privat gehandelte Wertpapiere und Schuldtitel einschließlich Aktien und Anteilen, Wertpapierzertifikate, Obligationen, Schuldscheine, Optionsscheine, Pfandbriefe, Derivate; Zinserträge, Dividenden oder andere Einkünfte oder Wertzuwächse aus Vermögenswerten; Kredite, Rechte auf Verrechnung, Bürgschaften, Vertragserfüllungsgarantien oder andere finanzielle Zusagen; Akkreditive, Konnossemente, Sicherungsübereignungen, Dokumente zur Verbriefung von Anteilen an Fondsvermögen oder anderen Finanzressourcen und jedes andere Finanzierungsinstrument für Ausfuhren".[471] Unter „Wirtschaftliche Ressourcen" sind „Vermögenswerte jeder

---

02.08.2011, S. 1), Art. 3; Ägypten: VO (EU) Nr. 270/2011 (ABl. L 76 v. 22.03.2011, S. 4), Art. 2; Belarus: VO (EG) Nr. 765/2006 (ABl. L 134 vom 20.5.2006, S. 1), Art. 2; Birma: VO (EG) Nr. 194/2008 (ABl. L 66 vom 10.3.2008, S. 1), Art. 11; Guinea: VO (EU) Nr. 1284/2009 (ABl. L 346 v. 23.12.2009, S. 26), Art. 6; Simbabwe: VO (EG) Nr. 314/2004 (ABl. L 55 vom 24.2.2004, S. 1), Art. 6; Syrien: VO (EU) Nr. 36/2012 (ABl. L 16 v. 19.01.2012, S. 1), Art. 14; Tunesien: VO (EU) Nr. 101/2011 (ABl. L 31 v. 05.02.2011, S. 1), Art. 2; Terrorismus: VO (EG) Nr. 2580/2001 (ABl. L 344 vom 28.12.2001, S. 70), Art. 2; Jugoslawien (allein Gelder): VO (EG) 2488/2000 (ABl. L 287 vom 14.11.2000, S. 19), Art. 1 Abs. 1, 2.

471 Al-Qaida: VO (EG) Nr. 881/2002 (ABl. L 139 vom 29.5.2002, S. 9), Art. 1 Nr. 1; Elfenbeinküste: VO (EG) Nr. 560/2005 (ABl. L 95 vom 14.4.2005, S. 1), Art. 1 Nr. 2; Hariri: VO (EG) Nr. 305/2006 (ABl. L 51 vom 22.2.2006, S. 1), Art. 1 Nr. 2; Irak: VO (EG) Nr. 1210/2003 (ABl. L 169 vom 8.7.2003, S. 6), Art. 1 Nr. 2; Iran: VO (EU) Nr. 267/2012, (ABl. L 88 v. 24.03.2012, S. 1), Art. 1 lit. l; VO (EU) Nr. 359/2011 (ABl. L 100 v. 14.04.2011, S. 1), Art. 1 lit. a; Kongo: VO (EG) Nr. 1183/2005 (ABl. L 193 vom 23.7.2005, S. 1), Art. 1 Nr. 2; Liberia: VO (EG) Nr. 872/2004 (ABl. L 162 vom 30.4.2004, S. 32), Art. 1 Nr. 2; Nordkorea: VO (EG) Nr. 329/2007 (ABl. L 88 vom 29.3.2007, S. 1), Art. 1 Nr. 4; Sudan: VO (EG) Nr. 1184/2005 (ABl. L 193 vom 23.7.2005, S. 9), Art. 1 Nr. 2; Somalia: VO (EU) Nr. 356/2010 (ABl. L 105 v. 27.04.2010, S. 1), Art. 1 lit. a; Libyen: VO (EU) Nr. 204/2011 (ABl. L 58 v. 03.03.2011, S. 1), Art. 1 lit. a; Taliban: VO (EU) Nr. 753/2011 (ABl. L 199 v. 02.08.2011, S. 1), Art. 1 lit. a; Ägypten: VO (EU) Nr. 270/2011 (ABl. L 76 v. 22.03.2011, S. 4), Art. 1 lit. a; Belarus: VO (EG) Nr. 765/2006 (ABl. L 134 vom 20.5.2006, S. 1), Art. 1 Nr. 1; Birma: VO (EG) Nr. 194/2008 Art. 1 lit. e; ICTY: VO (EG) Nr. 1763/2004 (ABl. L 315 vom 14.10.2004, S. 14), Art. 1 Nr. 1; Guinea: VO (EU) Nr. 1284/2009 (ABl. L 346 v. 23.12.2009, S. 26), Art. lit. a; Simbabwe: VO (EG) Nr. 314/2004 (ABl. L 55 vom 24.2.2004, S. 1), Art. 1

Art zu verstehen, unabhängig davon, ob sie materiell oder immateriell und beweglich oder unbeweglich sind, die keine Gelder sind, aber für den Erwerb von Geldern, Waren oder Dienstleistungen verwendet werden können".[472] Erfasst sind damit in erster Linie Sacheigentum und private Forderungsrechte sowie andere Rechte, die den gelisteten Personen privatrechtlich ausschließlich zugeordnet sind.[473]

2. Beeinträchtigung

Der EuGH differenziert hinsichtlich möglicher Beeinträchtigungen des Eigentums zwischen der Entziehung und Nutzungsbeschränkung und stellt

---

lit. b; Syrien: VO (EU) Nr. 36/2012 (ABl. L 16 v. 19.01.2012, S. 1), Art. 1 lit. j; Tunesien: VO (EU) Nr. 101/2011 (ABl. L 31 v. 05.02.2011, S. 1), Art. 1 lit. a; Terrorismus: VO (EG) Nr. 2580/2001 Art. 1 Nr. 1 (zusammenfassende Definition); Jugoslawien (allein Gelder): VO (EG) Nr. 2488/2000 (ABl. L 287 vom 14.11.2000, S. 19), Art. 1 Abs. 3 1. Spiegelstrich.

472 Al-Qaida: VO (EG) Nr. 881/2002 (ABl. L 139 vom 29.5.2002, S. 9), Art. 1 Nr. 2; Elfenbeinküste: VO (EG) Nr. 560/2005 (ABl. L 95 vom 14.4.2005, S. 1), Art. 1 Nr. 4; Hariri: VO (EG) Nr. 305/2006 (ABl. L 51 vom 22.2.2006, S. 1), Art. 1 Nr. 4; Irak: VO (EG) Nr. 1210/2003 (ABl. L 169 vom 8.7.2003, S. 6) (ABl. L 169 vom 8.7.2003, S. 6), Art. 1 Nr. 3; Iran: VO (EU) Nr. 267/2012, (ABl. L 88 v. 24.03.2012, S. 1), Art. 1 lit. h; VO (EU) Nr. 359/2011 (ABl. L 100 v. 14.04.2011, S. 1), Art. 1 lit. c; Kongo: VO (EG) Nr. 1183/2005 (ABl. L 193 vom 23.7.2005, S. 1), Art. 1 Nr. 4; Liberia: VO (EG) Nr. 872/2004 (ABl. L 162 vom 30.4.2004, S. 32), Art. 1 Nr. 4; Nordkorea: VO (EG) Nr. 329/2007 (ABl. L 88 vom 29.3.2007, S. 1), Art. 1 Nr. 6; Sudan: VO (EG) Nr. 1184/2005 (ABl. L 193 vom 23.7.2005, S. 9), Art. 1 Nr. 4; Somalia: VO (EU) Nr. 356/2010 (ABl. L 105 v. 27.04.2010, S. 1), Art. 1 lit. c; Libyen: VO (EU) Nr. 204/2011 (ABl. L 58 v. 03.03.2011, S. 1), Art. 1 lit. c; Taliban: VO (EU) Nr. 753/2011 (ABl. L 199 v. 02.08.2011, S. 1), Art. 1 lit. c; Ägypten: VO (EU) Nr. 270/2011 (ABl. L 76 v. 22.03.2011, S. 4), Art. 1 lit. c; Belarus: VO (EG) Nr. 765/2006 (ABl. L 134 vom 20.5.2006, S. 1), Art. 1 Nr. 3; Birma: VO (EG) Nr. 194/2008 (ABl. L 66 vom 10.3.2008, S. 1), Art. 1 lit. g; Guinea: VO (EU) Nr. 1284/2009 (ABl. L 346 v. 23.12.2009, S. 26), Art. 1 lit. c; Simbabwe: VO (EG) Nr. 314/2004 (ABl. L 55 vom 24.2.2004, S. 1), Art. 1 lit. d; Syrien: VO (EU) Nr. 36/2012 (ABl. L 16 v. 19.01.2012, S. 1), Art. 1 lit. f; Tunesien: VO (EU) Nr. 101/2011 (ABl. L 31 v. 05.02.2011, S. 1), Art. 1 lit. c; Terrorismus: VO (EG) Nr. 2580/2001 (ABl. L 344 vom 28.12.2001, S. 70), Art. 1 Nr. 1 (zusammenfassende Definition).

473 So im Ergebnis auch Bartelt/Zeitler, EuZW 2003, S. 712, 715; Ress, Handelsembargo, S. 365; Ohler, EuR 2006, S. 848, 850; vgl. auch EuGH, Rs. C-117/06, Möllendorf, Slg. 2007, I-8361 Rn. 46; s. hierzu ausführlich Meyer/Macke, HRRS 2007, S. 445, 447ff.

unterschiedlich hohe Anforderungen an deren Rechtfertigung.[474] Er grenzt beide Beeinträchtigungsformen grundsätzlich formal voneinander ab und stellt als Kriterium auf den Zweck der Maßnahme ab. Bezweckt eine Maßnahme eine Beschränkung der Nutzung, handelt es sich um eine Nutzungsbeschränkung. Ist sie darauf gerichtet, dem Eigentümer die Rechtsposition zu entziehen, liegt dagegen eine Enteignung vor. Auf ihre Wirkung kommt es dagegen nicht an.[475] In allen Sanktionsregimen, in denen Finanzsanktionen genutzt werden, ist als restriktive Maßnahme das „Einfrieren von Geldern und wirtschaftlichen Ressourcen" angeordnet. Gemäß den inhaltlich gleichlautenden Legaldefinitionen in den Umsetzungsverordnungen ist hierunter „die Verhinderung jeglicher Form der Bewegung, des Transfers, der Veränderungen und der Verwendung von Geldern sowie des Zugangs zu ihnen oder ihres Einsatzes, wodurch das Volumen, die Höhe, die Belegenheit, das Eigentum, der Besitz, die Eigenschaften oder die Zweckbestimmung der Gelder verändert oder sonstige Veränderungen bewirkt werden, die eine Nutzung der Gelder einschließlich der Vermögensverwaltung ermöglichen" bzw. „die Verhinderung der Verwendung der wirtschaftlichen Ressourcen für den Erwerb von Geldern, Waren oder Dienstleistungen, die auch den Verkauf, das Vermieten oder das Verpfänden dieser Ressourcen einschließt, sich aber nicht darauf beschränkt" zu verstehen.[476] Im Falle des

474 Heselhaus, in: Heselhaus/Nowak, Hdb. EU-Grundrechte, § 32 Rn. 65; Müller-Michaels, Grundrechtlicher Eigentumsschutz in der Europäischen Union, S. 44ff.

475 Heselhaus, in: Heselhaus/Nowak, Hdb. EU-Grundrechte, § 32 Rn. 68.

476 Al-Qaida: VO (EG) Nr. 881/2002 (ABl. L 139 vom 29.5.2002, S. 9), Art. 1 Nr. 3, 4; Elfenbeinküste: VO (EG) Nr. 560/2005 (ABl. L 95 vom 14.4.2005, S. 1), Art. 1 Nr. 3, 5; Hariri: VO (EG) Nr. 305/2006 (ABl. L 51 vom 22.2.2006, S. 1), Art. 1 Nr. 3, 5; Irak: VO (EG) Nr. 1210/2003 (ABl. L 169 vom 8.7.2003, S. 6), Art. 1 Nr. 3, 5; Iran: VO (EU) Nr. 267/2012, (ABl. L 88 v. 24.03.2012, S. 1), Art. 1 lit. j, k; VO (EU) Nr. 359/2011 (ABl. L 100 v. 14.04.2011, S. 1), Art. 1 lit. b, d; Kongo: VO (EG) Nr. 1183/2005 (ABl. L 193 vom 23.7.2005, S. 1), Art. 1 Nr. 3, 5; Liberia: VO (EG) Nr. 872/2004 (ABl. L 162 vom 30.4.2004, S. 32), Art. 1 Nr. 3, 5; Libyen: VO (EU) Nr. 204/2011 (ABl. L 58 v. 03.03.2011, S. 1), Art. 1 lit. b, d; Nordkorea: VO (EG) Nr. 329/2007 (ABl. L 88 vom 29.3.2007, S. 1), Art. 1 Nr. 5, 7; Somalia: VO (EU) Nr. 356/2010 (ABl. L 105 v. 27.04.2010, S. 1), Art. 1 lit. b, d; Sudan: VO (EG) Nr. 1184/2005 (ABl. L 193 vom 23.7.2005, S. 9), Art. 1 Nr. 3, 5; Taliban: VO (EU) Nr. 753/2011 (ABl. L 199 v. 02.08.2011, S. 1), Art. 1 lit. b, d; Ägypten: VO (EU) Nr. 270/2011 (ABl. L 76 v. 22.03.2011, S. 4), Art. 1 lit. b, d; Belarus: VO (EG) Nr. 765/2006 (ABl. L 134 vom 20.5.2006, S. 1), Art. 1 Nr. 2, 4; Birma: VO (EG) Nr. 194/2008 (ABl. L 66 vom 10.3.2008, S. 1), Art. 1 lit. f, h; Guinea: VO (EU) Nr. 1284/2009 (ABl. L 346 v. 23.12.2009, S. 26), Art. 1 lit. e, g; Simbabwe: VO (EG) Nr. 314/2004 (ABl. L 55 vom 24.2.2004, S. 1), Art. 1 lit. c, e; Syrien: VO (EU) Nr. 36/2012 (ABl. L 16 v. 19.01.2012,

„Einfrierens" wird folglich die rechtliche Zuordnung der betroffenen Rechtsposition nicht angetastet. Obwohl die Verfügungsbefugnis der betroffenen Personen auf unbestimmte Dauer beschränkt ist, besitzt sie dennoch nur temporären Charakter, da die EU-Organe die Maßnahmen in regelmäßigen Abständen überprüfen und eine Aufhebung jederzeit möglich ist.[477] Zudem stehen den Betroffenen auch während der Dauer der restriktiven Maßnahmen die Nutzungen aus den betroffenen Rechtspositionen zu.[478] Dies zeigt, dass durch die Maßnahmen gerade kein Entzug des Eigentums bezweckt wird. Es handelt sich daher nicht um eine Eigentumsentziehung, sondern um eine Nutzungsbeschränkung.[479]

S. 1), Art. 1 lit. h, i; Tunesien: VO (EU) Nr. 101/2011 (ABl. L 31 v. 05.02.2011, S. 1), Art. 1 lit. b, d; Terrorismus: VO (EG) Nr. 2580/2001 (ABl. L 344 vom 28.12.2001, S. 70), Art. 1 Nr. 2; Jugoslawien (allein Gelder): VO (EG) Nr. 2488/2000 (ABl. L 287 vom 14.11.2000, S. 19), Art. 1 Abs. 3 2. Spiegelstrich.

477 Recker, GöJIL 2009, S. 159, 170; Ohler, EuR 2006, S. 848, 849.

478 Al-Qaida: VO (EG) Nr. 881/2002 (ABl. L 139 vom 29.5.2002, S. 9), Art. 2a Abs. 4; Elfenbeinküste: VO (EG) Nr. 560/2005 (ABl. L 95 vom 14.4.2005, S. 1), Art. 6; Hariri: VO (EG) Nr. 305/2006 (ABl. L 51 vom 22.2.2006, S. 1), Art. 3 Abs. 3; Irak: VO (EG) Nr. 1210/2003 (ABl. L 169 vom 8.7.2003, S. 6), Art. 5; Iran: VO (EU) Nr. 267/2012, (ABl. L 88 v. 24.03.2012, S. 1), Art. 29 Abs. 2; VO (EU) Nr. 359/2011 (ABl. L 100 v. 14.04.2011, S. 1), Art. 6 Abs. 1; Kongo: VO (EG) Nr. 1183/2005 (ABl. L 193 vom 23.7.2005, S. 1), Art. 5 Abs. 1; Liberia: VO (EG) Nr. 872/2004 (ABl. L 162 vom 30.4.2004, S. 32), Art. 6; Libyen: VO (EU) Nr. 204/2011 (ABl. L 58 v. 03.03.2011, S. 1), Art. 9 Abs. 1; Nordkorea: VO (EG) Nr. 329/2007 (ABl. L 88 vom 29.3.2007, S. 1), Art. 9 Abs. 2; Somalia: VO (EU) Nr. 356/2010 (ABl. L 105 v. 27.04.2010, S. 1), Art. 3 Abs. 1; Sudan: VO (EG) Nr. 1184/2005 (ABl. L 193 vom 23.7.2005, S. 9), Art. 5 Abs. 1; Taliban: VO (EU) Nr. 753/2011 (ABl. L 199 v. 02.08.2011, S. 1), Art. 6 Abs. 1; Ägypten: VO (EU) Nr. 270/2011 (ABl. L 76 v. 22.03.2011, S. 4), Art. 6 Abs. 1; Belarus: VO (EG) Nr. 765/2006 (ABl. L 134 vom 20.5.2006, S. 1), Art. 4; Birma: VO (EG) 194/2008 (ABl. L 66 vom 10.3.2008, S. 1), Art. 12; Guinea: VO (EU) Nr. 1284/2009 (ABl. L 346 v. 23.12.2009, S. 26), Art. 10 Abs. 2; Simbabwe: VO (EG) Nr. 314/2004 (ABl. L 55 vom 24.2.2004, S. 1), Art. 7 Abs. 2; Syrien: VO (EU) Nr. 36/2012 (ABl. L 16 v. 19.01.2012, S. 1), Art. 19 Abs. 1; Tunesien: VO (EU) Nr. 101/2011 (ABl. L 31 v. 05.02.2011, S. 1), Art. 6 Abs. 1; Terrorismus: VO (EG) Nr. 2580/2001 (ABl. L 344 vom 28.12.2001, S. 70), Art. 5 Abs. 1; Jugoslawien (allein Gelder): VO (EG) Nr. 2488/2000 (ABl. L 287 vom 14.11.2000, S. 19), Art. 1 Abs. 3 2. Spiegelstrich a. E.

479 Vgl. auch Aust/Naske, ZÖR 2006, S. 587, 613f., Kämmerer, EuR 2008 Beiheft 1, S. 65, 82; Recker, GöJIL 2009, S. 159, 170; Ohler, EuR 2006, S. 848, 849; kritisch Cameron, NJIL 2003, S. 159, 189.

3. Rechtfertigung

Die Eigentumsfreiheit besitzt gegenüber anderen Rechtsgütern keinen absoluten Vorrang. Eine Nutzungsbeschränkung kann daher unter gewissen Voraussetzungen gerechtfertigt sein.

a) Gesetzliche Grundlage

Voraussetzung hierfür ist zunächst die Existenz einer gesetzlichen Grundlage. Als solche gelten alle verbindlichen allgemeingültigen Rechtsinstrumente gemäß Art. 288 AEUV (Art. 249 EG).[480] Ein Instrument in diesem Sinne ist damit auch die Verordnung, in deren Form die Nutzungsbeschränkungen ergehen.

b) Öffentliches Interesse

Weitere Voraussetzung ist ein öffentliches Interesse an der Nutzungsbeschränkung. Ein solches existiert mit Blick auf die gesellschaftliche und soziale Funktion des Eigentums, sofern die Beschränkung einem primärrechtlich anerkannten Ziel des Allgemeinwohls dient.[481] Zu diesen Zielen zählt die Rechtsprechung u. a. die Einhaltung völkerrechtlicher Verpflichtungen der Union und der Mitgliedstaaten[482] sowie den Schutz des Friedens.[483] Diese Voraussetzung ist damit im Falle der hier untersuchten Sanktionen erfüllt. Die EU verfolgt mit dem Erlass bzw. der Umsetzung der Finanzsanktionen das Ziel, den Weltfrieden und die internationale Sicherheit vor bestimmten Bedrohungen zu schützen. Im Falle der UN-Sanktionsregime erfüllt die EU durch den Erlass der Sanktionsverordnungen gleichzeitig aber auch die völkerrechtlichen Verpflichtungen ihrer Mitgliedstaaten, die sich aus den o. g. Sicherheitsratsbeschlüssen in Verbindung mit Art. 25 UN-Charta ergeben.

---

480 EuGH, Rs. 44/79, *Hauer*, Slg. 1979, 3727 Rn. 20; Heselhaus in: Heselhaus/Nowak, Hdb. EU-Grundrechte, § 32 Rn. 78; Müller-Michaels, Grundrechtlicher Eigentumsschutz in der Europäischen Union, S. 48; Jarass, EU-Grundrechte, § 22 Rn. 28.

481 Heselhaus in Heselhaus/Nowak, Hdb. EU-Grundrechte, § 32 Rn. 79; Jarass, EU-Grundrechte, § 22 Rn. 29; Müller-Michaels, Grundrechtlicher Eigentumsschutz in der Europäischen Union, S. 48.

482 EuGH, Rs. C-200/96, *Metronome Musik/Music Point*, Slg. 1998, I-1953 Rn. 25.

483 EuGH, Rs. C-84/95, *Bosphorus*, Slg. 1996, I-3953 Rn. 25; EuG, Rs. T-184/95, *Dorsch Consult*, Slg. 1998, II-667 Rn. 87f.

c) Verhältnismäßigkeit

Schließlich wahren die angeordneten Nutzungsbeschränkungen auch die Schranke der Verhältnismäßigkeit.[484] Sowohl der Schutz des Weltfriedens und der internationalen Sicherheit als auch die Erfüllung völkerrechtlicher Verpflichtungen ihrer Mitgliedstaaten sind legitime Ziele, die die Union verfolgen darf. Ersteres ist sogar ausdrücklich in Art. 3 Abs. 5, 21 Abs. 2 c EUV (Art. 11 EU a. F.) als Ziel genannt. An der Geeignetheit der Finanzsanktionen bestehen insoweit keine Zweifel, als den Akteuren, die mit ihrem Verhalten den Weltfrieden bedrohen, die finanzielle Grundlage entzogen wird und ihnen somit die Fortsetzung dieses Verhaltens erschwert bzw. unmöglich gemacht wird. Dies gilt allerdings nur, sofern die betroffenen Personen tatsächlich zur Gefährdung des Weltfriedens und der internationalen Sicherheit beitragen. Mildere, zumindest gleichwirksame Mittel existieren nicht. Schließlich liegt der Verhängung von individuellen Finanzsanktionen gerade die Erkenntnis zugrunde, dass allgemeine, gegen Staaten gerichtete Handelsembargen wenig effektiv, die negativen Auswirkungen auf die unbeteiligte Zivilbevölkerung jedoch massiv sind. Die Finanzsanktionen treffen nun aber gerade Personen, die durch ihr Verhalten zu einer Bedrohung des Weltfriedens und der internationalen Sicherheit beigetragen haben. Zwar wird diesen Personen die Nutzungen ihres Eigentums vollständig entzogen, doch sind der Weltfrieden und die internationale Sicherheit, zu deren Schutz die Finanzsanktionen ergehen, zwei der höchsten, wenn nicht die höchsten Güter der Menschheit. Aufgrund ihres hohen Gewichts sind daher auch sehr intensive Grundrechtsbeschränkungen, zu denen beispielsweise auch eine vollständige Nutzungsentziehung zu zählen ist, gerechtfertigt. Berücksichtigt man daneben die Existenz der oben erwähnten humanitären Ausnahmenregelungen so ist die vorliegende Maßnahme noch nicht als außer Verhältnis stehend und unangemessen anzusehen.[485]

Der EuGH hat diese Form der Sanktion in der Rechtssache *Kadi* ebenfalls als verhältnismäßig gebilligt[486] und damit seine bisherige Rechtsprechung zu restriktiven Maßnahmen, die in Umsetzung von Resolutionen des UN-Sicherheitsrates ergingen, konsequent fortgesetzt. So hatte er Eingriffe in das

484 Siehe zur Verhältnismäßigkeit: Müller-Michaels, Grundrechtlicher Eigentumsschutz in der Europäischen Union, S. 49; Heselhaus, in: Heselhaus/Nowak, Hdb. EU-Grundrechte, § 32 Rn. 82ff.; Jarass, EU-Grundrechte, § 22 Rn. 30.

485 So auch Meyer, ZEuS, S. 1, 17; ders., eucrim 2008, S. 81, 86; Hörmann, AVR 2006, S. 267, 298; vgl. auch Aust/Naske, ZÖR 2006, S. 587, 621; Gutherie, NYU Annual Survey of American Law 2005, S. 491, 500ff.

486 EuGH, verb. Rs. C-402/05 P u. C-415/05 P, *Kadi und Al Barakaat International Foundation*, Slg. I-6351, Rn. 360ff.

Grundrecht auf Eigentum von Personen, die durch ihr Verhalten nicht zurechenbar zur Bedrohung des Weltfriedens beigetragen haben, sondern hiervon nur wegen eines generellen Handelsembargos betroffen waren, angesichts der Bedeutung der zu verwirklichenden Ziele des Weltfriedens und der internationalen Sicherheit als verhältnismäßig angesehen.[487] Erst recht muss dies dann für Eingriffe in das Eigentum der Akteure gelten, die durch ihr Verhalten zur Friedensbedrohung zurechenbar beitragen.

4. Ergebnis

Die Finanzsanktionen beschränken die Nutzung des Eigentums. Diese Beschränkung liegt im öffentlichen Interesse und ist verhältnismäßig, sofern die betroffene Person oder Einrichtung durch ihr Verhalten eine Friedensbedrohung darstellt. Kommt es dagegen zu einer Listung, obwohl die entsprechende Person oder Einrichtung keine Friedensbedrohung darstellt, ist die Beschränkung unverhältnismäßig und damit rechtswidrig. Ein Verstoß gegen die Eigentumsfreiheit hängt damit von der Richtigkeit der Listung im Einzelfall ab.

III. Recht auf Leben

Nicht nur in einigen Verfahren vor den europäischen Gerichten ist der vollständige Entzug der finanziellen Lebensgrundlage als Verletzung des Rechts auf Leben (Art. 2 Abs. 1 GrCh) beanstandet worden[488], sondern auch Stimmen in der Literatur haben eine solche Verletzung in Erwägung gezogen.[489] Die EU selbst greift jedoch nicht unmittelbar auf die Finanzmittel der Betroffenen zu. Sie fordert lediglich von Dritten, den Betroffenen keine finanziellen Mittel mehr zur Verfügung zu stellen. Das Recht auf Leben begründet indes nicht nur ein Abwehrrecht, sondern auch eine Schutzpflicht gegenüber dem menschlichen Leben. Die EU muss als Grundrechtsverpflichtete gewährleisten, dass Personen der absolut notwendige Lebensunterhalt zur Verfügung steht.[490] Hierfür muss sie einen verfahrensrechtlichen Rahmen schaffen.[491] Dies haben Sicherheitsrat und

---

487 EuGH, Rs. C-84/95, *Bosphorus*, Slg. 1996, I-3953 Rn. 22f.

488 EuG, Rs. T-47/03 R, *Sison*, Slg. 2003, II-2047 Rn. 86.

489 Cameron, NJIL 2003, S. 159, 188.

490 EGMR Nr. 19872/02, Vasilenkov, Rn. 18; Meyer-Ladewig, EMRK, Art. 2 Rn. 7a.

491 Meyer-Ladewig, EMRK, Art. 2 Rn. 7d.

EU-Rat zwischenzeitlich in nahezu sämtlichen Sanktionsregimen[492] getan. In den Sanktionsregimen wurden Ausnahmen von dem vollständigen Einfrieren der Vermögenswerte aus humanitären Gründen zugelassen und ein entsprechendes Antragsverfahren eingerichtet.[493] Danach können die Betroffenen Ausnahmen für Gelder und wirtschaftliche Ressourcen beantragen, die u. a. zur Bestreitung ihres Lebensunterhaltes und zur Deckung etwaiger Rechtsberatungskosten dienen. Ein Verlust der finanziellen Lebensgrundlage droht den Betroffenen daher

---

492 Lediglich das Sanktionsregime betreffend Irak enthält keine Ausnahmeregelung.

493 Al-Qaida: S/RES/1452 (2002) Ziff. 1, VO (EG) Nr. 881/2002 (ABl. L 139 vom 29.5.2002, S. 9), Art. 2a; Elfenbeinküste: S/RES/1572 (2004) Ziff. 12, VO (EG) Nr. 560/2005 (ABl. L 95 vom 14.4.2005, S. 1) Art. 3; Hariri: S/RES/1636 (2005) Annex Ziff. 2 (ii), VO (EG) Nr. 305/2006 (ABl. L 51 vom 22.2.2006, S. 1) Art. 3 Abs. 1; Iran: S/RES/1737 (2006), Ziff. 13, VO (EU) Nr. 267/2012, (ABl. L 88 v. 24.03.2012, S. 1), Art. 26; VO (EU) Nr. 359/2011 (ABl. L 100 vom 14.4.2011, S. 1), Art. 4; Kongo: S/RES/1807 (2008) Ziff. 12, VO (EG) Nr. 1183/2005 (ABl. L 193 vom 23.7.2005, S. 1), Art. 3; Liberia: S/RES/1532 (2004) Ziff. 2, VO (EG) Nr. 872/2004 (ABl. L 162 vom 30.4.2004, S. 32), Art. 3; Libyen: S/RES/1970 (2011) Ziff. 19; VO (EU) Nr. 204/2011 (ABl. L 58 vom 3.3.2011, S. 1), Art. 7; Nordkorea: S/RES/1718 (2006) Ziff. 9, VO (EG) Nr. 329/2007 (ABl. L 88 vom 29.3.2007, S. 1), Art. 7; Sudan: S/RES/1591 (2005) Ziff. 3 lit. g, VO (EG) Nr. 1184/2005 (ABl. L 193 vom 23.7.2005, S. 9), Art. 3; Somalia: S/RES/1844 (2008) Ziff. 4; S/RES/1907 (2009) Ziff. 14; VO (EU) Nr. 356/2010 (ABl. L 105 vom 27.4.2010, S. 1), Art. 5; Taliban: S/RES/1988 (2011) Ziff. 9; Ägypten: Ratsbeschluss 2011/172/GASP (ABl. L 76 vom 22.3.2011, S. 1), Art. 1 Abs. 3; VO (EU) Nr. 270/2011 (ABl. L 76 vom 22.3.2011, S. 5), Art. 4; Belarus: Ratsbeschluss 2010/639/GASP (ABl. L 280 vom 26.10.2010, S. 18), Art. 3; VO (EG) Nr. 765/2006 (ABl. L 134 vom 20.5.2006, S. 1), Art. 3; Birma: Gemeinsamer Standpunkt 2006/318/GASP (ABl. L 116 v. 29.4.2006, S. 77), VO (EG) Nr. 194/2008 (ABl. L 66 vom 10.3.2008, S. 1), Art. 13; Bosnien-Herzegowina: Ratsbeschluss 2011/173/GASP (ABl. L 76 vom 22.3.2011, S. 68), Art. 2 Abs. 3; eine Verordnung ist bislang nicht ergangen; Jugoslawien: VO (EG) Nr. 2488/2000 (ABl. L 287 vom 14.11.2000, S. 19), Art. 4 Abs. 2; Guinea: Ratsbeschluss 2010/638/GASP (ABl. L 280 vom 26.10.2010, S. 10), Art. 4 Abs. 3; VO (EU) Nr. 1284/2009 (ABl. L 346 vom 23.12.2009, S. 26), Art. 8; Simbabwe: Ratsbeschluss 2011/101/GASP (ABl. L 42 vom 16.2.2011, S. 6), Art. 5 Abs. 3; VO (EG) Nr. 314/2004 (ABl. L 55 v. 24.2.2004, S. 1), Art. 7; Syrien: Ratsbeschluss 2011/782/GASP (ABl. L 319 vom 2.12.2012, S. 56), Art. 19 Abs. 3; VO (EU) Nr. 36/2012 (ABl. L 16 v. 19.01.2012, S. 1), Art. 16; Tunesien: Ratsbeschluss 2011/72/GASP (ABl. L 28 vom 2.2.2011, S. 62), Art. 1 Abs. 3; VO (EU) Nr. 101/2011 (ABl. L 28 vom 2.2.2011, S. 1), Art. 4; Terrorismus: VO (EG) Nr. 2580/2001 (ABl. L 344 v. 28.12.2001, S. 70), Art. 5.

nicht mehr, so dass ihr Recht auf Leben durch die Finanzsanktionen nicht mehr beeinträchtigt wird.[494]

IV. Menschenwürde

Aus diesem Grunde liegt auch kein Verstoß gegen die Menschenwürde der Betroffenen vor. Die eingeführten humanitären Ausnahmetatbestände zeigen, dass die Betroffenen als Menschen und nicht lediglich Objekte angesehen werden. Eine erniedrigende Behandlung liegt deshalb nicht mehr vor.[495]

V. Verteidigungsrechte

Die Betroffenen machen daneben regelmäßig auch eine Verletzung ihrer Verteidigungsrechte geltend.[496]

1. Anspruch auf rechtliches Gehör

a) Gewährleistungsbereich

Den Anspruch auf rechtliches Gehör gemäß Art. 41 Abs. 2 lit. b GrCh zählt der EuGH bereits seit 1974 zu den allgemeinen Rechtsgrundsätzen der Gemeinschaft bzw. Union und neuerdings auch zu den Grundrechten.[497] Er steht demjenigen zu, der von einer individuellen Maßnahme der Unionsorgane beschwert ist.[498] Zwar

---

494 So auch Meerpohl, Individualsanktionen des Sicherheitsrates, S. 225f.; Bartelt/Zeitler, EuZW 2003, S. 712, 716; Tomuschat, CMLRev. 2006, S. 537, 548.

495 EuG, Rs. T-306/01, *Yusuf*, Slg. 2005, II-3533 Rn. 291; Schulte, Der Schutz individueller Rechte gegen Terrorlisten, S. 268.

496 Siehe nur EuG, Rs. T-315/01, *Kadi*, Slg. 2005, II-3649, Rn. 139ff; Rs. T-228/02, *Organisation des Modjahedines du peuple d'Iran*, Slg. 2006, II-4665 Rn. 64ff.; EuG, Rs. T-181/08, *Tay Za*, Slg. 2010, S. 1965, Rn. 84f, 136f; auch jüngst EuGH, Rs. C-376/10 P, *Tay Za*, Rn. 27.

497 EuGH, Rs. 17/74, *Transocean Marine Paint*, Slg. 1974, 1063 Rn.15; EuGH, verb. Rs. C-204 u. a./00 P, *Aalborg Portland u. a.*, Slg. 2004, I-123 Rn. 64 m. w. N.

498 EuGH, Rs. C-135/92, *Fiskano*, Slg. 1994, I-2885 Rn. 39f; Nehl, in: Heselhaus/Nowak, Hdb. EU-Grundrechte, § 54 Rn. 2; v. Danwitz, Europäisches VwRecht, S. 260; Hegels, EG-Eigenverwaltungsrecht, S. 79f.; vgl. auch Art. 41 Abs. 2 1. Spiegelstrich GrCh.

gilt er grundsätzlich nicht bei Erlass von allgemeinverbindlichen Rechtsakten.[499] Der Charakter der Verordnung, in der die Einzelpersonen gelistet sind, ist aber nicht rein normativ. Er betrifft die jeweiligen Personen durch ihre namentliche Nennung zugleich auch unmittelbar und individuell[500] und beeinträchtigt sie in ihren rechtlich geschützten Eigentumsinteressen. Dies gilt auch für Personen, die im Rahmen von Sanktionen gegen ein Drittland betroffen sind. Es gibt keinen Grund nach dem Kontext zu differenzieren und terroristische Aktivitäten und Hilfe für totalitäre Regime unterschiedlich zu behandeln.[501] Die Beeinträchtigung ist auch auf die EU zurückzuführen. Im Falle der EU-Sanktionsregime ist dies unzweifelhaft der Fall, da die EU-Organe hier eine eigenständige Entscheidung treffen Es gilt aber ebenfalls für die UN-Sanktionsregime. Auch hier hat die EU nicht ausschließlich die Funktion eines „UN-Umsetzungsautomaten", sondern ihre Organe treffen bei der Umsetzung der UN-Sicherheitsratsbeschlüsse eine Entscheidung, die sich an den primärrechtlichen Vorgaben messen lassen muss.[502] Ferner ersetzt hier die Anhörung durch die Mitgliedstaaten im Rahmen des Delisting-Verfahrens des UN-Sicherheitsrates nicht die Anhörung durch die EU-Organe. Der Anspruch auf rechtliches Gehör muss von der Stelle gewährt werden, die zur Aufhebung des beschwerenden Aktes berechtigt ist. Zur Abänderung der Rechtsverordnung ist aber nur die EU, nicht aber der UN-Sicherheitsrat befugt.[503] Auch bei dieser Art von Sanktionsregimen müssen die betroffenen Personen daher grundsätzlich auf Unionsebene vor Erlass der Rechtsverordnung angehört werden.[504]

b) Rechtfertigung von Beeinträchtigungen

Der Anspruch auf rechtliches Gehör gilt allerdings nicht absolut. Er kann beschränkt werden, wenn der angestrebte Zweck der Maßnahme durch seine

---

499 EuGH, Rs. C-104/97 P, *Atlanta*, Slg. 1999, I-6983, Rn. 34ff.; EuG, Rs. T-521/93, *Atlanta u.a.*, Slg. 1996, II-1707 Rn. 70.

500 EuG, Rs. T-228/02, *Organisation des Modjahedines du peuple d'Iran*, Slg. 2006, II-4665 Rn. 98.

501 Schlussanträge des GA Mengozzi, EuGH C-376/10 P, *Tay Za*, Rn. 56f; a. A. EuG, Rs. T-181/08, *Tay Za*, Slg. 2010, II-1965, Rn. 120ff.

502 Siehe oben Kapitel 2; Ohler, EuR 2006, S. 848, 864f.; a. A. Kämmerer, EuR 2008 Beiheft 1, S. 65, 67.

503 Hörmann, AVR 2006, S. 267, 320.

504 EuGH, verb. Rs. 402/05 P u. 415/05 P, *Kadi und Al Barakaat International Foundation*, Slg. 2008, I-6351 Rn. 334; a. A. EuG, Rs. T-315/01, *Kadi*, Slg. 2005, II-3649, Rn. 258.

Gewährung gefährdet oder gar vereitelt würde.[505] Eine solche Gefahr besteht im Falle des „Einfrierens von Geldern und wirtschaftlichen Ressourcen". Teilte man den betroffenen Personen mit, dass man beabsichtigt, Finanzsanktionen gegen sie zu verhängen, wären sie gewarnt und würden ihre Vermögenswerte einem Zugriff entziehen.[506] Die Maßnahmen wären dadurch wirkungslos.

Diese Gefahr bestünde allerdings nicht im Falle einer nachträglichen Anhörung der Betroffenen[507], sofern diese nicht aufgrund des strafenden Charakters der Maßnahmen von vornherein unzulässig wäre. Denn die Sanktionsmaßnahmen scheinen aufgrund ihrer unbestimmten Dauer und des mit der Listung verbundenen Stigmas einen solchen Charakter für die betroffenen Personen zu besitzen.[508] Dieser Schein trügt jedoch. Wesensmerkmal der Finanzsanktionen ist ihr Sicherungscharakter, der auch in der vorläufigen Geltung zum Ausdruck kommt. Sie sollen präventiv zur Abwehr von Gefahren für den Weltfrieden und die internationale Sicherheit beitragen, indem friedensbedrohenden Personen und Einrichtungen das finanzielle Fundament entzogen wird.[509] Auch im Rahmen strafrechtlicher Ermittlungen gilt ihr Erlass nicht als Strafanklage.[510] Eine nachträgliche Anhörung der betroffenen Personen ist also im Falle der hier betrachteten Maßnahmen zulässig und erforderlich. Einschränkungen des Anspruchs auf rechtliches Gehör können sich dabei dadurch ergeben, dass er nur in Bezug auf die tatsächlichen und rechtlichen Umstände besteht, von denen

505 Schwarze, NJW 1986, S. 1067, 1072; ders., Europ. VerwaltungsR, S. 1279.

506 EuG, Rs. T-306/01, *Yusuf und Al Barakaat International Foundation*, Slg. 2005, II-3533 Rn. 308; Hörmann, AVR 2006, S. 267, 320; Meyer, ZEuS 2007, S. 1, 21; Bartelt/Zeitler, EuZW 2003, S. 712, 716; Tomuschat, CMLRev. 2006, S. 537, 549; ders, EuGRZ 2007, S. 1, 8; v. Arnauld, AVR 2006, S. 201, 211; a. A. Albin, ZRP 2004, S. 71, 73.

507 v. Arnauld, AVR 2006, S. 201, 211; Nettesheim, CMLRev. 2007, S. 567, 594.

508 Birkhäuser, UN-Sicherheitsratssanktionen gegen Individuen, S. 292; vgl. auch Cameron, NJIL 2003, S. 159, 171; Gutherie, NYU Annual Survey of American Law 2005, S. 491, 504f; EuG, Rs. T-85/09, *Kadi II*, Rn. 150.

509 EuG, Rs. T-390/08, *Bank Melli Iran*, nicht in amtl Slg., Rn. 111; Kämmerer, EuR 2008 Beiheft 1, S. 65, 82; Ohler, EuR 2006, S. 848, 851; Hörmann, EuR 2007, S. 120, 130; Fassbender, IOLR 2006, S. 437, 466f.; Brenneis/Schmalenbach, Rechtsschutz im UN-System, S. 129, 135f.; Gutherie, NYU Annual Survey of American Law 2005, S. 491, 506; Scholz, NVwZ 2009, S. 287, 289; kritisch Reich, YJIL 2008, S. 505, 507; a. A. De Wet, Chapter VII Powers, S. 353; Vennemann, in: Walter u. a, Terrorism as a Challenge, S. 216, 246.

510 Lysen, NJIL 2003, S. 291, 299; Meyer, ZEuS 2007, S. 1, 19f.; Gutherie, NYU Annual Survey of American Law 2005, S. 491, 505.

die Anwendung der betreffenden Maßnahme auf den Betroffenen gemäß der einschlägigen Regelung abhängt.[511] Darüber hinaus können zwingende Gründe der Sicherheit der Union und ihrer Mitgliedstaaten oder der Gestaltung ihrer internationalen Beziehungen der Mitteilung bestimmter zur Last gelegter Umstände und damit ihrer Anhörung entgegenstehen.[512] So kann unter Umständen auch eine nachträgliche Anhörung die Arbeitsweise der Geheimdienste offenlegen und ihre Agenten enttarnen.[513] Eine Verletzung des Anspruchs ist daher bei fehlender oder unzureichender Gelegenheit zur Stellungnahme gegeben, hängt aber von den konkreten Umständen des Einzelfalls ab.

2. Recht auf Begründung

a) Gewährleistungsbereich

Nach Ansicht der Rechtsprechung zählt die Begründungspflicht über Art. 296 Abs. 2 AEUV (Art. 253 EG) hinaus zu den Grundprinzipien des Unionsrechts.[514] Ihre Aufnahme in Art. 41 Abs. 2 lit. c GrCh bestätigt diese Sicht. Sie soll dem Betroffenen die Wahrnehmung seiner Rechte und dem Unionsrichter die Rechtskontrolle ermöglichen sowie den betroffenen Organen zur Selbstkontrolle dienen.[515] Dementsprechend muss die Begründung die Überlegungen, auf der die Entscheidung basiert, inhaltlich so präzise darlegen, dass eine betroffene Person ihre Rechtslage korrekt beurteilen und das Gericht die Rechtmäßigkeit der Entscheidung überprüfen kann.[516] Eine fehlende Begründung kann nicht

---

511 EuG, Rs. T-228/02, *Organisation des Modjahedines du peuple d'Iran*, Slg. 2006, II-4665 Rn. 115.

512 EuG, Rs. T-228/02, *Organisation des Modjahedines du peuple d'Iran*, Slg. 2006, II-4665 Rn. 133; Rs. T-306/01, *Yusuf und Al Barakaat International Foundation*, Slg. 2005, II-3533 Rn. 320; EGMR, Nr. 22414/93, Urteil v. 15.11.1996, *Chahal*, Rep. 1996-V, § 131; EGMR, Nr. 50/29, Urteil v. 06.09.1978, *Klass*, A 28, § 58.

513 EGMR, Nr. 50/29, Urteil v. 06.09.1978, *Klass*, A 28, § 58.

514 EuG, Rs. T-183/97 R, *Micheli*, Slg. 1997, II-1473, Rn. 56; Müller-Ibold, S. 53ff.; Heselhaus, in: Heselhaus/Nowak, Hdb. EU-Grundrechte, § 57 Rn. 55.

515 Heselhaus, in: Heselhaus/Nowak, Hdb. EU-Grundrechte, § 57 Rn. 56; Jarass, EU-Grundrechte, § 36 Rn. 24; Frenz, Hdb. EuropaR IV, Rn. 4578.

516 EuGH, Rs. C-228/99, *Silos e Mangimi Martini SpA*, Slg. 2001, I-8401 Rn. 27; Rs. C-41/00 P, *Interporc Im- und Export GmbH*, Slg. 2003, I-2125 Rn. 55; EuG, Rs. T-82/00, *BIC SA*, Slg. 2001, II-1241 Rn. 24; Jarass, EU-Grundrechte, § 36 Rn. 25.

während eines Gerichtsverfahrens geheilt werden.[517] Inhaltlich müssen die wesentlichen rechtlichen und tatsächlichen Erwägungen des erlassenden Organs enthalten sein, während sich ihr Umfang aus den konkreten Umständen des Einzelfalls ergibt.[518] Auch die Entscheidung der EU-Organe, gegen eine bestimmte Person oder Einrichtung Finanzsanktionen zu verhängen, muss daher wegen der individuellen und unmittelbaren Beschwer für die Betroffenen grundsätzlich begründet werden.

b) Rechtfertigung von Beeinträchtigungen

Eine fehlende Begründung führt allerdings nicht von vorneherein zu einer Verletzung der Begründungspflicht. Gleich dem Anspruch auf rechtliches Gehör gilt die Begründungspflicht nicht absolut, sondern auch sie kann eingeschränkt werden, wenn andernfalls das mit der Maßnahme verfolgte Ziel in Frage gestellt wäre.[519] Vor Erlass der Maßnahmen müssen die EU-Organe die Gründe für die Listung daher nicht mitteilen, da ansonsten das Überraschungsmoment verloren ginge. Die Zweckvereitelung rechtfertigt allerdings nur das Fehlen ihrer vorherigen, nicht jedoch ihrer nachträgliche Mitteilung.

Besondere Sicherheitsinteressen schließen ihre nachträgliche Begründung ebenfalls nicht aus. Gleich allen anderen Interessen genießt das Sicherheitsinteresse keinen absoluten Vorrang vor dem rechtsstaatlichen Begründungsinteresse, beide sind vielmehr durch Abwägung in angemessenen Ausgleich zu bringen.[520] Es kann daher nur eine Beschränkung des Umfangs bzw. eine besondere Form der Begründung, nicht jedoch ihr vollständiges Unterbleiben rechtfertigen.[521] Nicht ausreichend ist damit auch eine Begründung der EU-Organe, die allein die zusammengefassten und später auch im Internet veröffentlichten Gründe des

---

517 EuGH, Rs. 195/80, *Michel*, Slg. 1981, 2861, Rn. 22; EuG, Rs. T-228/02, *Organisation des Modjahedines du peuple d'Iran*, Slg. 2006, II-4665 Rn. 139.

518 Heselhaus, in: Heselhaus/Nowak, Hdb. EU-Grundrechte, § 57 Rn. 62f.; Jarass, EU-Grundrechte, § 36 Rn. 25f.; v. Danwitz, Europäisches VwRecht, S. 440; Frenz, Hdb. EuropaR IV, Rn. 4578f.

519 EuGH Rs. 16/65, *Schwarze*, Slg. 1965, 1152, 1167; Rs. 350/88, *Delacre u. a.*, Slg. 1990, I-395 Rn. 16; EuG Rs. T-333/00, *Rougemarine SARL*, Slg. 2002, II-2983 Rn. 44; Gellermann, in: Streinz, EUV/AEUV, Art. 296 AEUV Rn. 15.

520 Meyer, ZEuS 2007, S. 1, 22.

521 EuGH Rs. C-266/05, *Sison*, Slg. 2007, I-1233, Rn. 82; verb. Rs. 402/05 P u. 415/05 P, *Kadi und Al Barakaat International Foundation*, Slg. 2008, I-6351 Rn. 336ff.; EuG, Rs. T-228/02, *Organisation des Modjahedines du peuple d'Iran*, Slg. 2006, II-4665 Rn. 147f.

Sanktionsausschusses wiederholt. Hier fehlt es an der erforderlichen selbständigen Abwägung zwischen Begründungs- und Sicherheitsinteresse durch die EU-Organe.[522] Dagegen können sich die EU-Organe im Falle der Zusammenarbeit mit den Mitgliedstaaten in tatsächlicher Hinsicht auf deren Beurteilung verlassen und auf diese verweisen.[523] Eine Verletzung der Begründungspflicht liegt damit vor, wenn die EU-Organe den Erlass der Finanzsanktion gegenüber dem Betroffenen nicht bzw. nicht ausreichend begründen, was ebenfalls nur durch eine Einzelfallbetrachtung festgestellt werden kann.

3. Recht auf effektiven Rechtsschutz

a) Gewährleistungsbereich

Die Gewährung effektiven Rechtsschutzes gegen die öffentliche Gewalt zählt zum Kern der europäischen Rechtsgemeinschaft und ist seit Mitte der 80er Jahre vom EuGH als Grundrecht anerkannt.[524] Sie garantiert u. a. ein gewisses Maß an gerichtlicher Kontrolldichte. Rechtliche und tatsächliche Fragen, die für die Verwirklichung einer unionsrechtlichen Rechtsposition relevant sind, müssen einer gerichtlichen Prüfung zugänglich sein, sofern keine ausdrückliche Ausnahme statuiert ist.[525] Dies gilt insbesondere dann, wenn die Verteidigungsrechte der Betroffenen aus Sicherheitsgründen beschränkt sind. In diesem Fall sind Grundrechtsschutz und Sicherheitsinteressen durch eine unabhängige gerichtliche Kontrolle auszugleichen, die nicht durch Geheimhaltung und Vertraulichkeit der Beweise und Informationen verhindert werden darf.[526]

---

522 EuG, Rs. T-85/09, *Kadi II*, Rn. 173.

523 EuG, Rs. T-228/02, *Organisation des Modjahedines du peuple d'Iran*, Slg. 2006, II-4665 Rn. 124; Rs. T-256/07, *PMOI*, Slg. 2008 II-03019 Rn. 133; Rs. T-284/08, *PMOI II*, Slg. 2008 II-03487 Rn. 53.

524 EuGH, Rs. 222/84, *Johnston*, Slg. 1986, 1651, Rn. 18; Nowak, in: Heselhaus/Nowak, Hdb. EU-Grundrechte, § 51 Rn. 1, 7.

525 EuGH, Rs. 222/84, *Johnston*, Slg. 1986, 1651 Rn. 13ff.; Rs. 222/86, *Unectef/Heylens u. a.*, Slg. 1987, 4097 Rn. 14ff.; E. Pache, Tatbestandliche Abwägung und Beurteilungsspielraum, S. 369f. u. 407ff.; Nowak, in: Heselhaus/Nowak, Hdb. EU-Grundrechte, § 51 Rn. 44f.

526 EuG, Rs. T-228/02, *Organisation des Modjahedines du peuple d'Iran*, Slg. 2006, II-4665 Rn. 155.

b) Beeinträchtigung

Fehlt es an einer ausreichenden Begründung der Listungsentscheidung gegenüber den Unionsrichtern ist es ihnen unmöglich, die tatsächliche Richtigkeit der Listungsentscheidung zu überprüfen.[527] Das Recht auf effektiven Rechtsschutz ist hierdurch aber nur dann beeinträchtigt, wenn den Unionsgerichten in dieser Konstellation eine Prüfungskompetenz in tatsächlicher Hinsicht überhaupt zustünde. Während dies für die EU-Regime unproblematisch ist, bestehen hieran im Falle der UN-Sanktionsregime wegen ihres völkerrechtlichen Ursprungs Zweifel.

aa) Mangelnde Jurisdiktion hinsichtlich der UN-Sanktionsregime

Dieser Ursprung lässt diese Kompetenz jedoch nicht entfallen. Wie bereits festgestellt, besitzen Sekundärakte der UN, zu denen auch die Listungsentscheidungen des Sanktionsausschusses gehören, keinen Vorrang vor dem Primärrecht der Union. Sie beschränken die EU nur in ihrem rechtlichen Dürfen, nicht jedoch in ihrem rechtlichen Können. Auch die Listungsentscheidungen müssen daher die primärrechtlichen Vorgaben wahren. Da eine unrichtige Listung in unverhältnismäßiger Weise in die Eigentumsfreiheit des Betroffenen eingreift, sind die EU-Organe, zu denen auch die Unionsgerichte zählen, folglich zur Prüfung ihrer Richtigkeit verpflichtet. Die Kontrolle der Tatsachenbasis und einer Listung durch die Unionsgerichte bezieht sich dabei allein auf die unionsrechtliche Maßnahme und lässt die Beschlüsse auf völkerrechtlicher Ebene unberührt.

bb) Tatsachenunabhängigkeit der Maßnahmen im Rahmen von UN-Sanktionsregimen

Ein Eingriff liegt trotz fehlender Möglichkeit der tatsächlichen Kontrolle auch dann nicht vor, wenn die Sanktionsmaßnahmen unabhängig von tatsächlichen Voraussetzungen verhängt werden könnten.[528] Doch auch dies ist in sämtlichen UN-Sanktionsregimen nicht der Fall. Die GASP-Beschlüsse und Umsetzungsverordnungen aller Sanktionsregime nennen als Voraussetzungen für die Anwendung restriktiver Maßnahmen gegen eine Person lediglich deren Listung im Anhang der jeweiligen Verordnung. Voraussetzung hierfür ist wiederum,

527 EuGH, verb. Rs. 402/05 P u. 415/05 P, *Kadi und Al Barakaat International Foundation*, Slg. 2008, I-6351 Rn. 349.

528 Hörmann, AVR 2006, S. 267, 311ff.

dass sie der Sicherheitsrat oder Sanktionsausschuss zuvor benannt hat, weil sie in den anhand abstrakt-genereller Kriterien festgelegten Adressatenkreis fallen.[529] Es sieht daher so aus, als ob der Erlass restriktiver Maßnahmen auf Unionsebene nur die Listung auf UN-Ebene, nicht jedoch deren tatsächliche Richtigkeit entsprechend der festgelegten Kriterien voraussetzt. Diese Sichtweise lässt jedoch die zuvor festgestellte Grundrechtsbindung der EU-Organe, insbesondere an das Eigentumsrecht, bei der Umsetzung der UN-Sanktionsbeschlüsse unberücksichtigt. Sie hat zur Folge, dass die EU-Organe eine selbstständige Listungsentscheidung treffen und dabei nicht an die Feststellungen des Sicherheitsrates bzw. Sanktionsausschusses gebunden sind. Weitere Voraussetzung für die Aufnahme in den Anhang der EU-Rechtsakte ist daher neben der Benennung durch den Sicherheitsrat oder Sanktionsausschuss, auch deren Richtigkeit. Dies aber verlangt eine Prüfung der EU-Organe, ob die in den Sicherheitsratsbeschlüssen statuierten abstrakt-generellen Listungskriterien für jede Person tatsächlich vorliegen. Deren Feststellungen müssen dann aber auch gerichtlich überprüfbar sein. Auch die EU scheint von einem solchen Prüfungsrecht auszugehen, da der Rat bzw. die Kommission die Listung im Rahmen des Anhörungsverfahrens überprüft, sofern eine Stellungnahme des Betroffenen oder stichhaltige neue

529 Al-Qaida: Gemeinsamer Standpunkt 2002/402/GASP (ABl. L 139 vom 29.05.2002, S. 4), Art. 1; VO (EG) Nr. 881/2002 (ABl. L 139 vom 29.5.2002, S. 9) Art. 2; Elfenbeinküste: RB 2010/656/GASP (ABl. L 285 vom 30.10.2010, S. 28), Art. 6 Abs. 1; VO (EG) Nr. 560/2005 (ABl. L 95 vom 14.4.2005, S. 1), Art. 2; Hariri: Gemeinsamer Standpunkt 2005/888/GASP (ABl. L 327 vom 14.12.2005, S. 26), Art. 2 Abs. 1; VO (EG) Nr. 305/2006 (ABl. L 51 vom 22.2.2006, S. 1), Art. 2; Irak: Gemeinsamer Standpunkt 2003/495/GASP (ABl. L 169 vom 8.7.2003, S. 72), Art. 2; VO (EG) Nr. 1210/2003 (ABl. L 169 vom 8.7.2003, S. 6), Art. 4; Iran: RB 2010/413/GASP (ABl. L 195 vom 27.7.2010), S. 39), Art. 20 Abs. 1; VO (EU) Nr. 267/2012, (ABl. L 88 v. 24.03.2012, S. 1), Art. 23 Abs. 1; Kongo: RB 2010/788/GASP (ABl. L 336 vom 21.12.2010, S. 30), Art. 3; VO (EG) Nr. 1183/2005 (ABl. L 193 vom 23.7.2005, S. 1), Art. 2; Liberia: Gemeinsamer Standpunkt 2004/487/GASP (ABl. L 162 vom 30.04.2004, S. 116), Art. 1; VO (EG) Nr. 872/2004 (ABl. L 162 vom 30.4.2004, S. 32), Art. 2; Libyen: RB 2011/137/GASP (ABl. L 58 vom 03.03.2011, S. 53), Art. 6 Abs. 1 lit. a; VO (EU) Nr. 204/2010 (ABl. L 58 vom 3.3.2011, S. 1) Art. 6 Abs. 1; Nordkorea: RB 2010/800/GASP (ABl. L 341 vom 23.12.2010, S. 32), Art. 5 Abs. 1 lit. a; VO (EG) Nr. 329/2007 (ABl. L 88 vom 29.3.2007, S. 1) Art. 6; Somalia: RB 2010/231/GASP (ABl. L 105 vom 27.04.2010, S. 17), Art. 2; VO (EU) Nr. 356/2010 (ABl. L 105 vom 27.4.2010, S. 1), Art. 2; Sudan: RB 2011/423/GASP (ABl. L 188 vom 19.07.2011, S. 20), Art. 1; VO (EG) Nr. 1184/2005 (ABl. L 193 vom 23.7.2005, S. 9) Art. 2; Taliban: RB 2011/486/GASP (ABl. L 199 vom 02.08.2011, S. 57), Art. 1; VO (EU) Nr. 753/2011 (ABl. L 199 vom 2.8.2011, S. 1), Art. 3.

Beweise vorliegen.[530] Insofern ist allerdings problematisch, dass den EU-Organen bislang nur die zusammengefassten Gründe des Sanktionsausschusses zur Verfügung stehen. Eine Prüfung der materiellen Feststellungen und der zugrundeliegenden Beweise ist ihnen damit kaum möglich.[531]

cc) Ergebnis

Eine fehlende bzw. unzureichende Begründung der Listungsentscheidung gegenüber dem Unionsrichter ist somit auch im Falle der UN-Sanktionsregime eine Beeinträchtigung des Rechts auf effektiven Rechtsschutz.

c) Rechtfertigung

Doch auch das Recht auf effektiven Rechtsschutz gilt nicht absolut.[532] Es ist nur verletzt, wenn kollidierende Interessen die Prüfung der Tatsachengrundlagen nicht in gerechtfertigter Weise ausschließen.

aa) Sicherheitsinteressen

Als ein solches Interesse kommt die Sicherheit der Mitgliedstaaten und der Union in Betracht. Im Rahmen der UN-Sanktionsregime trifft die Kommission ihre Listungsentscheidungen auf Basis der vom UN-Sicherheitsrat übermittelten Informationen. Diese Informationen stammen von den UN-Mitgliedstaaten, die diese in der Regel auf vertraulichem Wege durch geheimdienstliche Tätigkeit

---

530 Al-Qaida: VO (EG) Nr. 881/2002 (ABl. L 139 vom 29.5.2002, S. 9) Art. 7a Abs. 3 u. 4; Elfenbeinküste: RB 2010/656/GASP (ABl. L 285 vom 30.10.2010, S. 28), Art. 7 Abs. 4; Iran: RB 2010/413/GASP (ABl. L 195 vom 27.7.2010), S. 39), Art. 24 Abs. 4; VO (EU) Nr. 267/2012, (ABl. L 88 v. 24.03.2012, S. 1), Art. 46 Abs. 4; Kongo: RB 2010/788/GASP (ABl. L 336 vom 21.12.2010, S. 30), Art. 7 Abs. 2; Libyen: RB 2011/137/GASP (ABl. L 58 vom 03.03.2011, S. 53), Art. 9 Abs. 4; VO (EU) Nr. 204/2010 (ABl. L 58 vom 3.3.2011, S. 1) Art. 16 Abs. 4; Nordkorea: RB 2010/800/GASP (ABl. L 341 vom 23.12.2010, S. 32), Art. 10 Abs. 4; Somalia: RB 2010/231/GASP (ABl. L 105 vom 27.04.2010, S. 17), Art. 8 Abs. 2; VO (EU) Nr. 356/2010 (ABl. L 105 vom 27.4.2010, S. 1), Art. 12 Abs. 2; Sudan: RB 2011/423/GASP (ABl. L 188 vom 19.07.2011, S. 20), Art. 7 Abs. 2; Taliban: RB 2011/486/GASP (ABl. L 199 vom 02.08.2011, S. 57), Art. 6 Abs. 2; VO (EU) Nr. 753/2011 (ABl. L 199 vom 2.8.2011, S. 1), Art. 11 Abs. 3.

531 Siehe zu diesem Problem unten 4.

532 Nowak, in: Heselhaus/Nowak, Hdb. EU-Grundrechte, § 51 Rn. 58.

erlangt haben. Sowohl die UN als auch ihre Mitgliedstaaten haben daher ein Interesse an der Geheimhaltung der Informationen, um Rückschlüsse auf Informanten und Methoden der Nachrichtengewinnung zu verhindern, die deren Enttarnung zur Folge hätten. Entsprechendes gilt auch für die eigenständigen Sanktionsregime der EU. Auch dort treffen die EU-Organe die Listungsentscheidungen aufgrund von vertraulichen Informationen, die sie entweder selbst oder durch die Mitgliedstaaten erlangt haben.

Sicherheitsinteressen und Grundrechtsschutz sind daher durch Herstellung praktischer Konkordanz zu einem möglichst optimalen Ausgleich zu bringen.[533] Erstere können daher lediglich zu Einschränkungen bzw. zu einer besonderen verfahrensrechtlichen Ausgestaltung der gerichtlichen Tatsachenkontrolle, nicht aber zu ihrem vollständigen Ausschluss führen.[534] Anderenfalls läge kein Ausgleich zwischen Sicherheits- und Rechtsschutzinteresse vor, sondern das Rechtsschutzinteresse würde vollständig zugunsten der Sicherheitsinteressen verdrängt. Dies gilt unabhängig davon, ob die Sanktionen zur Terrorismusbekämpfung ergehen oder in einem anderen außenpolitischen Kontext gegen ein Drittland zielen.[535]

Ein Blick auf die Rechtsprechung des EGMR zu Art. 6 I EMRK, den der EuGH als Rechtserkenntnisquelle bei sämtlichen Streitigkeiten über Fragen des gerichtlichen Rechtsschutzes heranzieht, stützt dieses Ergebnis. Auch nach dem EGMR ist eine auf Rechtsfragen beschränkte Kontrolle nicht ausreichend, sondern das Recht auf ein faires Verfahren erfordert die Möglichkeit einer Tatsachenkontrolle.[536] Sicherheitsinteressen können daher lediglich zu den genannten Modifizierungen führen.[537]

---

533 Ebd.

534 EuG, Rs. T-228/02, *Organisation des Modjahedines du peuple d'Iran*, Slg. 2006, II-4665 Rn. 155.

535 Schlussanträge des GA Mengozzi, EuGH, Rs. C-376/10 P, *Tay Za*, Rn. 80; a. A. EuG, Rs. T-181/08, *Tay Za*, Slg. 2010, II-1965, Rn. 144f.

536 EGMR, Nr. 10328/83, Urteil v. 29.94.1988, *Belilos*, A132, § 70; Bernhardt, in: Stern, 40 Jahre Grundgesetz, S. 197, 199f.

537 Meyer, ZEuS 2007, S. 1, 22; EGMR, Nr. 35763/97, Urteil v. 21.11.2001, *Al-Adsani*, Rep. 2001-XI, §§ 47, 53; EGMR, Nr. 22414/93, Urteil v. 15.11.1996, *Chahal*, Rep. 1996-V, § 131.

bb) Effektivität und Funktionsfähigkeit des UN-Friedenssystems/ Völkerrechtsfreundlichkeit

Für die UN-Sanktionsregime kommt als rechtfertigender Umstand die Effektivität und Funktionsfähigkeit des UN-Friedenssystems in Betracht. Auf völkerrechtlicher Ebene existiert aus Gründen der Effektivität und Funktionsfähigkeit des UN-Friedenssystems keine Kontrollmöglichkeit von Maßnahmen des UN-Sicherheitsrates. Das Interesse an der Effektivität und Funktionsfähigkeit muss aufgrund ihrer Völkerrechtsfreundlichkeit auch in der Unionsrechtsordnung berücksichtigt werden.[538] Dies hat allerdings nicht zwangsläufig eine Nichtkontrollierbarkeit durch die Unionsgerichte zur Folge. Die Beschlüsse des Sicherheitsrates verpflichten nur auf völkerrechtlicher Ebene. In der Unionsrechtsordnung besitzen sie dagegen keinen Vorrang vor dem Primärrecht, zu dem auch die Unionsgrundrechte gehören. Das Interesse an der Effektivität und Funktionsfähigkeit des UN-Friedenssystems kann daher die gerichtliche Tatsachenkontrolle, die zum Kern des Grundrechts auf effektiven Rechtsschutz zählt[539], zumindest nicht vollständig ausschließen. Die kollidierenden Interessen müssen vielmehr auch hier u. U. durch eine besondere Verfahrensgestaltung zu einem angemessenen Ausgleich gebracht werden.

Deshalb ist es auch nach dem EuG nicht ausreichend, den Unionsgerichten im Falle der UN-Sanktionsregime als Begründung nur die zusammengefassten und später auch im Internet öffentlich zugänglichen Gründe des Sanktionsausschusses zu übermitteln. Um ihrer „grundsätzlich umfassenden" Rechtskontrolle der Umsetzungsverordnungen nachkommen zu können, muss eine inhaltliche Prüfung der Begründung sowie der zugrundeliegenden Beweise und Angaben möglich sein.[540]

d) Ergebnis

Sowohl Sicherheitsinteressen als auch – speziell im Hinblick auf die UN-Sanktionsregime – Effektivität und Funktionsfähigkeit des UN-Friedenssystems können damit nur eine Beschränkung der Kontrolle auf ein rechtsstaatlich notwendiges Mindestmaß, nicht jedoch ihren vollständigen Ausschluss rechtfertigen.

---

538 Vgl. zur Völkerrechtsfreundlichkeit Petersmann/Spennemann, in: v. d. Groeben/ Schwarze, EU-/EGV, Art. 307 EG Rn. 11.

539 Hörmann, AVR 2006, S. 267, 305f.

540 EuG, Rs. T-85/09, *Kadi II*, Rn. 135.

Eine fehlende oder nicht ausreichende Begründung gegenüber dem Unionrichter, so dass dieser keine Überprüfung der Listungsentscheidung in tatsächlicher Hinsicht vornehmen kann, ist somit eine Verletzung des Rechts der betroffenen Person oder Einrichtung auf effektiven Rechtsschutz.

4. Entwicklung in der Praxis der EU-Organe

Zunächst haben die EU-Organe den betroffenen Personen sämtlicher Sanktionsregime keine Begründung mitgeteilt oder nachträgliche Anhörung gewährt und somit deren Anspruch auf Begründung und rechtliches Gehör missachtet.[541] Die Betroffenen eines UN-Sanktionsregimes konnten den Verordnungen zunächst nur die Listung durch den UN-Sicherheitsrat als Grund für ihre Aufnahme in den Verordnungsanhang entnehmen. Individuelle Gründe, beispielsweise warum und auf Grundlage welcher Tatsachen er gelistet wurde, erfuhr der Einzelne weder vor Erlass der entsprechenden Verordnung noch aus der Verordnung selbst. Auch ein Verfahren für eine nachträgliche Mitteilung dieser Gründe sah die Verordnung nicht vor. Gleiches gilt für die Betroffenen der autonomen EU-Sanktionsregime. Auch ihnen wurden keine konkreten Gründe der Listung mitgeteilt.[542]

Allerdings haben die europäischen Gerichte mit ihren Entscheidungen in den Rechtssachen *Organisation des Modjahedines du peuple d'Iran* und *Kadi und Al Barakaat International* neue Entwicklungen angestoßen. Erstere bezog sich auf das EU-Sanktionsregime zur Bekämpfung des Terrorismus. Letztere betraf das UN-Sanktionsregime gegenüber den Taliban und Al-Qaida. In beiden Verfahren haben die europäischen Gerichte die fehlende Begründung und nachträgliche Anhörung sowie deren mangelnde verfahrensrechtliche Normierung als Verstoß gegen die oben genannten Rechte der Betroffenen gewertet.[543] Seither können die Betroffenen nach ihrer Aufnahme in den Anhang der Umsetzungsverordnung

---

541 EuGH, verb. Rs. 402/05 P u. 415/05 P, *Kadi und Al Barakaat International Foundation*, Slg. 2008, I-6351 Rn. 351; Rossi, ZJS 2008, S. 551, 553; EuG, Rs. T-228/02, *Organisation des Modjahedines du peuple d'Iran*, Slg. 2006, II-4665 Rn. 160f.

542 EuG, Rs. T-228/02, *Organisation des Modjahedines du peuple d'Iran*, Slg. 2006, II-4665 Rn. 164.

543 EuGH, verb. Rs. 402/05 P u. 415/05 P, *Kadi und Al Barakaat International Foundation*, Slg. 2008, I-6351 Rn. 345, 348; EuG, Rs. T-228/02, *Organisation des Modjahedines du peuple d'Iran*, Slg. 2006, II-4665 Rn. 173.

die Mitteilung der Gründe beim Rat bzw. bei der Kommission nachträglich beantragen[544] und haben Gelegenheit zur Stellungnahme.[545]

Während eine rechtsverbindliche Normierung des Anhörungsverfahrens zunächst nur für das Sanktionsregime betreffend Al-Qaida existierte, ist es nunmehr auch in nahezu allen anderen UN- und EU-Sanktionsregimen verankert.[546] Im Falle der UN-Sanktionsregime muss die Kommission bzw. der Rat danach den neu gelisteten Personen und Einrichtungen die Begründung des Sanktionsausschusses nach der Listung unverzüglich übermitteln und Gelegenheit zur Stellungnahme geben. Nimmt ein Betroffener Stellung, muss die Kommission ihre Entscheidung überprüfen und ihm sowie dem UN-Sanktionsausschuss das Ergebnis der Prüfung mitteilen.[547] Den Sicherheitsinteressen soll im Anhörungsverfahren

---

544 Al-Qaida: KOM 2009/C 56/12 Abs. 4 (ABl. C 56 v. 13.03.2009, S. 53); 2009/C 80/06 Abs. 4 (ABl. C 80 v. 03.04.2009, S. 13); 2009/C 96/13 Abs. 4 (ABl. C 96 v. 25.04.2009, S. 41); 2009/C 105/07 Abs. 4 (ABl. C 105 v. 07.05.2009, S. 32); 2009/C 134/09 Abs. 4 (ABl. C 134 v. 13.06.2009, S. 43); 2009/C 145/14 Abs. 4 (ABl. C 145 v. 25.06.2009, S. 22); Terrorismus.

545 Al-Qaida: KOM 2009/C 80/06 (ABl. C 80 v. 03.04.2009, S. 12); 2009/C 105/07, (ABl. C 105 v. 07.05.2009, S. 31); 2009/C 145/14, (ABl. C 145 v. 25.06.2009); Terrorismus: Rat 2007/C 90/01 (ABl. C 90 v. 25.4.2007, S. 1); 2007/C 314/14 (ABl. C 314 v. 22.12.2007, S. 42); 2008/C 109/09 (ABl. C 109 v. 30.4.2008, S. 25); 2009/C 136/11 (ABl. C 136 v. 16.6.2009, S. 35); Kongo: KOM 2009/C 68/13 Nr. 4, (ABl. C 68 v. 21.03.2009, S. 44); Birma: KOM 2009/C 98/11 (ABl. C 98 v. 29.4.2009, S. 21); 2009/C 192/08 (ABl. C 192 v. 15.8.2009, S. 20); Simbabwe: Rat 2010/C 38/07 (ABl. C 38 v. 16.2.2010, S. 7).

546 Eine Normierung findet sich lediglich nicht im Sanktionsregime gegen Liberia, Irak, Jugoslawien und den Terrorismus sowie wegen des Hariri-Mordes. Dies dürfte darauf zurückzuführen sein, dass die Bestimmungen dieser Sanktionsregime seit längerer Zeit nicht überarbeitet wurden.

547 Al-Qaida: VO (EG) Nr. 881/2002 (ABl. L 139 vom 29.5.2002, S. 9) Art. 7a; Elfenbeinküste: Ratsbeschluss 2010/656/GASP (ABl. L 285 vom 30.10.2010, S. 28), Art. 7; Iran: Ratsbeschluss 2010/413/GASP (ABl. L 195 vom 27.7.2010), S. 39), Art. 24; VO (EU) Nr. 267/2012, (ABl. L 88 v. 24.03.2012, S. 1), Art. 46; Kongo: Ratsbeschluss 2010/788/GASP (ABl. L 336 vom 21.12.2010, S. 30), Art. 7; Libyen: Ratsbeschluss 2011/137/GASP (ABl. L 58 vom 03.03.2011, S. 53), Art. 9; VO (EU) Nr. 204/2010 (ABl. L 58 vom 3.3.2011, S. 1) Art. 16; Nordkorea: Ratsbeschluss 2010/800/GASP (ABl. L 341 vom 23.12.2010, S. 32), Art. 10; Somalia: Ratsbeschluss 2010/231/GASP (ABl. L 105 vom 27.04.2010, S. 17), Art. 8; VO (EU) Nr. 356/2010 (ABl. L 105 vom 27.4.2010, S. 1), Art. 12; Sudan: Ratsbeschluss 2011/423/GASP (ABl. L 188 vom 19.07.2011, S. 20), Art. 7; Taliban: Ratsbeschluss 2011/486/GASP (ABl. L 199 vom 02.08.2011, S. 57), Art. 6; VO (EU) Nr. 753/2011 (ABl. L 199 vom 2.8.2011, S. 1), Art. 11; Ägypten: Ratsbeschluss 2011/172/GASP (ABl. L 76 vom 22.3.2011,

dadurch Rechnung getragen werden, dass staatliche bzw. UN-Verschlusssachen nach besonderen Sicherheitsverfahren behandelt und EU-Dokumente mit speziellen Geheimhaltungsgraden nur mit Zustimmung des Urhebers weitergeben werden.[548]

Die Verteidigungsmöglichkeiten der Betroffenen von UN-Sanktionsregimen haben sich hierdurch gleichwohl kaum wesentlich verbessert. So listete die Kommission den Kläger in der Rechtssache *Kadi*, nachdem das EuGH den seiner Listung zugrundeliegenden Rechtsakt für nichtig erklärt hatte, erneut.[549] Sie teilte ihm dieses Mal jedoch die Zusammenfassung der Gründe des Sanktionsausschusses mit. Auch gab sie ihm die Gelegenheit zur Stellungnahme, eine ernsthafte inhaltliche Auseinandersetzung mit den Angaben und Gegenbeweisen des Betroffenen und damit eine inhaltliche Überprüfung ihrer Entscheidung fanden jedoch nicht statt.[550] Dieses verwundert insofern nicht, als auch der Kommission selbst keine weiteren Informationen und Beweise als die zusammengefassten Gründe des Sanktionsausschusses vorlagen. Dem Kläger blieb also nichts anderes übrig, als eine erneute Nichtigkeitsklage zu erheben. Entsprechend den o. g. Maßstäben hat das EuG die erneute Listung abermals für nichtig und eine Kontrolle durch die EU-Organe in rechtlicher und tatsächlicher Hinsicht als für einen effektiven Rechtsschutz erforderlich erklärt.[551] Um diesen Anforderungen zu genügen, bedarf es allerdings der Übermittlung der dem Sanktionsausschuss konkret vorliegenden Informationen und Beweise an die EU. Dies dürfte faktisch

S. 1), Art. 2; VO (EU) Nr. 270/2011 (ABl. L 76 vom 22.3.2011, S. 5), Art. 12; Belarus: Ratsbeschluss 2010/639/GASP (ABl. L 280 vom 26.10.2010, S. 18), Art. 4; VO (EG) Nr. 765/2006 (ABl. L 134 vom 20.5.2006, S. 1), Art. 8a; Birma: Gemeinsamer Standpunkt 2006/318/GASP (ABl. L 116 v. 29.4.2006, S. 77), Art. 13; VO (EG) Nr. 194/2008 (ABl. L 66 vom 10.3.2008, S. 1), Art. 18; Bosnien-Herzegowina: Ratsbeschluss 2011/173/GASP (ABl. L 76 vom 22.3.2011, S. 68), Art. 3; eine Verordnung ist bislang nicht ergangen; Jugoslawien: VO (EG) Nr. 2488/2000 (ABl. L 287 vom 14.11.2000, S. 19), Art. 4 Abs. 2; Guinea: Ratsbeschluss 2010/638/GASP (ABl. L 280 vom 26.10.2010, S. 10), Art. 5; VO (EU) Nr. 1284/2009 (ABl. L 346 vom 23.12.2009, S. 26), Art. 15a; Simbabwe: Ratsbeschluss 2011/101/GASP (ABl. L 42 vom 16.2.2011, S. 6), Art. 6; Syrien: Ratsbeschluss 2011/782/GASP (ABl. L 319 vom 2.12.2012, S. 56), Art. 21; VO (EU) Nr. 36/2012 (ABl. L 16 v. 19.01.2012, S. 1), Art. 32; Tunesien: Ratsbeschluss 2011/72/GASP (ABl. L 28 vom 2.2.2011, S. 62), Art. 2; VO (EU) Nr. 101/2011 (ABl. L 28 vom 2.2.2011, S. 1), Art. 12.

548 KOM (2009) 395, Art. 1 Abs. 5 (11b).

549 VO (EG) Nr. 1190/2008 (ABl. L 322 v. 02.12.2008, S. 25).

550 Vgl. EuG, Rs. T-85/09, *Kadi II*, Rn. 52ff.

551 EuG, Rs. T-85/09, *Kadi II*, Rn. 181, 195.

zu erheblichen Problemen führen. Zum einen ist die EU selbst kein Mitglied der UN und damit selbst auch nicht im Sicherheitsrat bzw. Sanktionsausschuss vertreten. Dieses Problem ließe sich jedoch durch die Vertreter der EU-Mitgliedstaaten lösen. Insbesondere die Vertreter der EU-Staaten, die einen ständigen Sitz im Sicherheitsrat innehaben, bieten sich als Übermittler an. So wurden der Kommission auch die zusammengefassten Gründe bezüglich des Betroffenen in der Rechtssache *Kadi II* durch den ständigen Vertreter Frankreichs bei der UN übermittelt.[552] Zum anderen ist die Übermittlung aber deshalb problematisch, weil die Feststellung des Sanktionsausschusses häufig auf vertraulichen Informationen und Beweisen des vorschlagenden Staates beruhen. Es ist zweifelhaft, ob dieser einer Übermittlung an die EU und damit Preisgabe seiner oft nachrichtendienstlichen Quellen zustimmen würde bzw. sich als Vorschlagstaat offenbaren würde. Jedenfalls gegenüber den Betroffenen scheint dies ausgeschlossen.[553] Auch wenn seine Ausführungen in jüngster Zeit darauf hindeuten[554], bleibt es angesichts dieser faktischen Schwierigkeiten abzuwarten, ob der EuGH die Auffassung des EuG in dieser Sache bestätigt. Sofern er die Aufrechterhaltung des vollumfänglichen Kontrollanspruchs vor allem als wirkungsvolles Druckmittel versteht, bis auf UN-Ebene ein effektiver Rechtsschutz gewährt wird, wäre dies folgerichtig. Denn es dürfte auch dem EuGH nicht unbekannt sein, dass die EU-Behörden die Informations- und Beweismittelanforderung aufgrund der o.g Schwierigkeiten kaum je erfüllen können.

VI. Ergebnis

Ein Verstoß gegen das Recht auf Leben kann seit Einführung der humanitären Ausnahmegründe nicht mehr gerügt werden. Die Finanzsanktion selbst verstößt darüber hinaus auch nicht gegen die Eigentumsfreiheit. Einen solchen Verstoß können die Betroffenen nur geltend machen, wenn ihre Gelder zu Unrecht eingefroren wurden. Denn im Falle einer unrichtigen Listung eignet sich die Maßnahme nicht zur Sicherung des Weltfriedens und der internationalen Sicherheit und ist daher unverhältnismäßig. Schließlich kann je nach Einzelfall auch eine Verletzung der Verteidigungsrechte vorliegen. Die Betroffenen müssen nach dem Erlass der Maßnahmen grundsätzlich Gelegenheit zur Stellungnahme haben. Zwar kann die Mitteilung der zur Last gelegten Umstände und damit

552 EuG, Rs. T-85/09, *Kadi II*, Rn. 52.
553 Vgl. UK Supreme Court, *Ahmed and Others*, 2010 UKSC 2, Rn. 35.
554 EuGH, Rs. C-550/09, *E und F*, Slg. 2010, I-0000, Rn. 57.

auch die Möglichkeit der Stellungnahme eingeschränkt sein, dies allerdings nur soweit Sicherheitsinteressen berührt sind. Ein vollständiges Unterbleiben ist nicht zu rechtfertigen. Gleiches gilt auch für die Begründungspflicht. Eine Begründung der Listung gegenüber der betroffenen Person oder Einrichtung darf nicht vollständig unterbleiben, sondern sie muss bei entgegenstehenden Sicherheitsinteressen entsprechend beschränkt bzw. in besonderer Form mitgeteilt werden. Kann der Unionsrichter die Richtigkeit nicht kontrollieren, weil sie auch ihm gegenüber nicht ausreichend begründet wurde, liegt hierin ein Verstoß gegen das Recht auf effektiven Rechtsschutz. Gegen diese Rechte der Betroffenen hat die EU zunächst verstoßen. Erst seit den Urteilen in den Rechtssachen *Organisation des Modjahedines du peuple d'Iran*" und *Kadi* hat es Verbesserungen gegeben, die die rechtlichen Anforderungen aber nur teilweise erfüllen.

B. Die Haftung der EU im Falle rechtswidriger Finanzsanktionen

Durch eine unrichtige Listung oder unterlassene Anhörung und Entscheidungsbegründung kann es zu einem Rechtsverstoß durch die Finanzsanktionen kommen. Es stellt sich daher die Frage, ob die in rechtswidriger Weise von diesen Maßnahmen betroffenen Personen und Einrichtungen, einen Anspruch auf Schadensersatz gegen die Union geltend machen können. Auch vor den Unionsgerichten sind solche Ersatzansprüche bereits geltend gemacht worden.[555] Normativer Anknüpfungspunkt für eine solche außervertragliche Haftung der Union für unrechtmäßiges Verhalten ist Art. 340 Abs. 2 AEUV (Art. 288 S. 2 EG), aus dem der EuGH mittels Rechtsfortbildung einen Haftungstatbestand entwickelt hat.[556]

Berechtigter dieses Anspruchs kann jede natürliche oder juristische Person sein, die in den Mitgliedstaaten oder in einem Drittland rechtsfähig ist.[557] Dementsprechend können grundsätzlich sämtliche Betroffene unabhängig von ihrem Aufenthalts-/Heimatstaat einen Schadensersatzanspruch geltend machen. Anspruchsverpflichteter ist nach dem eindeutigen Wortlaut des

555 EuG, Rs. T-184/95, *Dorsch Consult Ingenieurgesellschaft*, Slg. 1998, II-667; Rs. T-49/04, *Hassan*, Slg. 2006, S. II-52; Rs. T-47/03, *Sison*, Slg. 2007, II-73.

556 Ruffert, in: Calliess/Ruffert, EUV/AEUV, Art. 340 AEUV Rn. 5.

557 Gilsdorf/Niejahr, in: v. d. Groeben/Schwarze, EU-/EGV, Art. 288 EG Rn. 15; Berg, in: Schwarze, EU-Kommentar, Art. 288 EG Rn. 13; vgl. auch EuGH Rs. C-182/91, *Forafrique*, Slg. 1993, I-2161 Rn. 20ff.

Art. 340 Abs. 2 AEUV (Art. 288 Abs. 2 EG) die Union.[558] Die von der Rechtsprechung entwickelten kumulativen Voraussetzungen des Anspruchs sind, „dass die den Organen vorgeworfene Handlung rechtswidrig und ein tatsächlicher Schaden eingetreten ist sowie dass zwischen der Handlung und dem behaupteten Schaden ein ursächlicher Zusammenhang besteht."[559]

I. Rechtswidrigkeit der Organhandlung

1. Rechtswidrige Organhandlung

Sowohl der Erlass der Sanktionsverordnung durch den Rat als auch die spätere Änderung ihres Anhangs durch die Kommission sind Handlungen von Unionsorganen. Je nach Einzelfall kann sich die Rechtswidrigkeit aus einer unrichtigen Listung sowie fehlender oder unzureichender Anhörung und Begründung ergeben. Es liegt in diesen Fällen eine Verletzung des Eigentumsrechts, des Anspruchs auf rechtliches Gehör oder der Begründungspflicht vor.

2. Schutznorm

Über die bloße Rechtswidrigkeit der Maßnahme hinaus muss es sich bei der verletzten Rechtsnorm um eine Schutznorm handeln.[560] Dies ist der Fall, wenn die verletzte Norm nicht nur den Interessen der Allgemeinheit, sondern zumindest auch dem Schutz der individuellen Interessen des Geschädigten dient.[561]

---

558 Berg, in: Schwarze, EU-Kommentar, Art. 288 EGV Rn. 15; Gilsdorf/Niejahr, in: v. d. Groeben/Schwarze, EU-/EGV, Art. 288 EGV Rn. 15; Borchardt, in: Dauses, Hdb. EU-WirtschaftsR, P. I. Rn. 262; v. Bogdandy/Jacob, in: Grabitz/Hilf/Nettesheim, EUV/AEUV, Art. 340 AEUV Rn. 42.

559 EuG, Rs. T-47/03, *Sison*, Slg. 2009, S. II-73, Rn. 232; Rs. T-69/00, FIAMM und FIAMM Technologies, Slg. 2005, II-5393, Rn. 85.

560 EuGH, Rs. C-352/98, *Bergaderm*, Slg. 2000, I-5291 Rn. 42; Rs. C-312/00 P, *Camar*, Slg. 2002, I-11355 Rn. 53; Rs. C-472/00 P, *Fresh Marine*, Slg. 2003, I-7541 Rn. 25; Rs. C-198/03, *CEVA Santé Animale SA u. a.*, Slg. 2005, I-6357 Rn. 63; v. Bogdandy/Jacob, in: Grabitz/Hilf/Nettesheim, EUV/AEUV, Art. 340 AEUV Rn. 77.

561 EuGH, verb. Rs. 5, 7, 13-24/66, Kampffmeyer, Slg. 1967, 332, 355; Rengeling/Middeke/Gellermann, Hdb. EU-Rechtsschutz, § 9 Rn. 41; Gellermann, in: Streinz, EUV/AEUV, Art. 340 AEUV Rn. 20.

Anerkannt ist der Schutznormcharakter für das Eigentumsgrundrecht[562], den grundrechtlichen Anspruch auf rechtliches Gehör[563] sowie den Verhältnismäßigkeitsgrundsatz[564]. Dagegen lehnt es der EuGH ab, die Begründungspflicht den Schutznormen zuzuordnen.[565] Aus Sicht der Rechtsprechung kann sich der Anspruch auf Schadensersatz im Falle der Sanktionsverordnungen daher nicht auf eine Verletzung der Begründungspflicht stützen. Erforderlich ist eine Verletzung des Anspruchs auf rechtliches Gehör oder die fälschliche Listung einer Person oder Einrichtung. Dies überzeugt indes nicht. Der EuGH selbst konstatiert, dass die Begründung den Betroffenen die Verteidigung ihrer Rechte unter den bestmöglichen Bedingungen und eine Einschätzung der Erfolgschancen einer Klage ermöglicht. Zudem erlaubt sie die rechtliche und tatsächliche Kontrolle durch den Gemeinschaftsrichter und dient somit dem effektiven Rechtsschutz des Betroffenen.[566] Die Begründungspflicht schützt folglich auch Individualinteressen.

3. Erheblichkeit der Schutznormverletzung

Die Rechtsprechung hat eine „hinreichend qualifizierte Verletzung“ der Schutznorm als Voraussetzung der Unionshaftung früher nur für Rechtssetzungsakte verlangt.[567] Heute unterscheidet sie dagegen hinsichtlich dieser Haftungsschwelle nicht mehr zwischen Rechtssetzungs- und Administrativakt, sondern stellt auf

---

562 EuGH, Rs. 59/83, *Biovilac*, Slg. 1984, 4057 Rn. 21f.; Rs. 281/84, *Zuckerfabrik Bedburg*, Slg. 1987, 49 Rn. 25ff.

563 EuG, verb. Rs. T-481 u. 484/93, *Exporteurs in Levende Varkens*, Slg. 1995, II-2941 Rn. 102; Rs. T-47/03, *Sison*, Slg. 2007, S. II-73 Rn. 239; v. Bogdandy/Jacob, in: Grabitz/Hilf/Nettesheim, EUV/AEUV, Art. 340 AEUV Rn. 79; a. A. Gellermann, in: Streinz, EUV/AEUV, Art. 340 AEUV Rn. 20.

564 EuGH, Rs. 281/84, *Zuckerfabrik Bedburg*, Slg. 1987, 49 Rn. 35ff.; EuG, verb. Rs. T-480, 483/93, *Antillean Rice Mills*, Slg. 1995, II-2305 Rn. 189; Gellermann, in: Streinz, EUV/AEUV, Art. 340 AEUV Rn. 20.

565 EuGH, Rs. 106/81, *Kind*, Slg. 1982, 2885 Rn. 14; Rs. C-119/88; *AERPO*, Slg. 1990, I-2189 Rn. 20; Rs. C-76/01, *Eurocoton*, Slg. 2003, I-10091 Rn. 98; EuG, Rs. T-167/94, *Nölle*, Slg. 1995, II-2589, Rn. 57; verb. Rs. T-481 u. 484/93, *Exporteurs in Levende Varkens*, Slg. 1995, II-2941 Rn. 104; Rs. T-18/99, *Cordis*, Slg. 2001, II-913 Rn. 79; T-47/03, *Sison*, Slg. 2007, S. II-73 Rn. 238.

566 EuGH, verb. Rs. C-402/05 u. C-415/05, *Kadi und Al Barakaat International Foundation*, Slg. 2008, I-6351, Rn. 337; Haratsch/Koenig/Pechstein, Europarecht, Rn. 533.

567 v. Bogdandy/Jacob, in: Grabitz/Hilf/Nettesheim, EUV/AEUV, Art. 340 AEUV Rn. 87; Haratsch/Koenig/Pechstein, Europarecht, Rn. 534.

den Gestaltungsspielraum des handelnden Organs ab.[568] Dies entspricht der Begründung für die Haftungsschwelle, die der Sicherung von Gestaltungsspielräumen dienen soll. Entscheidend ist demnach, ob das Unionsorgan die Grenzen seines Ermessens offenkundig und erheblich überschritten hat.[569] Sofern daher das handelnde Organ lediglich einen auf null reduzierten oder geringen Entscheidungsspielraum besitzt, ist schon die bloße Rechtswidrigkeit für einen erheblichen Verstoß ausreichend.[570] Maßgeblich für das Vorliegen eines hinreichend qualifizierten Verstoßes ist somit der Handlungsspielraum des handelnden Organs.[571] Daneben ist aber auch die Komplexität des zu regelnden Sachverhaltes zu berücksichtigen und der Bedeutung des mit den Sanktionen verfolgten Allgemeininteresses Rechnung zu tragen.[572]

Im Hinblick auf die Sanktionsverordnungen hängt das Vorliegen eines „hinreichend qualifizierten Verstoßes" folglich zunächst davon ab, ob der Rat bzw. die Kommission hinsichtlich des Anspruchs auf rechtliches Gehör bzw. der Personenlistung einen Ermessenspielraum besitzen. Dies ist in beiden Fällen zu verneinen. Die EU-Organe müssen eine betroffene Person oder Einrichtung in jedem Fall nachträglich anhören. Die Anhörung liegt daher nicht in ihrem Ermessen. Gleiches gilt auch für die Personenlistung. Die betroffenen Personen und Einrichtung werden im Anhang des jeweiligen GASP-Standpunkts genannt. Da Rat und Kommission zur Übernahme dieser Liste verpflichtet sind, besitzen sie auch hier keinen Gestaltungsspielraum. Allerdings ist im Hinblick auf die Listung zu berücksichtigen, dass die Sanktionsregime auf die Wahrung des Weltfriedens oder ähnlich hochrangiger Güter zielen. Zudem verlangt eine Listung in aller Regel komplexe rechtliche und tatsächliche Beurteilungen der Listungsvoraussetzungen.[573] Angesichts dieser Umstände handelt sich daher bei einer

568 EuGH, Rs. C-352/98, *Bergaderm*, Slg. 2000, I-5291 Rn. 46; Rs. C-312/00, *Camar und Tico*, Slg. 2002, I-11355 Rn. 55; Rs. C-472/00, *Fresh Marine*, Slg. 2003, I-7541 Rn. 27; Rs. C-198/03, *CEVA Santé Animale SA u. a.*, Slg. 2005, I-6357 Rn. 66; v. Bogdandy/Jacob, in: Grabitz/Hilf/Nettesheim, EUV/AEUV, Art. 340 AEUV Rn. 89.

569 EuGH, Rs. C-352/98, *Bergaderm*, Slg. 2000, I-5291 Rn. 43, Rs. C-198/03, *CEVA Santé Animale SA u. a.*, Slg. 2005, I-6357 Rn. 64.

570 EuGH, Rs. C-352/98, *Bergaderm*, Slg. 2000, I-5291 Rn. 44.

571 EuGH, Rs. C-198/03, *CEVA Santé Animale SA u. a.*, Slg. 2005, I-6357 Rn. 66.

572 EuGH, Rs. C-282/05 P, *Holcim*, Slg. 2007, I-2941, Rn. 51; EuG, Rs. T-341/07, *Sison II*, Rn. 38, 61.

573 EuG, Rs. T-341/07, *Sison II*, Slg. 2011, 00000, Rn. 60ff.

unterlassenen Anhörung nicht jedoch bei einer unrichtigen Listung um einen „hinreichend qualifizierten Verstoß“.[574]

II. Schaden

Eine Haftung der Union setzt weiterhin einen Schaden voraus. Als ein solcher Schaden ist „jede Einbuße, die der Betroffene durch ein bestimmtes Ereignis an seinem Vermögen oder an seinen sonstigen rechtlich geschützten Gütern erleidet“ zu verstehen.[575] Der Schadensumfang ist mittels der Differenzmethode zu ermitteln. Damit sind sowohl unmittelbare Vermögenseinbußen als auch der entgangene Gewinn vom Schadensbegriff umfasst. Allerdings fordert der EuGH, dass der entgangene Gewinn nicht auf „spekulativen Faktoren“ beruht. Daher muss der Anspruchsberechtigte substantiiert darlegen, dass die Voraussetzungen des entgangenen Gewinns bereits vor der Schädigungshandlung vorlagen.[576] Über Vermögenseinbußen hinaus sind auch immaterielle Schäden erfasst.[577] Auch für ihre Geltendmachung bestehen jedoch hohe Anforderungen. Es muss zumindest der Nachweis erbracht werden, dass die Verletzungshandlung so schwerwiegend war, dass ein solcher Schaden entstehen konnte.[578]

Aufgrund der genannten Maßstäbe besitzen daher die Auswirkungen der Sanktionsmaßnahmen nur eingeschränkt Schadensqualität. Das Einfrieren von Geldern oder anderen Vermögensgegenständen schränkt lediglich den Gebrauch des Vermögens ein, schmälert die Vermögenssubstanz aber nicht.[579] Nach der Differenzmethode liegt somit kein Schaden vor. Auch Zinsen sind der gelisteten Person nicht entgangen, da sie ihr gutgeschrieben und ebenfalls nur

---

574 EuG, Rs. T-47/03, *Sison*, Slg. 2007, II-73, Rn. 240; EuG, Rs. T-341/07, *Sison II*, Slg. 2011, 00000, Rn. 74.

575 EuGH, verb. Rs. C-104/89 u. C-37/90, *Mulder*, Slg. 1992, I-3061 Rn. 23f.; Kotzur, in: Geiger/Khan/Kotzur, EUV/AEUV, Art. 340 AEUV Rn. 7; Gellermann, in: Streinz, EUV/AEUV, Art. 340 AEUV Rn. 26.

576 Gilsdorf/Niejahr, in: v. d. Groeben/Schwarze, EU-/EGV, Art. 288 EG Rn. 70.

577 EuGH, Rs. 145/83, *Adams*, Slg. 1985, 3539 Rn. 53; Rs. C-259/96, *De Nil*, Slg. 1998, I-2915 Rn. 25f.; EuG Rs. T-203/96, *Embassy Limousines*, Slg. 1998, II-4239, Rn. 108, Rs. T-230/95, *BAI*, Slg. 1999, II-123 Rn. 38; Gilsdorf/Niejahr, in: v. d. Groeben/Schwarze, EU-/EGV, Art. 288 EG Rn. 74.

578 EuG, Rs. T-230/95, *BAI*, Slg. 1999, 123 Rn. 39.

579 EuG, Rs. 47/03, *Sison*, Slg. 2007, II-73, Rn. 245.

eingefroren werden.[580] Als Schadensposten kommen daher allenfalls ein immaterieller Schaden aufgrund der mit der Listung verbundenen Stigmatisierung des Betroffenen als Kriegsverbrechter, Menschenrechtsverletzer oder Terrorist sowie ein aufgrund des Einfrierens eventuell entgangener Gewinn in Betracht. Für beide Posten bestehen allerdings die oben genannten hohen Anforderungen. Sollte nichtsdestotrotz der Nachweis gelingen, stellt sich aber immer noch die Frage der Zurechnung.

III. Zurechnung

Für die Haftung der Union muss zwischen dem Schaden und dem fehlerhaften Verhalten eines Unionsorgans ein ursächlicher Zusammenhang bestehen.[581] Der Betroffene muss den Nachweis erbringen[582], dass der gleiche Erfolg ohne

---

580 Al-Qaida: VO (EG) Nr. 881/2002 (ABl. L 139 v. 29.5.2002, S. 9), Art. 2 Abs. 4; Irak: VO (EG) Nr. 1210/2003 (ABl. L 169 v. 8.7.2003, S. 6), Art. 5; Liberia: VO (EG) Nr. 872/2004 (ABl. L 162 v. 30.4.2004, S. 32), Art. 6; Libyen: VO (EU) Nr. 204/2010 (ABl. L 58 v. 03.03.2011, S. 1), Art. 9; Kongo: VO (EG) Nr. 1183/2005 (ABl. L 193 v. 23.7.2005, S. 1), Art. 5; Elfenbeinküste: VO (EG) Nr. 560/2005 (ABl. L 95 v. 14.4.2005, S. 1), Art. 6; Sudan VO (EG) Nr. 1184/2005 (ABl. L 193 v. 23.7.2005, S. 9), Art. 5; Hariri: VO (EG) Nr. 305/2006 (ABl. L 51 v. 22.2.2006, S. 1), Art. 3 Abs. 3; Nordkorea: VO (EG) Nr. 329/2007 (ABl. L 88 v. 29.3.2007, S. 1), Art. 9; Iran: VO (EU) Nr. 267/2012, (ABl. L 88 v. 24.03.2012, S. 1), Art. 29 Abs 2; Somalia: VO (EU) Nr. 356/2010 (ABl. L 105 v. 27.04.2010, S. 1), Art. 3; VO (EU) Nr. 359/2011 (ABl. L 100 vom 14.04.2011, S. 1), Art. 6; Taliban: VO (EU) Nr. 753/2011 (ABl. L 199 vom 2.8.2011, S. 1), Art. 6; Ägypten: VO (EU) Nr. 270/2011 (ABl. L 76 vom 22.3.2011, S. 5), Art. 6; Belarus: VO (EG) Nr. 765/2006 (ABl. L 134 vom 20.5.2006, S. 1), Art. 4; Birma: VO (EG) Nr. 194/2008 (ABl. L 66 vom 10.3.2008, S. 1), Art. 12; Simbabwe: VO (EG) Nr. 314/2004 (ABl. L 55 vom 24.2.2004, S. 1), Art. 7 Abs. 2; Terrorismus: VO (EG) Nr. 2580/2001 (ABl. L 344 vom 28.12.2001, S. 70), Art. 5 Abs. 1; Bosnien-Herzegowina: Ratsbeschluss 2011/173/GASP (ABl. L 76 vom 22.3.2011, S. 68), Art. 2 Abs. 6; eine Verordnung ist bislang nicht ergangen; Guinea: VO (EU) Nr. 1284/2009 (ABl. L 346 vom 23.12.2009, S. 26), Art. 10; Syrien: VO (EU) Nr. 36/2012 (ABl. L 16 v. 19.01.2012, S. 1), Art. 19; Tunesien: VO (EU) Nr. 101/2011 (ABl. L 28 vom 2.2.2011, S. 1), Art. 6; Jugoslawien: VO (EG) 2488/2000 (ABl. L 287 vom 14.11.2000, S. 19), Art. 1 Abs. 3.

581 Gilsdorf/Niejahr, in: v. d. Groeben/Schwarze, EU-/EGV, Art. 288 EG Rn. 81.

582 EuG, Rs. T-168/94, *Blackspur*, Slg. 1995, II-2627 Rn. 40; Rs. T-231/97, *New Europe Consulting*, Slg. 1999, II-2403 Rn. 57; Rs. T-220/96, *EVO*, Slg. 2002, II-2265 Rn. 41; Gellermann, in: Streinz, EUV/AEUV, Art. 340 AEUV Rn. 28; v. Bogdandy/Jacob, in: Grabitz/Hilf/Nettesheim, EUV/AEUV, Art. 340 AEUV Rn. 126.

die rechtswidrige Organhandlung nicht in derselben Art und Weise eingetreten wäre. Dementsprechend dürfte der Schaden bei einem rechtmäßigen Alternativverhalten nicht entstanden sein.

1. Kausalität

Für die Schäden, die eine rechtswidrige Sanktionsverordnung bei den Betroffenen hervorgerufen kann, hat dies zur Folge, dass sie der Union nur im Falle einer unrichtigen Listung kausal zugerechnet werden können. Nur dann hat gerade die rechtswidrige Sanktionsverordnung durch ihre unmittelbare Wirkung gegenüber den Betroffenen die Schäden verursacht. Beruht die Rechtswidrigkeit dagegen allein auf dem Verstoß gegen den Anspruch auf rechtliches Gehör, fehlt es an dem notwendigen kausalen Zusammenhang.[583] Eine zu Recht zur Listung vorgesehene Person wäre auch bei einer Gelegenheit zur Stellungnahme gelistet und folglich geschädigt worden. Lediglich bei einer gleichzeitigen unrechtmäßigen Listung wäre nicht auszuschließen, dass aufgrund der Stellungnahme von einer Listung abgesehen worden wäre und somit die Schäden nicht eingetreten wären.

Eine Kausalität besteht jedoch nur hinsichtlich des entgangenen Gewinns nicht dagegen hinsichtlich der immateriellen Schäden durch die Stigmatisierung. Diese Schäden rufen bei den UN-Sanktionsregimen die UN-Sicherheitsratsbeschlüsse und bei den EU-Sanktionsregimen die Gemeinsamen Standpunkte hervor. Die Stigmatisierung tritt auch ohne die EU-Sanktionsverordnung ein.[584] Für diese Rechtsakte sind die Unionsgerichte nicht zuständig, so dass sie als Anknüpfungspunkt für eine Haftung der Union ausscheiden.[585]

2. Fehlender Handlungsspielraum der EU-Organe

Doch selbst im Falle einer unrichtigen Listung ist der entgangene Gewinn den Unionsorganen als Schadensposten trotz Kausalität möglicherweise nicht zuzurechnen.

583 Vgl. auch EuGH Rs. C-315/99 P, *Ismeri Europa*, Slg. 2001, I-5281 Rn. 34; v. Bogdandy/Jacob, in: Grabitz/Hilf/Nettesheim, EUV/AEUV, Art. 340 AEUV Rn. 79.

584 EuG, Rs. T-47/03 R, *Sison*, Slg. 2003, II-2047 Rn. 247.

585 Siehe unten Kapitel 4 B. 1. und 3. b) cc).

a) Gemeinsamer Standpunkt

So stellt sich die Frage, ob die Unionsorgane angesichts der Tatsache, dass sie bei der Übernahme der gelisteten Personen aus dem GASP-Beschluss keinen Handlungsspielraum besitzen, für die Unrichtigkeit der Listung und damit die Schäden überhaupt verantwortlich sind. Ein GASP-Beschluss war unter dem Vertrag von Nizza ein Akt der intergouvernementalen Zusammenarbeit, für den die Mitgliedstaaten gemeinsame verantwortlich waren.[586] An diesem zwischenstaatlichen Charakter der GASP hat sich trotz Auflösung der Säulenstruktur der EU durch den Vertrag von Lissabon-Vertrag nichts geändert.[587] Für Schadensersatzklagen in diesem Bereich sind die Unionsgerichte weiterhin nicht zuständig.[588]

Dennoch ist eine Zurechnung zur Union und damit die Anwendbarkeit des Art. 340 Abs. 2 AEUV (Art. 288 Abs. 2 EG) in dieser Konstellation zu bejahen.[589] Sowohl GASP-Beschluss als auch EU-Verordnung sind Handlungen identischer Organe im Rahmen einer einheitlichen Rechtsordnung, die sich lediglich auf verschiedene Kompetenzen stützen. Ist die haftungsrechtliche Verantwortung außerdem von der Kompetenz zur Gestaltung einer subjektiven Rechtsposition abhängig, kann auch der EU eine Mitverantwortung zumindest nicht vollständig abgesprochen werden. Ohne die unmittelbare Geltung der Sanktionsverordnung ist die geforderte Gestaltung nicht möglich. Die Haftung sollte daher an den ersten Akt des rechtlichen Verantwortungszusammenhangs anknüpfen.[590]

Eine Haftung der Unionsstaaten als Alternative widerspricht darüber hinaus dem eigenständigen und einheitlichen Charakter der Union und wäre mit dem Gedanken einheitlichen Rechtsschutzes unvereinbar. Abhängig vom Gestaltungspielraum gäbe es dann entweder eine mitgliedstaatliche oder eine unionsrechtliche Haftung.[591] Betrachtet man schließlich die Rechtslage vor Einführung des Art. 301 EG, so zeigt sich, dass eine mitgliedstaatliche Haftung einen Rückschritt auf dem Weg der Integration darstellt, der nur schwerlich mit Art. 21 Abs. 3 UAbs. 2 EUV (Art. 3 EU a. F.) zu vereinbaren wäre. Vor Inkrafttreten des Maastricht-Vertrags war die Gemeinschaft alleiniger Anspruchsgegner. Durch

---

586 Pechstein, in: Streinz, EGV/EUV, Art. 6 EUV Rn. 10; Pechstein/Koenig, EU, Rn. 118, 144.

587 Siehe oben Kapitel 2 A. I. 2. b).

588 Siehe unten Kapitel 4.

589 So i. E. aber unzutreffender Begründung auch Schmahl, EuR 2006, S. 566, 571, hierin Ress, Handelsembargo, S. 356f. folgend.

590 Gilsdorf, in: van Gerven/Zuleeg, Sanktionen als Durchsetzungsmittel, S. 125, 135f.; v. Bogdandy, AöR 1997, S. 268, 280ff.

591 v. Bogdandy/Jacob, in: Grabitz/Hilf/Nettesheim, EUV/AEUV, Art. 340 AEUV Rn. 128.

Art. 301 EG, der bereits den vorherigen Erlass eines GASP-Beschlusses verlangte, wurde lediglich die vorherige Praxis normiert, zunächst einen Beschluss im Rahmen der EPZ zu fassen. Mit der Normierung war aber keine Änderung der Zurechnung bezweckt, sondern sie sollte allein die Kohärenz zur Außenpolitik der Unionsstaaten sicherstellen.[592]

Auch die Rechtsprechung hat kürzlich die Anwendbarkeit des Art. 340 Abs. 2 AEUV (Art. 288 Abs. 2 EG) unabhängig von einem Gestaltungsspielraum der Union anerkannt. In der Rechtssache *Sison* prüfte das EuG die Voraussetzungen des Art. 340 Abs. 2 AEUV (Art. 288 Abs. 2 EG) und ging somit von dessen Anwendbarkeit aus, obwohl die Listung der betroffenen Person durch den GASP-Beschluss vorgegeben war.[593]

Aus den Finanzsanktionen resultierende Schäden sind der Union folglich unabhängig von ihrem Gestaltungsspielraum bei der Umsetzung des vorangehenden GASP-Beschlusses zuzurechnen.

b) Verhalten Dritter

An dieser Zurechnung ändert auch die Tatsache nichts, dass ein möglicher Schaden erst durch das Verhalten dritter Personen eintritt. Ihre Weigerung, den gelisteten Personen Vermögenswerte zur Verfügung zu stellen, ist keine eigenständige Entscheidung, sondern eine sich unmittelbar aus der Sanktionsverordnung ergebende Pflicht. Auch ihnen sind etwaige Schäden daher nicht zurechenbar.

c) UN-Sanktionsresolution bei UN-Sanktionsregimen

Im Falle der UN-Sanktionsregime kann es zudem Auswirkungen auf die Zurechnung der Schäden zur Union haben, dass die zu listenden Personen und Einrichtungen bereits durch den Sicherheitsrat bzw. den jeweiligen Sanktionsausschuss vorgegeben sind.

So hat das EuG sowohl in der Rechtssache *Dorsch Consult*[594] als auch in der Rechtssache *Hassan*[595] die von einem UN-Sanktionsregime herrührenden Schäden der UN zugerechnet.

592 Friese, Kompensation von Embargoschäden bei Embargomaßnahmen der Europäischen Union, S. 106ff.

593 EuG, Rs. T-47/03, *Sison*, Slg. 2007, II-73.

594 EuG, Rs. T-184/95, *Dorsch Consult Ingenieurgesellschaft*, Slg. 1998, II-667, Rn. 73.

595 EuG, Rs. T-49/04, *Hassan*, Slg. 2006, S. II-52, Rn. 145.

Mit dieser Zurechnung an die UN missachtet das EuG allerdings die Tatsache, dass die Sicherheitsratsresolutionen nur für die Mitgliedstaaten bzw. die EU bindend sind, aber keine unmittelbare Wirkung gegenüber natürlichen und juristischen Personen in der Union besitzen. Die Zuweisung der Schadensverantwortung kann deshalb nur an die umsetzende Sanktionsverordnung als unmittelbar geltendes Recht anknüpfen. Die UN sind aufgrund ihrer fehlenden Gestaltungsmacht somit zwar für die Sanktions*verordnung*, nicht aber für die Sanktions*schäden* ursächlich im Sinne des Haftungsrechts.[596] Die Auffassung des EuG scheint damit auch der Rechtsprechung des EuGH in der Rechtssache *Kadi und Al Barakaat International* zu widersprechen. Denn dort erklärt der Gerichtshof, dass die UN-Charta die Art und Weise der Umsetzung der Sicherheitsratsresolutionen den Mitgliedstaaten überlässt.[597]

d) Ergebnis

Ein erlittener Schaden infolge von Finanzsanktionen ist den Unionsorganen bei beiden Sanktionsregimearten zuzurechnen. Der Ursprung der Maßnahmen im Bereich der zwischenstaatlichen GASP bzw. auf Ebene der UN unterbricht den Zurechnungszusammenhang nicht, da erst die EU-Verordnungen durch ihre unmittelbare Wirkung die Schäden bei den betroffenen Personen und Einrichtungen hervorrufen. Deren Urheber, die EU, ist damit letztendlich für die Schäden verantwortlich.

IV. Ergebnis

Die von den Sanktionsverordnungen Betroffenen können grundsätzlich auch einen Anspruch auf Schadensersatz gegen die EU geltend machen. Der Ursprung der Listung in Bereich der zwischenstaatlichen GASP bzw. auf Ebene der UN unterbricht den Zurechnungszusammenhang nicht. Ersatzfähig ist allerdings nur der entgangene Gewinn, nicht dagegen ein immaterieller Schaden durch die Stigmatisierung.

Allerdings werden die übrigen Anspruchsvoraussetzungen nur in sehr eingeschränktem Maße vorliegen. Erforderlich ist in jedem Falle eine unrichtige

596 Friese, Kompensation von Embargoschäden bei Embargomaßnahmen der EU, S. 226f.

597 EuGH, verb. Rs. C-402/05 u. C-415/05, *Kadi und Al Barakaat International Foundation*, Slg. 2008, I-6351, Rn. 298; Tridimas/Gutierrez-Fons, FILJ 2009, S. 660, 703 (Fn. 222).

Listung der anspruchsberechtigten Person. Eine Verletzung der Begründungspflicht ist nach der nicht überzeugenden Rechtsprechung des EuGH mangels ihres Schutznormcharakters nicht ausreichend. Ein Verstoß allein gegen das Anhörungsrecht kann nicht kausal für einen möglichen Schaden sein. Doch selbst im Falle der Unrichtigkeit der Listung wird der Nachweis eingetretener Schäden nur schwer gelingen. Für den Nachweis eines entgangenen Gewinns bestehen sehr hohe Beweisanforderungen. Eine Haftung der Union wird daher nur selten eintreten.

C. Ergebnis

Die EU-Sanktionsverordnungen können im Einzelfall durchaus gegen das Primärrecht der Union verstoßen. Bis zum Inkrafttreten des Vertrags von Lissabon besaß die Gemeinschaft nach der hier vertretenen Auffassung keine Kompetenz zum Erlass von Sanktionsmaßnahmen gegen Personen und Einrichtungen ohne Drittlandsbezug. Spätestens seit dessen Inkrafttreten ist für eine Kompetenzrüge kein Raum mehr. Er statuiert in Art. 215 AEUV eine ausdrückliche Kompetenz der Union zum Erlass von Maßnahmen gegen Einzelpersonen.

Allerdings kann nachwievor ein Verstoß gegen die Unionsgrundrechte der Betroffenen in Betracht kommen und die Nichtigkeit der EU-Sanktionsverordnung zur Folge haben. Zwar ist eine Verletzung des Rechts auf Leben seit dem Bestehen von humanitären Ausnahmeregelungen ausgeschlossen, in Betracht kommen aber Verstöße gegen die Eigentumsfreiheit, sofern eine Person fälschlicherweise gelistet ist, sowie die Verteidigungsrechte. Zu einer Haftung der Union wird es in einem solchen Falle regelmäßig nicht kommen. Sämtliche Voraussetzungen eines solchen Anspruchs können nur im Falle einer falschen Listung vorliegen. Aber auch dann unterliegt der Nachweis eines Schadens, der nicht den immateriellen Schäden umfasst, sondern auf den entgangenen Gewinn beschränkt ist, so hohen Beweisanforderungen, dass dieser Nachweis nur sehr schwer gelingen wird.

Kapitel 4: Der Rechtsschutz gegen die Finanzsanktionen

Die Finanzsanktionen haben zur Folge, dass bis auf Ausnahmen aus humanitären Gründen sämtliche Finanz- und sonstigen Vermögenswerte der Verfügungsgewalt der gelisteten Personen und Einrichtungen entzogen sind. Dabei können sie wie im vorangehenden Kapitel gezeigt durchaus Rechtspositionen der Betroffenen verletzen. Angesichts mehrerer Maßnahmen verschiedener Akteure auf unterschiedlichen rechtlichen Ebenen stellt sich deshalb die Frage, welche Rechtsschutzmöglichkeit die Betroffenen gegen die Finanzsanktionen besitzen.

A. Die völkerrechtliche Ebene

I. UN-Sanktionsregime

1. UN-Charta

Im Gegensatz zu den EU-Sanktionsregimen steht bei den UN-Sanktionsregimen am Anfang des Sanktionserlasses ein UN-Sicherheitsratsbeschluss, der bereits sowohl die zu ergreifenden Maßnahmen, als auch die Zielpersonen bzw. -einrichtungen konkret benennt. Ausgangspunkt ist bei ihnen damit eine Handlung des Sicherheitsrates, die den handelnden Organen auf anderen Rechtsebenen den Inhalt ihrer Maßnahmen konkret vorgibt. Es liegt damit im Interesse der von einem UN-Sanktionsregime betroffenen Personen und Einrichtungen bereits diese Handlung des Sicherheitsrates zu überprüfen.

a) IGH

Als Kontrollinstanz für Handlungen des Sicherheitsrates kommt im System der Vereinten Nationen der Internationale Gerichtshof in Betracht. Er ist das Hauptrechtsprechungsorgan der Vereinten Nationen und erfüllt alle Voraussetzungen, die ein Gericht charakterisieren.[598]

598 Mosler, in Simma, UN-Charter, Art. 92 Rn. 55ff.

aa) Parteifähigkeit

Es ist aber nicht möglich, Individualklage zum Internationalen Gerichtshof zu erheben. Im Rahmen des Streitentscheidungsverfahrens sind gemäß Art. 34 IGH-Statut entsprechend der klassischen Konzeption des Völkerrechts nur Staaten parteifähig.[599] Nicht verbindliche Gutachten können gemäß Art. 96 UN-Charta, Art. 65 IGH-Statut nur der Sicherheitsrat, die Generalversammlung sowie andere Einrichtungen, die entsprechend der UN-Charta dazu ermächtigt sind, anfordern. Die gelisteten Personen und Einrichtungen können ihre Rechte vor dem IGH somit nur über ihren Heimatstaat durchsetzen.[600]

Eine solche Klage wäre aber nicht erfolgversprechend. Da der Sicherheitsrat als Urheber der Listung mangels Parteifähigkeit als Klagegegner ausscheidet, kommt nur eine Klage gegen die Mitglieder des Sicherheitsrates und ihr Abstimmungsverhalten in Betracht. Der Heimatstaat besitzt aber keinen Rechtsanspruch auf ein bestimmtes Abstimmungsverhalten der Sicherheitsratsmitglieder. Die Verpflichtungen der Sicherheitsratsmitglieder bei der Abstimmung unterscheiden sich von den rechtlichen Bindungen des Sicherheitsrates. Sie müssen nur im Einklang mit den Zwecken und Zielen der UN nach Art. 1 UN-Charta handeln, die sehr weit gefasst sind und gegen die kaum einmal durch eine einzelne Stimmenabgabe verstoßen werden dürfte.[601] Unabhängig von einem subjektiven Anspruch des Heimatstaats findet damit eine gerichtliche Kontrolle des Abstimmungsverhaltens nicht statt. Die gelisteten Personen und Einrichtungen können somit weder eine direkte noch indirekte Kontrolle durch den IGH veranlassen.[602]

bb) Prüfungskompetenz

Die Rechtsschutzmöglichkeit der von den UN-Sanktionsregimen betroffenen Personen könnte darüber hinaus auch an der mangelnden Prüfungskompetenz des IGH scheitern. Da vor dem IGH nur Staaten nicht jedoch UN-Organe

599 Wolfrum, Hdb. VN, § 43 Rn. 12; Mosler, in Simma, UN-Charter, Art. 92, Rn. 66.

600 Grzeszick, AVR 2005, S. 312, 329; Wahl, Rechtsschutz gegen Individualsanktionen, S. 123.

601 Vgl. Martenczuk, Rechtsbindung und Rechtskontrolle des Weltsicherheitsrates, S. 79ff.; im Ergebnis auch Wahl, Rechtsschutz gegen Individualsanktionen, S. 124.

602 Albin, ZRP 2004, S. 71, 72; Kotzur, EuGRZ 2006, S. 19, 23; Tomuschat, CMLRev. 2006, S. 537, 538; ders., EuGRZ 2007, S. 1, 8; Schmahl, EuR 2006, S. 566, 568; Ohler, EuR 2006, S. 848, 849; Nettesheim, CMLRev. 2007, S. 567, 568f.

parteifähig sind, kann sich diese Frage in der vorliegenden Konstellation nur inzident als Vorfrage in einem zwischenstaatlichen Streitverfahren stellen. Eine ausdrückliche Regelung findet sich in der UN-Charta hierzu nicht. Gleichwohl befürwortet die überwiegende Auffassung in der Literatur eine solche Befugnis.[603] Für eine solche inzidente Kontrollbefugnis soll Art. 24 Abs. S. 1 UN-Charta, der ein Handeln des Sicherheitsrates im Einklang mit den Zielen und Grundsätzen der UN verlangt, sowie die Bindung des Sicherheitsrates an das ius cogens sprechen.[604] Hiergegen ist jedoch einzuwenden, dass von der Rechtsbindung des Sicherheitsrates nicht zwingend auch auf die Möglichkeit einer Rechtskontrolle geschlossen werden kann. Allerdings hat auch die Berufungskammer des Internationalen Straftribunals für das ehemalige Jugoslawien (ICTY) eine solche Kompetenz für sich in Anspruch genommen.[605] Bei diesem Tribunal handelte es sich jedoch um ein Nebenorgan des Sicherheitsrates, das dieser selbst eingesetzt hatte, und damit nicht um eine von ihm verschiedene, unabhängige Instanz. Der IGH selbst hat sich zur Frage eines solchen Prüfungsrechts noch nicht eindeutig geäußert. Im *Certain-Expenses-* und im *Namibia*-Gutachten hat er nur festgestellt, dass die UN-Charta keine unmittelbare Kontrolle ihrer Organe durch den Gerichtshof vergleichbar einem nationalen Verfassungsgericht statuiere.[606] Deshalb konnte er im Anschluss in beiden Gutachten die betreffenden Maßnahmen auch einer inzidenten rechtlichen Kontrolle unterziehen, ohne seiner vorhergehenden Aussage zu widersprechen.[607] Er tat dies allerdings in beiden Fällen im Rahmen eines nicht rechtsverbindlichen Gutachtens.[608] Zudem handelte es sich bei den überprüften Maßnahmen nicht um Maßnahmen des Sicherheitsrats nach Kapitel VII UN-Charta. Daher können hieraus keine Rückschlüsse auf eine inzidente Kontrollkompetenz im Rahmen des zwischenstaatlichen Streitverfahrens gezogen werden.[609] Anders war dies im

603 Starck, Die Rechtmäßigkeit von UNO-Wirtschaftsanktionen, S. 411; Lorinser, Bindende Resolutionen des Sicherheitsrates, S. 155; Martenczuk, Rechtsbindung und Rechtskontrolle des Weltsicherheitsrates, S. 72.

604 Mégret/Hoffmann, HRQ 2003, S. 314, 317ff.; Schmahl, EuR 2006, S. 566, 569.

605 ICTY, Prosecutor v. Dusko Tadíc (Establishment of the International Tribunal), Case No. IT-94-1-AR72, § 26ff.

606 ICJ Rep. 1962, Certain Expenses, S. 151, 168 "But no analogous procedure is to be found in the structure in the United Nations"; ICJ Rep. 1971, Namibia, S. 16, 45: "Undoubtedly the Court does not possess powers of judicial review…".

607 Lorinser, Bindende Resolutionen des Sicherheitsrates, S. 74f.

608 Watson, HarvILJ 1993, S. 21.

609 Lorinser, Bindende Resolutionen des Sicherheitsrates, S. 75.

Lockerbie-Fall. Dieses Verfahren betraf die hier betrachtete Frage einer inzidenten Kontrollkompetenz des Gerichtshofs für Maßnahmen des Sicherheitsrats nach Kapitel VII. Der IGH prüfte in seiner Entscheidung nach Art. 41 IGH-Statut die maßgebliche UN-Sicherheitsresolution nicht auf ihre Rechtmäßigkeit. Zugleich betonte er aber, dass „er in diesem Verfahrensstadium noch nicht dazu berufen ist, die rechtlichen Wirkungen der Sicherheitsratsresolution zu bestimmen". Es scheint daher, dass er eine endgültige Antwort auf die Frage seiner inzidenten Kontrollbefugnis der Hauptsacheentscheidung vorbehalten wollte.[610] Da es zu einem solchen Urteil aber nicht mehr kam, ist seine Haltung hiernach weiterhin offen.[611] Allerdings scheint er eine Kontrolle nicht prinzipiell auszuschließen.[612] Folglich dürfte eine inzidente Kontrolle der Sanktionsresolutionen im Rahmen einer zwischenstaatlichen Streitigkeit nicht von vornherein an einer fehlenden Prüfungskompetenz des Gerichtshofs scheitern.

Dass das Urteil in einer solchen Streitigkeit lediglich Feststellungs- und keine Gestaltungswirkung entfaltet, steht dem Rechtschutz des Betroffenen dabei nicht notwendig entgegen.[613] So darf der EGMR den Betroffenen zwar u. U. eine Entschädigung zusprechen, aber auch seine Urteile besitzen nur Feststellungs- und keine Gestaltungswirkung. Dennoch gilt seine Anrufung als effektiver Mechanismus zur Durchsetzung des Menschenrechtsschutzes.[614] In jedem Fall hat die Entscheidung des IGH aber eine starke politische Wirkung, so dass der Sicherheitsrat seine Sanktionspraxis wohl einer Überprüfung unterziehen würde. Allerdings ist zu berücksichtigen, dass eine zwischenstaatliche Streitigkeit, im Rahmen derer eine solche inzidente Kontrolle der Sanktionsresolutionen entscheidungserheblich wäre, kaum einmal entstehen dürfte.[615] Im Ergebnis besteht daher kein Rechtsschutz des Betroffenen gegen die Individualsanktionen vor dem Internationalen Gerichtshof.

---

610 Payandeh, ZaöRV 2006, S. 41, 49; Lorinser, Bindende Resolutionen des Sicherheitsrates, S. 76; Kennedy, VirgJIL 33 (1992/93), S. 899, 915.

611 Eine Entscheidung in der Hauptsache ist nie ergangen, da Libyen die Klage zuvor zurücknahm; so auch Schulte, Der Schutz individueller Rechte gegen Terrorlisten, S. 280.

612 Starck, Die Rechtmäßigkeit von UNO-Wirtschaftsanktionen, S. 410; Watson, HarvILJ 1993, S. 15ff.

613 a. A. Schmahl, EuR 2006, S. 566, 569.

614 Grabenwarter/Pabel, EMRK, § 9 Rn. 1.

615 Vgl. auch Meerpohl, Individualsanktionen des Sicherheitsrates, S. 152.

b) Sanktionsausschuss-Komitee

Als Überprüfungsmöglichkeit auf Ebene der Vereinten Nationen steht somit nur das sicherheitsratsinterne sog. De-listing-Verfahren vor dem Sanktionsausschuss zur Verfügung, welches in Kapitel 1 beschrieben ist.[616] Doch auch dieses Verfahren erfüllt nicht die für einen effektiven Rechtsschutz notwendigen Anforderungen. Betroffene Personen oder Einrichtungen können es außer im Falle des Sanktionsregimes gegen Al-Qaida und die Taliban nicht selbst auslösen, sondern es existiert lediglich ein staatliches Initiativrecht.[617] Die Entscheidung über eine Streichung von der Liste trifft kein unabhängiges Organ, sondern der jeweilige Sanktionsausschuss selbst.[618] Zudem ist für einen solchen Beschluss Einstimmigkeit erforderlich. Die Betroffenen können sich zwar auch unmittelbar an die neu eingerichtete Koordinierungsstelle wenden. Ein echter Rechtsbehelf wurde hierdurch aber nicht geschaffen.[619] Das Verfahren selbst wurde nicht geändert. Es ist weiterhin von zwischenstaatlichen Konsultationen geprägt, die die Koordinierungsstelle in erster Linie erleichtern soll. Dies gilt auch für das Amt des Ombudsmanns im Sanktionsregime gegen Al-Qaida und die Taliban. Die Verfahrensstellung der Betroffenen dieses Sanktionsregimes wurde durch Einrichtung dieses Amtes zwar verbessert, die Entscheidung über einen Antrag trifft aber weiterhin der Sanktionsausschuss selbst.

c) Ergebnis

Die im Rahmen eines UN-Sanktionsregimes gelisteten Personen und Einrichtungen haben auf UN-Ebene keine Möglichkeit, die Sanktionen durch eine unabhängige Instanz überprüfen zu lassen. Eine unmittelbare Kontrolle durch den IGH scheitert an der fehlenden Parteifähigkeit des Individuums. Darüber hinaus fehlt es dem IGH an einer direkten Kontrollbefugnis für das Handeln des Sicherheitsrates. Auch eine Klage des jeweiligen Heimatstaates gegen das Abstimmungsverhalten der Sicherheitsratsmitglieder hat aufgrund des

---

616 Siehe oben Kapitel 1 A. III. 2.

617 Albin, ZRP 2004, S. 71, 72; Ohler, EuR 2006, S. 848, 861; Cameron, NJIL 2003, S. 159, 183.

618 De Wet, Chapter VII Powers, S. 354; Ohler, EuR 2006, S. 848, 861; Spaventa, in: Cremona/de Witte, EU Foreign Relations Law, S. 239.

619 Meyer/Macke, HRRS 2007, S. 445, 453; Feinäugle, ZRP 2007, 75f.; Reich, YJIL 2008, S. 505, 509; Wahl, S. 122; Godinho, ELJ 2010, S. 67, 83f.; Schmalenbach, JZ 2009, S. 35, 36; a. A. Franzius, Wer macht in Europa Menschenrechtspolitik?, S. 7.

fehlenden Anspruchs auf ein bestimmtes Abstimmungsverhalten im Sicherheitsrat keinen Erfolg. Mit dem sog. De-listing-Verfahren steht einzig ein sicherheitsratsinternes und damit nicht unabhängiges Überprüfungsverfahren zur Verfügung, welches zudem von diplomatischen Verhandlungen geprägt ist und einen einstimmigen Beschluss verlangt.[620]

2. EMRK

Auf völkerrechtlicher Ebene besteht damit für die von einem UN-Sanktionsregime Betroffenen nur die Möglichkeit, sich an den Europäischen Gerichtshof für Menschenrechte in Straßburg zu wenden. Dort können die gelisteten Personen und Einrichtungen als natürliche bzw. private juristische Personen eine Individualbeschwerde nach Art. 34 EMRK erheben.[621] Gegenstand einer solchen Beschwerde ist die Verletzung eines Konventionsrechts durch eine Vertragspartei.[622] Da das Verfahren bei Erlass der Finanzsanktionen durch verschiedene Maßnahmen unterschiedlicher Hoheitsträger geprägt ist, stellt sich zunächst die Frage, an welches hoheitliche Verhalten man zulässigerweise im Rahmen der Individualbeschwerde anknüpfen kann.

a) Sicherheitsratsbeschlüsse

Die Sicherheitsratsbeschlüsse scheiden als in Frage kommendes Verhalten aus. Ihre Urheber sind Organe der Vereinten Nationen, die als internationale Organisation weder an die EMRK gebunden noch fähig sind, ihr beizutreten.[623] Eine Klage wäre folglich unzulässig ratione personae.

---

620 Cameron, NJIL 2003, S. 159, 183; Aust/Naske, ZÖR 2006, S. 587, 616; Kämmerer, EuR 2008 Beiheft 1, S. 65, 79f.; Bothe JICJ 2008, S. 541, 547; Schmahl, EuR 2006, S. 566, 568; Ohler, EuR 2006, S. 548, 560; Schmalenbach, JZ 2006, S. 349, 350; Haltern, JZ 2007, S. 537, 539; ders., JZ 2007, s. 772, 774; Dederer, ZaöRV 2006, S. 575, 603.

621 Schorkopf, in: Grote/Marauhn, EMRK/GG, Kap. 30 Rn. 16; Grabenwarter/Pabel, EMRK, § 13 Rn. 6.

622 Grabenwarter/Pabel, EMRK, § 9 Rn. 2.

623 Röben, in: Grote/Marauhn, EMRK/GG, Kap. 5 Rn. 96; Grabenwarter/Pabel, EMRK, § 17 Rn. 8.

b) Abstimmungsverhalten der im SR bzw. Sanktionsausschuss vertretenen EMRK-Mitgliedstaaten

Es verbleibt als Anknüpfungspunkt auf Ebene der Vereinten Nationen allein das Abstimmungsverhalten der im Sicherheitsrat bzw. Sanktionsausschuss vertretenen EMRK-Mitgliedstaaten.

aa) Abstimmungsverhalten im Sicherheitsrat

Auf das Abstimmungsverhalten im Sicherheitsrat abzustellen, wie es eine Literatursicht vertritt[624], begegnet Bedenken.

Zwar sind die EMRK-Mitgliedstaaten grundsätzlich zulässige Beschwerdegegner, doch ist hier zunächst die Anwendbarkeit der EMRK ratione loci fraglich. Die Anwendbarkeit richtet sich nach Art. 1 EMRK, der „jurisdiction" bzw. die Ausübung von Hoheitsgewalt verlangt.[625] Der EGMR versteht diese Begriffe in seiner Rechtsprechung entsprechend dem allgemeinen völkerrechtlichen Sprachgebrauch primär territorial.[626] Die Anwendbarkeit der EMRK ist damit grundsätzlich auf das Staatsgebiet der EMRK-Mitgliedstaaten beschränkt. Nur in besonderen Konstellationen hat er eine extraterritoriale Wirkung der EMRK angenommen.[627] Dahinter steht der konzeptionelle Ansatz, dass es für die Ausübung von staatlicher Hoheitsgewalt entsprechend dem allgemeinen Völkerrecht eines legitimen Anknüpfungspunktes bedarf, wie ihn insbesondere die Territorial- und Personalhoheit eines Staates vermitteln.[628]

Überträgt man diesen Ansatz auf den vorliegenden Sachverhalt so könnte man zu dem Ergebnis kommen, dass es für die Annahme von Hoheitsgewalt an einem territorialen Anknüpfungsmoment fehlt. Ort der Sicherheitsratsabstimmungen ist New York und damit das Staatsgebiet der USA, welche bekanntlich nicht Vertragspartei der EMRK sind.[629] Allerdings lässt diese Sicht außer Acht, dass über das Abstimmungsverhalten im Sicherheitsrat nicht die UN-Vertretung eines Staates in New York, sondern dessen nationale Regierung entscheidet. Ort der Entscheidung über das Abstimmungsverhalten im Sicherheitsrat ist

---

624 Schilling, ZaöRV 2004, S. 343, 357; Cameron, NJIL 2003, S. 159, 213.

625 Grabenwarter/Pabel, EMRK, § 17 Rn. 11.

626 EGMR, Nr. 52207/09, Entscheidung v. 12.12.2001, *Banković and Others*, Rep. 2001-XII, § 59ff.

627 S. z. B. EGMR, Nr. 46221/99; Urteil v. 12.03.2003, *Öcalan*, § 93.

628 Röben, in: Grote/Marauhn, EGMR/GG, Kap. 5 Rn. 74.

629 So Meerpohl; Individualsanktionen des Sicherheitsrates, 210f.

damit nicht New York, sondern der sich auf dem Staatsgebiet befindliche Sitz der jeweiligen nationalen Regierung. Hinsichtlich der im Sicherheitsrat vertretenen EMRK-Mitgliedstaaten bedeutet dies, dass es sich bei ihrem Abstimmungsverhalten damit durchaus um die Ausübung von Hoheitsgewalt ratione loci im Sinne des Art. 1 EMRK handelt.

Im Rahmen der Individualbeschwerde an das Abstimmungsverhalten der EMRK-Mitgliedstaaten im Sicherheitsrat anzuknüpfen, scheitert jedoch an der Anwendbarkeit der EMRK ratione personae. Voraussetzung hierfür ist zunächst, dass den EMRK-Mitgliedstaaten ihr Abstimmungsverhalten im Rahmen des UN-Sicherheitsrates im Sinne des Art. 1 EMRK zuzurechnen ist.[630] Für eine solche Zurechnung spricht, die Argumentation des EGMR in der Rechtssache *Waite und Kennedy*. Dort hat er festgestellt, „dass es mit dem Zweck und Ziel der Konvention unvereinbar wäre, wenn die EMRK-Mitgliedstaaten sich ihren Konventionsverpflichtungen durch die Gründung von internationalen Organisationen in den Kompetenzbereichen entziehen könnten, die sie auf diese Organisationen übertragen haben".[631] Vielmehr müssen die Mitgliedstaaten im Rahmen der internationalen Organisation zumindest einen „gleichwertigen Grundrechtsschutz" sicherstellen[632], was auf Ebene der UN, wie oben gezeigt, nicht gewährleistet ist.

Allerdings scheint der Gerichtshof von dieser grundsätzlichen Regel im Fall der Vereinten Nationen eine Ausnahme zu machen. So hat er in der Rechtssache *Behrami und Saramati* geurteilt, dass eine Anwendbarkeit ratione personae im Falle von Handlungen im Rahmen der Vereinten Nationen ausscheide, da es sich bei der UN um eine Organisation „of universal jurisdiction fulfilling its imperative collective security objective" handele.[633] Diese Ausnahme gelte insbesondere auch „für freiwillige Handlungen im Rahmen der UN wie das Stimmverhalten im Sicherheitsrat bei Beschlüssen nach Kapitel VII. Anderenfalls könne der SR sein imperatives Mandat nach Kapitel VII und damit auch die UN ihr Ziel von Frieden und Sicherheit nicht erfüllen".[634] Auf diese Ausführungen hat er in der

630 Grabenwarter/Pabel, EMRK, § 13 Rn. 45.

631 EGMR, Nr. 26083/94, Urteil v. 18.02.1999, *Waite and Kennedy*, § 67.

632 EKMR, Nr. 13258/87, Entscheidung v. 09.02.1990, *M. & Co.*, DR 64, S. 138, 145; EGMR, Nr. 45036/98, Urteil v. 30.06.2005, *Bosphorus Airways*, Rep. 2005-VI, § 155.

633 EGMR, Nr. 71412/01 u. 78166/01, Entscheidung v. 02.05.2007, *Behrami u. Saramati*, § 151; vgl. auch Janik, ZaöRV 2010, S. 127, 144.

634 EGMR, Nr. 71412/01 u. 78166/01, Entscheidung v. 02.05.2007, *Behrami u. Saramati*, § 149; ablehnend Grabenwarter/Pabel, EMRK, § 17 Rn. 10.

Folgezeit mehrmals Bezug genommen und sie bestätigt.[635] Folglich sind die Mitgliedstaaten aus Sicht des Gerichtshofs nicht für Handlungen, die der UN zurechenbar sind, insbesondere auch Resolutionen des Sicherheitsrates nach Kapitel VII der UN-Charta, verantwortlich.

Diese Sicht hat er auch in der Rechtssache *Al-Jedda* nicht aufgegeben. Dort hat er die angegriffene Handlung allein dem EMRK-Mitgliedstaat zugerechnet, weil es der UN aus seiner Sicht an „effective control" bzw. „ultimate authority and control" fehlte.[636] Auf die Frage, ob die Mitgliedstaaten für eine der UN zurechenbare Handlung verantwortlich sind, musste er dementsprechend nicht eingehen, auch wenn er die grundsätzliche Möglichkeit einer parallelen Zurechnung andeutete.[637]

Zudem spricht gegen eine Zurechnung zu den Mitgliedstaaten, dass es sich bei Resolutionen des Sicherheitsrates um eine Gremienentscheidung handelt. Für solche Entscheidungen hat bereits die EKMR eine Zurechnung zu einem EMRK-Mitgliedstaat abgelehnt. Sie begründete ihre Haltung damit, dass die Mitglieder ihre Befugnisse im Rahmen dieses Gremiums gemeinsam und unteilbar ausüben. Entsprechend seien sie auch für ihre Entscheidungen in diesem Gremium gemeinsam verantwortlich.[638] Dieses Argument trifft auch auf Entscheidungen des Sicherheitsrates zu. Aus den genannten Gründen ist daher eine Anwendbarkeit der EMRK ratione personae auf das Abstimmungsverhalten der EMRK-Mitglieder im Sicherheitsrat abzulehnen.

Darüber hinaus fehlt es schließlich auch an der für eine Beschwerde ebenfalls notwendigen unmittelbaren Betroffenheit[639] eines potentiellen Beschwerdeführers durch das Abstimmungsverhalten. Durch die Abstimmung beschließen die Sicherheitsratsmitglieder eine Resolution, die die Errichtung eines Sanktionsregimes zum Inhalt hat. In ihr ist der von Individualsanktionen betroffene Personenkreis aber lediglich abstrakt-generell bestimmt. Erst der Vollzug der Individualsanktionen durch konkrete Listungen, die jedoch der Sanktionsausschuss vornimmt, kann daher eine betroffene Person bzw. Einrichtung

---

635 EGMR, Nr. 6974/05, Entscheidung v. 05.07.2007, *Kasumaj*; Nr. 31446/02, Entscheidung v. 28.08.2007, *Gajic*, § 1; Nr. 36357/04 u. a., Entscheidung v. 16.10.2007, *Beric*, § 29; Nr. 45267/06, Entscheidung v. 11.12.2008, *Stephens*; Nr. 22617/07, Entscheidung v. 09.06.2009, *Galic*, § 31ff.; Nr. 49032/07, Entscheidung v. 09.06.2009, *Blagojevic*, § 31ff.

636 EGMR, Nr. 27021/08, Urteil v. 07.07.2011, *Al-Jedda*, § 84.

637 EGMR, Nr. 27021/08, Urteil v. 07.07.2011, *Al-Jedda*, § 80.

638 EKMR, Nr. 6231/73, Entscheidung v. 28.05.1975, *Hess*, D. R. 2, S. 72, 74.

639 Ehlers, in: Ehlers, EuGR, § 2 Rn. 82.

beeinträchtigen.[640] Auch eine ausnahmsweise unmittelbare Beeinträchtigung durch die Sanktionsresolution, wie es bei einer Strafrechtsnorm im vergleichbaren Fall einer Beschwerde gegen gesetzliche Bestimmungen anerkannt ist[641], liegt nicht vor. Wie oben festgestellt, handelt es sich bei den Individualsanktionen gerade nicht um Maßnahmen mit Strafcharakter, sondern um präventive Maßnahmen zur Gefahrenabwehr.

bb) Abstimmungsverhalten im Sanktionsausschuss

Zu einer anderen Bewertung könnte man jedoch aufgrund der vorangegangen Ausführungen hinsichtlich der Listungsentscheidung im Sanktionsausschuss kommen. Hier werden konkret bestimmbare Personen und Einrichtungen den Sanktionsmaßnahmen unterworfen, so dass in diesem Fall durchaus eine unmittelbare Betroffenheit in Betracht kommt. Doch auch hier sind noch weitere Vollzugsakte anderer Hoheitsträger erforderlich, bevor die Listung Wirkungen bei den Betroffenen erzeugt. So gelangen die Sanktionsmaßnahmen im Gebiet der EU erst durch die EU-Verordnung zu unmittelbarer Geltung. Hinzu kommt, dass Adressat der EU-Verordnung nicht die gelistete Person selbst ist, sondern sie sich an andere Privatpersonen richtet und ihnen den geschäftlichen Verkehr mit der gelisteten Person verbietet.[642] Wirkungen erzeugt damit im Grunde erst das Verhalten anderer Privatpersonen. Vor dem Hintergrund, dass es sich aufgrund des Abstimmungsverfahrens im Sanktionsausschuss bei dem relevanten Akt um ein Unterlassen handelt (sog. no-objection-Verfahren), kann daher im Falle der Listungsentscheidung nicht mehr von einer unmittelbaren Betroffenheit der gelisteten Personen und Einrichtungen gesprochen werden.[643]

Darüber hinaus ist auch hier eine Anwendbarkeit der EMRK ratione personae nicht gegeben. Die obigen, zum Abstimmungsverhalten im Sicherheitsrat gemachten Ausführungen treffen auch auf die Handlungen der EMRK-Mitgliedstaaten im Sanktionsausschuss zu. Die Rechtssache *Behrami und Saramati* betraf Handlungen im Rahmen der UN-Territorialverwaltung UNMIK. Sowohl die Territorialverwaltung UNMIK, um die es in der Rechtssache

640 Vgl. zum Erlassverfahren oben Kapitel I A. II.
641 Ehlers, in: Ehlers, EuGR, § 2 Rn. 82.
642 siehe oben Kapitel 1 A. V.
643 So auch Meerpohl, Individualsanktionen des Sicherheitsrates, S. 210ff., der aus den genannten Gründen allerdings eine Anwendung der EMRK ratione loci ablehnt.

Behrami und Saramati ging[644], als auch der Sanktionsausschuss sind Unterorgane der UN errichtet nach Kapitel VII UN-Charta. Auch Handlungen der EMRK-Mitgliedstaaten im Rahmen des Sanktionsausschusses dürften daher aus Sicht des Gerichtshofs der UN zuzurechnen sein. Folglich scheidet auch hier eine Anwendbarkeit der EMRK ratione personae aus.

cc) Positive Schutzpflicht der EMRK-Mitgliedstaaten

Schließlich ist noch zu überlegen, ob das Abstimmungsverhalten der EMRK-Mitgliedstaaten bei Einrichtung der Sanktionsregime, die auf UN-Ebene keinen effektiven Rechtsschutz vorsehen, als Schutzpflichtverletzung zu werten sein könnte, mit der Folge, dass die Konventionstaaten auf UN-Ebene eine konventionskonforme Ausgestaltung der Sanktionsregime gewährleisten müssen.[645] Dagegen spricht jedoch ebenfalls, dass die Mitgliedstaaten aus den oben genannten Gründen nicht für ihr Verhalten im Rahmen von UN-Gremien nach der EMRK verantwortlich sind. Es besteht folglich auch keine Schutzpflicht gegenüber den betroffenen Personen, die sie durch ihr Abstimmungsverhalten verletzen könnten.

c) GASP-Standpunkt

Auf die Resolution des Sicherheitsrates folgt ein Standpunkt bzw. Ratsbeschluss der Europäischen Union auf dem Gebiet der Gemeinsamen Außen- und Sicherheitspolitik. Bis zum Vertrag von Lissabon gehörte die GASP zum Bereich der intergouvernementalen Zusammenarbeit[646] und auch nach seinem Inkrafttreten besitzt sie weiterhin zwischenstaatlichen Charakter.[647] Für die GASP sind die Mitgliedstaaten daher gemeinsam verantwortlich, so dass ihnen Akte auf diesen Gebieten grundsätzlich zugerechnet werden können und sie die EMRK zu beachten haben.[648]

---

644 EGMR, Nr. 71412/01 u. 78166/01, Entscheidung v. 02.05.2007, *Behrami u. Saramati*, § 143.

645 Frank, FS Wildhaber, S. 237, 254.

646 Oppermann/Classen/Nettesheim, Europarecht, § 39 Rn. 3.

647 Siehe oben Kapitel 3 B. III. 2. a); Oppermann/Classen/Nettesheim, Europarecht, § 39 Rn. 23.

648 Pechstein/Koenig, EU, Rn. 118, 144; EGMR, Nr. 6422/02 und 9916/02, Entscheidung v. 23.05.2002, *Segi u. Gestoras Pro-Amnistía*, Rep. 2002-V, S. 371, 378.

aa) Einfluß des Sicherheitsratsbeschlusses

Allerdings sind die Standpunkte bzw. Ratsbeschlüsse inhaltlich mit den ihnen zugrundeliegenden Sicherheitsratsbeschlüssen identisch. Diese Abhängigkeit kann einerseits ihre Zurechnung zu den Mitgliedstaaten beeinflussen, andererseits kann der völkerrechtliche Vorrang der Sicherheitsratsbeschlüsse die Bindung der Mitgliedstaaten an die EMRK bei Erlass des GASP-Standpunkts ausschließen.

(1) Zurechnung

Die Abhängigkeit von den Sicherheitsratsbeschlüssen unterbricht die Zurechnung der GASP-Standpunkte zu den Mitgliedstaaten nicht. Die Mitgliedstaaten sind zwar nach Art. 25 UN-Charta zur Umsetzung des Sicherheitsratsbeschlusses verpflichtet, sie können aber wählen, ob sie dies im Rahmen der Europäischen Union mittels eines GASP-Standpunkts und einer EU-Verordnung oder auf nationalem Wege tun. Aufgrund dieses Gestaltungsspielraums handelt es sich bei dem Erlass des Standpunkts um eine eigenständige Hoheitsentscheidung der Mitgliedstaaten, für die sie trotz inhaltlicher Abhängigkeit von den UN-Sicherheitsratsbeschlüssen verantwortlich sind.

Diese Sichtweise scheint auch der EGMR in seiner Rechtsprechung zu bestätigen. So rechnete der Gerichtshof den Mitgliedstaaten in der Rechtssache *Bosphorus* die behördliche Beschlagnahmeanordnung zu, obwohl sie letztendlich inhaltlich auf einer Sicherheitsratsresolution basierte. Allerdings problematisierte er die Zurechnung in der Entscheidung mit keinem Wort, so dass dieses Verhalten als „beredtes" Schweigen in beide Richtungen gedeutet werden kann. Jedenfalls widerspricht dieses Urteil nicht der oben genannten Auffassung.

Gleiches gilt für das Urteil des Gerichtshofes in der Rechtssache *Behrami und Saramati*. Zwar erklärt der EGMR in dieser Entscheidung, dass er für von Sicherheitsratsresolutionen abgedeckte Handlungen und Unterlassungen der Vertragsparteien keine Zuständigkeit besitzt.[649] Allerdings relativiert er diese Aussage in seinen nachfolgenden Ausführungen, indem er sich für diese Verhaltensweisen nur dann für nicht zuständig erklärt, sofern sie der UN aufgrund eines Tätigwerdens im Rahmen eines UN-Hilfsorgans oder aufgrund einer Befugnisübertragung gemäß Kapitel VII der UN-Charta unmittelbar

649 EGMR, Nr. 71412/01 u. 78166/01, Entscheidung v. 02.05.2007, *Behrami u. Saramati*, § 149.

zurechenbar sind. Gleichzeitig betont er dabei die Gültigkeit seines Urteils in der Rechtssache *Bosphorus*.[650] Folglich ist dem Urteil nur zu entnehmen, dass der EGMR für die Sicherheitsratsresolutionen nach Kapitel VII UN-Charta umsetzenden Rechtsakte unzuständig ist, die der UN unmittelbar zuzurechnen sind. Diese Unmittelbarkeit ist im Falle des GASP-Standpunkts aber nicht gegeben. Er wird weder von einem UN-Hilfsorgan beschlossen, noch ergeht er im Rahmen einer Befugnisübertragung.[651] Die Mitgliedstaaten sind nur verpflichtet, den Beschluss des Sicherheitsrates umzusetzen. Auf welche Art und Weise sie dies tun, bleibt ihnen überlassen. Sie können der Umsetzungsverpflichtung entweder gemeinsam durch Erlass eines Standpunkts nachkommen oder aber nationale Umsetzungsmaßnahmen erlassen. Im Ergebnis ist der GASP-Standpunkt daher trotz seines inhaltlichen Ursprungs auf Ebene der UN ein geeigneter Anknüpfungspunkt für die Individualbeschwerde nach Art. 34 EMRK.

(2) Vorrang der UN-Pflicht

Allerdings verhindert der in Art. 103 UN-Charta angeordnete Vorrang der UN-Verpflichtungen, dass die EMRK-Mitgliedstaaten bei Erlass des GASP-Standpunkts an die EMRK gebunden sind. Im Falle der Umsetzung der UN-Sanktionsresolutionen unterliegen die EMRK-Mitgliedstaaten sowohl Pflichten aus der UN-Charta als auch aus der EMRK. Kommt es zu einer Pflichtenkollision, dann genießen die UN-Pflichten Vorrang vor den Verpflichtungen aus der EMRK und verdrängen sie. Diese Vorrangwirkung der UN-Charta ergibt sich aus dem normtheoretischen Verhältnis von UN-Recht und EMRK. Anders als im Fall der Europäischen Union haben die Vertragsparteien mit der EMRK keine eigene supranationale Rechtsordnung geschaffen. Es handelt sich um einen völkerrechtlichen Vertrag, auf den die Kollisionsregel des Art. 30 Abs. 1 WVK i. V. m. Art. 103 UN-Charta Anwendung findet.[652] Die Vorrangregel in Art. 103 UN-Charta verdrängt damit die Konventionsverpflichtung

---

650 EGMR, Nr. 71412/01 u. 78166/01, Entscheidung v. 02.05.2007, *Behrami u. Saramati* § 151.

651 EuGH, verb. Rs. C-402/05 P u. C-415/05 P, *Kadi u. Al Barakaat International Foundation*, Slg. 2008, I-6351, Rn. 314; Meyer, eucrim 2008, S. 81, 86; Tzanou, GLJ 2009, S. 123, 144f; Tridimas/Gutierrez-Fons, FILJ 2009, S. 660, 688.

652 House of Lords, *Al-Jedda*, 2007 UKHL 58, Rn. 35f., 118, 133, 151; UK Supreme Court, *Ahmed and Others*, 2010 UKSC 2, Rn. 74.

gänzlich.[653] Dies entspricht der Auslegung des EGMR, der die Konvention im Lichte aller einschlägigen völkerrechtlichen Normen auslegt, die die Beziehungen zumindest zwischen den EMRK-Vertragsparteien beherrschen.[654]

Die Rechtsprechung des Gerichtshofs in der Rechtssache *Bosphorus* steht dieser Sichtweise nicht entgegen. Zwar hielt er die Mitgliedstaaten in diesem Fall, in dem die mitgliedstaatliche Maßnahme inhaltlich durch eine Sanktionsresolution des Sicherheitsrates bestimmt war, für an die EMRK gebunden. Er problematisierte jedoch das Verhältnis der Konvention zur UN-Charta in der Entscheidung nicht.[655] Wie bei der Frage der Zurechnung kann dieses Schweigen auch hier in beide Richtungen verstanden werden. Einerseits kann es auf eine Anwendbarkeit des *Bosphorus*-Maßstabs hindeuten, andererseits aber auch so verstanden werden, dass der Gerichtshof das Problem gar nicht gesehen und sich daher zu dieser Frage auch noch gar nicht geäußert hat. Nach dieser Entscheidung des Gerichtshofs ist es daher weiter offen, ob die Mitgliedstaaten in dieser Konstellation an die EMRK gebunden sind oder nicht.

Gleiches gilt nach den Urteilen des Gerichtshofs in den Rechtssachen *Behrami und Saramati* und *Al-Jedda*. In der erstgenannten Entscheidung stützt der EGMR seine Unzuständigkeit für von Sicherheitsratsbeschlüssen abgedeckte Handlungen und Unterlassungen der Vertragsparteien auf die fehlende Zurechnung der Handlung zu den Mitgliedstaaten. Auf die Frage, ob die Pflichten der UN-Charta im Falle einer solchen Zurechnung Vorrang vor denjenigen aus der UN-Charta besitzen, musste er dementsprechend nicht eingehen. In der Rechtssache *Al-Jedda* rechnete er das streitgegenständliche Verhalten zwar dem verklagten Konventionsstaat zu. Er vertrat allerdings die Ansicht, dass dessen Pflichten aus der EMRK nicht im Widerspruch zu denen aus der UN-Charta standen.[656] Auf diese Weise vermied es der Gerichtshof, zu der Vorrangfrage ausdrücklich Stellung nehmen zu müssen. Implizit scheint der Gerichtshof aber sowohl in dieser als auch in der vorgenannten Entscheidung von einer Vorrangwirkung der UN-Charta auszugehen.

Es spricht daher vieles dafür, dass die EMRK-Mitgliedstaaten bei Erlass des GASP-Standpunkts aufgrund des Vorrangs der UN-Verpflichtungen gemäß Art. 103

653 Meyer, ZEuS 2007, S. 1, 44; Lysen, NJIL 2003, S. 291, 292.; Reich, YJIL 2008, S. 505, 510; a. A. Dederer, ZaöRV 2006, S. 575, 604, der eine teleologische Reduktion von Art. 103 UN vorschlägt.

654 EGMR Nr. 35763/97, Urteil v. 21.11.2001, *Al-Adsani*, Rep. 2001-XI § 55; Nr. 45036/98, Urteil v. 30.06.2005, *Bosphorus Airways*, Rep. 2005-VI § 150.

655 EGMR, Nr. 45036/98, Urteil v. 30.06.2005, *Bosphorus Airways*, Rep. 2005-VI §§ 136ff.; Tzanou, GLJ 2009, S. 123, 145.

656 EGMR, Nr. 27021/08, Urteil v. 07.07.2011, *Al-Jedda*, Rn. 109.

UN-Charta nicht an die EMRK gebunden sind. Eine Antwort auf diese noch offene Frage wird der Gerichtshof aber möglicherweise in der Rechtssache *Nada* geben.

bb) Beschwer

Für eine Beschwerde vor dem EGMR, die an den GASP-Standpunkt anknüpft, fehlt es den betroffenen Personen, und Einrichtungen schließlich auch an einer Beschwer. Von dem Standpunkt gehen im Hinblick auf die Finanzsanktion keine unmittelbaren Rechtswirkungen aus.[657] Er hat keinen supranationalen Charakter und gilt daher in den Mitgliedstaaten nicht unmittelbar.[658] Dementsprechend richtet er sich auch an die Europäische Union bzw. die Mitgliedstaaten und weist sie an, entsprechende Umsetzungsakte zu ergreifen. Eine von ihm ausgehende Konventionsverletzung ist in dieser Hinsicht deshalb ausgeschlossen.

d) EU-Verordnung

Da kein mitgliedstaatlicher Umsetzungsakt ergeht, ist der letzte Anknüpfungspunkt für eine Individualbeschwerde die EU-Verordnung. Eine gegen die Europäische Union als Urheberin der Verordnung gerichtete Beschwerde scheitert jedoch daran, dass die EU keine Vertragspartei der EMRK ist.[659] Als zulässige Gegner der Beschwerde kommen deshalb nur die EU-Mitgliedstaaten in Betracht, die allesamt Vertragsparteien der EMRK sind. Fraglich ist jedoch, ob die Mitgliedstaaten für das unmittelbare Verhalten der EU-Organe verantwortlich sind, so dass es ihnen als Hoheitsgewalt rationae personae zuzurechnen ist.

aa) Zurechnung unmittelbaren Verhaltens der EU-Organe

Für eine solche Zurechnung spricht auch hier das vom Gerichtshof in der Rechtssache *Waite und Kennedy* entwickelte Argument, „dass es mit dem Zweck und Ziel der Konvention unvereinbar wäre, wenn die EMRK-Mitgliedstaaten sich ihren Konventionsverpflichtungen durch die Gründung von internationalen Organisationen in den Kompetenzbereichen entziehen könnten, die sie auf diese

657 Siehe zu den faktischen Wirkungen unten Kapitel 5.

658 Pechstein/Koenig, EU, Rn. 207, Cremer, in: Calliess/Ruffert, EUV/AEUV, Art. 29 EUV Rn. 9.

659 Winkler, Der Beitritt der Europäischen Gemeinschaften zur Europäischen Menschenrechtskonvention, S. 155.

Organisationen übertragen haben".[660] Im Falle der EU hinge eine Zurechnung eines Rechtsaktes anderenfalls häufig allein davon ab, in welcher Rechtsform er ergeht oder ob sein Vollzug nationalen oder europäischen Behörden übertragen ist.[661] Dagegen lässt sich jedoch anführen, dass auf diese Weise eine Bindung der EU an die EMRK herbeigeführt wird, obwohl wie es der Gerichtshof selbst immer auch betont, diese bislang gerade keine Vertragspartei der Konvention ist.[662]

Der Gerichtshof selbst hat sich zu dieser Frage bislang noch nicht konkret äußern müssen, da er solche Beschwerden bereits aus anderen Gründen für unzulässig erachtete. So befand er die Klage in den Fällen *Société Guérin Automobiles* und *Ermesa Sugar* für unzulässig ratione materiae[663], während es den Beschwerdeführern in dem Fall *Senator Lines* seiner Ansicht nach an der „Opfereigenschaft" mangelte.[664]

Allerdings hat er in der Rechtssache *Boivin* festgestellt, dass eine Zurechnung von Akten einer internationalen Organisation zu einem Konventionsstaat ein „direktes oder indirektes Eingreifen oder eine Handlung oder Unterlassung des Staates bzw. seiner Behörden" voraussetzt.[665] Diese Voraussetzung hat er in der Folgezeit in mehreren Entscheidungen bestätigt[666], wobei sich zwei der Beschwerden gegen Entscheidungen des Gerichtshofs der Europäischen Union richteten.[667] Diese Rechtsprechung legt nahe, dass der Gerichtshof das Kriterium des Eingreifens des Konventionsstaates generell für die Frage der Zurechnung von Akten internationaler Organisationen zu den EMRK-Mitgliedstaaten heranzieht.[668] Dabei kann die Schwelle für die Annahme eines Eingreifens durchaus unterhalb

---

660 EGMR, Nr. 26083/94, Urteil v. 18.02.1999, *Waite and Kennedy*, § 67.

661 Janik, ZaöRV 2010, S. 127, 148.

662 EGMR Nr. 13645/05, Entscheidung v. 20.01.2009, *Nederlandse Kokkelvisserij*; vgl. auch Grabenwarter/Pabel, EMRK, § 4 Rn. 5.

663 EGMR, Nr. 51717/99, Entscheidung v. 04.07.2000, *Société Guérin Automobiles*; Nr. 62023/00, Entscheidung v. 13.01.2005, *Emesa Sugar*.

664 EGMR, Nr. 56672/00, Entscheidung v. 10.03.2004, *Senator Lines*, Rep. 2004-IV; Dederer, ZaöRV 2006, S. 575, 600.

665 EGMR, Nr. 73250/01, Entscheidung v. 09.09.2008, *Boivin*, Rep. 2008, § 2.

666 EGMR, Nr. 73274/01, Entscheidung v. 09.12.2008, *Connolly*; Nr. 13762/04, Entscheidung v. 09.12.2008, *Biret*, § 1; Nr. 36099/06, Entscheidung v. 16.6.2009, *Beygo*; Nr. 18754/06, Entscheidung v. 07.07.2009, *Lopez Cifuentes*; Nr. 40382/04, Entscheidung v. 16.6.2009, *Rambus Inc.*, § 1; Nr. 13654/05, Entscheidung v. 20.01.2009, *Nederlandse Kokkelvisserij*, Rep. 2009.

667 EGMR, Nr. 73274/01, Entscheidung v. 09.12.2008, *Connolly*; Nr. 13654/05, Entscheidung v. 20.01.2009, *Nederlandse Kokkelvisserij*, Rep. 2009.

668 So auch Janik, ZaöRV 2010, S. 127, 155.

des mitgliedstaatlichen Vollzugs liegen.[669] Für die Frage der Zurechnung in der hier betrachteten Konstellation ist die Rechtslage aber auch nach diesen Entscheidungen weiterhin offen. Betrachtet man die EU-Sanktionsverordnungen isoliert, dann fehlt es an einem mitgliedstaatlichen Eingreifen der Konventionsstaaten. Sie werden vom Rat erlassen und sind unmittelbar anwendbar. Eine solche Betrachtung ließe jedoch ihre Doppelnatur als außen- und handelspolitische Maßnahme außer Acht, die ihren Ursprung im intergouvernementalen Bereich der GASP hat. Anders als bei sonstigen Verordnungen der EU ist im Falle der Sanktionsverordnungen deshalb gemäß Art. 215 AEUV zunächst ein Ratsbeschluss im Rahmen der GASP erforderlich. Dieser Beschluss dürfte als zwischenstaatlicher Akt der Mitgliedstaaten die Schwelle des Eingreifens überschreiten. Bedenkt man darüber hinaus, dass die EU selbst zukünftig nach Art. 6 Abs. 2 EUV Vertragspartei der EMRK sein wird, spricht vieles für eine Zurechnung der EU-Sanktionsverordnungen zu den Konventionsstaaten.

bb) Einfluss der UN-Sicherheitsratsresolution

(1) Zurechnung

Der Umstand, dass auch die Verordnung ihren inhaltlichen Ursprung in einem UN-Sicherheitsratsbeschluss hat, unterbricht die Zurechnung zu den Mitgliedstaaten auch hier nicht. Die EU selbst ist nicht an die UN-Charta gebunden. Sie ist nur aufgrund des vorhergehenden GASP-Standpunkts der Mitgliedstaaten verpflichtet, die UN-Sanktionen inhaltlich umzusetzen. Die Listungen müssen aber, wie oben festgestellt, eigenständig anhand der vom Sicherheitsrat zu übermittelnden Informationen und Beweise überprüfbar sein. Über die Listung wird im Rahmen des Anhörungsverfahrens durch die EU entschieden. Ob eine Person auf EU-Ebene gelistet wird bzw. auf ihr verbleibt, hängt somit nicht von der UN ab. Folglich ist die Zurechnungskette zur UN an dieser Stelle unterbrochen.

Wie bereits im Rahmen der Zurechnung des GASP-Standpunkts erörtert, widerspricht diese Sichtweise zumindest auch nicht der Rechtsprechung des Gerichtshofs in den Rechtssachen *Bosphorus* und *Behrami/Saramati*.[670] Folglich ist auch die EU-Verordnung nicht der UN, sondern den Mitgliedstaaten zuzurechnen.

669 EGMR Nr. 13654/05, Entscheidung v. 20.01.2009, Nederlandse Kokkelvisserij, Rep. 2009; Janik, ZaöRV 2010, S. 127, 157.

670 Siehe oben c) aa) (1).

(2) *Vorrang der UN-Pflicht*

Allerdings ist auch hier die Verpflichtung aus der UN-Charta gegenüber der aus der EMRK vorrangig. Eine Verantwortlichkeit der Mitgliedstaaten unter der EMRK für die EU-Verordnung, die einen Sicherheitsratsbeschluss umsetzt, ist deshalb nicht gegeben. Eine Beschwerde der betroffenen Personen gegen die EU-Verordnung dürfte daher ebenfalls scheitern.

Fraglich ist allerdings, ob dieser Vorrang auch nach einem Beitritt der EU zur EMRK besteht. Dies ist zweifelhaft, weil dann die EU selbst Vertragspartei der Konvention und damit Beschwerdegegner wäre. Die EU selbst ist aber kein Mitglied der UN, so dass man der Auffassung sein könnte, dass der Anwendungsbereich des Art. 103 UN-Charta mangels widerstreitender Verpflichtungen nicht eröffnet wäre. Allerdings ist die EU im Falle der Sanktionsverordnungen wie oben festgestellt über den Ratsbeschluss der Mitgliedstaaten im Rahmen der GASP an die UN-Beschlüsse und damit auch an die UN-Charta gebunden. Daher kommt zumindest in der vorliegenden Konstellation bei widerstreitenden Verpflichtungen aus den GASP-Beschlüssen und der EMRK auch Art. 103 UN-Charta zur Anwendung. Der Rang der EMRK in der Rechtsordnung der EU steht dem nicht entgegen. Die EMRK wird nach dem Beitritt gemäß Art. 216 Abs. 2 AEUV wie das UN-Recht im Rang zwischen Sekundär- und Primärrecht stehen.[671] Die EU ist daher auch nach ihrem Beitritt aufgrund des Vorrangs der UN-Pflichten nicht nach der EMRK verantwortlich.

e) Ergebnis

Gehen die Finanzsanktionen vom UN-Sicherheitsrat aus, ist eine Klage vor dem EGMR unzulässig. Sowohl die Sicherheitsratsbeschlüsse, als auch das Abstimmungsverhalten der EMRK-Mitglieder in seinen Gremien sind keine geeigneten Anknüpfungspunkte für eine Klage. Sicherheitsrat und Sanktionsausschuss sind bei ihren Handlungen nicht an die EMRK gebunden. Das Abstimmungsverhalten ist den EMRK-Mitgliedstaaten nicht als Hoheitsausübung zuzurechnen. Mangels eines territorialen Anknüpfungspunktes ist hierfür ein personaler Bezug notwendig, der im Falle der Sicherheitsratsresolution aufgrund ihres abstrakt-generellen Regelungsinhalts nicht vorliegt. Ein solcher Bezug ist indes aufgrund ihres konkret-individuellen Charakters bei den Listungsentscheidungen des Sanktionsausschusses gegeben. Eine Zurechnung scheitert bei ihnen aber an der fehlenden unmittelbaren Beherrschung des Betroffenen, da die Abstimmungshandlung

671 Kingreen, in: Calliess/Ruffert, EUV/AEUV, Art. 6 EUV Rn. 27.

einerseits ein Unterlassen ist und andererseits keine unmittelbare Wirkung gegenüber dem Betroffenen besitzt.

Der auf die Sicherheitsratsresolution folgende GASP-Standpunkt ist den Mitgliedstaaten dagegen als zwischenstaatlicher Akt zurechenbar. Allerdings sind die Mitgliedstaaten bei seinem Erlass aufgrund des Vorrangs der UN-Verpflichtung nicht an die EMRK gebunden. Darüber hinaus besitzt er in Bezug auf die Finanzsanktionen keine unmittelbare Rechtswirkung gegenüber den gelisteten Personen, so dass er in dieser Hinsicht keines ihrer Rechte aus der EMRK verletzt. Für eine zulässige Klage gegen den Standpunkt fehlt es ihnen deshalb an der Beschwer und Opfereigenschaft.

Die EU-Verordnung als letzter Akt des Sanktionserlasses ist den EMRK-Mitgliedstaaten aufgrund des Verbots der Flucht in die internationale Organisation und der Bindung an den GASP-Standpunkt ebenfalls zurechenbar. Aufgrund ihrer unmittelbaren Wirkung beschwert sie die Betroffenen auch. Die mitgliedstaatlichen Pflichten aus der EMRK werden im Falle der UN-Sanktionsregime aber durch die Vorrangregel des Art. 103 UN-Charta verdrängt.

II. EU-Sanktionsregime

Die EU-Finanzsanktionen ergehen innerhalb von Sanktionsregimen, die von den Vereinten Nationen unabhängig sind. UN-Rechtsakte haben auf sie keinen bzw. nur eingeschränkten inhaltlichen Einfluss. Die Listungen sind eigenständige Entscheidungen der EU. Rechtsschutzmöglichkeiten gegen diese Finanzsanktionen können daher nicht an einen Sicherheitsratsbeschluss anknüpfen. In ihrem Fall beschränkt sich die Untersuchung der Rechtsschutzmöglichkeiten der betroffenen Personen auf völkerrechtlicher Ebene deshalb auf die EMRK.

1. Gemeinsamer Standpunkt

Die EU erlässt auch im Rahmen ihrer autonomen Sanktionsregime einen Standpunkt auf dem Gebiet der GASP. Wie oben festgestellt, sind die Mitgliedstaaten auch nach Inkrafttreten des Vertrags von Lissabon für den Erlass von Rechtsakten auf dem Gebiet der GASP gemeinsam verantwortlich. Da die GASP-Standpunkte hier inhaltlich nicht durch einen UN-Sicherheitsratsbeschluss vorbestimmt sind, können sie ihnen daher unproblematisch zugerechnet werden; auch ein Vorrang der UN-Pflichten vor denjenigen aus der EMRK besteht hier dementsprechend nicht. Es fehlt allerdings auch diesen Standpunkten bezüglich der Finanzsanktionen an einer unmittelbaren Wirkung, so dass die von ihnen betroffenen Personen durch sie nicht beschwert sind. Der GASP-Standpunkt innerhalb eines EU-Sanktionsregimes ist daher zwar grundsätzlich ein geeigneter Anknüpfungspunkt für eine Individualbeschwerde vor dem EGMR. Die Klage eines Betroffenen gegen die in ihm festgelegten Finanzsanktionen scheitert jedoch an der fehlenden Opfereigenschaft des Klägers.

2. EU-Verordnung

Die EU-Verordnung zur Umsetzung des GASP-Standpunkts ist den Mitgliedstaaten trotz ihres Charakters als unmittelbarer EU-Rechtsakt im Sinne der EMRK zuzurechnen.[672] Dennoch ist sie nicht vollumfänglich an der EMRK zu messen, sondern es gilt der vom Gerichtshof in der Rechtssache *Bosphorus* entwickelte eingeschränkte Kontrollmaßstab.

In diesem Urteil hat der Gerichtshof nicht nur die Verantwortlichkeit der Mitgliedstaaten auf gemeinschaftsrechtlich determinierte Handlungen ausgedehnt, sondern er hat gleichzeitig auch den Maßstab für Fälle, in denen er seine Kontrolle auf externe, nicht unmittelbar an die EMRK gebundene Rechtsordnungen erstreckt, neu definiert. Seither vermutet er die Einhaltung der Konvention innerhalb der Rechtsordnung, die Ursprung des vermeintlichen Konventionsverstoßes ist und prüft eine Konventionsverletzung nur noch, sofern die materiellen Rechtsgarantien und prozessualen Durchsetzungsmöglichkeiten im Vergleich zur EMRK offenkundig unzureichend sind.[673]

Im Falle der Verordnungen im Rahmen von EU-Sanktionsregimen kann die Vermutung des äquivalenten Grundrechtsschutzes zugunsten der Unionsrechtsordnung nicht widerlegt werden. Die in der EU-Verordnung gelisteten Personen haben innerhalb der Unionsrechtsordnung die Möglichkeit eine Nichtigkeitsklage gem. Art. 263 Abs. 4 AEUV (Art. 230 Abs. 4 EG) zu erheben. Im Rahmen einer solchen Klage messen die Unionsrichter die EU-Verordnung vollumfänglich an den Unionsgrundrechten und haben sie auch bereits aufgrund von Grundrechtsverstößen gegenüber den klagenden Personen für nichtig erklärt.[674] Eine effektive Rechtsschutzmöglichkeit für die Betroffenen vor dem EGMR dergestalt, dass der Gerichtshof die EU-Verordnung umfassend anhand der Konvention kontrolliert, existiert somit nicht.

---

672 Siehe oben aa).

673 EGMR, Nr. 45036/98, Urteil v. 30.06.2005, *Bosphorus Airways*, Rep. 2005-VI §§ 155ff.

674 EuG, T-228/02, *Organisation des Modjahedines du people d'Iran*, Slg. 2006, II-4665, Rn. 173f.

B. Die unionsrechtliche Ebene

Für Personen und Einrichtungen, die in der EU von den Finanzsanktionen betroffen sind, besteht auf völkerrechtlicher Ebene keine Möglichkeit effektiven Rechtsschutz zu erlangen. Für die Betroffenen rückt daher bei ihrer Suche nach Rechtsschutz gegen die Finanzsanktionen die unionsrechtliche Ebene in den Vordergrund, die im Folgenden betrachtet werden soll.

Die Europäische Union erlässt in beiden Regimearten zunächst einen Standpunkt auf dem Gebiet der GASP, auf den eine EU-Verordnung des Rates folgt. Innerhalb der UN-Sanktionsregime setzt sie auf diese Weise die UN-Sanktionsbeschlüsse um, während sie in ihren autonomen Regimen den Entschluss hierzu selbständig fasst. Die gelisteten Personen eines UN-Sanktionsregimes haben daher auf Unionsebene drei potentielle Angriffsgegenstände: den Sicherheitsratsbeschluss, den GASP-Standpunkt und die EU-Verordnung. Die Betroffenen eines EU-autonomen Regimes dagegen nur zwei: den GASP-Standpunkt und die EU-Verordnung. Zunächst wird daher ein Vorgehen gegen die UN-Sicherheitsratsbeschlüsse vor den Unionsgerichten betrachtet, sodann gegen den GASP-Standpunkt und die EU-Verordnung, die beiden Regimearten gemeinsam sind.

1. UN-Sicherheitsratsbeschlüsse

Die in einem UN-Sanktionsregime gelisteten Personen können auch vor den Unionsgerichten versuchen, die UN-Sicherheitsratsbeschlüsse anzugreifen.

a) Direktkontrolle

Eine konkrete Kontrolle dieser Akte scheitert aber daran, dass die Unionsgerichtsbarkeit grundsätzlich auf die Anwendung und Auslegung des Unionsrechts beschränkt ist.[675] Das Verfahren vor dem Gerichtshof der europäischen Union richtet sich nach europäischem Prozessrecht. Dieses sieht in Art. 19 EUV (Art. 220 EG) i. V. m. Art. 251ff. AEUV keine Direktklage gegen Sicherheitsratsbeschlüsse vor.[676] Gemäß Art. 263 AEUV können nur Akte der Organe, Einrichtungen und sonstigen Stellen der Union Gegenstand der Nichtigkeitsklage sein.[677]

675 Wegener, in: Calliess/Ruffert, EUV/AEUV, Art. 19 EUV Rn. 19.

676 Schmahl, EuR 2006, S. 566, 570; Lysen, NJIL 2003, S. 291, 298; Kapteyn, in: de Wet/Nollkaemper, Review of the Security Council by Member States, S. 58.

677 Cremer, in: Calliess/Ruffert, EUV/AEUV, Art. 263 AEUV Rn. 10.

b) Inzidentkontrolle

Allerdings können die Gerichte inzident mit der Frage der Rechtmäßigkeit der Sanktionsbeschlüsse konfrontiert werden.[678] Entscheidend ist, ob den Unionsgerichten in diesem Fall eine Prüfungskompetenz zukommt oder nicht.

aa) Prüfungskompetenz hinsichtlich ius cogens

Das EuG hat in den Rechtssachen *Yusuf u. Kadi* eine solche Prüfungskompetenz im Hinblick auf das zwingende Völkerrecht bejaht.[679] Allerdings ist sein Schluss von der Bindung des Sicherheitsrates an das ius cogens auf eine korrespondierende Prüfungskompetenz nicht überzeugend.[680] Vielmehr ist zwischen der Frage der Rechtsbindung des Sicherheitsrates und dem Problem der Prüfungskompetenz zu unterscheiden.[681] Für eine solche Prüfungskompetenz kann aber angeführt werden, dass aufgrund der fehlenden individuellen Kontrollmöglichkeit der Sicherheitsratsresolutionen auf UN-Ebene die Rechtsauslegung und -anwendung den regionalen und staatlichen Gerichten übertragen ist, wie es dem Konzept des „dédoublement fonctionnel“ entspricht.[682] Auch hat der IGH eine solche dezentrale Kontrolle, allerdings für staatliche Gerichte, in der Rechtssache *Certain Expenses* in gewissen Grenzen anerkannt.[683] Gegen eine solche Kompetenz spricht jedoch, dass hierdurch einer Fragmentarisierung des Völkerrechts weiter Vorschub geleistet wird. Dies gilt insbesondere bei so unbestimmten Rechtsnormen wie denen des ius cogens. So lehnt das EuG die Zugehörigkeit des Eigentumsrechts zum ius cogens in seiner Entscheidung erst nach einer umfassenden Verhältnismäßigkeitsprüfung ab und dehnt damit das

---

678 Kapteyn, in: de Wet/Nollkaemper, Review of the Security Council by Member States, S. 59.

679 EuG, Rs. T-306/01, *Yusuf u. Al Barakaat International Foundation*, Slg. 2005, II-3533; Rs. T-315/01, *Kadi*, Slg. 2005, II-3649 Rn. 277; zustimmend Tietje/Hamelmann, JuS 2006, S. 299, 301; ebenso auf nationaler Ebene das schweizerische Bundesgericht, vgl. BGE 133 II-450-*Nada v. seco*, Erwägungsgrund 7.

680 Kritisch auch Möllers, EuR 2006, S. 426, 428; Haltern, JZ 2007, S. 537, 540; ders., JZ 2007, S. 772, 773; Garbagnati Ketvel, ICLQ 2006, S. 77, 111; Tzanou, GLJ 2009, S. 123, 151; Rackow/Stegmiller, HuV 2007, S. 68, 75f.

681 Tridimas/Gutierrez-Fons, FILJ 2009, S. 660, 691 (Fn. 159); Haltern, JZ 2007, S. 537, 540.

682 Krieger, Die Haltung europäischer Gerichte in Sicherheitsfragen, S. 483, 496.

683 ICJ Rep. 1962, Certain Expenses, S. 151; Tridimas/Gutierrez-Fons, FILJ 2009, S. 660, 691(Fn. 159).

ius cogens implizit über seinen eigentlichen Kerngehalt hinaus aus.[684] Zudem wird durch eine solche Kontrollkompetenz die Autorität des Sicherheitsrates und damit die Effektivität des UN-Friedenssicherungsmechanismus gefährdet.[685] Schließlich dürfte eine solche Kompetenz auch dem für alle EU-Organe geltenden Prinzip der begrenzten Einzelermächtigung widersprechen. Entsprechend dieses Grundsatzes befindet die Unionsgerichtsbarkeit gemäß Art. 19 Abs. 1 EUV und Art. 267 AEUV nur über die Anwendung und Auslegung des Unionsrechts.[686] Entsprechend den GASP-Ratsbeschlüsse, die im Rahmen des Sanktionserlasses nach Art. 215 AEUV ergehen, ist ihr somit eine inhaltliche Kontrolle der Sicherheitsratsbeschlüsse untersagt.

bb) Umfassende Prüfungskompetenz

Allerdings befürworten Teile des Schrifttums mit anderer Begründung sogar eine umfassende Prüfungskompetenz staatlicher und überstaatlicher Gerichte. Sie stützen sich dabei insbesondere auf Art. 25 UN-Charta sowie eine umfassende Rechtsbindung des Sicherheitsrates. Dagegen spricht jedoch, dass sowohl die Annahme einer umfassenden Rechtsbindung wie oben gezeigt verfehlt[687], als auch Art. 25 UN-Charta dem Wortlaut nach kein eindeutiges Argument für eine Prüfungskompetenz ist. Dessen Satz 2 beschränkt die zuvor angeordnete völkerrechtliche Verbindlichkeit darauf, „Beschlüsse des Sicherheitsrates im Einklang mit dieser Charta anzunehmen und durchzuführen". Obiger Auffassung nach soll sich diese Einschränkung auf die Beschlüsse des Sicherheitsrates beziehen, so dass für die Mitgliedstaaten nur chartakonforme Sicherheitsratsbeschlüsse völkerrechtlich verbindlich sind.[688] Zur Feststellung der Verbindlichkeit müsste den Mitgliedstaaten dementsprechend ein Prüfungsrecht zukommen. Diese Zuordnung der Einschränkung ist allerdings sowohl nach den authentischen Sprachfassungen der Charta als auch nach ihrer Entstehungsgeschichte keineswegs zwingend. Sie kann sich auch auf die Mitgliedstaaten beziehen und bedeuten, dass diese bei der Durchführung der Ratsbeschlüsse die UN-Charta beachten müssen.[689] In diesem Falle wäre

---

684 Haltern, JZ 2007, S. 537, 540.
685 Haltern, JZ 2007, S. 537, 540.
686 Wegener, in: Calliess/Ruffert, EUV/AEUV, Art. 19 EUV Rn. 19.
687 Siehe oben Kapitel 2 A. II. 1.
688 De Wet/Nollkaemper, GYIL 2002, S. 166, 186f.; Schilling, AVR 1995, S. 67, 94ff.; vgl. auch Herbst, Rechtskontrolle des UN-Sicherheitsrates, S. 295ff.
689 Dahm, Völkerrecht II, S. 212.

die Rechtmäßigkeit des Sicherheitsratsbeschlusses keine Voraussetzung für seine völkerrechtliche Verbindlichkeit und damit auch ein Prüfungsrecht obsolet. Art. 25 UN-Charta ist mithin weder Argument für noch gegen eine inzidente Prüfungskompetenz staatlicher und überstaatlicher Gerichte.[690]

Überzeugender ist es daher mit der wohl überwiegenden Meinung, ein Prüfungsrecht grundsätzlich abzulehnen.[691] Anderenfalls bestünde angesichts der normativen Unbestimmtheit der UN-Charta die Gefahr, dass die Befolgung von Sicherheitsratsbeschlüssen in staatlichem Belieben stünde.[692] Dies hätte den Verlust des Entscheidungsmonopols des Sicherheitsrates zur Folge und wäre eine Bedrohung für das gesamte UN-Friedenssicherungssystem. Ein solches Prüfungsrecht ist auch nicht erforderlich. Bereits die Mehrheitsentscheidungsverfahren sowie das Vetorecht sind Kontrollmechanismen, die einen Missbrauch des Sicherheitsrates wirksam verhindern. Die Rechtmäßigkeit seiner Beschlüsse ist daher regelmäßig zu vermuten.[693] Es bleibt den Staaten unbenommen, zum äußersten Mittel zu greifen und ihre Mitgliedschaft in den Vereinten Nationen zu beenden.[694] Auch der IGH scheint sich gegen ein solches Prüfungsrecht auszusprechen, wenn er feststellt, dass jedes Organ der UN aufgrund der fehlenden Kontrollmechanismen auf dieser Ebene seinen Zuständigkeitsbereich eigenständig bestimmt.[695]

2. Gemeinsamer Standpunkt

Auf europäischer Ebene ist der zeitlich erste Rechtsakt der GASP-Standpunkt. Die Rechtsschutzmöglichkeiten der betroffenen Personen und Einrichtungen gegen einen Beschluss auf diesem Gebiet haben sich durch Inkrafttreten des Lissabon-Vertrags wesentlich verbessert. Die Verbesserungen aber sind nur bei Kenntnis der vorhergehenden Rechtslage nachvollziehbar. Bevor auf ihre

---

690 Deja/Frau, JURA 2008, S. 609, 611.

691 Dahm, Völkerrecht II, S. 212; Delbrück, in: Simma, UN-Charter, Art. 25 UN Rn. 17; Stein/v. Buttlar, Rn. 892; Fink, Kollektive Friedenssicherung, S. 861ff.; Kotzur, EuGRZ 2006, S. 19, 24; EuGH, verb. Rs. 402/05 P u. 415/05 P, *Kadi und Al Barakaat International Foundation*, Slg. 2008, I-6351 Rn. 287; a. A. Deja/Frau, JURA 2008, S. 609, 611.

692 Delbrück, in: Simma, UN-Charter, Art. 25 UN Rn. 17.

693 Stein/v. Buttlar, Rn. 892.

694 Fink, Kollektive Friedenssicherung, S. 861ff.

695 Certain Expenses of the United Nations, Advisory Opinion, ICJ Reports 1962, S. 151, 168; Stein/v. Buttlar, Rn. 892.

aktuelle Rechtsschutzsituation eingegangen wird, soll deshalb zunächst die Rechtslage nach dem Vertrag von Nizza betrachtet werden.

a) Rechtslage nach dem Vertrag von Nizza

aa) Zuständigkeit des Gerichtshofs

Die im Rahmen der Umsetzung der UN-Individualsanktionen bzw. der autonomen EU-Sanktionsregime erlassenen Gemeinsamen Standpunkte hatten unter dem Vertrag von Nizza ihre Rechtsgrundlage in Art. 15 EU a. F. Sie zählten damit zum Bereich der GASP, die Teil des Unionsvertrags war. Für diesen Vertrag besaßen die Gemeinschaftsgerichte nur eine eingeschränkte Zuständigkeit, die in Art. 46 EU a. F. näher bestimmt war. Während jedoch in der dritten Säule, der PJZS, mit Art. 46 lit. b i. V. m. Art. 35 EU a. F. eine eigene Zuständigkeitsnorm mitsamt mehrerer Verfahrensarten bestand, fehlte eine solche für den Bereich der GASP.[696]

Eine allgemeine Zuständigkeit der Gemeinschaftsgerichte auf dem Gebiet der GASP konnte daher allein aus Art. 46 lit. d. EU a. F. i. V. m. Art. 6 Abs. 2 EU a. F. folgen.[697] Nach dieser Norm hatte die Europäische Union die Menschenrechte und Grundfreiheiten zu achten. Jegliche Ausübung von Hoheitsgewalt oder Zusammenarbeit der Mitgliedstaaten unter dem Dach der Europäischen Union unterlag der Bindung an die Grundrechte.[698] Auch bei ihren Handlungen im Bereich der GASP waren die Unionsstaaten daher zur Achtung des inhaltlich durch diese Norm umrissenen Grundrechtsschutzes verpflichtet.[699]

Im Schrifttum gab es deshalb unter Hinweis auf die erheblichen Folgen, die die Gemeinsamen Standpunkte im Rahmen der Individualsanktionen für die Rechte des Einzelnen haben, Überlegungen, den Einzelpersonen eine Kontrollmöglichkeit vor den Gemeinschaftgerichten zu gewähren.[700] Allerdings begründete Art. 46 lit. d EU a. F. keine allgemeine Zuständigkeit zur Kontrolle von Grundrechtsverletzungen, sondern verdeutlichte nur, dass der Gerichtshof solche Verletzungen im Rahmen seiner bereits bestehenden primärrechtlichen

---

696 EuG, Rs. T-228/02, *Organisation des Modjahedines du peuple d'Iran*, Slg. 2006, II-4665, Rn. 49.

697 Auffassung der Kläger in EuG, Rs. T-228/02, *Organisation des Modjahedines du peuple d'Iran*, Slg. 2006, II-4665, Rn. 39.

698 Hilf/Schorkopf, in: Grabitz/Hilf, EUV/EGV, Art. 6 EUV Rn. 58; Pechstein, in: Streinz, EUV/EGV, Art. 6 EUV Rn. 10; Pechstein/Koenig, EU, Rn. 205.

699 Pechstein, in: Streinz, EUV/EGV, Art. 6 EUV Rn. 10; Pechstein/König, EU, Rn. 205.

700 Meyer, ZEuS 2007, S. 1, 11f.

Zuständigkeit ausräumen konnte.[701] Für die GASP existierte eine solche Zuständigkeit damals aber gerade nicht.[702]

Aus rechtspolitscher Sicht war sie auch nicht erforderlich. Im Hinblick auf die Sanktionsmaßnahmen hatten die Gemeinsamen Standpunkte rein völkerrechtlichen Charakter und entbehrten daher der unmittelbaren Anwendbarkeit, so dass sie selbst keine Rechtsverletzung bewirken konnten.[703] Eine solche Rechtsverletzung konnte nur die EG-Verordnung herbeiführen, welche gemäß Art. 301, 60 EG immer zur Durchführung auf den Gemeinsamen Standpunkt folgte. Einzelpersonen stand gegen diese Verordnung die Nichtigkeitsklage gemäß Art. 230 Abs. 4 EG zur Verfügung. Betroffene Personen waren somit keineswegs rechtsschutzlos gestellt. Rechtfertigende Gründe für ein Abweichen vom eindeutigen Willen der Mitgliedstaaten als Herren der Verträge, der im Wortlaut des Unionsvertrags seinen Niederschlag gefunden hatte, existierten damit nicht.

Diese Sicht stand auch mit der Rechtsprechung des Gerichtshofs in Einklang. Seine Entscheidung in den Rechtssachen *Gestoras Pro Amnistia* und *Segi*[704] war nicht auf die zweite Säule der EU übertragbar, obwohl nicht nur Art. 34 EU a. F. sondern auch Art. 15 EU a. F. Rechtsgrundlage des dort in Rede stehenden Gemeinsamen Standpunkts gewesen ist. Eine Kompetenz zur Prüfung von Gemeinsamen Standpunkten im Bereich der PJZS hatte der Gerichtshof in dieser Rechtssache nur deshalb bejaht, weil er anders als in der zweiten Säule auf diesem Gebiet bereits Prüfungszuständigkeiten für andere intergouvernementale Akte besaß.[705]

---

701 Hilf/Schorkopf, in: Grabitz/Hilf, EUV/EGV, Art. 6 EUV Rn. 65; Garbagnati Ketvel, ELR 2007, S. 223, 228; Herrnfeld, in Schwarze, EU-Kommentar, Art. 46 EUV Rn. 15; Pechstein, in: Streinz, EUV/EGV, Art. 46 EUV Rn. 13; EuGH, Rs. C-354/04 P, *Gestoras Pro Amnistia u. a.*, Slg. 2007, I-1579 Rn. 44ff; EuG, Rs. T-338/02, *Segi u.a.*, Slg. 2004, II-1647 Rn. 37; Rs. T-228/02, *Organisation des Modjahedines du peuple d'Iran*, Slg. 2006, II-4665, Rn. 53; Schlussanträge des GA Mengozzi, EuGH, Rs. C-354/04 P, *Gestoras Pro Amnistia u. a.*, Slg. 2007, I-1579, Rn. 63f.

702 Albors-Llorens, CMLRev. 1998, S. 1273, 1286f.; Pechstein, in: Streinz, EUV/EGV, Art. 46 EUV, Rn. 13; Herrnfeld, in: Schwarze, EU-Kommentar, Art. 46 EUV Rn. 15.

703 Pechstein, in: Streinz, EUV/EGV, Art. 6 EUV, Rn. 10.

704 EuGH, Rs. C-354/04 P, *Gestoras Pro Amnistia u. a.*, Slg. 2007, I-1579.

705 Hillion/Wessel, in: Cremona/de Witte, EU foreign relation law. Constitutional Fundamentals, Oxford 2008, S. 90.

Der Gerichtshof war im Bereich der GASP daher gemäß Art. 46 lit. f EU a. F. i. V. m. Art. 47 EU a. F. bzw. Art. 220 EG nur für die Kontrolle der Kompetenzabgrenzung zwischen Unionsstaaten und Gemeinschaft zuständig.[706]

bb) Verfahren

Ein eigenes, unionsprimärrechtlich verankertes Verfahren existierte hierfür allerdings nicht. Einzelpersonen hatten hinsichtlich des Gemeinsamen Standpunkts nur die Möglichkeit, auf die im Gemeinschaftsrecht bestehenden Verfahrensarten, zurückzugreifen.[707] Dies waren die Nichtigkeitsklage gemäß Art. 230 Abs. 4 EG und das Vorabentscheidungsverfahren nach Art. 234 EG.

(1) Art. 230 Abs. 4 EG

(a) Unmittelbarer Rechtsschutz

Der EuGH erachtete es für zulässig, die Kompetenzabgrenzung zwischen Unionsstaaten und Gemeinschaft mittels der Nichtigkeitsklage auch auf Initiative von Einzelpersonen hin überprüfen zu lassen. So erklärte er in einem Urteil eine Nichtigkeitsklage gemäß Art. 230 Abs. 4 EG gegen einen intergouvernementalen Unionsrechtsakt für zulässig und nahm damit eine Befugnis zur Nichtigkeitserklärung solcher Akte für sich in Anspruch.[708]

Gegen die Zulässigkeit einer solchen, gegen einen GASP-Beschluss gerichteten Nichtigkeitsklage sprach jedoch, dass dieses Verfahren einen gemeinschaftsrechtlichen Charakter der zu überprüfenden Maßnahme voraussetzte. Gemeinsamen Standpunkten fehlte ein solcher Charakter aber gerade, da sie nicht von einem EG-Organ, sondern von den Unionsstaaten in ihrer Zusammensetzung als Rat der Europäischen Union erlassen wurden.[709] Auch Art. 46 lit. f EU a. F. i. V. m. Art. 47 EU a. F. erforderte keine Ausdehnung der Nichtigkeitsklage auf Unionssekundärakte aus dem Bereich der GASP. Als Verfahren zur Überprüfung der

---

706 EuGH, Rs. C-170/96, *Kommission/Rat*, Slg. 1998, I-2763, Rn. 16f.; Rs. C-176/03, *Kommission/Rat*, Slg. 2005, I-7879, Rn. 39; EuG, Rs. T-228/02, *Organisation des Modjahedines du peuple d'Iran*, Slg. 2006, II-4665, Rn. 56f.; Dörr/Mager, AöR 2000, S. 386, 405f.; Pechstein/König, EU, Rn. 519f.; Garbagnati Ketvel, ICLQ 2006, S. 77, 87f.

707 Cremer, in: Calliess/Ruffert, EUV/EGV, Art. 46 EUV Rn. 17; Dörr/Mager, AöR 2000, S. 386, 405.

708 EuGH, Rs. C-170/96, *Kommission/Rat*, Slg. 1998, I-2763, Rn. 12ff.

709 Pechstein/König, EU, Rn. 522, 527.

Kompetenzabgrenzung stand bereits das Vertragsverletzungsverfahren gemäß Art. 226 EG zur Verfügung, welches die Mitgliedstaaten bzw. die Kommission initiieren konnten, auch wenn der Gerichtshof in diesem Verfahren nur einen Widerspruch zum Gemeinschaftsrecht feststellen und keine Nichtigkeit des Unionssekundäraktes anordnen konnte.[710]

Selbst wenn man aber die Nichtigkeitsklage für zulässig hielt, konnte das Gericht wie bereits oben angeführt nur über die Zuständigkeitsverteilung zwischen Unions- und Gemeinschaftsrecht urteilen. Eine fehlende Zuständigkeit der Unionsstaaten im Falle des Gemeinsamen Standpunkts bei den Finanzsanktionen war aber nicht zu erkennen. Das Verfahren zum Erlass von Sanktionen war in Art. 301, 60 EG geregelt. Diese Normen setzten vor Erlass der EG-Verordnung die Existenz eines Gemeinsamen Standpunkts voraus. Die Tatsache, dass die Unionsstaaten sich im Hinblick auf die Sanktionen auf diese Normen stützten, und die Beachtung des darin festgelegten Verfahrens zeigten gerade, dass die Unionsstaaten die Zuständigkeitsverteilung respektiert hatten. Dass eine Rechtsschutzmöglichkeit gegen den Gemeinsamen Standpunkt nicht bestand, bedeutete noch nicht, dass die Zuständigkeit missachtet worden war, sondern hatte seine Ursache im Rechtssystem selbst.[711] Eine Nichtigkeit des Gemeinsamen Standpunkts war also auf diesem Wege ebenfalls nicht zu erreichen.

(b) Indirekter Rechtsschutz

Die EG-Verordnungen zur Durchführung der Finanzsanktionen in der EU haben unter dem Vertrag von Nizza immer auch Art. 301 EG als Kompetenzgrundlage angeführt. Tatbestandsvoraussetzung dieser Norm war die Fassung eines GASP-Beschlusses. Auf Art. 301 EG konnten die Verordnungen daher nur gestützt werden, sofern ein solcher Gemeinsamer Standpunkt vorlag. Mittels einer Nichtigkeitsklage gegen die EG-Verordnung wäre es deshalb möglich gewesen, inzident auch die Rechtsgültigkeit des Gemeinsamen Standpunkts zu überprüfen. Doch auch diesen Weg versperrte die mangelnde Justiziabilität des Unionsrechts nach Art. 46 EU a. F. Der Gerichtshof hatte sich auch einer Inzidentprüfung zu enthalten und war lediglich befugt zu prüfen, ob ein Beschluss gefasst worden ist und ob die Zuständigkeitsgrenzen gewahrt worden sind.[712]

---

710 Pechstein/König, EU, Rn. 522, 528.

711 EuG, Rs. T-228/02, *Organisation des Modjahedines du peuple d'Iran*, Slg. 2006, II-4665, Rn. 58f.

712 Cremer, in: Calliess/Ruffert, EUV/EGV, Art. 46 EUV Rn. 23; Bartelt/Zeitler, EuZW 2003, S. 712, 714; a. A. wohl Schneider, Wirtschaftssanktionen, S. 148.

(2) Art. 234 EG

Aus den gleichen Gründen schied auch die Möglichkeit aus, den Gemeinsamen Standpunkt im Rahmen eines Vorlageverfahrens gemäß Art. 234 EG für nichtig zu erklären. Auch dieses Verfahren scheiterte an dem fehlenden gemeinschaftsrechtlichen Charakter des Gemeinsamen Standpunkts. Der Gerichtshof konnte gemäß Art. 234 EG nur über die Gültigkeit von Handlungen der Gemeinschaftsorgane sowie der EZB entscheiden, nicht aber über Handlungen der Unionsstaaten.

cc) Ergebnis

Unter dem Vertrag von Nizza konnten die von UN- und EU-Finanzsanktionen betroffenen Personen und Einrichtungen gegen diese Maßnahmen nicht dadurch vorgehen, dass sie den Gemeinsamen Standpunkt der EU vor den Gemeinschaftsgerichten angriffen. Die Gemeinschaftsgerichte besaßen für Gemeinsame Standpunkte nur eine sehr eingeschränkte Prüfungskompetenz. Die Richter konnten nur kontrollieren, ob er Kompetenzbereiche der Gemeinschaft verletzt hatte. Eine solche Verletzung war im Falle der Sanktionsregime aber nicht erkennbar. Art. 301, 60 EG forderten vor Erlass der EG-Verordnung gerade den Beschluss eines Gemeinsamen Standpunkts. Darüber hinaus war nach der hier vertretenen Ansicht eine solche Verletzung auch nicht mittels der Nichtigkeitsklage gemäß Art. 230 Abs. 4 EG angreifbar. Eine Kontrolle des Gemeinsamen Standpunkts durch die Gemeinschaftrichter kam daher insgesamt nicht in Betracht.

b) Rechtslage seit Inkrafttreten des Lissabon-Vertrags

aa) Zuständigkeit des Gerichtshof

Eine der Bestimmung des Art. 46 EU a. F. entsprechende Regelung existiert im Reformvertrag nicht, so dass der Gerichtshof grundsätzlich für alle Bestimmungen von EUV und AEUV zuständig ist. Doch gilt für die GASP eine Ausnahme.[713] Nach Art. 24 Abs. 1 UAbs. 2 EUV, Art. 275 AEUV besitzt der Gerichtshof keine Kompetenz für die Bestimmungen der GASP und die auf ihrer Grundlage erlassenen Rechtsakte. Hiervon wiederum ausgenommen sind durch Art. 275 Abs. 2 2. Alt. AEUV allerdings Beschlüsse über restriktive Maßnahmen gegenüber natürlichen und juristischen Personen, die der Rat auf

713 Vgl. zum EVV Garbagnati Ketvel, ICLQ 2006, S. 77, 99f.

der Grundlage der entsprechenden GASP-Bestimmungen in Titel V Kap. II EUV erlassen hat. Diese Neuregelung ermöglicht nicht nur die inzidente Überprüfung des zugrundeliegenden GASP-Standpunkts über die Umsetzungsmaßnahmen, sondern eröffnet auch den direkten Rechtsweg gegen diese Beschlüsse.[714] Anderenfalls käme es zu empfindlichen Rechtsschutzlücken.[715] Die gelisteten Personen können daher nach der neuen Rechtslage grundsätzlich auch gegen die Gemeinsamen Standpunkte vor den Gerichten der EU vorgehen.

bb) Verfahren

(1) Individualnichtigkeitsklage, Art. 263 Abs. 4 AEUV

In verfahrensrechtlicher Hinsicht steht den Betroffenen hierfür die Nichtigkeitsklage gemäß Art. 263 Abs. 4 AEUV zur Verfügung. Entsprechende Klagen richten sich daher nach den für diese Klageart geltenden Zulässigkeitsvoraussetzungen.[716] Adressaten des GASP-Standpunkts sind die zu seiner Durchführung berufenen Stellen. Eine Nichtigkeitsklage der gelisteten Personen ist damit nur zulässig, sofern der Standpunkt sie unmittelbar und individuell betrifft. Hinsichtlich der Bedeutung dieser Begriffe ist angesichts der wörtlichen Anknüpfung an den EG-Vertrag zu erwarten, dass ihre bisherige Auslegung auch nach neuer Rechtslage gilt.[717] Demnach liegt eine unmittelbare Betroffenheit vor, wenn die angegriffene Handlung selbst und nicht erst eine nachfolgende Durchführungsmaßnahme die Interessen des Klägers beeinträchtigt.[718] Die GASP-Standpunkte besitzen im Hinblick auf die Sanktionsmaßnahmen selbst aber keine Rechtswirkungen gegenüber den Betroffenen. Wirkung entfalten die Maßnahmen erst durch den unionsrechtlichen Umsetzungsakt in Form der EU-Verordnung. Eine sog. formelle unmittelbare Betroffenheit liegt dementsprechend nicht vor.

---

714 Pache, in: Vedder/Heintschel von Heinegg, EVV, Art. III-376 Rn. 7; Oberwexer, in: Hummer/Oberwexer, Der Vertrag von Lissabon, S. 237, 251f.; a. A. Wahl, Individualrechtsschutz gegen Individualsanktionen, S. 220; Scheuing, in: Zuleeg, Die neue Verfassung der Europäischen Union, 2006, S. 91, 101.

715 Siehe unten Kapitel 5.

716 Pache, in: Vedder/Heintschel von Heinegg, EVV, Art. III-376 Rn. 8.

717 Pache, in: Vedder/Heintschel v. Heinegg, EVV, Art. III-365, Rn. 43; Cremer, EuGRZ 2004, S. 577, 578f.; Borowski, EuR 2004, S. 879, 910; offener hingegen Mayer, DVBl. 2004, 606, 610.

718 EuGH, Rs. 11/82, *Piraiki-Patraiki*, Slg. 1985, 207, Rn. 7; Rs. 41-44/70, *International Fruit Company*, Slg. 1971, 411, Rn. 23, 29; Pache, in: Vedder/Heintschel v. Heinegg. EVV, Art. III-365, Rn. 41; Pechstein, EU-/EG-Prozessrecht, Rn. 398.

Allerdings bejaht die Rechtsprechung eine unmittelbare Betroffenheit auch dann, wenn der angegriffene Rechtsakt zwar eines weiteren Umsetzungsaktes bedarf, dieser jedoch dessen zwingende Folge ist, weil die entsprechenden Stellen zur Umsetzung verpflichtet sind und über keinen Umsetzungsspielraum verfügen.[719] So ist die Konstellation auch hier. Die Standpunkte verpflichten die zuständigen Organe und geben ihnen exakt vor, welche Maßnahmen sie gegen wen zu ergreifen haben. Ihnen steht in dieser Hinsicht kein Spielraum zu. Nach neuer Rechtslage können die gelisteten Personen daher bereits den GASP-Standpunkt angreifen, um gegen die Finanzsanktionen vorzugehen.

(2) Vorabentscheidungsverfahren

In Art. 275 Abs. 2 AEUV ist nur die Nichtigkeitsklage ausdrücklich genannt. Aufgrund der gleichen Rechtsfolge gibt es aber keinen Grund, warum nicht auch ein Vorabentscheidungsverfahren möglich sein sollte. Es ist zwar nicht ausdrücklich genannt, aber auch nicht notwendig ausgeschlossen.[720]

(3) Schadensersatzklage

Dagegen gibt es keine Möglichkeit einer Schadensersatzklage wegen der Rechtswidrigkeit des GASP-Beschlusses.[721] Eine Zuständigkeit hätte aufgrund der abweichenden Rechtsfolge ausdrücklich geregelt sein müssen.

3. EU-Verordnung

Den von den Finanzsanktionen betroffenen Personen und Einrichtungen können auf Ebene der Europäischen Union daneben auch die EU-Verordnung angreifen, die der Rat im Anschluss an den GASP-Standpunkt erlässt. Diese Verordnung ist eine Handlung der Europäischen Union und zählt zum sekundären Unionsrecht. Hinsichtlich der Kontrolle von Unionshandlungen gilt der Grundsatz, dass die Europäische Union eine Rechtsgemeinschaft ist, in der grundsätzlich alle Handlungen der EU-Organe durch die Unionsgerichte auf ihre Vereinbarkeit mit

---

719 EuGH, Rs. C-386/96, *Dreyfus*, Slg. 1998, I-2309, Rn. 43; Pechstein, EU-/EG-Prozessrecht, Rn. 400; Pache, in: Vedder/Heintschel v. Heinegg, EVV, Art. III-365, Rn. 41.

720 Garbagnati Ketvel, ICLQ 2006, S. 77, 116.

721 Garbagnati Ketvel, ICLQ 2006, S. 77, 116.

den Verträgen und allgemeinen Rechtsgrundsätzen kontrolliert werden können.[722] Hierzu ist die Union nicht nur objektiv im Sinne einer Justizgewährleistungspflicht aufgefordert, sondern auch der Einzelne kann im Rahmen des Grundrechts auf effektiven Rechtsschutz eine solche gerichtliche Kontrolle einfordern. Eine Kontrolle der Sanktionsverordnungen durch die Unionsgerichte anhand des primären Unionsrechts muss daher grundsätzlich möglich sein. Auch Art. 215 Abs. 3 AEUV schreibt ausdrücklich fest, dass die Umsetzungsverordnungen und -beschlüsse des Rates künftig die erforderlichen Bestimmungen über den Rechtsschutz vorsehen müssen. Sie unterliegen damit der Kontrolle des EuGH.[723] Nach dem Wortlaut gilt dies unabhängig davon, wer Initiator der Finanzsanktionen ist.

a) Justiziabilität

aa) Durchführung der UN-Sanktionsregime

Dennoch wird die Justiziabilität der EU-Sanktionsverordnungen, die zur Durchführung von UN-Sanktionsregimen ergehen, mit unterschiedlichen Begründungen in Zweifel gezogen, die letztendlich alle auf der engen Verbindung der Verordnung mit den UN-Sicherheitsratsbeschlüssen fußen.

(1) Konformität mit der Rechtsprechung des EGMR

So wird teilweise die Zuständigkeit der Unionsgerichte für die Kontrolle dieser Sanktionsverordnungen, mit Verweis auf die Rechtsprechung des EGMR in den Rechtssachen *Behrami und Saramati*[724] bestritten. In diesen verbundenen Rechtssachen habe der EGMR erklärt, dass er für die Kontrolle der Vereinbarkeit bestimmter Rechtsakte, die im Rahmen der Umsetzung von Resolutionen des Sicherheitsrates nach Kapitel VII der UN-Charta ergangen sind, nicht zuständig sei. Um sich nicht in Widerspruch zur Rechtsprechung des EGMR zu setzen, sollten sich daher auch die Unionsgerichte für unzuständig erklären.[725]

---

722 EuGH, Rs. 294/83, *Les Verts*, Slg. 1986, 1339, Rn. 23; EuGH, Rs. C-112/00, *Schmidberger*, Slg. 2003, I-5659, Rn. 73.

723 Hummer in: Vedder/Heintschel v. Heinegg, EVV, Art. III-322, Rn. 8; a. A. Steinbarth, ZEuS 2006, S. 269, 283; Karayigit, LIEI 2006, S. 379, 395.

724 EGMR, Nr. 71412/01 u. 78166/01, Entscheidung v. 02.05.2007, *Behrami und Saramati.*

725 Vgl. EuGH, verb. Rs. C-402/05 P u. C-415/05 P, *Kadi u. Al Barakaat*, Slg. 2008, I-6351, Rn. 310; Schlussanträge GA Maduro, verb. Rs. C-402/05 P u. C-415/05 P, *Kadi u. Al Barakaat*, Slg. 2008, I-6351, Rn. 36.

(a) Rechtsprechung des EGMR

Wie bereits oben festgestellt, fallen die Rechtsakte, die in Umsetzung der UN-Sanktionsresolutionen auf europäischer Ebene ergehen, aber nicht in die Kategorie von Akten, für die der EGMR seine Zuständigkeit in dnr Rechtssachen *Behrami und Saramati* verneint. Er erklärt sich dort nur für solche Handlungen für unzuständig, die der UN aufgrund eines Tätigwerdens im Rahmen eines UN-Hilfsorgans oder aufgrund einer Befugnisübertragung gemäß Kapitel VII der UN-Charta unmittelbar zurechenbar sind.[726] Durch die Aufrechterhaltung seiner Rechtsprechung in der Rechtssache *Bosphorus*[727] macht er deutlich, dass die hier interessierende EU-Verordnung zur Umsetzung von Sanktionsbeschlüssen nicht in diese Kategorie fällt.[728]

(b) Vergleichbarkeit der Rechtssysteme

Darüber hinaus setzt eine Parallelität der Rechtsprechung von EGMR und EuGH eine Vergleichbarkeit der beiden zugrundeliegenden Rechtssysteme im Hinblick auf das Völkerrecht voraus. Während es sich bei der EMRK um einen regionalen Vertrag im Rahmen des Völkerrechts handelt, wurde durch die EU eine eigenständige, vom Völkerrecht zu trennende Rechtsordnung geschaffen, die im Vergleich zur EMRK zahlreiche Besonderheiten aufweist, die im Begriff der Supranationalität zusammengefasst werden können. Zwar ist mit Art. 6 Abs. 2 EUV die Voraussetzung dafür geschaffen, dass die EU Vertragspartner der EMRK wird. Diese Beitrittsmöglichkeit hat jedoch keine Auswirkungen auf das unterschiedliche Verhältnis beider Rechtssysteme zum Völkerrecht. Beide Rechtssysteme sind daher in ihrem Verhältnis zum Völkerrecht nicht miteinander vergleichbar, so dass ihre Rechtsprechung in diesen Fällen auch nicht konform gehen muss.[729]

(2) Inzidentkontrolle der UN-Beschlüsse

Ein anderer Ansatz lehnt eine Justiziabilität der EU-Sanktionsverordnung aufgrund ihrer inhaltlichen Übereinstimmung mit den UN-Sicherheitsratsbeschlüssen ab.

---

726 EGMR, Rs. 71412/01 u. 78166/01, Entscheidung v. 02.05.2007, *Behrami u. Saramati*, § 151.

727 EGMR, Rs. 45036/98, Urteil v. 30.06.2005, *Bosphorus*, Rep. 2005-VI.

728 EuGH, verb. Rs. C-402/05 P u. C-415/05 P, *Kadi u. Al Barakaat International*, Slg. 2008, I-6351, Rn. 314.

729 Schlussanträge des GA Maduro, EuGH, verb. Rs. C-402/05 P u. C-415/05 P, *Kadi u. Al Barakaat International*, Slg. 2008, I-6351, Rn. 3.

Soweit ersichtlich können dabei zwei verschiedene Argumentationslinien unterschieden werden. Gemeinsam ist beiden, dass sie eine Kontrolle aufgrund der damit verbundenen Inzidentprüfung der Sicherheitsratsbeschlüsse verweigern wollen. Sie begründen ihre Weigerung jedoch unterschiedlich. So wird einerseits darauf verwiesen, dass dem Gerichtshof die Zuständigkeit für eine Kontrolle der Sicherheitsratsbeschlüsse fehle.[730] Andererseits wird als Ablehnungsgrund der Vorrang der Beschlüsse vor dem primären Unionsrecht angeführt, so dass es als Kontrollmaßstab ausscheide.[731]

Beide Begründungen überzeugen jedoch nicht. Zwar ist ihnen zuzugestehen, dass es dem Gerichtshof gemäß Art. 19 EUV (Art. 220 EG) nicht zusteht, die Rechtmäßigkeit eines Sicherheitsratsbeschlusses zu überprüfen. Sie übersehen aber, dass Gegenstand der Prüfung allein der Unionsakt ist.[732] Seine Kontrolle und eventuelle Nichtigkeitserklärung muss kein Urteil über den UN-Sicherheitsratsbeschluss enthalten. Die Verordnung kann aus rein unionsrechtlichen Gründen nichtig sein, ohne dass gleichzeitig die UN-Vorgaben in Frage gestellt werden.[733] Ein Verstoß gegen Art. 4 Abs. 3 EUV (Art. 10 EG) ist hierin nicht zu sehen. Die EU-Mitgliedstaaten können ihre Verpflichtungen aus der UN in diesem Fall dadurch wahren, dass sie die EU-Verordnung durch eigene nationale Maßnahmen ersetzen.[734] Da auch die mitgliedstaatlichen Gerichte in solchen Fällen die Umsetzungsakte anhand des übergeordneten nationalen Rechts überprüfen können, existiert zudem kein Grund dies nicht auch den Unionsgerichten zuzugestehen.[735]

---

730 Schlussanträge des GA Maduro, EuGH, verb. Rs. C-402/05 P u. C-415/05 P, *Kadi u. Al Barakaat International Foundation*, Slg. 2008, I-6351, Rn. 38; Möllers, EuR 2006, S. 426, 427.

731 EuG, Rs. T-315/01, *Kadi*, Slg. 2005, II-3649, Rn. 190; Möllers, EuR 2006, S. 426, 427.

732 Lavranos, EFAR 2006, S. 471, 477; Rossi, ZJS 2008, S. 551, 552; Tzanou, GLJ 2009, S. 123, 154; in diese Richtung auch Haltern, JZ 2007, S. 537, 540f.

733 Nettesheim, CMLRev. 2007, S. 567, 586; Rossi, ZJS 2008, S. 551, 552f.; siehe auch Eeckhout, Does Europe's Constitution stop at the Water's Edge?, S. 25f.

734 Nettesheim, CMLRev. 2007, S. 567, 586; Schmalenbach, JZ 2006, S. 349, 352; Eeckhout, Does Europe's Constitution stop at the Water's Edge?, S. 24; Tridimas/Gutierrez-Fons, FILJ 2009, S. 660, 704f.

735 Schlussanträge des GA Maduro, EuGH verb. Rs. C-402/05 P u. C-415/05 P, *Kadi u. Al Barakaat International Foundation*, Slg. 2008, I-6351 Rn. 38f; EuGH, verb. Rs. C-402/05 P u. C-415/05 P, *Kadi u. Al Barakaat International Foundation*, Slg. 2008, I-6351, Rn. 288; Schmalenbach, JZ, S. 349, 352f.; Cameron, NJIL 2003, S. 159, 168; Fassbender, AöR 2007, S. 257, 273; vgl. auch Aust, Anuario Mexicano de Derecho Internacional, 2008, S. 51, 76; Hinarejos, HRLRev. 2007, S. 793, 807f.

Neben dieser gemeinsamen Kritik bestehen gegenüber beiden Ansätzen aber auch spezielle Einwände. So ist nicht nur die Annahme eines Vorrangs des UN-Rechts wie oben gezeigt verfehlt[736], sondern auch der erste Begründungsansatz geht unzutreffend davon aus, dass sich der Gerichthof eine über die Unionsrechtsordnung hinausgehende Zuständigkeit anmaßt. Schließlich beschränkt sich die Rechtswirkung der Entscheidungen des Gerichtshofs auf die Unionsrechtsordnung.[737] Innerhalb dieser Rechtsordnung ist der Gerichtshof aber gerade zum Schutz der Grundrechte berufen und kann daher auch in diesem Bereich nicht auf seine Prüfungszuständigkeit verzichten.[738] Sollten hieraus eventuell Umsetzungshindernisse resultieren, dann werden diese allein anhand völkerrechtlicher Grundsätze beseitigt, die die Kontrolle des Gerichtshofs allerdings nicht berühren. Eine Nichtjustiziabilität aus Gründen einer unzulässigen Inzidentkontrolle ist daher insgesamt abzulehnen.[739]

(3) Art. 351 AEUV, Art. 4 Abs. 3 EUV (Art. 307, 10 EG)

Nach anderer Auffassung stehen der Justiziabilität der EU-Umsetzungsverordnung die Art. 351 AEUV und 4 Abs. 3 EUV (Art. 307, 10 EG) entgegen. Diese Normen verböten es der Union, die Mitgliedstaaten an der Einhaltung der Vorgaben des Sicherheitsrates zu hindern, so dass auch dem Gerichtshof eine Kontrolle der umsetzenden Unionsrechtsakte untersagt sei.[740]

Richtig an dieser Auffassung ist, dass Art. 351 AEUV und Art. 4 Abs. 3 EUV (Art. 307, 10 EG), wie oben gezeigt, tatsächlich ein Behinderungsverbot für die Union statuieren. Es aber so weit auszudehnen, dass es im o. g. Falle eine Kontrolle durch die Unionsgerichte verbietet, führt zu einer Kollision mit Art. 2 EUV (Art. 6 Abs. 1 EU a. F.) und ist vor dem Hintergrund, dass diese Norm einen Ausnahmefall regelt, nicht überzeugend.[741] Die dort festgelegten Grundsätze der Freiheit, Demokratie und Rechtsstaatlichkeit, die Grundfreiheiten sowie die

---

736 Siehe oben Kapitel 2 B.

737 Lavranos, EFAR 2006, S. 471, 480.

738 Ohler, EuR 2006, S. 848, 864.

739 In diesem Sinne auch Ohler, EuR 2006, S. 548, 562; unklar Deja/Frau, JURA 2008, S. 609, 615, die sowohl eine Grundrechtsbindung der EG bei der Umsetzung, als auch einen Vorrang des UN-Rechts annehmen.

740 Auffassung des UK, vgl. die Schlussanträge des GA Maduro, EuGH, verb. Rs. C-402/05 P u. C-415/05 P, *Kadi u. Al Barakaat International Foundation*, Slg. 2008, I-6351, Rn. 29.

741 Tomuschat, EuGRZ 2007, S. 1, 5.

Achtung der Menschenwürde bilden das Fundament der Union. Für ein Abweichen von diesen fundamentalen Grundsätzen bedürfte es deshalb einer Sonderstellung des Art. 351 AEUV (Art. 307 EG) innerhalb des Vertragssystems, die nicht ersichtlich ist und zudem die durch gefestigte Rechtsprechung geltende Garantie eines umfassenden Rechtsschutzsystems missbräuchlich untergraben könnte.[742] Den nationalen Behörden wäre es anderenfalls mit Hilfe der Union möglich, die Grundrechte der nationalen Rechtsordnungen zu umgehen.[743] Das Behinderungsverbot soll jedoch nur verhindern, dass die Umsetzung erschwert wird, sie dagegen nicht leichter ermöglichen als bei mitgliedstaatlichem Tätigwerden.

(4) Respekt vor der UN

Teilweise wird angeführt, die UN habe das Überprüfungsverfahren innerhalb des eingerichteten Sanktionsregimes deutlich verbessert. Die Grundrechte seien infolgedessen durch eine administrative Kontrolle hinreichend geschützt und aus Respekt vor der UN müsse eine gerichtliche Kontrolle des Unionsaktes unterbleiben.[744] Diese Auffassung will damit im Prinzip die Maßstäbe, die das BVerfG in seiner sog. *Solange II*-Rechtsprechung für das Verhältnis von nationalem und europäischen Recht entwickelt hat, auf das Verhältnis von EU und UN übertragen. In dieser Entscheidung hat sich das BVerfG für unzuständig erklärt, sekundäres Gemeinschaftsrecht an den nationalen Grundrechten zu messen, „solange die Europäischen Gemeinschaften, insbesondere die Rechtsprechung des EuGH, einen wirksamen Schutz der Grundrechte gegenüber der Hoheitsgewalt der EG generell gewährleisten, der dem vom Grundgesetz als unabdingbar gebotenen Grundrechtsschutz im wesentlichen gleich zu achten ist, zumal den Wesensgehalt der Grundrechte generell verbürgt."[745]

Es ist indes bereits zu bezweifeln, ob diese Rechtsprechung auch auf das Verhältnis von EU und UN übertragbar ist. Das Verhältnis der EU zu beiden Rechtsordnungsebenen ist von erheblichen Unterschieden gekennzeichnet und

---

742 EuGH, Rs. 294/83, *Les Verts*, Slg. 1986, 1339, Rn. 23; Tzanou, GLJ 2009, S. 123, 144; Franzius, Wer macht in Europa Menschenrechtspolitik? S. 9.

743 Schlussanträge des GA Maduro, EuGH, verb. Rs. C-402/05 P u. C-415/05 P, *Kadi u. Al Barakaat International Foundation*, Slg. 2008, I-6351, Rn. 31.

744 Auffassung der Kommission, vgl. EuGH, C-402/05 P u. C-415/05 P, *Kadi u. Al Barakaat International Foundation*, Slg. 2008, I-6351, Rn. 318f.

745 BVerfGE 73, 339.

nicht vergleichbar.[746] Ungeachtet dieser Zweifel, wäre die Justiziabilität aber auch dann nicht ausgeschlossen, wenn man diesen Maßstab anlegen würde. Denn er fordert für die Rücknahme der gerichtlichen Kontrollbefugnis einen generellen und im Wesentlichen gleich zu achtenden Grundrechtsschutz, welcher auf Ebene der UN nach wie vor nicht existiert.[747]

(5) „politische Frage“

Nach einem anderen Ansatz muss der Gerichtshof von einer Kontrolle der unionsrechtlichen Umsetzungsmaßnahmen absehen, da sie der Sicherheitsrat zur Wahrung des Weltfriedens und der internationalen Sicherheit für notwendig erachtet. Zur Begründung greift diese Auffassung auf Gedanken der vom US-amerikanischen Supreme Court entwickelten „political-question-doctrine“[748] zurück und überträgt sie auf die vorliegende Konstellation. Die Güter Weltfrieden und internationale Sicherheit seien so bedeutsam, dass keine rechtlichen Kriterien existierten, um die Notwendigkeit von Maßnahmen zu ihrer Wahrung zu beurteilen.[749] Es handele sich vielmehr um eine rein politische Einschätzung. Ähnlich wie bei der Frage der Rechtsbindung des Sicherheitsrates ist dagegen aber einzuwenden, dass neben den genannten auch andere Rechtsgüter bestehen, denen eine gleich große Bedeutung zukommt. Zu diesen Gütern zählen unter anderem auch die Menschenrechte, deren Achtung die UN gemäß Art. 1 Abs. 3 UN-Charta zu fördern hat und zu deren Schutz im Falle von Interessenkollisionen insbesondere die Gerichte berufen sind. Dieser gerichtliche Schutz schmälert nicht die Bedeutung des Weltfriedens und der internationalen Sicherheit. Die Gerichte sollen die Bedeutung dieser Güter nicht vermindern, sondern im Kollisionsfall im Rahmen einer Abwägung zum Ausgleich und zu gegenseitiger größtmöglicher Wirksamkeit bringen. Ein Entzug

---

746 Siehe oben Kapitel 2 B. I. 1. a) bb).

747 Siehe oben A. I. 1.

748 Diese Doktrin besagt vereinfacht, dass der Supreme Court aus verfassungsrechtlichen, funktionellen oder pragmatischen Gründen keine Entscheidung trifft und die Verantwortung für die Streitentscheidung den beiden anderen Zweigen der Staatsgewalt – Kongress bzw. Präsident – zuweist. Siehe zur political question doctrine Burchardt, Grenzen verfassungsgerichtlicher Erkenntnis, S. 32ff.

749 Auffassung des Rats, der Kommission und des UK, vgl. Schlussanträge des GA Maduro, EuGH, verb. Rs. C-402/05 P u. C-415/05 P, *Kadi u. Al Barakaat International Foundation*, Slg. 2008, I-6351, Rn. 33; Tomuschat, CMLRev. 2006, S. 537, 551.

der gerichtlichen Kontrolle würde den Gütern Weltfrieden und internationale Sicherheit aber einem Vorrang gegenüber den Menschenrechten einräumen.

(6) Frühere Rechtsprechung der Unionsgerichte

In der Diskussion um die Justiziabilität einer EU-Verordnung zur Durchführung eines UN-Sicherheitsratsbeschlusses verweisen die Befürworter einer Nichtjustiziabilität auch auf die frühere Rechtsprechung des Gerichtshofs.[750] Bislang hatte er sich in drei Verfahren mit der Umsetzung von UN-Sicherheitsratsbeschlüssen durch Unionsrechtsakte zu befassen. Es handelt sich um die Rechtssachen *Bosphorus*, *Dorsch Consult* sowie *Ebony Maritime*.

(a) Rechtssache C-84/95 – Bosphorus

Die Rechtssache *Bosphorus*[751] war ein Vorlageverfahren gemäß Art. 234 EG (Art. 267 AEUV). Es betraf die Auslegung einer EG-Rechtsverordnung, die eine Sanktionsresolution des UN-Sicherheitsrates im Hinblick auf das frühere Jugoslawien zumindest teilweise „eins zu eins“ umsetzte. Im Rahmen dieses Verfahrens hat sowohl GA *Jacobs* als auch der EuGH die EG-Verordnung an den Unionsgrundrechten gemessen, ohne die Frage aufzuwerfen, ob die gebundenen Verordnungsteile aufgrund der Umsetzung der Sicherheitsratsresolution überhaupt justiziabel sind.[752] Selbst wenn man davon ausgeht, dass Generalanwalt und EuGH sich in der Rechtssache *Bosphorus* gar nicht mit dieser Frage befassen mussten[753], ist dieses Urteil zumindest keine Stütze für eine Nichtjustiziabilität von Umsetzungsakten.[754]

---

750 EuG, Rs. T-306/01, *Yusuf u. Al Barakaat International Foundation*, Slg. 2005, II-3533, Rn. 239ff.; Rs. T-315/01, *Kadi*, Slg. 2005, II-3649, Rn. 189ff.

751 EuGH, Rs. C-84/95, *Bosphorus*, Slg. 1996, I-3953.

752 Schlussanträge des GA Jacobs, EuGH, Rs. C-84/95, *Bosphorus*, Slg. 1996, I-3953, Rn. 53; EuGH, Rs. C-84/95, *Bosphorus*, Slg. 1996, I-3953, Rn. 21ff; Pech, Irish HRLRev. 2007, S. 9; Tridimas/Gutierrez-Fons, FILJ 2009, S. 660, 683f.; vgl. Eeckhout, Does Europe's Constitution stop at the Water's Edge?, S 25f.; ungenau insofern Arnauld, AVR, 2006, S. 201, 202; Nettesheim, CMLRev. 2007, S. 567, 588f.

753 Tomuschat, EuGRZ 2007, S. 1, 10; Schulte, Der Schutz individueller Rechte gegen Terrorlisten, S. 181; a. A. Schmahl, EuR 2006, S. 566, 573f.

754 So auch Hörmann, AVR 2006, S. 267, 297.

(b) Rechtssache C-177/95 – Ebony Maritime SA

In der Rechtssache *Ebony Maritime SA*[755] ging es um die Auslegung derselben Verordnung. Der Gerichtshof befasste sich allerdings nur für den Teil der Verordnung mit dem Verhältnismäßigkeitsgrundsatz, der nicht durch die zugrundeliegende Sicherheitsratsresolution vorherbestimmt war. Auf die Frage der Justiziabilität einer EG-Verordnung bei wörtlicher Transformation eines UN-Sicherheitsratsbeschlusses gibt dieses Urteil daher zwar keine Antwort, steht einer Justiziabilität aber auch nicht entgegen.

(c) Rechtssache T-184/95 – Dorsch Consult

In der Rechtssache *Dorsch Consult*[756] verlangte ein Unternehmen von der Europäischen Gemeinschaft Schadensersatz für erlittene finanzielle Verluste, die es durch irakische Gegenmaßnahmen als Antwort auf ein gegen das Land verhängtes Handelsembargo erlitten hatte. Der Sicherheitsrat der UN hatte es wegen des irakischen Einmarsches in Kuwait per Resolution verhängt, die die Gemeinschaft durch EG-Verordnung umgesetzt hatte. In diesem Verfahren hat das EuG die den Sicherheitsratsbeschluss wörtlich umsetzende EG-Verordnung ebenfalls einer grundrechtlichen Kontrolle unterzogen. Es erklärte unter Verweis auf die Rechtssache *Bosphorus*, dass die Embargomaßnahmen der EG-Verordnung die Unionsgrundrechte beeinträchtigen, diese Beeinträchtigung aber gerechtfertigt sei.[757] Auch dieses Urteil steht einer Justiziabilität der Verordnung zumindest nicht entgegen.

bb) Umsetzung eines GASP-Beschlusses

(1) Rechtslage nach dem Vertrag von Nizza

Bereits unter dem Vertrag von Nizza war es kein Hindernis für die Justiziabilität der Verordnungen beider Sanktionsregimearten, dass sie Maßnahmen aus einem nicht vergemeinschafteten Teil des Unionsvertrags durchführten. Art. 46 EU a. F. stand der Überprüfung einer Verordnung, die inhaltlich einem GASP-Beschluss glich, nicht im Wege. In einem solchen Verfahren wurde allein der Gemeinschaftsrechtsakt kontrolliert, unabhängig davon wie eng er mit der intergouvernementalen Maßnahme verbunden war. Seine Verwurzelung im

755 EuGH, Rs. C-177/95, *Ebony Maritime SA*, Slg. 1997, I-1111.

756 EuG, Rs. T-184/95, *Dorsch Consult*, Slg. 1998, II-667.

757 EuG, Rs. T-184/95, *Dorsch Consult*, Slg. 1998, II-667, Rn. 87f.

zwischenstaatlichen Bereich war nicht so gewichtig, als dass sie die Wahrung des Gemeinschaftsrechts ausschloss und er ohne Kontrolle anzuerkennen war.[758]

(2) Rechtslage seit Inkrafttreten des Lissabon-Vertrags

Seit Inkrafttreten des Lissabon-Vertrags ist die Abhängigkeit von dem GASP-Standpunkt erst recht kein Justiziabilitätshindernis mehr. Zwar unterliegen Rechtsakte aus dem Bereich der GASP weiterhin keiner gerichtlichen Kontrolle. Hiervon ausgenommen sind gemäß Art. 275 Abs. 2 AEUV aber GASP-Beschlüsse über die Verhängung von restriktiven Maßnahmen. Die Unionsrichter sind folglich auch für die Kontrolle des zugrundeliegenden GASP-Standpunkts zuständig, so dass eine Kompetenzüberschreitung ausgeschlossen ist.

b) Verfahren

aa) Individualnichtigkeitsklage gemäß Art. 263 Abs. 4 AEUV

Unmittelbares Angriffsmittel gegen eine EU-Verordnung ist eine Individualnichtigkeitsklage gem. Art. 263 Abs. 4 AEUV, welche erstinstanzlich vor dem EuG erhoben wird (Art. 256 Abs. 1 AEUV i.V. m. Art. 51 EuGH-Satzung).

(1) Parteifähigkeit der gelisteten Personen

Parteifähig im Rahmen der Individualnichtigkeitsklage ist gemäß Art. 263 Abs. 4 AEUV jede natürliche und juristische Person. Die Klagemöglichkeit für natürliche Personen ist damit weder an die Unionsbürgerschaft noch den Nachweis eines Wohnsitzes in einem Mitgliedstaat geknüpft.[759] Ähnliches gilt für juristische Personen. Ihr Sitz bzw. der Standort ihrer Hauptverwaltung sind für die Parteifähigkeit unbeachtlich.[760] Auch von den Sanktionen betroffene Drittstaatsangehörige außerhalb der Europäischen Union bzw. betroffene Unternehmen außerhalb des EU-Binnenmarktes können daher Nichtigkeitsklage erheben.

---

758 Krück, in: v. d. Groeben/Schwarze, EU-/EGV, Art. 46 EU Rn. 27; Garcon, S. 125f.; Stein, Außenpolitisch motivierte (Wirtschafts-)Sanktionen der EU, in: FS Bernhardt, S. 1129, 1138; Bohr, Schutznormen, S. 258, Ress, EuR 1995 Beiheft 2, S. 27, 29 (Fn. 7); a. A. Steinbarth, ZEuS 2006, S. 269, 279f.; Cremer, in: Calliess/Ruffert, EUV/EGV, Art. 46 EUV, Rn. 22.

759 Pechstein, EU-/EG-Prozessrecht, Rn. 337; Cremer, in: Calliess/Ruffert, EUV/AEUV, Art. 263 AEUV Rn. 26.

760 Pechstein, EU-/EG-Prozessrecht, Rn. 342.

(2) Klagebefugnis

(a) Rechtlage nach dem Vertrag von Nizza

Unter dem Vertrag von Nizza war eine natürliche Person ausweislich des Wortlauts des Art. 230 Abs. 4 EG nur dann zu einer Klage gegen eine Verordnung befugt, sofern diese materiellrechtlich eine Entscheidung traf, die den Kläger unmittelbar und individuell betraf. Dies war unstreitig bei sog. Scheinverordnungen der Fall. Bei ihnen handelte es sich materiellrechtlich um ein Bündel von Entscheidungen, das nur rein formal die Gestalt einer Verordnung besaß und ausschließlich einen durch individualisierende Merkmale umschriebenen Personenkreis betraf.[761] Wesentliches Merkmal der Entscheidung war daher ihre individuelle Geltung, d. h. ihr geschlossener Adressatenkreis.[762] Adressat war dabei derjenige, für den die Verordnung Rechtswirkungen entfaltete, d. h. Rechte und Pflichten begründete.[763] Die Sanktionsverordnungen bezeichnen zwar abschließend die Personen, deren Gelder und wirtschaftliche Ressourcen eingefroren werden sollen. Rechte oder insbesondere Pflichten statuieren sie für diesen feststehenden Personenkreis aber nicht. Sie verbieten vielmehr umfassend, diesen Personen Gelder oder wirtschaftliche Ressourcen zu Verfügung zu stellen. Adressat der Verordnungen ist daher die Allgemeinheit, sprich ein abstrakter, aber objektiv bestimmbarer Personenkreis.[764] Auch unter dem Vertrag von Nizza handelte es sich daher um eine echte Verordnung und keine sog. „Scheinverordnung".

Nach gefestigter Rechtsprechung war eine Einzelperson aber auch gegen eine echte Verordnung klagebefugt, sofern sie den Kläger trotz ihrer allgemeinen Geltung individuell und unmittelbar betraf.[765] Man sprach in diesem Fall von einer sog. hybriden Verordnung. Das Merkmal der Betroffenheit meinte dabei lediglich, dass der Kläger durch den Rechtsakt beschwert sein muss.[766] Für eine solche Beschwer reichte eine tatsächliche Beeinträchtigung seiner Interessen aus,

---

761 Pechstein, EU-/EG-Prozessrecht, Rn. 363; Ehricke, in: Streinz, EUV/EGV, Art. 230 EGV Rn. 46.

762 Nettesheim, in: Grabitz/Hilf, EUV/EGV, Art. 249 EGV Rn. 188, 195; Schroeder, in: Streinz, EUV/EGV, Art. 249 EGV Rn. 55.

763 Schroeder, in: Streinz, EUV/EGV, Art. 249 EGV Rn. 133.

764 Kotzur, EuGRZ 2006, S. 19, 22; Karayigit, LIEI 2006, S. 379, 386.

765 EuGH, Rs. C-309/89, *Codorniu*, Slg. 1994, I-1853, Rn. 19; Gaitanides, in: v. d. Groeben/Schwarze, EU-/EGV, Art. 230 EG Rn. 58.

766 Pechstein, EU-/EG-Prozessrecht, Rn. 394; Cremer, in: Calliess/Ruffert, EUV/EGV, Art. 230 EGV Rn. 45.

eine mögliche subjektive Rechtsverletzung war nicht notwendig.[767] Den in den Sanktionsverordnungen aufgelisteten Personen dürfen weder Geld noch andere wirtschaftliche Ressourcen zur Verfügung gestellt werden. Sie sind dadurch in ihren wirtschaftlichen Interessen unmittelbar beeinträchtigt. Eine weitere Durchführungsmaßnahme war hierfür nicht erforderlich, die Verordnung selbst greift in den Interessenkreis des Klägers ein. Die Kommission ist nur ermächtigt, den in der Verordnung genannten Kreis der gelisteten Personen zu aktualisieren, beschwert sind sie aber durch die Regelungen der Verordnung.

Die Personen, denen kein Geld und keine wirtschaftliche Ressource mehr zur Verfügung gestellt wird, waren unter dem Vertrag von Nizza aber nicht nur unmittelbar, sondern auch individuell betroffen. Sie sind im Anhang der Sanktionsverordnung namentlich aufgeführt, nur ihnen gegenüber gilt das festgesetzte Verbot. Dadurch waren sie im Sinne der sog. *Plaumann*-Formel aufgrund besonderer Umstände aus dem Kreis aller übrigen Personen herausgehoben und damit in ähnlicher Weise individualisiert wie die Adressaten einer Entscheidung.[768] Die von den Finanzsanktionen betroffenen Personen und Einrichtungen waren daher befugt, gegen die Verordnung zu klagen.[769] Eine Individualnichtigkeitsklage war daher grundsätzlich zulässig, sie musste gegen den Rat als Beklagten gerichtet werden.

(b) Rechtslage seit Inkrafttreten des Lissabon-Vertrags

Auch unter dem Vertrag von Lissabon sind Nichtigkeitsklagen von Einzelpersonen weiterhin zulässig, sofern eine unionsrechtliche Handlung sie unmittelbar und individuell betrifft, wie es bei den Durchführungsmaßnahmen trotz ihres Verordnungscharakters der Fall ist. In der Sache hat sich durch den Vertrag von Lissabon somit nichts geändert. Allerdings ist der Nachweis individueller Betroffenheit nach neuer Rechtslage nicht mehr zwingend notwendig. Nichtigkeitsklagen von Einzelpersonen sind seither auch dann zulässig, wenn den Kläger ein Rechtsakt mit Verordnungscharakter, der keine Durchführungsmaßnahmen nach sich zieht, unmittelbar betrifft. Im Falle der Umsetzungsverordnungen ist ein solcher Durchführungsakt nicht erforderlich. Deshalb ist entscheidend,

---

767 EuGH, Rs. 88/76, *Société pour l'exportation des sucres*, Slg. 1977, 709, Rn. 9/12.

768 St. Rspr. seit EuGH, Rs. 25/62, *Plaumann*, Slg. 1963, S. 213, 238.

769 EuG, Rs. T-306/01, *Yusuf und Al Barakaat International Foundation*, Slg. 2005, II-3533, Rn. 333; Rs. T-315/01, *Kadi*, Slg. 2005, II-3649, Rn. 278; Kotzur, EuGRZ 2006, S. 19, 21; Tomuschat, CMLRev. 2006, S. 537, 539; Pech, Irish HRLRev. 2007, S. 3.

ob es sich bei ihnen um Rechtsakte mit Verordnungscharakter im Sinne des Art. 263 Abs. 4 AEUV handelt. Hieran kann man aufgrund seiner Entstehungsgeschichte zweifeln. Die Vorschrift ist dem EVV wörtlich entnommen[770] und ist eine Reaktion auf die Diskussion über die sog. Plaumann-Formel des EuGH, die in der Auseinandersetzung der beiden Unionsgerichte in den Rechtssachen *Unión de Pequenos Agricultores* und *Jégo-Quéré*[771] ihren Höhepunkt fand.[772] Ein Einfluss der Entscheidung des Gerichtshofs in der Rechtssache *Kadi* auf diese Änderung ist damit eher unwahrscheinlich. Im Verfassungsvertrag erfasste die Vorschrift aufgrund dessen neuer Einteilung der europäischen Rechtsakte[773] nur Durchführungsverordnungen der Kommission. Erst dadurch, dass der Vertrag von Lissabon diese Vorschrift, nicht aber die neue Einteilung des EVV übernimmt, sind nunmehr nicht allein die nachgeordneten Durchführungsverordnungen erfasst. Es kann sich daher durchaus um ein redaktionelles Versäumnis handeln. Angesichts des eindeutigen Wortlauts kann dieser Umstand allein jedoch keine einschränkende Auslegung rechtfertigen. „Verordnungen" ist ihr „Verordnungscharakter" kaum abzusprechen.[774] Nach neuer Rechtslage ist die Nichtigkeitsklage daher bereits nach dieser Voraussetzung zulässig.

bb) Vorabentscheidungsverfahren gemäß Art. 267 AEUV (Art. 234 EG)

Als weitere Möglichkeit, Rechtsschutz gegen die EU-Umsetzungsverordnung zu erlangen, kommt das Vorabentscheidungsverfahren gemäß Art. 267 AEUV (Art. 234 EG) vor dem EuGH in Betracht. Es dient nicht nur der Wahrung der EU-einheitlichen Rechtsanwendung, sondern zugleich auch dem Individualrechtsschutz.[775]

---

770 Art. III-365 Abs. 4 EVV.

771 EuG, Rs. T-177/01, *Jégo-Quéré*, Slg. 2002, II-2365; EuGH, Rs. C-500/00 P, *Unión de Pequenos Agricultores*, Slg. 2002, I-6677; Rs. C-263/02 P, *Jégo-Quéré*, Slg. 2004, I-3425; siehe hierzu Calliess, NJW 2002, S. 3577, 3579ff.

772 Streinz/Ohler/Herrmann, Der Vertrag von Lissabon, S. 93f; Nowak, Europarecht nach Lissabon, S. 163f.

773 Vgl. den Katalog der Rechtsakte in Art. I-33 EVV.

774 Everling, EuR 2009 Beiheft 1, S. 71, 74.

775 Pechstein, EU-/EG-Prozessrecht, Rn. 783; Schwarze, in: ders., EU-Kommentar, Art. 234 EGV Rn. 1; Wegener, in: Calliess/Ruffert, EUV/AEUV, Art. 267 AEUV Rn. 1; Thiele, Europäisches Prozessrecht § 9 Rn. 5; Ehricke, in: Streinz, EUV/AEUV, Art. 267 AEUV Rn. 5ff.

(1) Vorlagegegenstand

Statthafter Gegenstand eines solchen Verfahrens kann gemäß Art. 267 Abs. 1 lit b AEUV auch die Gültigkeit unionalen Organhandelns sein. Darunter ist das gesamte organgeschaffene (sekundäre) Unionsrecht mit Ausnahme der GASP-Beschlüsse, die nicht der Verhängung von restriktiven Maßnahmen dienen, zu verstehen.[776] Hierzu zählen insbesondere alle in Art. 288 AEUV (Art. 249 EG) genannten Akte, also auch eine Sanktionsmaßnahmen umsetzende EU-Verordnung.

(2) Vorlageberechtigung

Entsprechend seinem Wesen als Zwischenverfahren sind nach Art. 267 AEUV (Art. 234 EG) allerdings nur mitgliedstaatliche Gerichte vorlageberechtigt. Erforderlich für die Anrufung des Gerichtshofs ist damit ein anhängiger Rechtsstreit vor einem nationalen Gericht.[777] Für die Betroffenen ist es aber nur eingeschränkt möglich, einen solchen Rechtsstreit herbeizuführen, da die Umsetzungsverordnungen in den nationalen Rechtsordnungen keines weiteren nationalen Vollzugsakts bedürfen.[778]

(3) Vorlagerecht und Vorlagepflicht

Kommt es dennoch einmal zu einem solchen Rechtsstreit vor unterinstanzlichen nationalen Gerichten, dann wären diese nicht nur zur Vorlage berechtigt, sondern sogar verpflichtet. Das in der Verordnung statuierte Verbot hemmt die Durchsetzung des Zahlungsanspruchs des Betroffenen, über den das nationale Gericht befindet. Die Gültigkeit des Verbots ist damit für den Ausgang des Rechtsstreits entscheidungserheblich.[779] Zweifel an der Gültigkeit der Umsetzungsverordnung sind je nach konkretem Fall angesichts des aufgrund unzutreffender Listung möglicherweise unverhältnismäßigen Eingriffs in das Eigentum des Betroffenen sowie der häufig fehlenden Einhaltung der Verteidigungsrechte

---

776 Middeke, in: Rengeling/Middeke/Gellermann, Hdb. EU-Rechtsschutz, § 10 Rn. 31; Thiele, Europäisches Prozessrecht § 9 Rn. 18; Pechstein, EU-/EG-Prozessrecht, Rn. 796.

777 Middeke, in: Rengeling/Middeke/Gellermann, Hdb. EU-Rechtsschutz, § 10 Rn. 26; Ehricke, in: Streinz, EUV/AEUV, Art. 267 AEUV Rn. 29.

778 Siehe ausführlich dazu unten C. III. a) bb) (1).

779 Allgemein zum Merkmal der Entscheidungserheblichkeit: Ehricke, in: Streinz, EUV/AEUV, Art. 267 AEUV Rn. 34ff.; Pechstein, EU-/EG-Prozessrecht, Rn. 823ff.

wohl ebenfalls zu bejahen. Zumal bereits das Bestehen bloßer Bedenken genügt und keine feste Überzeugung von der Rechtswidrigkeit des Unionsrechtsaktes bestehen muss.[780] Da der nationale Richter in diesem Fall kein Verwerfungsrecht in Bezug auf Unionsrechtsakte besitzt, sondern dieses Recht nur den Unionsgerichten zusteht, ist er zur Vorlage an den Gerichtshof verpflichtet. Sein Ermessen im Rahmen des Vorlagerechts ist „auf null" reduziert.[781]

(4) Fehlende Bestandskraft des Verordnung

Handelt es sich wie im vorliegenden Falle um eine Gültigkeitsvorlage, unterscheiden sich Nichtigkeitsklage und Vorabentscheidungsverfahren im Hinblick auf ihr Klageziel grundsätzlich nicht. Allerdings sieht die Nichtigkeitsklage im Gegensatz zum Vorabentscheidungsverfahren in Art. 263 Abs. 6 AEUV (Art. 230 Abs. 5 EG) eine Klagefrist vor. Die Bestandskraft des Rechtsaktes könnte daher nach Ablauf der Klagefrist des Art. 263 Abs. 6 AEUV (Art. 230 Abs. 5 EG) mittels einer Gültigkeitsvorlage umgangen werden.[782] Da sich dieses Problem nur nach Verstreichen der Klagefrist stellt, sind Gültigkeitsvorlagen gegen eine Sanktionsverordnung vor Fristablauf in jedem Falle statthaft.[783] Nach einer Literaturansicht soll gleiches unter Hinweis auf die Selbstständigkeit beider Verfahren aber auch nach einem Fristversäumnis gelten.[784] Mit der Rechtsprechung und anderen Stimmen in der Literatur, die auf jeweils unterschiedliche Kriterien abstellen, ist hier aber zu differenzieren. So sieht der Gerichtshof eine Gültigkeitsvorlage nach Fristablauf nur unter der Voraussetzung als statthaft an, dass die Nichtigkeitsklage nicht offensichtlich zulässig gewesen wäre.[785] Dies ist aufgrund der besonderen Probleme, die in dieser Konstellation im Rahmen der Klageberechtigung existieren,

---

780 Middeke, in: Rengeling/Middeke/Gellermann, Hdb. EU-Rechtsschutz, § 10 Rn. 54; A. Glaesner, EuR 1990, S. 143, 146f.; Ehricke, in: Streinz, EUV/AEUV, Art. 267 AEUV Rn. 37; Pechstein, EU-/EG-Prozessrecht, Rn. 822.

781 Middeke, in: Rengeling/Middeke/Gellermann, Hdb. EU-Rechtsschutz, § 10 Rn. 54; EuGH, Rs. 314/85, *Foto-Frost*, Slg. 1987, 4199 Rn. 15ff.

782 Ehricke, in: Streinz, EUV/AEUV, Art. 267 AEUV, Rn. 26.

783 EuGH verb. Rs. 133–136/85, *Rau*, Slg. 1987, 2289, Rn. 9ff.; Thiele, Individualrechtsschutz vor dem Europäischen Gerichtshof durch die Nichtigkeitsklage, S. 66; Ehricke, in: Streinz, EUV/AEUV, Art. 267 AEUV Rn. 26.

784 Hailbronner, in: ders./Klein/Magiera/Müller-Graff, HK-EUV/EGV, Art. 177, Rn. 2; Middeke, in: Rengeling/Middeke/Gellermann, Hdb. EU-Rechtsschutz, § 10 Rn. 42.

785 EuGH, Rs. C-188/92, *TWD Textilwerke Deggendorf*, Slg. 1994, I-833, Rn. 18ff.; Rs. C-241/95, *The Queen/Accrington Beef*, Slg. 1996, I-6699 Rn. 14ff.; Rs. C-408/95, *Eurotunnel*, Slg. 1997, I-6315 Rn. 26ff.; Rs. C-178/95, *Wiljo*, Slg. 1997, I-585 Rn. 18ff.

insbesondere dann der Fall, wenn der Rechtsakt eine Vielzahl von Personen betrifft. Dagegen ist die Frage der Klageberechtigung bei Nichtigkeitsklagen gegen Einzelentscheidungen in der Regel unproblematisch, so dass in ihrem Fall von einer offensichtlichen Zulässigkeit auszugehen ist.[786] Auch hinsichtlich sog. Hybridverordnungen, die trotz ihrer allgemeinen Geltung Einzelwirkung gegenüber dem Kläger haben und zu denen auch die Sanktionsverordnungen zählen, geht der Gerichtshof daher von der Offensichtlichkeit aus.[787]

Zu demselben Ergebnis kommt auch die Ansicht in der Literatur, die, statt nach dem unscharfen Kriterium der offensichtlichen Zulässigkeit zu differenzieren, auf die wesentlichen Funktionen des Vorlageverfahrens – Wahrung der Rechtseinheit einerseits und Individualrechtsschutz andererseits – abstellt.[788] Nach ihrer Auffassung verlangt das Prinzip der Rechtseinheit, dass an eine Vielzahl von Personen gerichtete Rechtsakte unbefristet überprüfbar sein müssen. Im Falle von Einzelentscheidungen besitze dieses Prinzip dagegen kein Gewicht, da solche Entscheidungen keine über diesen Einzelfall hinausgehende Bedeutung für die Union haben. In ihrem Fall komme daher nur dem Individualrechtsschutz eine Funktion zu, der jedoch ausreichend durch die Möglichkeit der Nichtigkeitsklage gewahrt werde. Eine Gültigkeitsvorlage nach Fristablauf sei dementsprechend unstatthaft.[789]

Misst man eine Klage gegen die Sanktionsverordnungen an diesen Verfahrensfunktionen, so ist folgendes festzustellen: Die Sanktionsverordnungen betreffen eine Vielzahl von Menschen. Ihre Kontrolle dient damit der Wahrung der Rechtseinheit. Allerdings ist diese Funktion entfallen, nachdem der EuGH die grundsätzliche Vereinbarkeit der Finanzsanktion mit dem Unionsprimärrecht festgestellt hat.[790] In zukünftigen Verfahren kann es daher nur noch um die Rechtmäßigkeit einer konkreten Listung gehen. Diese Verfahren besitzen somit

---

786 EuGH, Rs. C-241/01, *National Farmers Union*, Slg. 2002, I-9097, Rn. 34ff; Rs. C-178/95, *Wiljo*, Slg. 1997, I-585, Rn. 19ff.; Pechstein, EU-/EG-Prozessrecht, Rn. 803; ders./Kubicki, NJW 2005, S. 1825, 1826; Thiele, Individualrechtsschutz vor dem Europäischen Gerichtshof durch die Nichtigkeitsklage, S. 67.

787 EuGH, Rs. C-239/99, *Nachi Europe*, Slg. 2001, I-1197, Rn. 37.

788 Thiele, Individualrechtsschutz vor dem Europäischen Gerichtshof durch die Nichtigkeitsklage, S. 67f.

789 Thiele, Europäisches Prozessrecht, § 9 Rn. 38; ders., Individualrechtsschutz vor dem Europäischen Gerichtshof durch die Nichtigkeitsklage, S. 68; Pache, EuZW 1994, S. 615, 619f.; Pechstein, EU-/EG-Prozessrecht, Rn. 801.

790 EuGH, verb. Rs. C-402/05 P u. C-415/04 P, *Kadi u. Al Barakaat International Foundation*, Slg. 2008, I-6351.

keine Bedeutung mehr für die Union, sondern haben nur noch rechtsschützende Funktion für den Betroffenen. Seit diesem EuGH-Urteil ist damit auch nach der o. g. Literaturansicht von der Unzulässigkeit des Vorlageverfahrens nach Fristablauf auszugehen.

cc) Amtshaftungsklage gemäß Art. 268 i. V. m. Art. 340 Abs. 2 AEUV (Art. 235 i. V. m. Art. 288 Abs. 2 EG)

Eine letzte Möglichkeit Individualrechtschutz gegen eine Sanktionsverordnung zu erlangen, bietet schließlich die Amtshaftungsklage. In diesem Verfahren kann ein Unionsrechtsakt zumindest indirekt überprüft werden.[791] Allerdings fällt der Gerichtshof kein rechtsgestaltendes Urteil, sondern die Rechtmäßigkeit der Maßnahmen ist als Tatbestandsmerkmal des Amtshaftungsanspruchs lediglich Vorfrage.[792] Eine gelistete Person kann die Sanktionsmaßnahme auch nicht im Wege der Naturalrestitution beseitigen, sondern lediglich Ersatz für entstandene Schäden erhalten.[793] Folglich dient die Amtshaftungsklage nicht dem primären, sondern nur dem sekundären Individualrechtsschutz.[794] Die Voraussetzungen für einen Schadensersatzanspruch gemäß Art. 340 Abs. 2 AEUV (288 Abs. 2 EG) sind indes sehr hoch. Eine Haftung der Union wird daher nur selten eintreten.[795]

C. Die nationalstaatliche Ebene am Beispiel Deutschlands

Den betroffenen Personen und Einrichtungen bleiben schließlich noch Kontroll- bzw. Schutzmöglichkeiten auf nationaler Ebene. Als Beispiel soll hier die Rechtslage in Deutschland dienen.

---

791 Middeke, in: Rengeling/Middeke/Gellermann, Hdb. EU-Rechtsschutz, § 9 Rn. 4; v. Bogdandy, JuS 1990, S. 872, 873.

792 Pechstein, EU-/EG-Prozessrecht, Rn. 707; Thiele, Europäisches Prozessrecht, § 9 Rn. 1.

793 EuGH, Rs. 175/84, *Krohn/Kommission*, Slg. 1986, 753, Rn. 33; Verb. Rs. 106-120/87, Asteris/Griechenland und EWG, Slg. 1988, 5515; EuG, Rs. T-514/93, *Cobrecaf/Kommission*, Slg. 1986, Slg. 1995, II-621, Rn. 59; Rs. T-485/93, *Dreyfus/Kommission*, Slg. 1996, II-1101, Rn. 5; Rs. T-178/98, *Fresh Marine Company/Kommission*, Slg. 2000, II-3331, Rn. 50; Cremer, in: Calliess/Ruffert, EUV/AEUV, Art. 268 AEUV Rn. 6; Pechstein, EU-/EG-Prozessrecht, Rn 737; v. Bogdandy, in: Grabitz/Hilf/Nettesheim, EUV/AEUV, Art. 340 AEUV Rn. 132.

794 Thiele, Europäisches Prozessrecht, § 10 Rn. 1.

795 Siehe oben Kapitel 3 B.

I. UN-Sicherheitsratsbeschlüsse

a) Direktkontrolle

Eine direkte Kontrolle der UN-Sicherheitsratsbeschlüsse durch einfache nationale Gerichte ist nicht möglich. Eine solche Klage wäre gemäß § 20 Abs. 2 GVG i. V. m Art. 105 UN i. V. m. Art. 2 Abschnitt 2 des Übereinkommens vom 13.02.1946 über die Vorrechte und Immunitäten der Vereinten Nationen[796] unzulässig. Diese Normen gewähren der UN Immunität, so dass sie nicht der deutschen Gerichtsbarkeit, einer in jeder Lage des Verfahrens zu prüfenden besonderen Prozessvoraussetzung[797], unterliegt.[798]

Aber auch eine direkte verfassungsgerichtliche Kontrolle im Sinne der *Maastricht*-Rechtsprechung des BVerfGs scheidet vorliegend aus. Danach ist trotz des Wortlauts von Art. 19 Abs. 4 GG, der von Rechtschutz gegenüber deutscher öffentlicher Gewalt spricht, allein entscheidend, ob ein Rechtsakt in Deutschland Wirkung entfaltet.[799] Die Individualsanktionsbeschlüsse besitzen selbst keine unmittelbare Wirkung in Deutschland. Sie greifen nicht im Sinne eines Hoheitsrechts gemäß Art. 24 Abs. 1 GG in die innerstaatliche Rechtsordnung durch, sondern bedürfen eines staatlichen Umsetzungsaktes.[800] Die UN sind daher zumindest im Hinblick auf die Individualsanktionsbeschlüsse des Sicherheitsrats keine Organisation im Sinne des Art. 24 Abs. 1 GG.[801] Die Rechtsprechung des BVerfG zur Einhaltung der verfassungsrechtlichen Schranken der Übertragung von Hoheitsgewalt nach Art. 24 Abs. 1 GG gilt daher weder direkt noch analog für die UN-Sicherheitsratsresolutionen. Die Anwendung dieses Maßstabs ist zudem aus völkerrechtlichen Gründen zweifelhaft. Die Gründe, die zu einer Beschränkung der inzidenten Prüfungskompetenz der Unionsgerichte

---

796 Gesetz zu dem Übereinkommen vom 13.02.1946 über die Vorrechte und Immunitäten der Vereinten Nationen vom 16.081980 (UNOImmÜbkG), BGBl. 1980 II, S. 941, 944.

797 Schilken, Gerichtsverfassungsrecht, Rn. 274.

798 Meyer, ZEuS 2007, S. 1, 35; Schmahl, EuR 2006, S. 566, 570; Karayigit, LIEI 2006, S. 379, 400; Bothe, JICJ 2008, S. 541, 542; Cameron, NJIL 2003, S. 159, 166; Fassbender, AöR 2007, S. 257, 261; ders., IOLR 2006, S. 437, 442Reinisch, AJIL 2001, S. 851, 866f.; Aust/Naske, ZÖR 2006, S. 587, 616.

799 BVerfGE 89, 155.

800 Geiger, Grundgesetz und Völkerrecht, S. 124, 161; a. A. Schulte, Der Schutz individueller Rechte gegen Terrorlisten, S. 332f., 349.

801 Anders ist dies möglicherweise im Fall der UN-Strafgerichtsbarkeit, vgl. Classen, in: v. Mangoldt/Klein/Starck, GG, Art. 24 Abs. 1 Rn. 62.

für UN-Sanktionsbeschlüsse führen, dürften auch für die staatlichen Gerichte Gültigkeit besitzen. Es kann daher auch auf diese Ausführungen verwiesen werden.[802]

b) Inzidentkontrolle

Eine inzidente Kontrolle durch einfache Gerichte dürfte an ihrer fehlenden Kompetenz, den nationalen Umsetzungsakt zu verwerfen, scheitern. Mit den Individualsanktionen sind erhebliche Grundrechtseingriffe verbunden. Nach der sog. Wesentlichkeitstheorie müssten die entsprechenden Sicherheitsratsbeschlüsse daher durch ein formelles Gesetz umgesetzt werden.[803] Einen solchen Legislativakt kann gemäß Art. 100 GG jedoch nur das Bundesverfassungsgericht verwerfen. Die Fachgerichte wären daher zu einer Vorlage verpflichtet.

Ob das Bundesverfassungsgericht inzident im Rahmen der Kontrolle des nationalen Gesetzes die Beschlüsse des Sicherheitsrates überprüfen kann, erscheint allerdings sowohl aus innerstaatlichen als auch völkerrechtlichen Gründen fraglich. Innerstaatlich ist seine Rechtsprechung zu Art. 24 Abs. 1 GG, wie oben gezeigt, nicht analog auf die UN und damit die Konstellation der innerstaatlichen Umsetzung von Sicherheitsratsresolutionen übertragbar. Hierfür besteht trotz der neuerdings festzustellenden Fokussierung der UN auf das Individuum auch kein Bedürfnis. Die Sicherheitsratsresolutionen erlangen nur durch den staatlichen Umsetzungsakt innerstaatlich Geltung, der als Akt deutscher Hoheitsgewalt der Kontrolle des Gerichts unterliegt. Dieser ist an den nationalen Verfassungsvorgaben zu messen, wobei die Stellung des Sicherheitsrates, das Ziel der Resolution und die Intensität des Eingriffs zu berücksichtigen sind.[804] Gegebenenfalls ist eine verfassungskonforme Auslegung vorzunehmen. Erst wenn dieses unmöglich ist, muss das Verfassungsgericht eine vollständige oder partielle Nichtigkeit des Umsetzungsaktes feststellen.[805] Die Gültigkeit des völkerrechtlichen Sicherheitsratsaktes berührt dies nicht. Konsequenz der Nichtigkeit wäre ein Verstoß Deutschlands gegen das Völkerrecht, der aus verfassungsrechtlichen Gründen hinzunehmen wäre. Deutschland müsste dann

---

802 Siehe oben B. I. 1. b).

803 So für das Vereinigte Königreich: UK Supreme Court, Ahmed and Others, 2010 UKSC 2.

804 Vgl. Payandeh, ZaöRV 2006, S. 41, 64f.

805 Geiger, Grundgesetz und Völkerrecht, S. 137.

u. U. auf die Beseitigung dieses Verstoßes durch Änderung des innerstaatlichen Rechts bzw. Völkerrechts hinwirken.[806]

In der konkreten Konstellation ist indes eine solche Kontrolle des nationalen Umsetzungsaktes durch staatliche Gerichte unmöglich. Es existiert keine Verfahrenssituation vor nationalen Gerichten, in der die Rechtmäßigkeit der UN-Sicherheitsratsbeschlüsse als Vorfrage relevant wäre. Ursache hierfür ist, dass diese Beschlüsse unionsrechtlich transformiert werden. In einem nationalen Gerichtsverfahren steht deshalb zunächst immer die Rechtmäßigkeit dieser EU-Verordnungen in Frage. Hierfür fehlt den Gerichten entsprechend der *Foto-Frost*-Rechtsprechung des EuGH aber bereits die Kompetenz. Über ihre Rechtmäßigkeit kann allein der EuGH im Rahmen eines Vorlageverfahrens entscheiden.[807] Erst in diesem Verfahren vor dem EuGH kann die Rechtmäßigkeit der UN-Sanktionsbeschlüsse dann als Vorfrage eine Rolle spielen.[808]

II. Gemeinsamer Standpunkt

Seit Inkrafttreten des Vertrags von Lissabon besitzen die Unionsgerichte gemäß Art. 275 Abs. 2 AEUV eine Kompetenz zur Kontrolle von Gemeinsamen Standpunkten die im Rahmen von restriktiven Maßnahmen erlassen werden. Eine Kompetenz der nationalen Gerichte ist damit gemäß Art. 274 AEUV ausgeschlossen.

Zuvor war eine Kontrolle nach europäischem Recht gemäß dem Prinzip der begrenzten Einzelermächtigung durchaus möglich, da für die Auslegung und Anwendung des sekundären Unionsrechts die nationalen Gerichte berufen waren, soweit nicht Art. 46 EU a. F. ausnahmsweise eine Kompetenz des EuGH anordnete.[809] Eine unmittelbare Kontrolle verhinderte jedoch das nationale Prozessrecht. Die Eröffnung des Verwaltungsrechtswegs verlangt gemäß § 40 VwGO das Vorliegen einer öffentlich-rechtlichen Streitigkeit. Eine solche Streitigkeit setzt einen Akt der deutschen öffentlichen Gewalt voraus[810]; eine Eigenschaft, die der Gemeinsame Standpunkt als Akt der EU nicht aufwies. Für eine Verfassungsbeschwerde fehlte es den betroffenen Personen und Einrichtungen

---

806 Geiger, Grundgesetz und Völkerrecht, S. 137.

807 EuGH, Rs. 314/85, *Foto-Frost*, Slg. 1987, 4199, Rn. 11ff.

808 Meyer, ZEuS 2007, S. 1, 38.

809 BVerfGE 89, 155, 175ff.

810 Martinez Soria, VerwArch 1998, S. 400, 406; Gellermann, in: Rengeling/Middecke/Gellermann, Hdb. EU-Rechtsschutz, § 36 Rn. 4.

mangels unmittelbarer Wirkung des Gemeinsamen Standpunkts an der Klagebefugnis. Demgegenüber war eine inzidente Kontrolle zwar grundsätzlich möglich, scheiterte in der vorliegenden Konstellation aber aus dem gleichen Grund wie die inzidente Kontrolle der UN-Sicherheitsratsbeschlüsse. Es handelt sich nicht um einen Hoheitsakt im Sinne des Art. 24 Abs. 1 GG, sondern um einen zwischenstaatlichen Akt, der einer nationalen Umsetzung bedarf. Auch die *Maastricht*-Rechtsprechung des Bundesverfassungsgerichts war damit nicht auf ihn übertragbar. Eine Kontrolle bezog sich immer nur auf den nationalen Umsetzungsakt. An einem solchen fehlt es wie gezeigt. Die Transformation des Gemeinsamen Standpunkts durch die EG-Verordnung bewirkt, dass zunächst allein deren Rechtmäßigkeit Vorfrage in einem nationalen Gerichtsverfahren sein kann. Da zu deren Überprüfung allein die Gemeinschaftsgerichte befugt sind, konnte es erst in einem möglichen Vorlageverfahren vor dem EuGH auf die Rechtmäßigkeit des Standpunkts ankommen. Diese Verordnung konnte nur Gegenstand der verfassungsgerichtlichen Kontrolle sein.

III. EU-Verordnung

a) Einfachgerichtliche Kontrolle

aa) Unmittelbare Kontrolle mittels Anfechtungsklage gemäß § 42 Abs. 1 VwGO

Auf Unionsebene steht mit der Nichtigkeitsklage gemäß Art. 263 Abs. 4 AEUV (Art. 230 Abs. 4 EG) ein Verfahren zur unmittelbaren Kontrolle der EU-Verordnung zur Verfügung. Gemäß Art. 274 AEUV (Art. 240 EG) handelt es sich hierbei um eine ausschließliche Zuständigkeit, so dass Klagen in dieser Hinsicht vor nationalen Gerichten ausgeschlossen sind.[811] Außerdem wäre auch hier der Verwaltungsrechtsweg mangels eines Rechtsakts der deutschen öffentlichen Gewalt nicht eröffnet.

bb) Inzidentkontrolle

Indes sind Verfahrenskonstellationen denkbar, in denen eine gerichtliche Inzidentkontrolle der EU-Verordnung in Betracht kommt.

---

811 Karpenstein, in: Grabitz/Hilf/Nettesheim, EUV/AEUV, Art. 274 AEUV, Rn. 4, 9.; Ehlers, in: Schoch/Schmidt-Aßmann/Pietzner, VwGO, Vorb § 40 Rn. 48; Dünchheim, Verwaltungsprozess unter europäischem Einfluss, S. 59f.

(1) Verfahrenskonstellationen

Nicht möglich ist eine inzidente Kontrolle im Wege einer Anfechtungsklage. Zwar ist nationaler Rechtsschutz im Falle des sog. indirekten Vollzugs[812] von Unionsrecht grundsätzlich gegeben, weil es sich bei den Vollzugsakten um Ausübung nationaler Staatsgewalt handelt.[813] Doch fehlt es vorliegend an einem nationalen Umsetzungsakt, an den eine solche Klage anknüpfen könnte. Die Umsetzungsverordnung wirkt in den mitgliedstaatlichen Rechtsordnungen unmittelbar und ist durch § 34 Abs. 4, 7 und 8 AWG strafrechtlich sanktioniert. Die Verordnung wird hierzu lediglich im Bundesanzeiger bekannt gegeben. In der Bekanntgabe ist aber kein Vollzugsakt zu erblicken, da sie auf die Wirksamkeit der Verordnung keinen Einfluss nimmt, sondern einzig die Strafbewehrung herbeiführen will. Entsprechendes gilt für die Handlungen der Deutschen Bundesbank. Sie übermittelt den Adressaten die Rechtsakte auf Weisung und Anordnung der Union und hat daher nur die Funktion eines „Erfüllungsgehilfen".[814]

Die Rechtmäßigkeit der EU-Verordnung kann jedoch in einem Strafverfahren vor einem deutschen ordentlichen Gericht relevant sein. Den betroffenen Personen und Einrichtungen ist es aber nicht möglich ein solches Strafverfahren zu initiieren. Verletzungen der Sanktionsverordnungen sind durch § 34 Abs. 4, 7 und 8 AWG strafbewehrt. Rechtstechnisch handelt sich bei dieser Bestimmung um eine Blankettnorm, die die EU-Verordnung in ihren Tatbestand inkorporiert. Ein tatbestandsmäßiges Verhalten setzt daher die Rechtmäßigkeit der EU-Verordnung voraus. Sanktioniert ist allerdings nur das verbotswidrige Verhalten der Verordnungsadressaten. Dies sind nicht die betroffenen Personen und Einrichtungen sondern sämtliche mit ihnen geschäftlich verbundene Personen und Unternehmen.

Die betroffenen Personen und Einrichtungen können allerdings ein Zivilverfahren anstoßen, in dem die Rechtmäßigkeit der EU-Verordnung Bedeutung hat. So kann ein Betroffener von einem Verordnungsadressaten die Auszahlung seines Vermögens verlangen.[815] In diesem Fall hängt es von der Rechtmäßigkeit der Sanktionsverordnung ab, ob der Adressat sich auf das Auszahlungsverbot als rechtshindernde Einwendung berufen kann, um die Durchsetzung des Anspruchs zu verhindern.

---

812 Vgl. Gellermann, in: Rengeling/Middeke/Gellermann, Hdb. EU-Rechtsschutz, § 34 Rn. 27 m. w. N.

813 Gaitanides, in: v. d. Groeben/Schwarze, EU-/EGV, Art. 234 EG Rn. 8f.

814 Wahl, Rechtsschutz gegen Individualsanktionen der UN, S. 223f.

815 Lysen, NJIL 2003, S. 291, 301.

(2) Prüfungskompetenz

Auch die Inzidentkontrolle der Verordnung durch ein nationales Gericht in einem zivilrechtlichen Verfahren scheitert aber letztendlich. Dem Gericht fehlt die Befugnis, die Ungültigkeit von Handlungen der Unionsorgane festzustellen. Der EuGH besitzt ein ausschließliches Verwerfungsmonopol für Unionsrechtsakte, damit die einheitliche Anwendung des Unionsrechts in den Mitgliedstaaten gewährleistet ist.[816] Zweifelt ein nationales Gericht an der Rechtmäßigkeit einer Unionshandlung, kann es diese Frage nur dem EuGH in einem Vorabentscheidungsverfahren gemäß Art. 267 AEUV (Art. 234 EG) vorlegen.[817] Selbstständiger, einfachgerichtlicher Rechtschutz von nationaler Seite ist den Betroffenen daher verwehrt.

b) Verfassungsgerichtliche Kontrolle

In Deutschland können sich die Betroffenen schließlich an das Bundesverfassungsgericht wenden.

aa) Unmittelbare Kontrolle

Für eine unmittelbare Kontrolle steht ihnen hierfür die Verfassungsbeschwerde zur Verfügung.

(1) EU-Sekundärrecht als Prüfungsgegenstand

Nach dem Wortlaut von Art. 93 Abs. 1 Nr. 4a GG, § 90 Abs. 1 BVerfGG können Akte der öffentlichen Gewalt Gegenstand einer Verfassungsbeschwerde sein. Hierunter sind allein Akte der deutschen, an das Grundgesetz gebundenen öffentlichen Gewalt zu verstehen.[818]

Allerdings ist das Bundesverfassungsgericht von dieser zunächst auch von ihm vertretenen Sichtweise seit dem Maastricht-Urteil abgewichen. Es stellt seither nicht mehr auf die formale Qualifikation des erlassenden Hoheitsträgers ab, sondern auf den Ort, an dem der grundrechtsrelevante Akt seine Wirkung entfaltet. Auch sekundäre Unionsrechtsakte sind nach seiner Auffassung daher Akte

---

816 EuGH, Rs. 314/85, *Foto-Frost*, Slg. 1987, 4199, Rn. 11ff; Ehricke, in: Streinz, EUV/AEUV, Art. 267 AEUV Rn. 45.

817 Lysen, NJIL 2003, S. 291, 301.

818 Pieroth/Schlink, GrundR, Rn. 1231, 201.

der öffentlichen Gewalt im Sinne des Art. 94 Abs. 1 Nr. 4a, § 90 Abs. 1 BVerfGG und damit zulässige Beschwerdegegenstände[819], die aber im Gegensatz zu Akten der deutschen Staatsgewalt nur einer Anwendbarkeitskontrolle unterliegen.[820]

Die Zulässigkeit von Beschwerden gegen sekundäre Unionsrechtsakte stellt das BVerfG allerdings unter zwei voneinander zu trennende Vorbehalte.

(2) Vorbehalt gleichwertigen Grundrechtsschutzes

So kommt die verfassungsrechtliche Kontrolle nur dann zum Tragen, wenn der Beschwerdeführer substantiiert begründet, dass die internationale Organisation den vom Grundgesetz geforderten Grundrechtsschutz generell und offenkundig unterschreitet. Entgegen der dem Wortlaut nach schärferen Formulierung des Art. 23 Abs. 1 S. 1 GG, der einen „im wesentlichen vergleichbaren Grundrechtsschutz" auf Ebene der Europäischen Union verlangt, prüft das BVerfG damit weiterhin nur, ob der „vom Grundgesetz als unabdingbar gebotene Grundrechtsschutz" gewahrt ist. Unter diesem unabdingbaren Grundrechtsschutz versteht es der Sache nach den Wesensgehalt der Grundrechte.[821]

(a) EU-Sanktionsregime

Im Falle der EU-Sanktionsregime ist angesichts der umfänglichen Kontrolle der Sanktionsmaßnahmen an den Unionsgrundrechten für eine Verstoß gegen diesen Maßstab kein Raum.

(b) UN-Sanktionsregime

Für die UN-Sanktionsregime hat das EuG dagegen zunächst eine Kontrolle nur anhand des zwingenden Völkerrechts vorgenommen.[822] Stimmen in der Literatur haben daraufhin vermutet, dass durch diese sehr eingeschränkte Kontrolle ein Verstoß gegen den oben genannten Maßstab vorliegt.[823] Das Recht auf

---

819 BVerfGE 89, 155, 174f.; BVerfG-K, 1 BvR 2310/05 v. 05.04.2006, Abs.-Nr. 14; 2 BvR 1458/03 v. 03.07.2006, Abs.-Nr. 12. Kritisch Hillgruber/Goos, VerfProzessR, Rn. 164ff.; ablehnend Gellermann, in: Rengeling/Middeke/Gellermann, Hdb. EU-Rechtsschutz, § 35 Rn. 12.

820 BVerfGE 37, 271, 279f.; Pieroth/Schlink, GrundR, Rn. 207.

821 Dörr, Der europäisierte Rechtsschutzauftrag deutscher Gerichte, S. 125.

822 EuG, Rs. 315/01, *Kadi*, Slg. 2005, II-3649, Rn. 226.

823 Meyer, ZEuS 2007, S. 1, 38.

effektiven Rechtsschutz verlangt aber in seinem Kern lediglich eine Kontrolle mit Sachverhaltserkenntnissen, eigenständigen Kontrollmaßstäben und rechtlichen Korrekturmöglichkeiten durch unabhängige Dritte.[824] Eine solche Kontrolle hat auch das EuG vorgenommen. Bereits das EuG hatte den vom BVerfG aufgestellten Maßstab durch seine eingeschränkte Kontrolle der UN-Finanzsanktionen somit nicht unterschritten.[825]

Gleichwohl muss das Urteil des EuGH in der Rechtssache *Kadi und Al Barakaat International Foundation*[826] auch vor dem Hintergrund solcher Mutmaßungen gesehen werden. Die Wertebetontheit des EuGH dürfte auch einer ansonsten drohenden Kontrolle durch das BVerfG geschuldet sein. Durch die Erhebung der Grundlagen der Union zu „Verfassungsgrundsätzen" und die umfassende Justiziabilität der EU-Verordnungen, die in Umsetzung der UN-Finanzsanktionen ergehen, scheint der vom Grundgesetz als unabdingbar geforderte Grundrechtsschutz auf Unionsebene gewahrt zu sein.

(3) Vorbehalt ausbrechender Rechtsakte

Ein weiterer Vorbehalt ergibt sich aus der Doppelnatur der Europäischen Verträge. Einerseits sind sie Rechtsgrundlage der Union, andererseits wird durch sie in Verbindung mit dem nationalen Rechtsanwendungsbefehl nationale Hoheitsgewalt auf die EU übertragen. Handlungen der Union ultra vires, verstoßen daher nicht nur gegen das europäische Primärrecht, sondern sind auch nicht durch den nationalen Rechtsanwendungsbefehl gedeckt.[827] Das BVerfG hat deshalb eine Befugnis für sich in Anspruch genommen, die Handlungen der EU-Organe daraufhin zu überprüfen, ob sie sich innerhalb der Grenzen des vom nationalen Zustimmungsgesetz festgelegten Integrationsprogramms halten oder aus ihnen ausbrechen mit der Folge, dass sie im deutschen Hoheitsgebiet nicht verbindlich sind.[828]

---

824 Pieroth, in: Jarass/Pieroth, GG, Art 79 Rn. 11.

825 Wahl, Rechtsschutz gegen Individualsanktionen, S. 259.

826 EuGH, verb. Rs. C-402/05 u. C-415/05, *Kadi und Al Barakaat International Foundation*, Slg. 2008, I-6351.

827 Dörr, Der europäisierte Rechtsschutzauftrag deutscher Gerichte, S. 127f.

828 BVerfGE 89, S. 155, 188/192ff./210; Gellermann, in: Rengeling/Middeke/Gellermann, Hdb. EU-Rechtsschutz, § 35 Rn. 29.

(a) Rechtslage seit Inkrafttreten des Vertrags von Lissabon

Seit Inkrafttreten des Reform-Vertrags von Lissabon stellt sich die Problematik des ausbrechenden Rechtsaktes bei den Sanktionsmaßnahmen gegen Einzelpersonen ohne Drittlandsbezug nicht mehr. Die Union besitzt seither mit Art. 215 Abs. 2 AEUV eine umfassende Kompetenz zum Erlass von Sanktionen gegen Einzelpersonen. Grund für die Einführung dieser ausdrücklichen Kompetenznorm, die auch schon im Verfassungsvertrag enthalten war, waren die bestehenden Unklarheiten in Bezug auf Eignung und Reichweite der bestehenden Rechtsgrundlagen zum Erlass von Individualsanktionen.[829]

(b) Rechtslage nach dem Vertrag von Nizza

Unter dem Vertrag von Nizza war der Rat als Organ der EG nach der hier vertretenen Auffassung nach nur dazu berechtigt, Maßnahmen gegen Personen oder Einrichtungen mit Drittlandsbezug zu verhängen. Weder Art. 301, 60 EG allein noch in Verbindung mit Art. 308 EG stützten Maßnahmen gegen Personen ohne einen solchen Bezug. Allerdings hatten sowohl EuG als auch EuGH in ihren Entscheidungen Art. 301, 60 EG in Verbindung mit Art. 308 EG eine Kompetenz der Gemeinschaft für diese Maßnahmen entnommen.

Nach alter Rechtslage stellte sich deshalb die Frage, ob das BVerfG an diese Einschätzung des EuGH gebunden ist, oder sich unabhängig hiervon die Letztentscheidungskompetenz selbst zusprechen kann. Das Gericht selbst hatte im *Maastricht*-Urteil eine solche Kompetenz für sich in Anspruch genommen, sie aber hinsichtlich eines etwaigen Maßstabs nicht weiter präzisiert. Hinweise hierzu konnten aber dem vor dieser Entscheidung ergangenen *Kloppenburg*-Beschluss entnommen werden. Danach ist es nicht zu beanstanden, wenn der EuGH die Rechtswirkungen einer bestehenden Kompetenz näher ausgestaltet bzw. wenn die gefundene Lösung methodisch und vom Ergebnis nicht unvertretbar ist.[830]

Diese Rechtsprechung des BVerfG hat die Literatur zu Recht kritisiert.[831] Zu den vertraglich zugewiesenen Aufgaben des Gerichtshofs gehört die letztverbindliche

829 Dieser Art. III-322 EVV entsprechende Absatz geht auf den Arbeitskreis „Gerichtshof" des Verfassungskonvents zurück, s. CONV 689/1/03 REV 1.

830 BVerfGE 75, 223, 240f.; Wahl, Rechtsschutz gegen Individualsanktionen der UN, S. 248.

831 Hirsch, NJW 1996, S. 2457, 2463ff.; Tomuschat, EuGRZ 1993, S. 489, 494; Frowein, ZaöRV 1994, S. 1, 8ff.

Auslegung des Primärrechts. Er legt damit auch die Grenzen der Unionskompetenzen fest. Die Mitgliedstaaten haben dem Gerichtshof damit für diesen Bereich Hoheitsrechte übertragen, so dass die nationalen Gerichte, zu denen auch das BVerfG zählt, insoweit keine Kompetenz mehr besitzen.[832] Allenfalls bei Überschreiten der in Art. 79 Abs. 3 GG festgelegten materiell-rechtlichen Grenze der Integration kann dem BVerfG eine solche zukommen.[833]

Weder die von der Rechtsprechung, noch die von der Literatur festgelegte Grenze hat der EuGH dadurch überschritten, dass er auch für Maßnahmen gegen Einzelpersonen ohne Drittlandsbezug eine Gemeinschaftskompetenz bejahte. Durch die Inanspruchnahme von Art. 308 EG hat der Gerichtshof keine neue gemeinschaftliche Kompetenz geschaffen, sondern lediglich die damals bestehende Kompetenz zum Erlass von Sanktionsmaßnahmen weiter ausgestaltet. Die vom EuGH hierfür gegebene Begründung war nach der hier vertretenen Auffassung zwar abzulehnen, jedoch juristisch vertretbar. Die in Art. 79 Abs. 3 GG festgelegten Grundsätze wurden hierdurch nicht in Frage gestellt. Der Vorbehalt war daher im Ergebnis auch nach alter Rechtslage – wenn auch weniger eindeutig – gewahrt.

bb) Inzidente Kontrolle

Als Verfahren für eine inzidente Kontrolle kommt vor dem BVerfG die konkrete Normenkontrolle in Betracht. Nach der Rechtsprechung des Gerichts kann trotz des anders lautenden Wortlauts auch hier ein sekundärer Unionsrechtsakt Kontrollgegenstand sein. Allerdings gelten auch in diesem Verfahren die bereits bei der Verfassungsbeschwerde genannten beschränkten Kontrollmaßstäbe, so dass auf die dortigen Ausführungen verwiesen werden kann.

c) Ergebnis

Für die betroffenen Personen und Einrichtungen besteht auf nationaler Ebene keine Möglichkeit, Rechtschutz gegen die EU-Sanktionsverordnung zu erlangen. Eine einfachgerichtliche Überprüfung scheitert an der fehlenden Zuständigkeit der nationalen Gerichte. Sie können EU-Sekundärakte gemäß des *Foto-Frost*-Grundsatzes weder unmittelbar noch inzident kontrollieren. Einzig das Verfassungsgericht kann eine solche Kompetenz für sich in Anspruch nehmen. Es übt seine Befugnis allerdings nur noch aus, sofern die Europäische Union den vom

---

832 Gellermann, in: Rengeling/Middeke/Gellermann, Hdb. EU-Rechtsschutz, § 35 Rn. 30; Dörr, Der europäisierte Rechtsschutzauftrag deutscher Gerichte, S. 129f.

833 Dörr, Der europäisierte Rechtsschutzauftrag deutscher Gerichte, S. 131.

Grundgesetz geforderten Grundrechtsschutz offenkundig und dauernd unterscheitet oder sie ultra-vires handelt. Nach dem Urteil des EuG in der Rechtssache *Kadi* gab es durchaus Stimmen, die einen Verstoß gegen diese Maßstäbe diskutierten.[834] Dies scheint auch den EuGH bewegt haben, als es das EuG-Urteil im Rechtsmittelverfahren aufhob und hierbei die Werte der europäischen Rechtsgemeinschaft in den Vordergrund rückte. Hierdurch konnte er die Gefahr einer drohenden Kontrolle durch die nationalen Verfassungsgerichte oder den EGMR abwenden und einer möglichen Konfrontation ausweichen. Freilich zum Preis einer Konfrontation mit den UN. Nach diesem Urteil des EuGH dürfte ein Vorgehen vor dem Verfassungsgericht kaum noch möglich sein. Ob es noch erforderlich ist, hängt indes davon ab, ob der EuGH das Urteil des EuG in der Rechtssache Kadi II bestätigt. Wird die dort statuierte umfassende Kontrolle der Listungen anhand genauer Informationen und Beweismitteln durch die Unionsgerichte bestätigt, dürfte es für die Betroffenen kaum noch an einem effektiven Rechtsschutz gegen die Listung mangeln.

IV. Schadensersatzklage

Mangels nationalen Vollzugsakts existiert kein Anknüpfungspunkt für eine mitgliedstaatliche Haftung. Eine Schadensersatzklage gegen die Union vor nationalen Gerichten ist gemäß Art. 274 AEUV (Art. 240 EG) ausgeschlossen, da auf Unionsebene hierfür die Klage gemäß Art. 268 i. V. m. Art. 340 Abs. 2 AEUV (Art. 235 i. V. m. Art. 288 Abs. 2 EG) zur Verfügung steht.[835]

V. Anspruch auf diplomatischen Schutz

Auf nationaler Ebene kommt für betroffene Personen und Einrichtungen schließlich die Geltendmachung eines Anspruchs auf diplomatischen Schutz in Betracht. Es handelt sich bei diesem Mittel nicht um eine Rechtsschutzmöglichkeit im eigentlichen Sinne, doch wäre über einen solchen Anspruch der Betroffenen gegen den Heimatstaat ebenfalls eine Überprüfung der Finanzsanktionen möglich. Für die Betroffenen von EU-Finanzsanktionen besäße ein solcher Anspruch allerdings keine eigenständige Bedeutung. Sie können die Finanzsanktionen gegen sich bereits durch eine Nichtigkeitsklage vollständig verhindern. Anders ist dies dagegen für die von UN-Finanzsanktionen betroffenen

834 Meyer, ZEuS 2007, S. 1, 38.

835 Karpenstein, in: Grabitz/Hilf/Nettesheim, EUV/AEUV, Art. 274 AEUV Rn. 5.

Personen und Einrichtungen. Durch eine Nichtigkeitsklage vor den Unionsgerichten können sie allein die Unionsakte angreifen, ihre Listung auf UN-Ebene berührt eine erfolgreiche Klage dagegen nicht. Ihnen drohen daher erneute Sanktionen. Mit Ausnahme der Betroffenen des Al-Qaida und Taliban-Sanktionsregimes, die sich an den Ombudsmann wenden können, ist der Anspruch auf diplomatischen Schutz für diesen Personenkreis auch nach Errichtung der Koordinierungsstelle auf UN-Ebene nicht bedeutungslos. Sie können ihre Überprüfungsanträge seither zwar unmittelbar an diese Stelle richten. Die Einleitung des Überprüfungsverfahrens steht jedoch weiterhin im Ermessen des Heimatstaates, während er im Falle eines Anspruchs auf diplomatischen Schutz zur Einleitung des Verfahrens verpflichtet wäre. Deshalb soll im Folgenden die Frage untersucht werden, ob die von UN-Finanzsanktionen betroffenen Personen und Einrichtungen einen Anspruch auf diplomatischen Schutz besitzen, der zur Einleitung des sicherheitsratsinternen Kontrollverfahrens verpflichtet.

1. Unionsrechtlicher Anspruch auf diplomatischen Schutz gegen die Mitgliedstaaten

In den Rechtssachen *Ayadi* und *Hassan* betont das EuG, dass die Betroffenen des Al-Qaida-Sanktionsregimes der UN einen gemeinschaftsrechtlichen Anspruch gegen die Mitgliedstaaten besitzen, dass diese einen Antrag auf Prüfung ihres Falles durch den Sanktionsausschuss stellen.[836] Es leitet diesen Anspruch aus den Verfahrensrichtlinien des Sanktionsausschusses i. V. m. der EU-Verordnung her.[837] Die Mitgliedstaaten hätten dafür zu sorgen, dass die Betroffenen ihren Streichungsantrag bei den entsprechenden staatlichen Behörden stellen können. Sie dürften ein Verfahren trotz eines Ermessenspielraums nicht aus dem Grund ablehnen, dass es den Betroffenen an genauen Informationen zur Begründung fehle. Auch müssten sie sich dafür einsetzen, dass dem Sanktionsausschuss ein Fall unverzüglich zur Kontrolle vorgelegt wird, sofern die verfügbaren Informationen dies objektiv zu rechtfertigen scheinen.[838] Diese Ermessensgrenze ergebe

---

836 EuG, Rs. T-253/02, *Ayadi*, Slg. 2006, S. II-2139, Rn. 145; Rs. T-49/04, *Hassan*, Slg. 2006, S. II-52, Rn. 115; zustimmend Spaventa, in: Cremona/de Witte, EU Foreign Relations Law, S. 233, 241; vgl. auch Kämmerer, EuR 2008 Beiheft 1, S. 65, 80.

837 EuG, Rs. T-253/02, *Ayadi*, Slg. 2006, S. II-2139, Rn. 145; Rs. T-49/04, *Hassan*, Slg. 2006, S. II-52, Rn. 115.

838 EuG, Rs. T-253/02, *Ayadi*, Slg. 2006, S. II-2139, Rn. 149; Rs. T-49/04, *Hassan*, Slg. 2006, S. 52, Rn. 119.

sich aus Art. 6 EU a. F (Art. 6 EUV). Ihr Überschreiten habe eine Verletzung des Antragsrechts zur Folge, welches aufgrund fehlender gemeinschaftsrechtlicher Normen nach nationalem Recht unter Beachtung des Äquivalenz- und Effektivitätsgrundsatzes gerichtlich geltend gemacht werden könne.[839]

Das EuG geht somit von einem Recht der Betroffenen aus, einen Antrag auf Verfahrenseinleitung zu stellen. Seine Herleitung aus den Verfahrensrichtlinien des Sanktionsausschusses überzeugt allerdings nicht. Diese Normen sind reines Innenrecht und besitzen keine Rechtswirkungen nach außen.[840] Aus ihnen können daher keine Ansprüche Dritter abgeleitet werden.[841]

Darüber hinaus stellt das Gericht die Entscheidung über die Einleitung in staatliches Ermessen. Nur sofern die Informationen es objektiv zu rechtfertigen scheinen, ist ihr Ermessen reduziert und sie müssen sich für eine Verfahreneinleitung einsetzen. Lediglich in diesem Fall besteht ein hierauf gerichteter Anspruch. An diesen hinreichenden Informationen mangelt es jedoch häufig. Der Listungsstaat ist in vielen Fällen unbekannt bzw. gibt nach bisherigen Erfahrungen seine Informationen nicht preis, da sie aus Geheimdienstquellen stammen und die nationale Sicherheit berühren. Erzwingen kann der Aufenthalts-/Heimatstaat die Herausgabe nicht. Obwohl der Staat aus Sicht des EuG eine Einleitung nicht wegen mangelnder Information von Seiten der gelisteten Person ablehnen kann, liegt die Darlegungslast damit de-facto bei dem Betroffenen. Ihm wird es jedoch zumeist nicht gelingen, den Beweis zu führen, dass er nicht bzw. nicht mehr in friedensbedrohende Aktivitäten verwickelt ist.[842] Hieran hat sich auch nach Einführung der Begründungspflicht nichts geändert. Ein Listungsstaat muss auch hiernach vertrauliche Informationen nicht veröffentlichen. Nur in den seltensten Fällen wird daher die Informationslage so sein, dass ein unionsrechtlicher Anspruch des Betroffenen auf Verfahrenseinleitung besteht.

2. Anspruch auf diplomatischen Schutz nach der EMRK

Ein individueller Rechtsanspruch auf diplomatischen Schutz gegen den Heimatstaat kann sich zudem aus der EMRK ergeben. Ausdrücklich findet sich ein

---

839 EuG, Rs. T-253/02, *Ayadi*, Slg. 2006, S. II-2139, Rn. 146; Rs. T-49/04, *Hassan*, Slg. 2006, S. 52, Rn. 116.

840 Siehe oben Kapitel 1 A. III. 1.

841 Lavranos, EFAR 2006, S. 471, 483.

842 Cameron, NJIL 2003, S. 159, 171.

solches Recht in der Konvention allerdings nicht. Demgemäß lehnte auch die Kommission die Anerkennung eines solchen Anspruchs in ständiger Rechtsprechung ab.[843] Diese Sicht hat der EGMR allerdings seit seinem Urteil im Fall *Ilascu* aufgegeben. In dieser Entscheidung hat er eine Pflicht des Staates angenommen, diplomatische oder sonstige Schritte gegen den Verletzerstaat zu ergreifen, um die Konventionsrechte seiner Bürger zu sichern.[844] Er leitet dieses Recht aus dem Konzept der Schutzpflichten bzw. verfahrensrechtlichen Schutzwirkungen der Grundrechte ab, so dass es wohl unabhängig von den besonderen Umständen des Einzelfalls etabliert sein dürfte.[845] Ebenso wie das Unionsrecht gewährt aber auch die EMRK keinen gebundenen Anspruch auf Schutzmaßnahmen, sondern räumt den Staaten einen weiten Ermessenspielraum ein.[846] Aus den oben genannten Gründen werden die Voraussetzungen für einen Anspruch auf Verfahrenseinleitung daher auch nach der EMRK kaum einmal vorliegen.

3. Innerstaatlicher Anspruch

Dem Betroffenen beider Sanktionsregimearten bleibt die Möglichkeit, einen Anspruch auf diplomatischen Schutz aus innerstaatlichem Recht geltend zu machen, um eine Überprüfung zu erzwingen. Dies soll im Folgenden anhand der Rechtslage in Deutschland erörtert werden.

Obwohl im Grundgesetz keine Regelung zum diplomatischen Schutzrecht existiert, ist einhellige Meinung, dass ein Recht der Regierung besteht, diplomatischen Schutz zu gewähren.[847] Strittig ist allerdings, ob mit diesem Recht auch ein subjektives Recht des Bürgers korrespondiert. Während im Schrifttum vereinzelt ein subjektiv-öffentliches Recht auf Schutzgewährung bejaht wird[848], lehnen Rechtsprechung und h. M. ein solches aufgrund der dann fehlenden außenpolitischen Gestaltungsfreiheit ab und leiten aus den grundrechtlichen

---

843 St. Rspr seit: EKMR, Nr. 7597/76, Entsch. v. 02.05.1978, *Bertrand Russell Peace Foundation Ltd*, DR 14, S. 117, 123; Nr. 38985/97, Entsch. v. 09.09.1998, Jasinskij, § 2; vgl. auch Kleinlein/Rabenschlag, ZaöRV 2007, S. 1277, 1322; Richter, in: Grote/Marauhn, EMRK/GG, Kap. 9 Rn. 51.

844 EGMR, Nr. 48787/99, Urteil v. 08.07.2004, *Iliascu and Others*, Rep. 2004-VII, § 331.

845 Krieger, in: Grote/Marauhn, EMRK/GG, Kap. 9 Rn. 51.

846 EGMR, Nr. 48787/99, Urteil v. 08.07.2004, Iliascu and Others, Rep. 2004-VII, § 334; Krieger, in: Grote/Marauhn, EMRK/GG, Kap. 6 Rn. 55.

847 Becker, in: v. Mangoldt/Klein/Starck, GG, Art. 16 Rn. 14 m. w. N.

848 Oberthür, Der Anspruch des deutschen Staatsangehörigen auf diplomatischen und konsularischen Schutz, S. 49.

Schutzpflichten bzw. Art. 16 GG nur einen Anspruch auf fehlerfreie Ermessensausübung ab.[849] Dabei kommt der Bundesregierung ein „weites Ermessen" zu.[850] Sie kann wählen, ob sie den Einzelnen mit rechtlichen oder außerrechtlichen Mitteln schützen will.[851] Anders als es das schweizerische Bundesgericht für die Schweiz anzudeuten scheint[852], hat daher in Deutschland im Falle des Al-Qaida-Regimes auch die erfolglose Durchführung eines obligatorischen Strafverfahrens nicht zwingend eine Ermessensreduktion und damit eine Pflicht zur Verfahrenseinleitung zur Folge. Zum einen kann die Bundesregierung in diesem Fall ermessensfehlerfrei auch außerrechtliche Mittel zum Schutz des Betroffenen einsetzen. Zum anderen verfolgt das Strafverfahren repressive Zwecke, während es sich bei den Individualsanktionen um präventive Maßnahmen handelt. Die Erfolglosigkeit des Strafverfahrens muss daher nicht zwangsläufig auch die Entfernung des Betroffenen von der Liste rechtfertigen. Hierfür können auch nicht unbedingt strafrechtliche Gründe bedeutsam sein. Eine Ermessenreduktion kommt damit wie im Falle des unionsrechtlichen Anspruchs nur in seltenen Fällen in Betracht.

4. Ergebnis

Ein Anspruch auf diplomatischen Schutz stellt unabhängig von den Rechtsschutzdefiziten des sicherheitsratsinternen Kontrollverfahrens kein effektives Mittel zur Überprüfung der Finanzsanktionen gegen eine Person oder Einrichtung dar. Ein solcher Anspruch kann sich allein aus innerstaatlichem Recht ergeben. Die Annahme des EuG, es existiere für UN-Sanktionen ein unionsrechtlicher Anspruch gegen die Mitgliedstaaten ist abzulehnen. Seine Herleitung aus den Verfahrensrichtlinien der Sanktionsregime überzeugt nicht. Bei diesen Richtlinien handelt es sich um reines Innenrecht, das keine Rechtswirkungen für Dritte besitzt. Innerstaatlich besitzen die betroffenen Personen aber keinen Anspruch auf Schutzgewährung, sondern lediglich auf fehlerfreie Ermessensausübung. Zu einer Ermessenreduktion „auf null" wird es aus tatsächlichen Gründen nur selten kommen.

849 Kunig, in: v. Münch/Kunig, GG, Art. 1 Rn. 33; Masing, in: Dreier, GG, Art. 16 Rn. 80; BVerfGE 55, 349, 364ff.; Becker, in: v. Mangoldt/Klein/Starck, GG, Art. 16 Rn. 23; Kokott, in: Sachs, GG, Art. 16 Rn. 14.

850 BVerfGE 55, 349, 364f.

851 Dahme, Terrorismusbekämpfung durch Wirtschaftssanktionen, S. 468.

852 BGE 133 II 450 – *Nada v. seco*, Erwägungsgrund 9.

D. Ergebnis

Personen und Einrichtungen können auf zwei Wegen Rechtsschutz gegen die Finanzsanktionen erlangen. Sie können einerseits den GASP-Standpunkt eines Sanktionsregimes angreifen. Seit Inkrafttreten des Vertrags von Lissabon unterliegt auch dieser Rechtsakt einer Kontrolle durch die Unionsgerichte. Andererseits können die Betroffenen gegen die EU-Umsetzungsverordnung vorgehen. Ihre Justiziabilität ist dabei auch im Falle der UN-Sanktionsregime nicht ausgeschlossen. Vorzugswürdiges Verfahren ist in beiden Fällen die Nichtigkeitsklage gemäß Art. 263 Abs. 4 AEUV.

Keine Rechtsschutzmöglichkeiten bestehen dagegen auf völkerrechtlicher Ebene. Die von UN-Finanzsanktionen betroffenen Personen und Einrichtungen können die Finanzsanktionen weder durch den IGH noch den EGMR überprüfen lassen. Ihnen steht allein das Listenstreichungsverfahren zur Verfügung, das die Voraussetzungen effektiven Rechtsschutzes aber nicht erfüllt. Für die von EU-Finanzsanktionen Betroffenen kommt dagegen allein eine Klage vor dem EGMR in Betracht, die aufgrund des eingeschränkten Prüfungsmaßstabs des EGMR im Falle von Unionsrechtsakten ebenfalls unzulässig ist.

Auch die nationalen Gerichte gewähren keinen Rechtsschutz. Für eine Kontrolle der Sicherheitsratsbeschlüsse bzw. GASP-Standpunkte und EU-Verordnungen fehlt es bereits an der einfachgerichtlichen Kompetenz. Allein das Verfassungsgericht kann einen EU-Sekundärrechtsakt überprüfen. Dessen eingeschränkter Prüfungsmaßstab führt aber dazu, dass eine Verfassungsbeschwerde unzulässig ist. Insbesondere die von UN-Finanzsanktionen betroffenen Personen und Einrichtungen besitzen auch keinen Anspruch auf diplomatischen Schutz ihrer Heimatstaaten, um auf diesem Wege eine Überprüfung durch den Sanktionsausschuss zu erreichen. Dessen Gewährung liegt in staatlichem Ermessen und die Situation einer Ermessensreduktion „auf null" ist regelmäßig ausgeschlossen.

Kapitel 5: Der Rechtsschutz gegen die Stigmatisierung

Die im Rahmen der Sanktionsregime gelisteten Einzelpersonen sind nicht nur von Finanzsanktionen betroffen. Die Aufnahme in die Liste hat ihnen gegenüber auch faktische Wirkungen. Sie werden hierdurch als Verantwortliche schwerer Menschenrechtsverletzungen, Kriegsverbrecher oder Terroristen bzw. als deren Unterstützer gekennzeichnet und somit sozial stigmatisiert. Im Falle einer unberechtigten Listung kann daher im Einzelfall eine Persönlichkeitsrechtsverletzung des Betroffenen vorliegen.

Diese Stigmatisierung geht allein von den Rechtsakten aus, die die Personen erstmals namentlich nennen.[853] Eine Wiederholung der Namen in nachfolgenden Rechtsakten hat keine eigenständige Bedeutung. Die Rechtsschutzmöglichkeiten gegen diese faktischen Wirkungen der Listung unterscheiden sich daher von denen gegen die Finanzsanktionen und sollen deshalb nachfolgend untersucht werden.

A. UN-Sanktionsregime

Die im Rahmen von UN-Sanktionsregimen gelisteten Personen werden erstmals in einem Beschluss des UN-Sicherheitsrates namentlich genannt. Wie oben gezeigt, ist im UN-System keine Klagemöglichkeit einer Einzelperson gegen einen solchen Beschluss vorgesehen. Dementsprechend existiert auch keine Möglichkeit, den Prangereffekt zu beseitigen und hieraus u. U. resultierende Schäden ersetzt zu bekommen. Ihre Streichung aus der Sanktionsliste können die Betroffenen nur über das Listenstreichungsverfahren erreichen, welches nicht die Anforderungen effektiven Rechtsschutzes erfüllt. Vor regionalen und nationalen Gerichten existiert keine Möglichkeit die Sicherheitsratsbeschlüsse und damit die Rechtmäßigkeit der Listung zu überprüfen. Rechtsschutz gegen die Stigmatisierung infolge einer Listung im Rahmen eines UN-Sanktionsregimes existiert für die Betroffenen somit nicht.

---

853 EuG, Rs. 47/03, *Sison*, Slg. 2003, II-2047 Rn. 247; Schulte, Der Schutz individueller Rechte gegen Terrorlisten, S. 355.

B. EU-Sanktionsregime

Im Falle der EU-Sanktionsregime geht die Stigmatisierung von dem GASP-Standpunkt aus. Bereits er listet die betroffenen Personen namentlich auf. Rechtsschutzmöglichkeiten müssen somit an ihn anknüpfen.

I. EMRK

Um gegen die Stigmatisierung durch den Gemeinsamen Standpunkts vorzugehen, kommt eine Individualbeschwerde gem. Art. 34 EMRK in Betracht. Gemeinsame Standpunkte haben auch nach Inkrafttreten des Lissabon-Vertrags zwischenstaatlichen Charakter und können den Mitgliedstaaten zugerechnet werden.[854]

Nach Art. 34 EMRK muss der Beschwerdeführer Opfer einer Konventionsverletzung sein. Er muss durch den angegriffenen Hoheitsakt betroffen und beschwert sein. Eine allein von der Listung der betroffenen Personen ausgehende Beschwer ist allerdings nicht offenkundig. Die Listung ist keine Verurteilung der betroffenen Personen, das Prinzip der Unschuldsvermutung wird nicht verletzt. Jedoch treffen die Mitgliedstaaten mit der Listung einer Person die Aussage, dass diese für schwere Menschenrechtsverletzungen verantwortlich oder in terroristische Aktivitäten verwickelt ist. Eine solche Aussage ist durch den von ihr ausgehenden faktischen Prangereffekt bei nachweislicher Unwahrheit geeignet, den sich aus Art. 8 EMRK ergebenden Ehranspruch der betroffenen Personen zu verletzen.[855] Dieser beinhaltet das Recht des Einzelnen, selbst darüber zu bestimmen, wie er in der Öffentlichkeit dargestellt und wahrgenommen werden will.[856] Da es sich bei diesem Ehranspruch um ein höchstpersönliches Recht handelt, steht er allerdings nur den gelisteten natürlichen Personen zu, nicht dagegen den Unternehmen und Einrichtungen. Der Rechtsprechung des EGMR in der Rechtssache *Segi* steht diese Sichtweise nicht entgegen. Auch der EGMR hat dort eine solche Konventionsverletzung nicht ausdrücklich

---

854 Siehe oben Kapitel 2 A. I. 2. b).

855 Kroker, EuR 2008; S. 378, 385; Cremer, in: Calliess/Ruffert, EUV/EGV, Art. 15 EUV Rn. 4; Bartelt/Zeitler, EuZW 2003, S. 712, 714; Schmahl, EuR 2006, S. 566, 568; Nettesheim, CMLRev. 2007, S. 567, 597; Cameron, NJIL 2003, S. 159, 167, 171 u. 188; Tappeiner, ULRev. 2005, S. 91, 118; Eeckhout, Does Europe's Constitution stop at the Water's Edge?, S 21; a. A. Spaventa, in: Cremona/de Witte, EU Foreign Relations Law, S. 233, 254.

856 Marauhn/Meljnik, in: Grote/Marauhn, EMRK/GG, Kap. 16 Rn. 35.

ausgeschlossen. Er hat eine Verletzung von Art. 8 EMRK nur deshalb abgelehnt, weil die Sprecher der gelisteten Organisationen selbst nicht namentlich in der Liste geführt wurden.[857]

Eine Beschwerde vor dem EGMR ist allerdings erst dann zulässig, wenn alle innerstaatlichen Rechtsbehelfe „in Übereinstimmung mit den allgemein anerkannten Grundsätzen des Völkerrechts" erschöpft wurden. Dieses Kriterium beruht auf dem Grundsatz der Subsidiarität der internationalen Beschwerdemöglichkeiten. Es muss daher nicht nur für die nationalen Rechtsbehelfe, sondern analog auch für unionsrechtliche Rechtsbehelfe gelten.[858] Vor einer Beschwerde an den EGMR müssen daher sowohl nationale als auch unionsrechtliche Rechtsbehelfe erschöpft worden sein.

II. Unionsebene

Um die Änderungen des Vertrags von Lissabon in diesem Bereich nachvollziehen zu können, ist es notwendig, die Rechtslage vor dessen Inkrafttreten zu betrachten. Bevor auf die aktuelle Rechtslage eingegangen wird, ist daher zunächst die Rechtlage nach dem Vertrag von Nizza zu erörtern.

1. Rechtslage nach dem Vertrag von Nizza

Unter dem Vertrag von Nizza hingen die Rechtsschutzmöglichkeiten gegen die Stigmatisierung davon ab, auf welcher Rechtsgrundlage der Gemeinsame Standpunkt, der die Person nannte, erlassen worden war. Dies war bis auf eine Ausnahme Art. 15 EU a. F. Lediglich der Gemeinsame Standpunkt im Rahmen des EU-Sanktionsregimes gegen den Terrorismus stützte sich sowohl auf Art. 15 EU a. F. als auch auf Art. 34 EU a. F. Grund hierfür war, dass nicht alle in dem Gemeinsamen Standpunkt genannten Personen von den Finanzsanktionen betroffen waren, sondern für einen Teil nur Art. 4 des Gemeinsamen Standpunkts galt, der die Amtshilfe im Bereich der PJZS zum Gegenstand hatte. Grundlage ihrer Aufnahme und damit ihrer Stigmatisierung war somit allein Art. 34 EU a. F. Im Folgenden sollen daher zunächst die Rechtsschutzmöglichkeiten des Personenkreises betrachtet werden, für dessen Stigmatisierung Art. 15 EU a. F. und damit ein Beschluss auf dem Gebiet der GASP Grundlage

857 EGMR, Nr. 6422/02 and 9916/02, *Segi and Gestoras Pro-Amnistía*, Rep. 2002 V, S. 371, 383.

858 Ehlers, in: Ehlers, EuGR § 2 Rn, 84; Grabenwarter, VVDStR(2001), S. 290, 335.

war. Dies sind die Personen, die auch von den Finanzsanktionen betroffen sind. Im Anschluss wird dann der Sonderfall des Personenkreises untersucht, für dessen Stigmatisierung Art. 34 EU a. F. und damit ein Akt aus dem Bereich der PJZS Grundlage gewesen ist. Über diese Konstellation hatten die Unionsgerichte bereits zu urteilen.[859]

a) Der Regelfall: Stigmatisierung durch einen Gemeinsamen Standpunkt gemäß Art. 15 EU a. F.

Es wurde oben bereits festgestellt, dass die Gemeinschaftsgerichte unter dem Vertrag von Nizza keine Zuständigkeit zur Kontrolle dieser Rechtsakte besaßen. Eine Ausdehnung ihrer Zuständigkeit aufgrund der von den Gemeinsamen Standpunkten ausgehenden faktischen Wirkungen war abzulehnen. Denn im Gegensatz zum Bereich der PJZS besaßen die Gemeinschaftsrichter für das gesamte Gebiet der GASP nach der eindeutigen Konzeption der damaligen Verträge überhaupt keine Kompetenzen. Auch eine Verlagerung des Rechtsschutzes auf die nationale Ebene war abzulehnen. Dies widersprach der Konzeption der GASP, deren politische und sensible Akte gerade nicht Gegenstand gerichtlicher Kontrolle sein sollten.[860]

b) Der Sonderfall: Stigmatisierung durch einen Gemeinsamen Standpunkt gemäß Art. 34 EU a. F.

aa) Art. 46 lit. d EU a. F. i. V. m. Art. 6 Abs. 2 EU a. F.

Die Kläger vertraten in der Rechtssache *Gestoras Pro Amnistia* die Auffassung, aus Art. 46 lit. d EU a. F. i.V. m. Art. 6 Abs. 2 EU a. F. lasse sich eine generelle Zuständigkeit der Gemeinschaftsgerichte zur Überprüfung der Einhaltung von Grundrechten ableiten.[861]

Diese Sichtweise war aus oben bereits genannten Gründen abzulehnen. Zwar war die Verpflichtung aus Art. 6 Abs. 2 EU a. F. über Art. 46 lit. d. EU a. F. in den Katalog der justiziablen Vorschriften des EU-Vertrags aufgenommen. Dies führte jedoch nicht zu einer generellen Zuständigkeit, sondern die Justiziabilität bestand nur im Rahmen der bereits existierenden primärrechtlichen Zuständigkeiten des

---

859 EuGH, Rs. C-354/04, *Gestoras Pro Amnistia u. a.*, Slg. 2007, I-1579; EuG, Rs. T-338/02, *Segi u. a.*, Slg. 2004, II-1647.

860 Garbagnati Ketvel, ELR 2007, S. 223, 235.

861 EuGH, Rs. C-354/04, *Gestoras Pro Amnistia u. a.*, Slg. 2007, I-1579, Rn. 34.

EuGH.[862] Die in Art. 6 Abs. 2 EU a. F. genannten ungeschriebenen Unionsgrundrechte besaßen beim damaligen Stand des Unionsrechts keinen Vorrang vor dem in Art. 5 EU a. F. schriftlich niedergelegten Prinzip der Einzelermächtigung.[863]

bb) Erklärung des Rates

Auch eine Erklärung des Rates, dass Personen, die irrtümlich in einem Gemeinsamen Standpunkt gelistet sind, die Möglichkeit des Rechtsschutzes besitzen, konnte entgegen der Ansicht der Kläger in der Rechtssache *Gestoras Pro Amnistia*[864] keine neue Zuständigkeit der Gemeinschaftsgerichte begründen. Einer solchen Erklärung konnte nur im Hinblick auf die Auslegung einer Bestimmung und allein unter engen Voraussetzungen überhaupt eine rechtliche Bedeutung zukommen.[865] Keinesfalls ging von ihr eine solch weitreichende Rechtswirkung aus, dass sie eine neue Zuständigkeit der Gemeinschaftsgerichte eröffnete. Zumal sie im Rang unterhalb der gemeinschaftsrechtlichen Zuständigkeitsregelungen stand, die zum Primärrecht zählten, und sie dementsprechend nicht modifizieren konnte.[866] Eine Rechtsschutzmöglichkeit für die betroffene Einzelperson eröffnete sie folglich nicht[867], sondern diese richtete sich ausschließlich nach der Regelung des Art. 46 lit. b EU a. F. i. V. m. Art. 35 EU a. F.

cc) Regelung des Art. 46 lit. b EU a. F. i. V. m. Art. 35 EU a. F.

Der Bereich der PJZS stellte die dritte Säule des damaligen EU-Vertrags dar. Im Gegensatz zur ersten Säule besaßen die Gemeinschaftsgerichte hier gemäß

---

862 Hilf/Schorkopf, in: Grabitz/Hilf, EUV/EGV, Art. 6 EUV Rn. 65; Garbagnati Ketvel, ELR 2007, S. 223, 228; Herrnfeld, in Schwarze, EU-Kommentar, Art. 46 EUV Rn. 15; Pechstein, in: Streinz, EUV/EGV, Art. 46 EUV Rn. 13; EuGH, Rs. C-354/04, *Gestoras Pro Amnistia u. a.*, Slg. 2007, I-1579 Rn. 44ff.; EuG, Rs. T-338/02, *Segi u. a.*, Slg. 2004, II-1647, Rn. 37; Schlussanträge GA Mengozzi, EuGH, Rs. C-354/04, *Gestoras Pro Amnistia u. a.*, Slg. 2007, S. I-1579, Rn. 63f.

863 Schlussanträge GA Mengozzi, EuGH, Rs. C-354/04, *Gestoras Pro Amnistia u. a.*, Slg. 2007, S. I-1579, Rn. 177; a. A. wohl Garbagnati Ketvel, ELR 2007, S. 223, 229.

864 EuGH, Rs. C-354/04 P, *Gestoras Pro Amnistia u. a.*, Slg. 2007, I-1579, Rn. 38.

865 EuGH, Rs. C-292/89, *Antonissen*, Slg. 1991, I-745, Rn. 18; Rs. C-329/95, *VAG Sverige*, Slg. 1997, I-2675, Rn. 23; Rs. C-49/02, *Heidelberger Bauchemie*, Slg. 2004, I-6129, Rn. 17.

866 Schlussanträge GA Mengozzi, EuGH, Rs. C-354/04, *Gestoras Pro Amnistia u. a.*, Slg. 2007, S. I-1579, Rn. 69.

867 EuGH, Rs. C-354/04 P, *Gestoras Pro Amnistia u. a.*, Slg. 2007, I-1579, Rn. 58ff.; EuG, Rs. T-338/02, *Segi*, Slg. 2004, II-1647, Rn. 39.

Art. 46 lit. b EU a. F. nur eine eingeschränkte Zuständigkeit, die in Art. 35 EU a. F. geregelt war.

(1) Wortlaut

Die dort genannten Verfahrensarten bildeten eine eigene von den Art. 220ff. EG geschiedene Ordnung.[868] Rechtsschutzinstrumente einer Einzelperson gegen einen Gemeinsamen Standpunkt auf Grundlage des Art. 34 EU a. F. waren in diesem Artikel nicht statuiert. Als Klage- bzw. Vorlagegegenstände der Nichtigkeitsklage gemäß Art. 35 Abs. 6 EU a. F. und des Vorlageverfahrens nach Art. 35 Abs. 1 EU a. F. waren nur Rahmenbeschlüsse und Beschlüsse genannt. Eine Schadensersatzklage vor dem EuGH für Akte auf dem Gebiet der PJZS war ebenfalls nicht vorgesehen.

(2) Auffassung des EuGH

Aus Sicht des EuGH gab es für die gelisteten Personen trotz dieser begrenzten Zuständigkeiten im Bereich der PJZS Möglichkeiten des Rechtsschutzes.[869] So sah er seine Zuständigkeit im Bereich der Dritten Säule der EU nicht formal auf die in Art. 35 ausdrücklich genannten Rechtsakte beschränkt, sondern betrachtete auch Gemeinsame Standpunkte als justiziabel, sofern von ihnen unmittelbare Wirkungen für Dritte ausgingen.[870]

(a) Stellungnahme

Die allgemeine Auffassung hatte die aufgezählten Rechtsakte bis zu dieser Entscheidung des EuGH zwar als abschließend angesehen[871], doch waren Gemeinsame Standpunkte nach dem Wortlaut des Art. 35 EU a. F. nicht ausdrücklich ausgeschlossen. Ihre Justiziabilität war nur deshalb fast einhellig abgelehnt worden, weil man davon ausging, dass von ihnen entsprechend der Konzeption des EU-Vertrags[872] keine unmittelbaren Rechtswirkungen für Dritte

---

868 Röben, in: Grabitz/Hilf, EUV/EGV, Art. 35 EUV Rn. 1.

869 EuGH, Rs. C-354/04 P, *Gestoras Pro Amnistia u. a.*, Slg. 2007, I-1579, Rn. 51.

870 EuGH, Rs. C-354/04 P, *Gestoras Pro Amnistia u. a.*, Slg. 2007, I-1579, Rn. 53.

871 Suhr, in Calliess/Ruffert, EUV/EGV, Art. 35 EUV Rn. 9; Böse, in: Schwarze, EUV/EGV, Art. 35 EU Rn. 5; Pechstein, in: Streinz, EUV/EGV, Art. 35 EUV, Rn. 5.

872 EuGH, Rs. C-354/04 P, *Gestoras Pro Amnistia u. a.*, Slg. 2007, I-1579, Rn. 52.

ausgehen können[873] und ihre Kontrolle daher mangels Rechtsschutzinteresses nicht erforderlich ist.[874] Sofern ihnen eine solche Wirkung trotzdem zukam, war es daher nur konsequent, die Zuständigkeit auch auf sie auszudehnen. Gemeinsame Standpunkte konnten somit sowohl dem Gericht im Rahmen des Vorlageverfahrens gemäß Art. 35 Abs. 1 EU a. F. vorgelegt werden, sofern hinsichtlich Rechtmäßigkeit und Rechtswirkungen gegenüber Dritten zumindest Zweifel bestanden, als auch im Rahmen der Nichtigkeitsklage gemäß Art. 35 Abs. 6 EU a. F. überprüft werden.

(b) Konsequenzen für den Rechtsschutz der gelisteten Personen

Es ist allerdings zweifelhaft, ob der EuGH – wie er es in seinem Urteil annahm – den betroffenen Personen unter dem Vertrag von Nizza durch die weite Auslegung tatsächlich eine Rechtsschutzmöglichkeit gegen die Listung in dem Gemeinsamen Standpunkt eröffnet hatte. So hatten sie immer noch keine Möglichkeit gegen den Gemeinsamen Standpunkt eine Nichtigkeitsklage gemäß Art. 35 Abs. 6 EU a. F. zu erheben. Der Kreis der Klageberechtigten war trotz der Ausweitung des Klagegegenstandes weiterhin auf die Mitgliedstaaten und die Kommission beschränkt. Eine Ausdehnung auf Individuen wurde überwiegend abgelehnt und auch im Urteil des EuGH findet sich hierzu kein Anhaltspunkt. Im Bereich des Sekundärrechtsschutzes änderte sich durch die Ausweitung ebenfalls nichts. Er war auf unionsrechtlicher Ebene weiterhin nicht vorgesehen. Die erweiterte Auslegung des EuGH eröffnete den Betroffenen als Rechtschutzmöglichkeit allein das Vorlageverfahren gemäß Art. 35 Abs. 1 EU a. F.

(aa) Verweis auf den nationalen Rechtsweg

Die Betroffenen wurden daher zunächst auf den nationalen Rechtsweg verwiesen. Dieser Verweis half den Betroffenen in der vorliegenden Konstellation allerdings wenig. Zwar spricht der EuGH davon, dass „die nationalen Verfahrensvorschriften über die Einlegung von Rechtsbehelfen so auszulegen und anzuwenden sind, dass natürliche und juristische Personen die Rechtmäßigkeit jeder nationalen Entscheidung oder jeder anderen nationalen Maßnahme

873 Suhr, in Calliess/Ruffert, EUV/EGV, Art. 34 EUV Rn. 11; Satzger, in: Streinz, EUV/EGV, Art. 34 EUV Rn. 8; Wasmeier, in: v. d. Groeben/Schwarze, EU-/EGV, Art. 34 EU Rn. 5; nach Griller, EuR 199 Beiheft 1, S. 45, 70, ist eine unmittelbare Rechtswirkung gegenüber Einzelpersonen zumindest nicht ausgeschlossen.

874 Böse, in: Schwarze, EU-Kommentar, Art. 35 EUV Rn. 9.

betreffend die Ausarbeitung oder die Anwendung einer Handlung der Europäischen Union ihnen gegenüber gerichtlich anfechten und gegebenenfalls Schadensersatz verlangen können."[875] Doch ist die Auslegung und Gültigkeit des Gemeinsamen Standpunkts in keinem nationalen Verfahren des Primärrechtsschutzes entscheidungserheblich, so dass eine Vorlage an den Gerichtshof in dessen Verlauf gar nicht erforderlich sein konnte. Art. 4 des Gemeinsamen Standpunkts bestärkt die Mitgliedstaaten lediglich von bereits vorhandenen Amtshilfebefugnissen Gebrauch zu machen, ist aber selbst keine Grundlage für weitergehende Durchführungs- und Umsetzungsmaßnahmen der Mitgliedstaaten.[876] Er eröffnet ihnen keine neuen Kompetenzen, so dass sie von den dort angesprochenen Amtshilfehandlungen auch unabhängig vom Vorliegen des Gemeinsamen Standpunkts Gebrauch machen können. Gleiches gilt für den Versuch, auf die die Listung auslösende nationale Maßnahme als Anknüpfungspunkt abzustellen. Diese Maßnahme geht der Listung zeitlich voraus und ist daher nicht Folge der Listung, sondern im Gegenteil ihre Grundlage.[877] Für ihre Rechtsmäßigkeit ist die Gültigkeit des Gemeinsamen Standpunkts daher keine Bedingung und war damit nicht entscheidungserheblich.

Es ist auch nicht ersichtlich, wie es im Rahmen des Sekundärrechtsschutzes zu einer Vorlage kommen konnte. Hierfür fehlt es an einem Anknüpfungspunkt für einen nationalen Rechtsbehelf. Schadensverursachende Handlung ist allein die Listung im Gemeinsamen Standpunkt. Es fehlt an einer mitgliedstaatlichen Handlung, die unter dem Vertrag von Nizza Anknüpfungspunkt für einen Haftungsanspruch sein konnte.[878]

(bb) Defizite des Vorlageverfahrens nach Art. 35 EU a. F.

Nicht nur der Verweis auf den nationalen Rechtsweg verhinderte Rechtsschutz für die betroffenen Personen. Auch auf unionsrechtlicher Ebene gab es strukturelle Defizite, die den Rechtsschutz einschränkten.[879] So war die Zuständigkeit des EuGH hinsichtlich des Vorlageverfahrens gemäß Art. 35 Abs. 1 EU a. F. laut der Regelung des Art. 35 Abs. 2 EU a. F. von einer zuständigkeitsbegründenden Erklärung der Unionsstaaten abhängig. Eine solche Erklärung hatten bis

875 EuGH, Rs. C-354/04 P, *Gestoras Pro Amnistia u. a.*, Slg. 2007, I-1579, Rn. 56.
876 Schlussanträge GA Mengozzi, EuGH, Rs. C-354/04 P, *Gestoras Pro Amnistia u. a.*, Slg. 2007, S. I-1579, Rn. 95.
877 Garbagnati Ketvel, No. 6, S. 223, 234.
878 Kroker, EuR 2008, S. 378, 385.
879 Kroker, EuR 2008, S. 378, 386; kritisch auch Hinarejos, HRLRev. 2007, S. 793, 810.

zum Inkrafttreten des Lissabon-Vertrags erst 14 Mitgliedstaaten, darunter auch Deutschland, abgegeben. Darüber hinaus konnte die Erklärung gemäß Art. 35 Abs. 2 lit a EU a. F. bestimmen, dass nur letztinstanzliche Gerichte zu einer Vorlage berechtigt sind. Eine Vorlagepflicht war in Art. 35 EU a. F. nicht erwähnt. Nach einer Erklärung der Mitgliedstaaten zu Art. 35 EU a. F. konnte sie nur das nationale Recht vorsehen und dies auch nur für letztinstanzliche Gerichte. Untere Instanzen wären bei Übertragung der *Foto-Frost*-Grundsätze auf das Unionsrecht zwar ebenfalls zur Vorlage verpflichtet gewesen.[880] Dies galt allerdings nur, sofern in dem jeweiligen Mitgliedstaat von der Ermächtigung in Art. 35 Abs. 2 lit. b EU a. F. Gebrauch gemacht worden war.[881]

dd) Lösungsmöglichkeiten

(1) Rechtsschutz auf nationaler Ebene

Um diese Rechtsschutzlücke auf Unionsebene zu beseitigen, wurde vorgeschlagen, den Rechtsschutz auf nationale Ebene zu verlagern. Danach sollten die mitgliedstaatlichen Gerichte über die Gültigkeit eines Gemeinsamen Standpunkts gemäß Art. 34 EU a. F. entscheiden können. Eine solche Kompetenz der staatlichen Gerichte ließ sich mit dem Prinzip der Einzelermächtigung gemäß Art. 5 EU a. F. und dem Grundsatz der loyalen Zusammenarbeit begründen.[882] Nach dem Prinzip der Einzelermächtigung musste jedes Organ, also auch der EuGH, für seine Handlungen eine ermächtigende Rechtsgrundlage nachweisen, andernfalls blieb es bei einer Zuständigkeit der Mitgliedstaaten. Der Grundsatz der loyalen Zusammenarbeit galt nicht nur für das Gemeinschaftsrecht, sondern auch im Bereich der zweiten und dritten Säule der Europäischen Union.[883] Er verlangte eine loyale Zusammenarbeit der Mitgliedstaaten mit den Einrichtungen der Union.

Allerdings wäre die Anwendung des Unionsrechts durch die Zuständigkeit der nationalen Gerichte im Hinblick auf Gemeinsame Standpunkte fortan

---

880 Kritisch Schlussanträge GA Mengozzi, EuGH, Rs. C-354/04 P, *Gestoras Pro Amnistia u.a.*, Slg. 2007, S. I-1579, Rn. 127, da aufgrund der Unterwerfungserklärungen eine Einheitlichkeit sowieso nicht gewahrt werden kann.

881 Kroker, EuR 2008, S. 378, 386.

882 Schlussanträge GA Mengozzi, EuGH, Rs. C-354/04, *Gestoras Pro Amnistia u.a.*, Slg. 2007, S. I-1579, Rn. 99; Pechstein, in: Streinz, EUV/EGV, Art. 35 EUV Rn. 4; Böse, in: Schwarze, EU-Kommentar, Art. 35 EUV Rn. 4; Dörr/Mager, AöR 2000, S. 386, 411.

883 EuGH, Rs. C-50/00 P, *UPA*, Slg. 2002, I-6677, Rn. 40–42.

unterschiedlich gewesen. Zwar galt der Grundsatz der einheitlichen Anwendung vorrangig im Gemeinschaftsrecht. Doch einerseits ist vor dem Hintergrund der Tatsache, dass der Gerichtshof die dritte Säule der EU dem Gemeinschaftsrecht immer weiter angenähert hatte, nicht ersichtlich, warum das Interesse der EU an einer einheitlichen Normanwendung in diesem Bereich geringer gewesen sein sollte.[884] Andererseits barg die uneinheitliche Anwendung im Bereich der dritten Säule auch eine Gefahr für die Einheitlichkeit im Gemeinschaftsrecht. Wenn die nationalen Gerichte im Bereich der PJZS zur eigenständigen Auslegung und Gültigkeitserklärung befähigt gewesen wären, wäre kaum zu begründen gewesen, warum dies nicht auch für das Gemeinschaftsrecht gilt.[885]

Hinzu traten verfahrensrechtliche Probleme. Eine Nichtigkeitsklage vor den nationalen Gerichten hatte keine über die beteiligten Parteien hinausgehende erga omnes Wirkung.[886] Dem Rechtsschutzbegehren der betroffenen Personen, die sich gegen die Listung wehrten, war mit einer solchen Klage daher nicht gedient. Zwar wurde deshalb vorgeschlagen, die Betroffenen auf eine Schadensersatzklage zu verweisen[887], doch war deren Praktikabilität und Effektivität in vielen Punkten problematisch.[888] So war ungeklärt, wer Gegner eines solchen Anspruchs ist. In Betracht kamen sowohl die Mitgliedstaaten als auch die EU selbst. Eine Haftung der EU selbst hätte die Anerkennung ihrer Deliktsfähigkeit bedeutet, welche wiederum Auswirkungen auf die umstrittene Frage ihrer Rechtspersönlichkeit gehabt hätte. Ferner hätte sie mit dem Grundsatz der Immunität internationaler Organisationen in Einklang gebracht werden müssen. Unbeantwortet war daneben auch die Frage der Anspruchsvoraussetzungen sowie die Frage, welcher Mitgliedstaat Jurisdiktion über eine solche Schadensersatzklage besessen hätte.[889]

Eine Befugnis der nationalen Gerichte, über die Gültigkeit von Gemeinsamen Standpunkten zu entscheiden, hätte zudem weitreichende Auswirkungen über die dritte Säule hinaus gehabt, für die sich keine Anhaltspunkte im EU-Vertrag fanden und die sich nicht in die Säulenstruktur des Vertrags einpassten.

---

884 Nettesheim, CMLRev. 2007, S. 567, 597f.; a. A. Hillion/Wessels, in: Cremona/de Witte, EU Foreign Relations Law, S. 89.

885 Haltern, JZ 2007, S. 772, 776f.; Kroker, EuR 2008, S. 378, 386f.

886 Dies gesteht auch GA Mengozzi ein, vgl. Schlussanträge, EuGH, Rs. C-354/04, *Gestoras Pro Amnistia u. a.*, Slg. 2007, S. I-1579, Rn. 12.

887 So wohl Tappeiner, ULRev., S. 91, 119.

888 Kritisch auch Nettesheim, CMLRev. 2007, S. 567, 578, 597.

889 Garbagnati Ketvel, No. 6, S. 223, 230; Nettesheim, CMLRev. 2007, S. 567, 578.

Sie lassen sich am Beispiel der Personen zeigen, die auf Grundlage des Art. 15 EU a. F. in einem Gemeinsamen Standpunkt gelistet sind. Von dieser Listung gehen die gleichen nachteiligen Wirkungen aus wie im Bereich der PJZS. Mangels Zuständigkeit im Bereich der GASP konnten die Betroffenen sie nicht vor dem Gerichtshof angreifen. Konsequenterweise hätte deshalb auch hier eine Befugnis der nationalen Gerichte bestehen müssen.[890] Dies stand aber im deutlichen Widerspruch zur Konzeption der GASP, deren politische und sensible Akte gerade nicht Gegenstand gerichtlicher Kontrolle sein sollten.

(2) *Ausweitung der Klageberechtigten im Rahmen der Nichtigkeitsklage gem. Art. 35 Abs. 6 EU a. F.*

Überzeugender wäre es deshalb gewesen, die Rechtschutzmöglichkeiten der betroffenen Personen dadurch zu verbessern, dass im Rahmen des Art. 35 EU a. F. nicht nur der Kreis der Klagegegenstände, sondern auch der der Klageberechtigten ausgedehnt worden wäre.[891] Eine solche Erweiterung hatte der Gerichtshof schon einmal vorgenommen. Bereits vor Inkrafttreten des Amsterdamer Vertrags hatte er eine Klage der Kommission im Rahmen der damaligen ZBJI für zulässig gehalten. Eine Ausdehnung der Klageberechtigung im Rahmen der Nichtigkeitsklage gem. Art. 35 Abs. 6 EU a. F. auf Einzelpersonen wäre daher durchaus möglich gewesen.[892]

2. Rechtslage seit Inkrafttreten des Vertrags von Lissabon

a) Stigmatisierung durch einen Gemeinsamen Standpunkt gemäß Art. 29 EUV

aa) Zuständigkeit

Eine der Bestimmung des Art. 46 EU a. F. entsprechende Regelung existiert im Reformvertrag von Lissabon nicht, so dass der Gerichtshof grundsätzlich für alle Bestimmungen beider Verträge zuständig ist. Doch gilt für die GASP eine Ausnahme.[893] Nach Art. 24 Abs. 1 UAbs. 2 EUV, Art. 275 AEUV besitzt der Gerichtshof keine Kompetenz für die Bestimmungen der GASP und die auf ihrer Grundlage erlassenen Rechtsakte. Hiervon wiederum ausgenommen sind durch

890 Garbagnati Ketvel, 2007, S. 223, 234f.
891 Kroker, EuR 2008, S. 378, 387.
892 Pechstein/Koenig, EU, Rn. 209.
893 Garbagnati Ketvel, ICLQ 2006, S. 77, 99f.

Art. 275 Abs. 2 2. Alt. AEUV allerdings Beschlüsse über restriktive Maßnahmen gegenüber natürlichen und juristischen Personen, die der Rat auf der Grundlage der entsprechenden GASP-Bestimmungen in Titel V Kap. II EUV erlassen hat. Diese Neuregelung ermöglicht damit nicht nur die inzidente Überprüfung des zugrundeliegenden GASP-Standpunkts über die Umsetzungsmaßnahmen, sondern eröffnet auch den direkten Rechtsweg gegen diese Beschlüsse.[894] Die gelisteten Personen können daher nach der neuen Rechtslage gegen die Stigmatisierung vor den Gerichten der EU vorgehen.

bb) Verfahren

(1) Nichtigkeitsklage, Art. 263 Abs. 4 AEUV

Als Verfahren steht ihnen hierfür die Nichtigkeitsklage gemäß Art. 263 Abs. 4 AEUV zur Verfügung, die in Art. 275 Abs. 2 AEUV ausdrücklich genannt ist.

(2) Vorlageverfahren

Darüber hinaus ist trotz fehlender Normierung aufgrund der identischen Rechtsfolge auch eine inzidente Kontrolle im Wege des Vorlageverfahrens gemäß Art. 267 AEUV zulässig.

(3) Amtshaftungsklage

Für die Betroffenen ist es dagegen nicht möglich die materiellen und immateriellen Schäden ersetzt zu bekommen, die ihnen durch die privaten, sozialen und beruflichen Nachteile infolge der Stigmatisierung entstanden sind. Die Zuständigkeit für Schadensersatzklagen im Bereich der GASP hätte aufgrund der abweichenden Rechtsfolge ausdrücklich in Art. 275 Abs. 2 AEUV geregelt sein müssen.[895]

b) Stigmatisierung durch PJZS-Beschluss

Der Reformvertrag von Lissabon überführt die sog. Dritte Säule des Unionsvertrags in das supranationale Recht (Art. 67 Abs. 3 AEUV). An die Stelle der

894 Pache, in: Vedder/Heintschel von Heinegg, EVV, Art. III-376 Rn. 7; Oberwexer, in: Hummer/Oberwexer, Der Vertrag von Lissabon, S. 237, 251f.; Garbagnati Ketvel, ICLQ 2006, S. 77, 116.

895 Siehe oben Kapitel 4 B. 2. b) bb) (3).

bisherigen speziellen Handlungsformen im Bereich der PJZS treten die Gemeinschaftsinstrumente der Richtlinie und Verordnung. Diese Vergemeinschaftung hat Folgen für die Kompetenzen des Gerichtshofs auf diesem Gebiet. Die bislang entscheidende Regelung des Art. 35 EU a. F, der die Zuständigkeit des EuGH deutlich einschränkte, entfällt. Die PJZS untersteht fortan dem allgemeinen Rechtsschutzsystem. Gegen eine Listung können die Betroffenen daher direkt mittels der Nichtigkeitsklage gemäß Art. 263 Abs. 4 AEUV oder indirekt im Wege des Vorlageverfahrens, das keine Unterwerfungserklärung mehr erfordert, vorgehen. Auch Schadensersatzklagen sind fortan zulässig.[896] Im Jahre 2012 stellt sich diese Problematik allerdings nicht mehr, da es keine gelisteten Personen mehr gibt, auf die allein Art. 4 des Gemeinsamen Standpunkts Anwendung findet. Sämtliche Gelisteten sind auch von den Sanktionsmaßnahmen betroffen.

III. Ergebnis

Die Rechtsschutzmöglichkeiten der Betroffenen gegen die Stigmatisierung hängen von der Art des Sanktionsregimes ab. Den im Rahmen eines UN-Sanktionsregimes gelisteten Personen steht kein Mittel zur Verfügung, mit dem sie die Sicherheitsratsbeschlüsse im Sinne effektiven Rechtsschutzes überprüfen lassen können. Anders stellt sich die Situation dagegen für die gelisteten Personen eines EU-Sanktionsregimes dar. Seit Inkrafttreten des Vertrags von Lissabon kann dieser Personenkreis gegen den Gemeinsamen Standpunkt gemäß Art. 29 EUV (Art. 15 EU a. F.) als Auslöser der Stigmatisierung unmittelbar Nichtigkeitsklage erheben. Damit ist die unter dem Vertrag von Nizza bestehende Rechtsschutzlücke aber nur zum Teil geschlossen worden. Ein Defizit besteht weiterhin im Bereich des Sekundärrechtsschutzes. Den Betroffenen ist es weder möglich, den immateriellen Schaden, der durch die Stigmatisierung entstanden ist, noch den daraus herrührenden materiellen Schaden, z. B. entgangenen Gewinn aufgrund gekündigter Geschäftsbeziehungen, ersetzt zu bekommen. Art. 275 Abs. 2 AEUV sieht hierfür keine Zuständigkeit des Gerichtshofs vor.

Für die Personen innerhalb des EU-Sanktionsregimes gegen den Terrorismus, die zwar im Rahmen der PJZS gelistet, nicht aber Sanktionsmaßnahmen unterworfen waren, hat sich diese Lücke trotz des EuGH-Urteils in der Rechtssache *Gestoras Pro Amnistia* erst mit Inkrafttreten des Lissabon-Vertrags geschlossen, da er den Bereich der PJZS in das supranationale Recht überführt

---

896 Everling, EuR 2009 Beiheft 1, S. 71, 79; Oberwexer, in: Hummer/Oberwexer, Der Vertrag von Lissabon, S. 237, 248.

und ihn damit der umfassenden Kontrolle der Unionsgerichte unterstellt. Durch die Ausweitung des Klagegegenstandes infolge des Urteils oder den Verweis auf die nationale Ebene war dies nicht geschehen, sondern allein eine gleichzeitige Erweiterung der Klageberechtigung hätte dies vermocht. Rechtsschutzdefizite in Bezug auf die Stigmatisierung bestehen damit zum einen insgesamt hinsichtlich der UN-Sanktionsregime, zum anderen hinsichtlich des Sekundärrechtsschutzes bei den EU-Sanktionsregimen für Personen, die auf Grundlage von Art. 29 EUV gelistet sind.

Kapitel 6: Lösungsansätze

A. UN-Sanktionsregime

Die Untersuchung der Rechtsschutzmöglichkeiten hat ergeben, dass die von UN-Finanzsanktionen betroffenen Personen keinen effektiven Rechtsschutz gegen die Stigmatisierung in den UN-Sicherheitsratsbeschlüssen erlangen können. Für die Finanzsanktionen selbst besteht nur eine Kontrolle der europäischen Umsetzungsverordnung durch die Unionsgerichte. Eine solch dezentrale Kontrolle birgt aber Gefahren für die Effektivität der Sanktionsregime. Durch ihre nicht immer unabhängigen Gerichte könnten interessierte Staaten die häufig nach langen und schwierigen Verhandlungen ausgehandelten Sanktionen untergraben und so letztendlich das gesamte UN-Friedenssicherungssystem in Frage stellen.[897] Darüber hinaus muss auch berücksichtigt werden, dass eigentlicher Urheber dieser belastenden Maßnahmen der UN-Sicherheitsrat ist. Eine wirkliche Verbesserung der Rechtsschutzsituation kann daher nur durch Änderungen auf dieser Ebene erreicht werden. Dies zeigt anschaulich der Fall von Abdullah Kadi. Seine Beteiligung an terroristischen Aktivitäten konnte im Rahmen des ersten Verfahrens auch deshalb nicht endgültig geklärt werden, weil die Vorwürfe und Beweismittel weder rechtlich noch tatsächlich gerichtlich überprüft werden konnten. Dies lag jedoch nicht am Unwillen der EU-Behörden, diese preiszugeben. Vielmehr lagen den Behörden die Beweismittel nicht vor, da von ihnen nur der Sicherheitsrat als Urheber Kenntnis hatte und sie nicht zur Verfügung stellte. Existierte eine Rechtsschutzmöglichkeit im Rahmen der UN hätten diese Probleme vermieden werden können. Eine Weitergabe der Informationen und Beweismittel an eine Rechtsschutzinstanz innerhalb der UN wäre leichter möglich gewesen. Die rechtliche Auseinandersetzung hätte so bereits im ersten Verfahren endgültig geklärt werden können. Stattdessen war Kadi nach seiner erneuten Listung zu einer erneuten Klage gezwungen und wartet seit 11 Jahren auf rechtliche Gewissheit. Es ist aber zweifelhaft, ob dieser Prozess eine endgültige Klärung bringen wird.[898] Denn auch nach einem für Kadi erfolgreichen Ausgang dieses Verfahrens ist eine erneute Listung nicht ausgeschlossen.

Auch der EuGH scheint aus diesen Gründen die wirkliche Lösung des Problems auf Ebene der UN zu sehen. Anders ist es nicht zu erklären, dass

---

897 Pfeiffer/Schneider, Hamburger Informationen zur Friedensforschung und Sicherheitspolitik, Nr. 44, 2008, S. 3; BGE 133 II 450-*Nada v. seco*, Erwägungsgrund 6.2.

898 Kritisch auch Stenhammar, NJIL 2010, S. 113, 133.

er seinen Prüfungsanspruch entsprechend der *Solange*-Rechtsprechung des Bundesverfassungsgerichts unter den Vorbehalt eines effektiven Rechtsschutzmechanismus auf UN-Ebene zu stellen scheint.[899] Die Betonung dieses Vorbehalts kann als eine Aufforderung der Unionsgerichte an die UN verstanden werden, die Rechtsschutzmöglichkeiten zu verbessern, damit sie ihren Prüfungsanspruch zurücknehmen können. Zumal dieser Prüfungsanspruch auch einer sonst möglicherweise drohenden Verurteilung durch den EGMR oder ein nationales Verfassungsgericht geschuldet ist.

Im Folgenden soll deshalb betrachtet werden, wie man eine Verbesserung der Rechtsschutzsituation auf UN-Ebene erreichen kann. Dabei ist allerdings zu bedenken, dass zwar auch der UN-Sicherheitsrat an die Menschenrechte gebunden ist, der für die EU geltende Maßstab aber nicht zwingend auch der internationale Standard ist, den auch der Sicherheitsrat einhalten muss. Aufgrund der Supranationalität der EU und ihrer Vorbildfunktion für andere Regionalorganisationen kann der europäische Rechtsschutzstandard für die Zukunft jedoch als internationaler heranzuziehender Maßstab bei der Ausübung von Hoheitsgewalt durch internationale Organisationen angesehen werden.[900] Aufgrund der Verpflichtung der UN aus Art. 55 c) UN-Charta scheint es deshalb angezeigt, dass der UN-Sicherheitsrat diesen zukünftigen internationalen Rechtsschutzmaßstab bereits gegenwärtig beachtet.

I. Verbesserung des Listungsverfahrens

Nach zahlreicher Kritik hat der Sicherheitsrat das Listungsverfahren bereits an einigen Stellen zugunsten der Betroffenen geändert. So wurde eine Benachrichtigungspflicht nach der Aufnahme einer Person eingeführt. Es gibt aber immer noch Punkte, die einer Verbesserung bedürfen.[901] So müssen die Antragsstaaten ihren Vorschlag nicht in allen Sanktionsregimen gegenüber dem Sanktionsausschuss begründen. Auch wenn eine solche Begründungspflicht schon vielfach eingeführt wurde, ist ein sog. „statement of case“ noch nicht in allen Sanktionsregimen verpflichtend. Dies verstößt wie oben gezeigt gegen das Recht auf

899 EuGH, verb. Rs. C-402/05 u. C-415/05, *Kadi und Al Barakaat International Foundation*, Slg. 2008, I-6351, Rn. 322, 326; Sari, The relationship between Community law and international law after *Kadi*, S. 303, 322.

900 Fassbender, IOLR 2006, S. 437, 457.

901 Siehe für das Al-Qaida-Sanktionsregime: Feinäugle, Hoheitsgewalt im Völkerrecht, S. 188f.

Begründung und effektiven Rechtsschutz. In die Verfahrensregeln aller Sanktionsregime ist deshalb eine Begründungspflicht gegenüber dem Sanktionsausschuss einzufügen. Der Antragsstaat darf dem Sanktionsausschuss dabei keine Gründe unter Hinweis auf die Vertraulichkeit der Informationen vorenthalten. Gegenüber dem Betroffenen gilt das Begründungserfordernis dagegen nicht uneingeschränkt. Die Sicherheitsinteressen des jeweiligen Antragsstaates sind ebenfalls zu berücksichtigen. Nur soweit nicht zwingende Sicherheitsinteressen entgegenstehen, muss der Sanktionsausschuss nach einer Aufnahmeentscheidung daher die Gründe auch dem Betroffenen mitteilen.[902]

II. Verbesserung des Listenstreichungsverfahrens

Ebenfalls naheliegend und auch realisierbar ist es, das Listenstreichungsverfahren vor dem Sanktionsausschuss zu verbessern. Es entspricht bislang nicht den Anforderungen des Rechts auf effektiven Rechtsschutz. Dieses verlangt im Kern einen unmittelbaren Zugang zu einer unabhängigen Kontrollinstanz.[903] Bislang ist allein der Sanktionsausschuss befugt, die Liste zu überprüfen und gegebenenfalls zu ändern. Ein Betroffener kann die Überprüfung seiner Listung nicht unmittelbar initiieren, sondern sie hängt von seinem Heimat-/Aufenthaltsstaat bzw. dem Antragsstaat ab. Die Einrichtung des sog. Focal point hat keine Verbesserung der Rechtsschutzmöglichkeiten gebracht. Zwar können die Betroffenen seither Überprüfungsantrage unmittelbar bei der UN einreichen. Der focal point koordiniert aber lediglich das nachfolgende Verfahren und ist damit eine reine Verwaltungsbehörde, die selbst nicht zur Überprüfung befugt ist.[904] Bevor der Antrag eines Betroffenen auf die Tagesordnung des Sanktionsausschusses kommt, ist weiterhin eine positive staatliche Stellungnahme (in der Regel entweder des Heimat-/Aufenthaltsstaates oder des Antragsstaates) notwendig. Das Verfahren muss daher insoweit geändert werden, als dass eine gelistete Person eine Kontrolle unabhängig von staatlichem Wohlwollen erreichen kann. Der Focal point bzw. ein Staat müssen verpflichtet werden, jede Beschwerde dem Sanktionsausschuss weiterzuleiten. Weiterhin muss ein Betroffener die Gelegenheit haben, selbst unmittelbar vor dem Sanktionsausschuss Stellung nehmen zu können. Gibt der Sanktionsausschuss der Beschwerde statt, so ist der Name des Betroffenen vollständig von der Liste zu streichen und nicht in einer

902 Feinäugle, Hoheitsgewalt im Völkerrecht, S. 212f.
903 Fassbender, IOLR 2006, S. 437, 465.
904 Feinäugle, ZRP 2007, S. 75, 77.

separaten Aufstellung weiter zu führen.[905] Die Person ist in einem standardisierten Verfahren vollständig zu rehabilitieren, beispielsweise durch verpflichtende öffentliche Bekanntmachung der Streichung.[906] Ein erster Schritt in diese Richtung ist die Einrichtung des Ombudsmannamtes für das Sanktionsregime betreffend Al-Qaida und die Taliban. Seine Zuständigkeit sollte auf die übrigen Sanktionsregime ausgeweitet werden.

Allerdings bestünde auch nach Einführung der Verbesserungsvorschläge das Problem, dass es sich bei dem Sanktionsausschuss um ein politisch gesteuertes Gremium handelt und somit das für den Rechtsschutz notwendige Erfordernis einer unabhängigen und unparteiischen gerichtlichen Kontrolle nicht erfüllt ist. Eine Änderung des Verfahrens vor dem Sanktionsausschuss kann daher zwar kurzfristig die Situation der Betroffenen verbessern, eine wirkliche Rechtsschutzmöglichkeit wird ihnen hierdurch aber nicht eröffnet.

III. Unabhängige Kontrollinstanz auf UN-Ebene

Die Lösung der Rechtsschutzproblematik kann daher nur in einer unabhängigen Kontrollinstanz auf UN-Ebene liegen, die abschließend über die Listungen entscheidet.[907] Nur so sind weder UN-Friedenssicherungssystem noch Grundrechtsschutz gefährdet. Zudem entspricht dies dem Grundsatz, dass Rechtsschutz auf der Ebene zu gewähren ist, auf der in eine Rechtsposition eingegriffen wird.

Da der IGH das Hauptrechtsprechungsorgan der UN ist, liegt es nahe, ihm diese Aufgabe zu übertragen und seinen Zuständigkeitsbereich auszuweiten. Hierzu müsste das IGH-Statut geändert werden, damit auch natürliche und private juristische Personen in Verfahren vor dem IGH parteifähig sind. Allerdings ist es fraglich, ob sich der Sicherheitsrat in diesem Bereich ausdrücklich der Kontrolle des IGH unterwerfen und diesem unterordnen würde. Näher liegt daher die Errichtung eines neuen Spruchkörpers im Rahmen des UN-Sicherheitsrats. Eine solche Vorgehensweise wäre nicht neu, wie die Errichtung der Internationalen Strafgerichtshöfe für Jugoslawien und Ruanda zeigen. Die

905 Tenth report of the Analytical Support and Sanctions Implementation Monitoring Team submitted pursuant to resolution 1822 (2008) concerning Al-Qaida and the Taliban and associated individuals and entities, § 23.

906 Albin, ZRP 2004, S. 71, 73.

907 So auch v. Arnauld, AVR 2006, S. 201, 215; Feinäugle, Hoheitsgewalt im Völkerrecht, S. 251.

Besetzung dieser Kontrollinstanz muss die Unabhängigkeit vom Sicherheitsrat gewährleisten, denn eine Selbstkontrolle muss ausgeschlossen sein. Gleichzeitig muss aber auch darauf geachtet werden, dass die Autorität des Sicherheitsrates nicht untergraben wird und keine politische Einflussnahme durch dritte Staaten möglich ist.[908] Weiterhin muss das Verfahren so ausgestaltet sein, dass sowohl den Sicherheitsinteressen als auch den Rechten des Klägers Rechnung getragen wird.

B. EU-Sanktionsregime

Im Falle der EU-Sanktionsregime stellt sich die Rechtsschutzsituation anders dar. Hier bestehen seit Inkrafttreten des Lissabon-Vertrags nur noch Rechtsschutzdefizite im Hinblick auf den Sekundärrechtsschutz bei immateriellen Schäden durch die Stigmatisierungen. Dieses Defizit kann dadurch ausgeräumt werden, dass man die Zuständigkeitsregel in Art. 275 Abs. 2 AEUV auch auf die Schadensersatzklage erstreckt.

---

908 Payandeh, ZaöRV 2006, S. 41, 60f.

www.ingramcontent.com/pod-product-compliance
Ingram Content Group UK Ltd.
Pitfield, Milton Keynes, MK11 3LW, UK
UKHW021909290926
8980IPUK00015B/1149

9 783631 654156